法学教室 LIBRARY Introduction to Japan's antitrust law
Fumio Sensui

経済法入門

泉水文雄

有斐閣

目　　次

序　章　はじめに　　　1

Ⅰ　本書のねらい ……………………………………………… 1
Ⅱ　独禁法とは何か ……………………………………………… 3
　1　新しい法律としての独禁法（3）　2　独禁法の実体規制（3）
Ⅲ　独禁法の目的 ………………………………………………… 6
　1　独禁法1条（6）　2　独禁法1条の解釈（7）　3　独禁法により実現
される利益（9）
Ⅳ　エンフォースメント ………………………………………… 12
　1　排除措置命令，課徴金納付命令（13）　2　刑事罰（13）　3　民事救
済（13）　4　課徴金制度と課徴金減免制度（13）　5　差止請求，域外適
用（15）

第1章　企 業 結 合　　　17

Ⅰ　企業結合規制の概要 ………………………………………… 17
　1　はじめに（17）　2　企業結合の方法と規制方法（18）　3　市場集中
規制（22）　4　「一般集中」規制（26）
Ⅱ　一定の取引分野 ……………………………………………… 33
　1　はじめに（33）　2　一定の取引分野の基本的な考え方（33）　3　発
展問題（40）
Ⅲ　競争の実質的制限 …………………………………………… 47
　1　はじめに（47）　2　競争を実質的に制限する（48）　3　競争を実質
的に制限する「こととなる」（50）　4　単独行動による競争の実質的制限

i

(51)　　5　協調的行動による競争の実質的制限 (61)　　6　垂直型企業結合 (63)　　7　混合型企業結合 (67)

Ⅳ　問題解消措置 ···································· 69
　1　はじめに (69)　　2　構造措置と行動措置 (69)　　3　構造措置 (70)
　4　行動措置 (70)　　5　事　例 (71)

Ⅴ　手　　　続 ···································· 73
　1　概　要 (73)　　2　手続をめぐる問題 (74)　　3　確約制度 (77)

第2章　不当な取引制限 79

Ⅰ　不当な取引制限の規制の概要 ···················· 79
　1　不当な取引制限 (79)　　2　2条6項の要件 (79)　　3　企業結合，私的独占の規制との違い (82)　　4　エンフォースメント (83)

Ⅱ　ハードコア・カルテル(1)——価格カルテル等 ·········· 85
　1　「共同して」，「相互拘束」(87)　　2　一定の取引分野，競争の実質的制限 (91)　　3　不当な取引制限の成立時期（始期）(93)　　4　公共の利益に反して (95)　　5　価格カルテルの発展問題 (96)　　6　数量制限カルテル，取引先制限カルテル，市場分割カルテル (101)　　7　市場シェア協定 (103)　　8　垂直的制限行為の問題 (104)

Ⅲ　ハードコア・カルテル(2)——入札談合 ············ 108
　1　入札談合と不当な取引制限 (108)　　2　入札談合の立証 (110)
　3　入札談合の発展問題 (114)　　4　入札談合の始期・終期，不当な取引制限からの離脱 (119)　　5　刑法等 (124)　　6　官製談合 (124)

Ⅳ　非ハードコア・カルテル ························ 127
　1　非ハードコア・カルテルと不当な取引制限 (127)　　2　非ハードコア・カルテルと社会公共目的 (129)　　3　レジ袋の有料化と料金の決定 (134)
　4　相互 OEM 供給 (136)　　5　共同購入 (137)　　6　被災地への救援物資配送のための調整 (139)　　7　弁護士会による懲戒処分 (140)

V　エンフォースメント ……………………………………141

　1　はじめに（141）　　2　排除措置命令（141）　　3　課徴金納付命令
（142）　　4　課徴金対象行為と課徴金額（142）　　5　課徴金の増額，減免
（145）　　6　課徴金に関する発展問題（149）　　7　損害賠償請求（153）
　8　刑事罰（154）

第3章　事業者団体　　　　　　　　　157

I　事　業　者 ……………………………………………157

　1　事業者の定義（157）　　2　教　育（158）　　3　医師，弁護士等（159）
　4　国，地方公共団体（160）　　5　労働者，タレント，スポーツ選手，フ
リーランス（160）

II　事業者団体の規制 ……………………………………162

　1　事業者団体の定義（162）　　2　事業者団体に対する規制（163）
　3　競争の実質的制限（8条1号）（165）　　4　国際的契約・協定（8条2
号）（166）　　5　事業者の数の制限（8条3号）（167）　　6　構成事業者の
機能・活動の不当な制限（8条4号）（168）　　7　不公正な取引方法の勧奨
（8条5号）（170）　　8　ガイドライン，相談事例集（170）

III　事業者団体と独禁法22条 ……………………………170

　1　組合の行為と適用除外（170）　　2　「組合の行為」（171）

第4章　私的独占　　　　　　　　　173

I　私的独占の規制 ………………………………………173

　1　2条5項（173）　　2　排除型私的独占と支配型私的独占（174）　　3　排
除型私的独占ガイドライン（178）

II　排除型私的独占 ………………………………………179

　1　排除行為と「人為性」（179）　　2　具体例（181）

目　次　iii

III 支配型私的独占 ･･･ 184

　　1　支配行為（184）　　2　株式取得，役員兼任，事業分野の制限（184）

　　3　販売地域，販売先，価格等の制限（185）　　4　入札談合，官製談合
　　（186）　　5　間接支配？（187）

IV エンフォースメント ･･ 188

　　1　エンフォースメントの内容（188）　　2　課徴金制度（189）

第5章　不公正な取引方法　　　　　　　　　　　　193

I　概　　要 ･･･ 193

　　1　2条9項（193）　　2　エンフォースメント（198）

II　共同の取引拒絶 ･･ 201

　　1　2条9項1号，一般指定1項（201）　　2　行為要件（203）　　3　効果要
　　件，公正競争阻害性，正当な理由（204）　　4　課徴金（206）　　5　具体例
　　（206）

III　単独の取引拒絶 ･･ 210

　　1　一般指定2項（210）　　2　単独の間接取引拒絶（212）　　3　単独の直
　　接取引拒絶──流通・取引慣行ガイドラインに示される「例」（213）
　　4　流通・取引慣行ガイドラインをどう理解するか（215）　　5　発展問題
　　（220）

IV　不当廉売 ･･･ 226

　　1　はじめに（226）　　2　2条9項3号と一般指定6項（226）　　3　「商品
　　を供給しなければ発生しない費用を下回る対価設定」（234）　　4　事　例
　　（235）　　5　発展問題（239）

V　差別対価 ･･･ 242

　　1　差別対価の定義，分類（242）　　2　2条9項2号，一般指定3項（244）
　　3　取引拒絶類似型差別対価（248）　　4　不当廉売型差別対価（250）
　　5　買い手段階の差別対価（254）　　6　課徴金（255）

VI 不当な顧客誘引・取引強制 ······················ 256

1 一般指定 8 項・9 項（256）　　2 ぎまん的顧客誘引（257）　　3 不当な利益による顧客誘引（259）

VII 抱き合わせ販売等 ······························· 260

1 一般指定 10 項（260）　　2 公正競争阻害性（264）　　3 事　例（266）　　4 発展問題（268）

VIII 排他条件付取引 ······························· 273

1 一般指定 11 項（273）　　2 公正競争阻害性（274）　　3 東洋精米機事件東京高裁判決（276）　　4 市場閉鎖（277）　　5 並列実施・累積効果と市場閉鎖（279）　　6 正当な理由（280）　　7 事例と発展問題（281）

IX 再販売価格の拘束 ······························· 288

1 2 条 9 項 4 号（288）　　2 行為要件（288）　　3 公正競争阻害性（292）　　4 正当な理由（293）　　5 適用除外（294）　　6 課徴金（296）　　7 発展問題（296）

X 拘束条件付取引 ······························· 304

1 一般指定 12 項（304）　　2 販売地域の制限（310）　　3 販売方法の制限（312）　　4 取引先の制限（314）　　5 同等性条件・最恵待遇条項（319）　　6 非係争条項（320）

XI 優越的地位の濫用 ······························· 321

1 2 条 9 項 5 号（321）　　2 優越的地位（322）　　3 濫用行為（323）　　4 公正競争阻害性（324）　　5 課徴金（327）　　6 事　例（328）　　7 下請法（332）　　8 確約制度（332）

XII 競争者に対する取引妨害 ························· 333

1 一般指定 14 項（333）　　2 物理的妨害（334）　　3 威圧・脅迫, 誹謗中傷, 偽計（335）　　4 顧客の奪取（336）　　5 自由競争減殺型等（336）

第6章 国際取引　339

I　国際取引への独禁法の適用 ………………………………………… 339

1　問題の所在（339）　2　法律の適用範囲の問題と手続の問題（341）

3　法律の適用範囲の問題（341）　4　設例へのあてはめ（342）　5　手続の問題（343）

II　国際カルテルの発展問題 ……………………………………………… 344

1　マリンホース事件（344）　2　ブラウン管カルテル事件（346）

III　独禁法6条 ……………………………………………………………… 352

1　問題の所在（352）　2　6条の解釈（352）

IV　国際企業結合・ジョイントベンチャー ………………………… 353

V　国際ライセンス ………………………………………………………… 354

VI　国際礼譲，国際執行協力，競争法の国際的調和 ……………… 356

1　国際礼譲（356）　2　国際執行協力，競争法の国際的調和（358）

第7章 知的財産　359

I　独禁法21条 ……………………………………………………………… 359

1　問題の所在（359）　2　知的財産法と独禁法との関係（360）　3　21条の解釈（361）

II　不当な取引制限，私的独占 ………………………………………… 365

1　共同の取引拒絶（365）　2　特許プール，クロスライセンス，マルティプルライセンス（365）

III　不公正な取引方法 …………………………………………………… 367

1　いくつかの例（367）　2　権利の行使（368）　3　権利の行使でない行為（369）　4　最高数量制限（371）

IV　技術標準 ………………………………………………………………… 373

1　技術標準の形成（373）　2　特許プール（373）

第8章　景品表示法　　377

Ⅰ　はじめに ･･ 377

Ⅱ　不当景品類 ･･ 377

1　不当景品類の定義等（377）　　2　規制の内容（378）

Ⅲ　不当表示 ･･ 381

1　規制の内容（381）　　2　発展問題1──実体要件（384）　　3　発展問題

2──課徴金制度（386）

おわりに（394）

事 項 索 引（397）
判決・審決索引（406）

Column 一覧

① 法概念としての市場支配力と経済概念としての市場支配力 ･････････････････ 12

② 実際はそんなに簡単ではない ･････････････････ 20

③ 東宝スバル事件での市場画定 ･････････････････ 39

④ 日米のガイドラインにおける HHI ･････････････････ 53

⑤ 「輸入」,「参入」はどこで考慮されるか ･････････････････ 56

⑥ ㈱KADOKAWA と㈱ドワンゴによる共同株式移転 ･････････････････ 66

⑦ ハードコア・カルテルと非ハードコア・カルテル ･････････････････ 82

⑧ 多摩談合（新井組）事件の最高裁判決をどう読むか ･････････････････ 84

⑨ 合意で足りるか，実施が必要かは措置により様々 ･････････････････ 95

⑩ カルテルの不安定性，安定性 ･････････････････ 100

⑪ 他店が１円でも安く売っているならば差額をお返しします ･････････････････ 100

⑫ 入札談合の要件の立証構造 ･････････････････ 113

⑬ 確実に受注できるものがいる場合と不当な取引制限 ･････････････････ 118

⑭ 非ハードコア・カルテルの競争促進効果と反競争効果 ･････････････････ 128

⑮ 米国の「合理の原則」 ･････････････････ 129

⑯ プロ野球のドラフト制度は独禁法に違反しないのか ･････････････････ 161

⑰ 排除型私的独占に係る NTT 東日本事件最高裁判決 ･････････････････ 175

⑱ 「私的」独占 ･････････････････ 177

⑲ 供給を受ける行為と課徴金 ･････････････････ 190

⑳ 消費者保護と競争政策 ･････････････････ 198

㉑ シェアとセーフハーバー基準，排除型私的独占の優先審査基準 ･････････････････ 218

㉒ 略奪的価格設定 ･････････････････ 232

㉓ 市場支配力をテコにした利潤の拡大？ ･････････････････ 268

㉔ 流通・取引慣行ガイドラインの「抱き合わせ販売」 ･････････････････ 272

㉕ 単独の直接取引拒絶と排他条件付取引・単独の間接取引拒絶 ･････････････････ 280

㉖ 技術標準，二重独占，FRAND 条件 ･････････････････ 302

㉗ 流通・取引慣行ガイドラインにおける「価格維持効果が生じる場合」 ･････････････････ 306

㉘ 流通・取引慣行ガイドラインにおける「垂直的制限行為に係る適法・違法性判断基準についての考え方」 ･････････････････ 307

㉙ 流通・取引慣行ガイドラインにおける垂直的制限行為の競争促進効果の検討方法 ･････････････････ 308

㉚ 優越的地位の濫用規制の根拠 ･････････････････ 326

㉛ もう１つの確認規定説 ･････････････････ 364

㉜ カード合わせとコンプガチャ ･････････････････ 380

凡　例

1　法令・規則等の略記

本文中に略記した法令等は，以下の通り，なお，（　）内については，原則として有斐閣『六法全書』巻末の「法令名略語」によった。

独禁法	私的独占の禁止及び公正取引の確保に関する法律
景表法	不当景品類及び不当表示防止法
下請法	下請代金支払遅延等防止法
減免規則	課徴金の減免に係る報告及び資料の提出に関する規則

2　指針・通達等の略記

一般指定	不公正な取引方法
企業結合ガイドライン	企業結合審査に関する独占禁止法の運用指針
9条ガイドライン	事業支配力が過度に集中することとなる会社の考え方
流通・取引慣行ガイドライン	流通・取引慣行に関する独占禁止法上の指針
事業者団体ガイドライン	事業者団体の活動に関する独占禁止法上の指針
排除型私的独占ガイドライン	排除型私的独占に係る独占禁止法上の指針
不当廉売ガイドライン	不当廉売に関する独占禁止法上の考え方
優越的地位の濫用ガイドライン	優越的地位の濫用に関する独占禁止法上の考え方
知的財産ガイドライン	知的財産の利用に関する独占禁止法上の指針
標準化ガイドライン	標準化に伴うパテントプールの形成等に関する独占禁止法上の考え方

3　判例の略記

最判（決）	最高裁判所判決（決定）
高判（決）	高等裁判所判決（決定）
地判（決）	地方裁判所判決（決定）

4　判例・審決等登載誌の略記

民集	最高裁判所民事判例集

刑　　集	最高裁判所刑事判例集
審決集	公正取引委員会審決集
判　　時	判例時報
判　　タ	判例タイムズ

本書のコピー，スキャン，デジタル化等の無断複製は著作権法上での例外を除き禁じられています。本書を代行業者等の第三者に依頼してスキャンやデジタル化することは，たとえ個人や家庭内での利用でも著作権法違反です。

序章

は じ め に

I 本書のねらい

　本書は，法学部や法科大学院で初めて経済法を学ぶ人を主要な対象にして，「入門」として理解しやすい内容にしている。

　本書において経済法とは，独禁法を中心とした法分野であり，下請法や景品表示法をも含むものとする。

　独禁法が適用される場面は，社会経験の乏しい者にはなかなか具体的イメージをつかむことができない。社会経験があってもその場面に出会わなければわからないこともよくある。そこで，本書では，第1に，できるだけ具体的な事例（先例に加えて，適切な先例がない分野では仮設例も置く）を取り上げて，要件の解釈および事実へのあてはめ方を明らかにする。

　第2に，独禁法の規制はなぜあるのか等についてその根拠を明らかにして，その要件（多くの規定は行為要件と効果要件とを置いている）がどのように判断されるのかを，場合によっては経済的な説明等も交えながら，きちんと説明する。たとえば，独占禁止法では多くの規定において用いられ重要な要件であるが，他の法律では接することがない要件（効果要件）として「一定の取引分野」，「競争を実質的に制限する」（2条5項・6項等）などがある。これらの要件についてはしっかりと説明することにしよう。

　第3に，本書では，判決，審決以外にも，公正取引委員会（以下「公取委」と

I 本書のねらい 　1

いう）が公表する「相談事例」，「主要な事例」等を取り上げる。独禁法では，すべての論点について判例，審決例があるわけではない。そのため，相談事例などを参照することが独禁法の理解にとって有益であることが多い。とくに相談事例には，ある行為が違法か適法か限界的な事例であって，興味深い論点を含む事例が多く，学習上も実務上も参考になる。企業結合規制では，判決・審決以外の方法で事件が処理されることがほとんどである。また，公取委が公表する指針（ガイドラインと呼ばれる）も有益であるから，学習上必要な範囲で指針等も取り上げていく。

　本書は各章・各節において，経済法において学習すべき基本的な内容をはじめに説明し，後ろでは応用・発展的な論点（中級レベルの内容を含む）やエンフォースメントに係る論点を取り上げている。したがって，経済法の基本をまず理解したい方は，次に述べる「発展問題」を省略して読んでよいであろう。そして，さらに学習を進めたい方は，各章・各節の「発展問題」（具体的には，第1章Ⅱ3，Ⅴ，Ⅵ，第2章Ⅱ5，Ⅲ3，Ⅴ，第3章Ⅲ，第4章Ⅳ，第5章Ⅱ4，Ⅲ5，Ⅳ5，Ⅶ4，Ⅷ6・7，Ⅸ7，Ⅺ5の「発展問題」および，第6章，第7章，第8章）を読んでほしい。

　ところで，著者は法科大学院制度ができて以来，法科大学院において経済法の授業を担当してきた。その際に学生の皆さんからいただいた質問とそれに対する答え，またこのような設例を使えばよいのではないか，こう説明したらわかりやすいのではないかなど気づかされた点を折り込んでいる。その意味で，本書は私の授業を受けた方々との共同作業の結果である。

　本書を通じて，「経済法は役に立つだけでなく，おもしろい」，「独禁法を勉強すると胸がドッキンドッキンする」と思ってもらえることを目指す。

　それでは，これから独禁法を中心とするいわゆる経済法を学習していこう。まず本章では，独禁法とはどのようなものか，その目的は何かおよび独禁法の規制方法（エンフォースメント）にどのようなものがあるのかを概観することにより，独禁法の規制の全体像を把握することを目的とする。

II 独禁法とは何か

1 新しい法律としての独禁法

独占禁止法または独禁法の正式名称は,「私的独占の禁止及び公正取引の確保に関する法律」である。独禁法は 1947(昭和 22)年に制定された,法律の中ではかなり新しいものである。世界的にも,第二次世界大戦までは,米国で 1890 年に制定されたシャーマン法,1914 年に制定されたクレイトン法と連邦取引委員会法の 3 つの法律からなる反トラスト法が主要な法律であり,日本の独禁法はカナダ,米国に続いて世界で 3 番目に古い独禁法(日本でいう独禁法は,世界では,「競争法〔competition law〕」と呼ばれることが多い)である。第二次世界大戦後,欧州等で,さらに 1990 年代に旧社会主義国が崩壊すると旧社会主義国や発展途上国でも,競争法が制定されていった。とくに,1970 年代以降,世界において,過剰な政府規制を撤廃し,できるだけ自由な競争に任せようという動きが進み,市場における競争を保護しようとする独禁法は重要性が増してきた。日本においても,1977(昭和 52)年に独禁法を強化する大きな改正がなされ,21 世紀になって,2005(平成 17)年,2009(平成 21)年,2013(平成 25)年と大きな法改正がなされ続けている。

2 独禁法の実体規制

(1) 4 つの行為

独禁法では,①不当な取引制限(2 条 6 項・3 条後段),②私的独占(2 条 5 項・3 条前段),③企業結合(9 条以下),④不公正な取引方法(2 条 9 項・19 条)という大きく 4 種類の行為が規制の対象である。

不当な取引制限では,価格カルテルや入札談合など(ハードコア・カルテルといわれる)が規制される。また,競争者によるジョイントベンチャーなど(非ハードコア・カルテルといわれるものの一種である)の共同行為も規制される。

私的独占では,たとえば日本音楽著作権協会(JASRAC)の管理する放送用の音楽著作権使用料の算定方法(放送料収入の一定比率を報酬とするいわゆる包括報酬)が音楽著作権管理市場への参入を排除したとして争われた事件の行方が

注目された[1]。

　企業結合では，たとえば家電メーカーのパナソニックが同業の三洋電機と結合する際に，日本だけでなく[2]米国・EU などでも審査がなされた。

　不公正な取引方法では，事業者が安値販売する行為（2条9項3号）や差別的な対価を設定する行為（同項2号），メーカーが小売店の販売価格を拘束する行為（再販売価格の拘束，同項4号），大規模小売業者が納入業者に対して不当に従業員の派遣を要請したり，不当に商品を返品する行為など（同項5号）様々な行為が問題になる。それらの詳細は，第1章以下で見ていくことにする。

(2)　独禁法違反の典型例

　ここでは，4つの行為類型の中で最も事件数が多く，独禁法違反行為の典型例といえる不当な取引制限の事例（ハードコア・カルテル）を見ながら，独禁法の規制はなぜあるのか，どういう規制目的を持ち，どういう方法で規制されるのかを見ていこう。

---

① 【設例1】

　　A市の中心を東西に走る国道2号線沿いのガソリンスタンドが10店ある。そのオーナー10名が，ある日集まって話し合い，ガソリンの価格を10%引き上げることを決め，翌日10店はそれぞれ引き上げた。

---

② 【設例2】

　　国や地方公共団体は，請負契約，売買契約等を締結する場合には原則として競争入札（以下「入札」という）で行わなければならない（会計29条の3第1項，自治234条1項）。ところが，B市に本店を置く建設業者20社は，B市が発注する工事について，皆が工事を受注できるように，話し合いを行い，受注予定者を決定し，他の入札参加者は受注予定者が入札できるように協力をすることとしている。その結果，たとえば，B市が発注する一連の小学校の耐震工事

---

1)　本件は，公取委が排除措置命令を出した後，公取委は審決において排除措置命令を取り消した。これに対し，新規参入者が審決取消訴訟を提起するという異例の展開となった。東京高判平成25・11・1判時2206号37頁，最判平成27・4・28民集69巻3号518頁は原告の主張を支持した。本件は審決が再開されたが，平成28年9月9日に審判請求が取り下げられ，排除措置命令が確定した。

2)　公取委『平成21年度における主要な企業結合事例』「事例7　パナソニック(株)による三洋電機(株)の株式取得」。

4　序章　はじめに

において，20社は上記の方法で受注している。その結果，どの会社もB市発注工事についてほぼ同じ件数の請負契約を締結できている。

　独禁法2条6項は，不当な取引制限を「事業者が，契約，協定その他何らの名義をもってするかを問わず，他の事業者と共同して対価を決定し，維持し，若しくは引き上げ，又は数量，技術，製品，設備若しくは取引の相手方を制限する等相互にその事業活動を拘束し，又は遂行することにより，公共の利益に反して，一定の取引分野における競争を実質的に制限することをいう」と定義し，3条は「事業者は，……不当な取引制限をしてはならない」としてこれを禁止している。【設例1】の行為は，価格カルテルとか価格協定といわれるものであるが，独禁法ではこの不当な取引制限に該当し，禁止される。つまり，【設例1】では，事業者（2条1項）である10名それぞれが，他の事業者（他の9名）と「共同して対価を決定し，維持し，若しくは引き上げ」て，「相互にその事業活動を拘束し，又は遂行することにより」，「公共の利益に反して，一定の取引分野における競争を実質的に制限」していると解される。「公共の利益に反して」以下（「効果要件」と呼ばれることがある）については，【設例1】がこの要件をみたすかはわかりにくいであろうが，「ことにより」より前の要件（「行為要件」と呼ばれることがある）をみたすことはわかりやすいであろう。効果要件については，ここでは，とりあえず，価格カルテルによりガソリンの小売価格を引き上げられるようになったこと，あるいは小売価格が実際に高くなったことをもって，「公共の利益に反して……競争を実質的に制限」したと捉えておこう[3]。

　【設例2】は入札談合と呼ばれる行為であるが，ここでも事業者である20社が2条6項に該当する行為をしたと考えられる。つまり，20社は，「共同して……相互にその事業活動を拘束し，又は遂行」しており，B市は，20社の行為により受注予定者と決められた事業者としか請負契約を締結できず，本件行

---

3) 結論を先取りすれば，ガソリンの小売価格が実際に高くなったこと自体ではなく，小売価格を引き上げられるようになったこと（「市場支配力の形成，維持ないし強化」と呼ばれる〔*Column ①*参照〕）が競争を実質的に制限すること（以下「競争の実質的制限」と略記することがある）と捉えられる。

為がない場合より高い価格で請負契約を締結することとなるから、「公共の利益に反して，一定の取引分野における競争を実質的に制限」したと解される。もっとも，行為要件は，20社が話し合いを行ったことを指すのか，あるいは具体的に一連の小学校の耐震工事において受注調整をしたことを指すのか，2条6項にいう「対価を決定」にあたるのか，「取引の相手方を制限する」にあたるのかなどは気になるだろう。この点は各論（第2章Ⅲ）で考えよう。

Ⅲ　独禁法の目的

1　独禁法 1 条

では，独禁法の目的は何だろうか。価格カルテルや入札談合はなぜ禁止されているのだろうか。カルテルや入札談合をすると消費者や地方公共団体はその商品を高い価格で買ったり高額の請負契約を締結しなければならなくなり，消費者も買うのをあきらめることがある。音楽著作権管理市場で新規参入を排除し独占が生じたら，消費者等の支払う著作権使用料が高くなるなどする。独禁法の目的は，このような消費者や弱者の保護にあるのであろうか。その他のもの，たとえば雇用の確保，地域振興，効率性の促進などが目的であろうか。

その手がかりとなるのが，独禁法の目的を規定する1条である。1条は，「この法律は，私的独占，不当な取引制限及び不公正な取引方法を禁止し，事業支配力の過度の集中を防止して，結合，協定等の方法による生産，販売，価格，技術等の不当な制限その他一切の事業活動の不当な拘束を排除することにより，公正且つ自由な競争を促進し，事業者の創意を発揮させ，事業活動を盛んにし，雇傭及び国民実所得の水準を高め，以て，一般消費者の利益を確保するとともに，国民経済の民主的で健全な発達を促進することを目的とする。」とする。そこには，「公正且つ自由な競争〔の〕促進」，「事業者の創意〔の〕発揮」，「雇傭及び国民実所得の水準を高め〔ること〕」，「一般消費者の利益〔の〕確保」，「国民経済の民主的で健全な発達〔の〕促進」といった様々な目的ないし価値・法益が掲げられている。

仮に【設例2】において，B市のC市長が，競争入札にすると，体力や技術に劣る地元の中小の業者は東京や大阪に本店を置くゼネコン（大手の総合建設会

6　序章　はじめに

社）に対抗できず，ゼネコンが契約をとっていき地元の建設業者が契約できなくなり，その結果，地元建設業者が倒産したり地元民に失業者が出るおそれがあることから，地域振興や雇用確保のために入札談合を行わせ，地元業者に落札させているとする。このような行為は，発注者である「官」が主導する入札談合という意味で「官製談合」と呼ばれる。C市長は，たしかにこの行為は「自由な競争」を制限するかもしれないが，「雇傭及び国民実所得の水準を高め」，あるいは「国民経済の民主的で健全な発達を促進」するから許容されるはずだと主張しているとする。あるいは，このような行為は，独禁法2条6項にいう「公共の利益に反して」の要件をみたさないと主張するかもしれない。この主張は妥当か。

2 独禁法1条の解釈

独禁法の目的はどのように理解されるのかについて，1条の内容をいくつかに分解し並べたうえで，それぞれの関係を考えてみよう。独禁法の目的を，①〜③に分け，それぞれをさらに細分化して整理すると次のようになる。

① (ア)「私的独占，不当な取引制限及び不公正な取引方法を禁止し，事業支配力の過度の集中を防止して，」(イ)「結合，協定等の方法による……不当な制限その他一切の事業活動の不当な拘束を排除することにより」，

② (ア)「公正且つ自由な競争を促進し」，(イ)「事業者の創意を発揮させ，事業活動を盛んにし，雇傭及び国民実所得の水準を高め，以て，」

③ (ア)「一般消費者の利益を確保するとともに」，(イ)「国民経済の民主的で健全な発達を促進することを目的とする。」

通説を唱えた故今村成和教授は，この規定を次のように説明している[4]。①は独禁法が何を定めているか（何を定めるために制定されたか）を示し，②はそれによって実現されるべき政策目標とその効果を，③では②が何のためにあるのか（政策目標の国民経済的意義）を明らかにしている。つまり，②(ア)は独禁法が直接実現しようとするものを述べ，(イ)はその政策的効用を述べているにすぎないとする。

---

4) 今村成和『独占禁止法入門〔第4版〕』（有斐閣，1993年）2頁以下。

そこから，通説は，②㈠が独禁法の直接の目標であり，独禁法の目標は，市場において公正かつ自由な競争を確保し促進することだと考える。このような政策は「競争政策（competition policy）」と呼ばれ，独禁法の直接の目的はこの競争政策にあるとする。

　これに対し，②㈡は独禁法の直接の目標・目的ではなく，競争政策により期待される政策的効果である。雇用の確保や所得水準を高めることは，公正かつ自由な競争の確保の効果[5]にすぎず，独禁法の直接の目標・目的ではないとされる。また，③も②㈡と同じである。この立場では，消費者利益（一般消費者の利益）は独禁法の直接の目標・目的ではなく，反射的な利益，事実上の利益にすぎないことになる。

　これに対し従来，少数説が唱えられていた。これは，②㈡の雇用確保，国民所得の上昇，③㈡の国民経済の民主的で健全な発達も，公正かつ自由な競争と同列の独禁法の直接の目的であるとするものである。この説にもバラエティはあるが，公正かつ自由な競争の確保（競争政策）を犠牲にしても，別の政策的根拠（雇用の確保など）から，たとえば，雇用確保のためには不況産業におけるカルテルや入札談合，企業結合を，反競争効果を持つものであっても認めてよいという主張もありうる。これに対し，通説はこのような入札談合，企業結合等は，上記の解釈から，認められないとする。

　現在有力に主張されているのは，③㈠にいう一般消費者の利益は，独禁法の目的からの単なる反射的利益ではなく，独禁法の直接の目的そのものであるというものである。さらに，③㈠にいう消費者利益（一般消費者の利益）の確保は独禁法の「究極目的」であるとしたり，さらに直接の目標・目的でもあると理解する有力な主張もある[6]。

　この点，最高裁[7]は，「公共の利益に反して」の解釈において，「公共の利益に反して」とは，「原則としては同法の直接の保護法益である自由競争経済秩序に反することを指すが，現に行われた行為が形式的に右に該当する場合であ

---

5)　競争が活発になれば，供給量が増えて，雇用が増え，所得も増える。
6)　根岸哲＝舟田正之『独占禁止法概説〔第5版〕』（有斐閣，2015年）28-29頁（1条に定める一般消費者の利益は消費者の「選ぶ権利」と「知らされる権利」を意味し，競争政策の中核を占める）など。
7)　最判昭和59・2・24刑集38巻4号1287頁。

8　序章　はじめに

っても，右法益と当該行為によって守られる利益とを比較衡量して，『一般消費者の利益を確保するとともに，国民経済の民主的で健全な発達を促進する』という同法の究極目的（同法1条参照）に実質的に反しないと認められる例外的な場合を」除外する趣旨とした。ここでは，公正かつ自由な競争（自由競争経済秩序）を直接の保護法益とし通説を支持しつつ，それと他の利益を比較衡量し「一般消費者の利益を確保するとともに，国民経済の民主的で健全な発達を促進する」という究極目的に実質的に反しない例外があるとする。このような例外が認められるのか，認められるとすればそれはどのような場合か，目的の合理性，内容の合理性，手段の相当性（より競争制限的でない代替的方法）が必要とされるか，このような考慮は「競争の実質的制限」等の効果要件の解釈としてなされうるのか，そもそも競争の実質的制限とは何かなどは，各論で詳しく見る（第2章Ⅳ2，第5章Ⅱ3，第5章Ⅸ4，7，*Column* ㉙等）。

3　独禁法により実現される利益

(1)　設例からわかること

独禁法の直接の目的が公正かつ自由な競争の促進であるとすると，公正かつ自由な競争，消費者利益，効率性などは具体的にはどういう内容を持ち，どういう関係にあるのか。

【設例1】において，10名が合意をし，ガソリンの価格を10％引き上げた。これによって何が起こるだろうか。

A市は隣接の市との間に距離があり，A市のガソリンの購入者（一般消費者）Dらは，10名からガソリンを買うしかないとしよう。Dらはガソリンを高い価格で買わざるを得なくなった。消費者（購入者）にはカルテルがない場合より高い金額を支払わされるという不利益が発生する。

しかし，消費者の受けた被害はこれに止まるのか。山の上にあるK大学に通学する学生Eはガソリンの価格が高くなったため，ガソリンの購入を断念し，バイク通学をやめ，徒歩通学あるいはバス通学に切り替えた。これも不利益にあたるだろうか。

そのほかに不利益はないだろうか。10社は，それぞれ競い合って自動車の窓拭きや洗車の割引など様々な付帯サービスを提供してきたとする。しかし，

Ⅲ　独禁法の目的　9

価格カルテルによって十分な利益を得るようになったので，従来提供してきたサービスをやめるかもしれない。

(2) まとめと若干の課題

　独禁法の目的は，公正かつ自由な競争を促進することだとして，それによってどのような利益が実現されるのか。これを①消費者の利益，②効率性，③技術革新等に分けて考えよう。

　①消費者の利益の問題については，上述のように，Ｄらには以前よりも高い金額を支払わされたという損害が生じる。公正かつ自由な競争が阻害されることによって，消費者はより安い価格で購入できたという利益が侵害され，高い金額を支払わせられるという不利益を受けたのである。この不利益については，一方では，利益が一般消費者から10社に移転したことによって発生したものにすぎず，社会全体の利益の大きさに変化はなく（経済学では所得分配の問題という），独禁法が問題にする必要はないという考え方もある。他方，このような損害は，通常，不法行為に該当し，損害賠償請求の対象となる，法律を学ぶ者に馴染みのある損害であり，まさに法が保護しようとする利益が侵害され，損害が発生したという考え方が法律を学ぶ者には説得力がありそうである。

　次に，ガソリンの価格が高くなったためＥが買うのをあきらめたことは，②効率性の問題である。カルテルにより独占や市場支配力（*Column* ①参照）が作られると，生産・販売量が減少する。経済学では「独占の死荷重（deadweight loss of monopoly）」が発生し「資源配分上の非効率」が生じたとする。つまり，価格カルテルがなされ市場支配力が作られる結果，価格が上昇し，競争状態であれば行われただけの商品の生産・販売が行われなくなるのである。

　さらに，この②効率性の喪失は，①の消費者の不利益でもある。市場支配力が作られる等すると，消費者にはカルテルがなければ購入できたものが購入できなくなるという不利益が発生するのである。もっとも，Ｅはガソリンを買えなくても，その代金でバス代を支払って大学に通っているのだから金銭的な損害はないではないかという疑問もある。徒歩で通学（Ｋ大学では「登山」と呼ばれる）すればかえって体が丈夫になるかもしれない。②がたとえば不法行為でいう利益侵害や損害の要件をみたすかといわれればその判断は難しい場合が多

いであろう。異なる財の効用を比較することも難しい。しかし，【設例1】を難病の治療薬のメーカー間の価格カルテルへと変更すれば被害は深刻である。難病の治療薬を購入できなくて死亡する者が続出するだろうからである。

　さらに，③技術革新等がある。企業がカルテルなどによって互いの競争を回避することは技術革新のインセンティブを削ぐ場合がある。【設例1】では窓拭きや洗車の割引サービスが行われなくなろう。【設例2】については，C市長のように，建設業者20社が同じ件数の請負契約を締結できることは平等でいいではないかと考える者もいようが，研鑽を重ねて優れた技術をもつ事業者が，技術力に劣る事業者と同数の契約しか得られないことは，優れた技術を獲得し競争力をつけようとする事業者のインセンティブを損ない，また本来市場から退出し，より適切な他の市場で活動すれば救われるかもしれない事業者の退出を手遅れになるまで遅らせることになるかもしれない[8]。

　以上の考え方は，不当な取引制限の規制だけでなく，私的独占の規制，企業結合規制のほか，不公正な取引方法の規制でも同様に妥当する。しかし，さらに難しい問題がある。【設例1】【設例2】では，それを規制することによって①の消費者の利益と②の効率性が同時に実現され，独禁法が実現しようとする利益（一般消費者の利益，国民経済の民主的で健全な発達）を①②のいずれと理解してもそれを規制すべきことは変わらない。これまで説明した行為，さらに本書で今後取り上げる行為類型のほとんどはこれに属する。しかし，規制することによって①が実現するが②は損なわれることや①は損なわれるが②が実現することがある。一方で市場支配力を形成，維持ないし強化するが，他方では大きな効率性を達成する企業結合[9]，さらに優越的地位の濫用[10]や一部の抱き合わせ[11]は前者の例である。これらが現在の独禁法でどう考えられているかは各論で見たい（第1章Ⅲ4(6)，第5章Ⅶ2(2)，4(1)，Ⅺ4)。

8）　梶井厚志＝松井彰彦『ミクロ経済学──戦略的アプローチ』（日本評論社，2000年）197頁は，入札談合を麻薬に譬えて，入札談合に参加するものすべてをいかなる過程で不幸にするかを説明している。

9）　第1章Ⅲ4(6)。

10）　第5章Ⅺ4。

11）　第5章Ⅶ2。

Column ①　法概念としての市場支配力と経済概念としての市場支配力[12] ◦◦◦◦◦◦◦◦◦◦◦◦◦

　経済学においては，競争水準（限界費用）を超えて価格を引き上げることのできる力を市場支配力（market power）という。市場支配力があると，価格が引き上げられ，産出量が減少し，資源配分の非効率が発生する。価格カルテルや入札談合は，競争者が価格の引上げに合意することにより人為的に市場支配力を創り出す（形成する）行為ということができる。

　ごく初期の，独禁法が制定されて数年後に出された東宝スバル事件東京高裁判決（東京高判昭和 26・9・19 高民集 4 巻 14 号 497 頁），東宝・新東宝事件東京高裁判決（東京高判昭和 28・12・7 高民集 6 巻 13 号 868 頁）が「競争を実質的に制限する」を定義した。たとえば，後者は，「競争を実質的に制限するとは，競争自体が減少して，特定の事業者又は事業者集団がその意思で，ある程度自由に，価格，品質，数量，その他各般の条件を左右することによって，市場を支配することができる状態をもたらすことをいう」としていた。経済概念としての市場支配力を意識した定義と考えられる。2010 年の最高裁判決（最判平成 22・12・17 民集 64 巻 8 号 2067 頁〔NTT 東日本私的独占事件〕）は，私的独占（2 条 5 項）における「競争を実質的に制限する」を，「市場支配力の形成，維持ないし強化」と定義する。続いて，2012 年の最高裁判決（平成 24・2・20 民集 66 巻 2 号 796 頁〔多摩談合（新井組）事件〕）は，不当な取引制限の入札談合に係る「競争を実質的に制限する」について「当該取引に係る市場が有する競争機能を損なうことをいい，本件基本合意のような一定の入札市場における受注調整の基本的な方法や手順等を取り決める行為によって競争制限が行われる場合には，当該取決めによって，その当事者である事業者らがその意思で当該入札市場における落札者及び落札価格をある程度自由に左右することができる状態をもたらすことをいう」とする。最高裁は，競争の実質的制限を，「落札者及び落札価格をある程度自由に左右することができる状態をもたらすこと」として，東宝スバル事件東京高裁判決等を確認している。

◦◦

Ⅳ　エンフォースメント

　独禁法に違反するとどのような法的措置がとられるのか。独禁法を執行・運

---

12)　ここでの問題は経済法の教科書では図で説明されることも多い。関心があれば，川濵昇ほか『ベーシック経済法〔第 4 版〕』（有斐閣，2014 年）11-13 頁，金井貴嗣ほか編著『独占禁止法〔第 6 版〕』（弘文堂，2017 年）6-8 頁を見て欲しい。

用するのは公取委である。独禁法（競争法）では公取委（各国・地域の競争当局）その他が行う法的措置の内容や独禁法の運用・執行方法を総称して「エンフォースメント」と呼ぶことが多い。本書でもエンフォースメントといおう。

1 排除措置命令，課徴金納付命令

【設例1】ではどのようなエンフォースメントがとられるだろうか。公取委は，違反行為者に対して，行政処分として排除措置命令（7条）および課徴金納付命令（7条の2）を出す。これらの命令に対しては名宛人等は東京地裁（専属管轄）に抗告訴訟を提起することができる。なお，2015年3月末までは，公取委の内部の手続として「審判」制度があり，公取委は審決を出し，それに対して被審人は東京高裁に審決取消訴訟を提起するという制度となっていたが，独禁法制定以来あった審判制度を廃止する2013（平成25）年改正が2015（平成27）年4月1日に施行され，第1審が東京地裁となった。なお，本書で取り上げる多くの事件は2013年改正前のものであるために，審判，審決，審決取消訴訟等の表現が出てくる。

2 刑 事 罰

独禁法違反には刑事罰が科されることがある（89条）。さらに，法人（95条，両罰規定），その役員（95条の2，三罰規定）の刑事罰も用意されている。ただし，95条の2が適用された例はない。

3 民 事 救 済

被害者は，独禁法違反を利益侵害と構成して，一般不法行為責任（民709条）を問うほか，排除措置命令等が確定すれば無過失損害賠償責任を追及することもできる（25条・26条）。不当利得返還請求（民703条）をしたり，契約の無効を主張することもある。

4 課徴金制度と課徴金減免制度

課徴金制度は，1977（昭和52）年に日本で初めて独禁法に導入された。課徴金制度は，とりあえず，違反行為を抑止する目的で置かれた制度，具体的には

Ⅳ　エンフォースメント　　13

違反行為者に経済的不利益を与えることにより，違反行為をさせないようにする（違反行為のインセンティブをなくす）行政上の措置と理解しておこう。2005（平成 17）年および 2009（平成 21）年改正により私的独占および不公正な取引方法の一部にも課徴金制度が設けられたが（7 条の 2 第 2 項・4 項・20 条の 2 以下），不当な取引制限に対する課徴金制度とはかなり異なる制度となっている。不当な取引制限の課徴金制度は活発に利用されており，その後金融商品取引法（以下「金商法」という）に，そして 2014（平成 26）年 11 月の景品表示法の改正により景品表示法の不当表示規制（景表 8 条）にも導入されている（第 8 章Ⅲ 3）。【設例 1】の 10 社は，違反行為終了時から過去に遡って 3 年間のガソリン売上額の原則として 10％の，【設例 2】で入札談合により B 市と請負契約を締結した者は，同様の期間における請負契約の原則として 10％の課徴金の納付を命じられる（7 条の 2 第 1 項）。

　さらに，違反行為者が違反行為の事実を公取委に報告した場合，上記の課徴金が減免されるという制度も置かれている。【設例 1】や【設例 2】では，カルテルや入札談合を行っている者（たとえば F）は，調査開始前（立入検査前）に定められた方法で公取委に事実の報告と資料の提出を行えば，最初の報告者は課徴金を免れ（7 条の 2 第 10 項），2 番目の者は課徴金が 5 割減額され（同条 11 項 1 号），3 番目以降（5 番目まで）の者や，調査開始後の報告者も課徴金を 3 割減額されることがある（同項 2 号・3 号・12 項）。課徴金減免制度（リニエンシー制度）といわれる。課徴金減免制度は，密室で行われ直接証拠を得にくいカルテル等において公取委が証拠収集をしやすくするだけでなく，カルテル等の当事者に対して違反行為からの離脱のインセンティブを与えカルテル等を不安定にしたりカルテル等を形成しにくくすることを目的とするものであり，他の法制度にない特徴ある制度である。この制度はその後，金商法（185 条の 7 第 14 項）にも導入された。2014（平成 26）年 11 月の景品表示法の改正は，消費者庁に報告すれば課徴金を一律に半分に減額する制度（9 条）とするとともに，被害者に返金すればその分の課徴金を減額するという独禁法にない[13]制度（同 10 条）を設けた。経済法には，このような他の法律にはないユニークな制度がいろいろある。本書では，このような制度についても，その制度の立法目的や機能に注目しながら，その内容を見ていこう。

5 差止請求，域外適用

①不当な取引制限，②私的独占，③企業結合，④不公正な取引方法（Ⅱ2(1)）のうちの④不公正な取引方法については，それによって利益が侵害されるなどし，著しい損害が生じまたは生ずるおそれのあるものは，当該行為の差止めを裁判所に求めることができる（24条）。

国際的なカルテル事件も多く起こっており，そこでは，日本の独禁法だけでなく，米国やEU，中国などの競争法の執行も同時に起きる。日本の部品メーカーが行った自動車部品カルテルでは，様々な部品について米国司法省や欧州委員会等から1社で数百億円にのぼる罰金や制裁金が科されている。外国でなされたカルテル等に対し自国の独禁法をどのような場合に適用でき，課徴金等を課せるかも問題になっている（伝統的に，「域外適用」の問題という）。この問題も本書でとりあげる（第6章）。

---

13) 被害者と損害賠償の交渉を行うことを求めることはあるが（たとえば，米国の司法省の法人リニエンシープログラムの4〔刑事訴追免責の申請を行う企業は可能な限り，被害者への損害賠償（restitution）を行うこと〕。また，被害者への返金等を命じる制度（同じく米国の連邦取引委員会による"disgorgement"〔連邦取引委員会法（FTC法）5条〕はある），違反行為者が被害者に返金すればその分の課徴金等が自動的に控除されるという制度は世界で見ても知られていない。これに対し，消費者庁への報告による課徴金の減額については，やや似た制度が国税通則法61条1項にある。

第1章

企 業 結 合

I　企業結合規制の概要

1　は じ め に

　第1章は，独禁法の規制対象である①不当な取引制限，②私的独占，③企業結合，④不公正な取引方法（序章Ⅱ2⑴）のうち企業結合を解説する。経済法を企業結合規制から学習するという章の構成は異例である。しかし，それには理由がある。独禁法においては，4つの行為類型のうち3つ（不当な取引制限，私的独占，企業結合）において，「一定の取引分野」および「競争を実質的に制限する」（競争の実質的制限）という共通する要件（効果要件）が置かれている。さらに，この要件は独禁法の解釈上もきわめて重要である。その点において，一定の取引分野と競争の実質的制限の要件をもっともしっかりと学べるのが企業結合規制である。そこで，企業結合規制を最初にとりあげている。

　また，独禁法の規制のほとんどは，後に述べる市場集中規制に属する。企業結合規制には，この市場集中規制に直接には属さない特別な規制として「一般集中」規制がある。このような例外的な規制は最初にとりあげておき，本章Ⅱ以降では市場集中規制をしっかりと学んでいくこととしたい。そのため，本章Ⅰ4において，「一般集中」規制をとりあげる。

　Ⅰでは，まず企業結合規制とはどのようなものかその全体像を把握するとともに，「一般集中」規制の具体的な内容を見ることにしよう。

2　企業結合の方法と規制方法

(1)　企業結合とは

　企業結合とは，合併，株式取得，役員兼任，事業譲受けなど，複数の企業が組織法上の手段によって結びつくことである。独禁法は，第4章において，株式取得・所有（10条），役員兼任（13条），会社以外の者による株式取得・所有（14条），合併（15条），共同新設分割・吸収分割（15条の2），共同株式移転（15条の3），事業譲受け等（16条）に分けて規定を置いている。

　企業結合は，様々な目的で行われる。たとえば，2社が協力することで，スケールメリット（規模の経済）を得たり，得意分野を補完しあって生産や流通を効率化したり，商品開発・販売を強化し，競争力を高める場合がある。一方，組織が大きくなることで小回りがきかなくなる（非効率）ことがある。銀行などでは，合併等で大きくなることによって非効率な銀行が出現しても，破綻することによる社会への悪影響が大きすぎて政府が破綻させられなくなるようにすることも指摘されている（too big to fail といわれる）。

　他方，たとえば市場において有力な2社が結合して，独占に近い企業が生まれると，競争が活発でなくなる（競争上の悪影響が生じる）ことがある。独禁法は，このような競争上の悪影響（独禁法は「一定の取引分野における競争を実質的に制限することとなる」という要件によりこれを表現している）が生じる場合を問題とする。また，競争上の悪影響が生じる企業結合か否かを判断する際に，あるいはそれと同時に，上記の効率化が考慮されるかなども問題となる。

(2)　企業結合の特徴と規制方法

　企業結合は，生卵を割り黄身と白身を混ぜる行為に譬えることができる。生卵を割って黄身と白身が混じり合うと，割った行為が後になり間違いだとわかっても元に戻すことはできない。企業が合併し，人や情報が混じり合ってしまうと，後でその企業結合が独禁法に違反すると判明しても元の卵の状態（黄身と白身が分かれた状態，競争状態）に戻すことは通常は困難である。そこで独禁法では一定規模以上の企業結合については，企業結合を行う前に企業結合計画を公取委に届け出て，公取委が独禁法に違反するかどうかを審査し，審査が終

18　第1章　企業結合

わった後に企業結合を行わせるという規制手法をとっている（10条2項・15条2項など）。すなわち，企業が国内売上高等の一定の条件をみたす企業結合をするときは，計画段階において当該企業から公取委に一定の様式で届出を行い，公取委が審査を行うこととされている。事前届出制度，事前審査制度（規制方法としては事前規制）といわれる。この場合には，審査の過程で競争上の悪影響が生じると判明した企業結合は，当事会社が悪影響を取り除くように計画を変更すること（問題解消措置といわれる）により企業結合自体は実現されることがほとんどである。企業結合規制において排除措置命令（17条の2）が出される例はほとんどなく，審決も1973（昭和48）年[1]のものが最後となった。不当な取引制限，私的独占，不公正な取引方法が，通常，違反行為が行われた後に公取委が審査し（事後規制），排除措置命令が出され，通常，問題解消措置等は検討されないのと対照的である。

(3) 市場集中規制と「一般集中」規制

【設例3】　③

　A航空会社がB航空会社の50％を超える株式を取得しようとしている。

【設例4】　④

　関西において鉄道と百貨店を中心に事業をしているH持株会社が，関西において広くホテル事業を行うC会社を吸収合併しようとしている。

【設例5】　⑤

　Dリース会社を子会社とする会社グループがA航空機メーカーの50％を超える株式を取得しようとしている。

　これらの【設例】はどのように考えられるだろうか。競争への悪影響は生じるだろうか，生じるとすればどのように生じるだろうか。

　仮に，日本の航空会社には大手3社があり，Aは航空機による国内旅客運送の市場において市場占有率（シェア）が50％，Bは30％，Cは15％である

---

1)　公取委同意審決昭和48・7・17審決集20巻62頁（広島電鉄事件）。

としよう。【設例 3】においては株式取得後の A のシェアは 80％になり，A は *Column ①* で見た市場支配力を形成または強化でき，たとえば高い航空運賃を設定できるようになると予測される。このように，個別の市場において上位少数企業へと集中することは市場集中と呼ばれ，その弊害を問題にし，それを規制することは市場集中規制と呼ばれる。

　一方，【設例 4】では，鉄道事業，百貨店業（または小売業）とホテル事業，【設例 5】ではリース事業と航空機による旅客運送事業とは競合せず，これらの企業結合によってそれぞれの市場におけるシェアが変化するわけではない。【設例 4】【設例 5】では，*Column ①* で見たような市場集中や市場支配力の形成，維持，強化は直接には生じないということができる。

　独禁法は，基本的には市場集中を規制する法律である。これに対し，【設例 4】や【設例 5】のような市場集中は生じていないが，経済全体として見て，特定の企業や企業グループに経済力が集中すること[2]を問題とする規制を「一般集中」規制という。独禁法には，「一般集中」規制として，9 条および 11 条の 2 つの規定がある。なお，ここで「一般集中」規制とカギ括弧書にするのは，後に見るように 9 条および 11 条も市場集中と関係がないわけではなく，純粋な一般集中規制とは考えられていないからである。

Column ②　実際はそんなに簡単ではない

　【設例 4】【設例 5】では，市場集中が生じないのだろうか。

　【設例 4】にいう H 持株会社のモデルは阪急阪神ホールディングスであり，同持株会社は阪急阪神第一ホテルグループというホテル事業を行う子会社を保有している。【設例 4】のような企業結合が行われると，阪急阪神第一ホテルグループと C 傘下のホテルとの間に企業結合と同じ効果が発生し，関西におけるホテル市場において市場支配力が形成されるかもしれない。このように，一見すると一般集中の問題だけのように見えるが，実は市場集中があわせて起こることがある。会社は自らあるいは子会社，関連会社等を通じて様々な事業をしているため事実関係をよく確認しなければならない。

　【設例 5】において，D と A はリース会社（金融会社）と航空機メーカーという異業種にあり，競争しておらず，企業結合をしても直接には市場集中は生じない。ところで，航空機の買い手（需要者）である航空会社は航空機をリースにより調達すること

---

2)　少数者による産業支配の排除，経済民主主義などといわれることもある。

20　第 1 章　企 業 結 合

が一般的であり，リース契約ができなければ航空機の調達は困難である。また，Ｄは航空機のリース事業において世界でも日本でも第１位の会社であるとする。この場合，【設例5】の企業結合が行われると，ＤはＡの競争者である航空機メーカーＢらとの間でリース契約の締結を拒否し，Ｂを航空機製造市場から排除することができるかもしれない。すなわち，ここでもＡとＢらとの競争に悪影響（Ｂらにとって川上市場が閉鎖され〔投入物閉鎖〕，それによりＢらが川下市場で閉め出されることから，市場閉鎖といわれる）が生じ，航空機による旅客運送の市場における集中が起きうるといえる[3]。

◇◇

(4) 企業結合の種類──水平型，垂直型，混合型

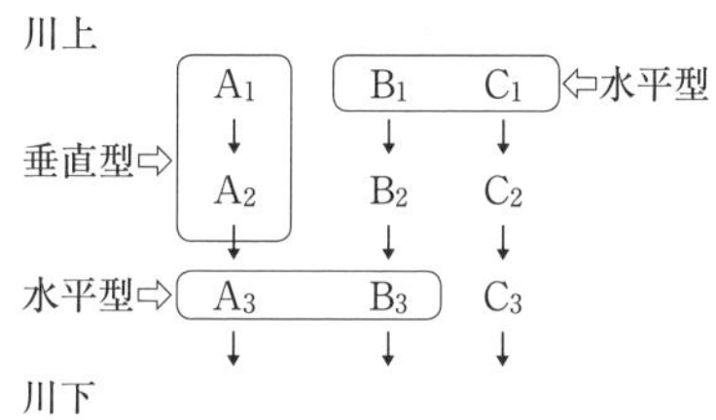

独禁法では，商品の流通を川の流れに譬えて図示することが多い（Figure 1）。商品の原料や部品の供給者を図の上方に，それらを使用した完成品のメーカーをその下に，商品の卸売業者，小売業者はさらに下に記載することがなされる。原料や部品の供給者は川上，流通業者は川下

Figure 1　水平型・垂直型企業結合

に記載される。競争者は同じ位置（横）に記載される。この図で見ると，【設例3】～【設例5】で市場集中が起こるのは水平関係（競争関係）にある会社間の結合であり，これを「水平型」企業結合という。一方，*Column ②*で述べたように【設例5】では，リース事業と航空事業は川上と川下にいる（取引関係にある〔Ⅲ6(2)〕）事業者間の企業結合であり，「垂直型」企業結合と呼ばれる。あるいは，補完財（相互に補完して効用を得る財）を供給していると捉えれば，図では表現できない形態（混合型といわれる）となる。市場集中による競争への悪影響は水平型企業結合で生じやすいが，*Column ②*で見たように，例外的にではあるが垂直型・混合型企業結合でも生じることがある。他方，水平型でも

---

3) 【設例5】は，2001年のEC委員会決定（General Electric/Honeywell, OJ 2004 L48/1）を大幅に修正したものである。実際には，Ａは航空機の有力部品メーカーであり，企業結合の類型は混合型となる（Ⅲ7(2)）。EC委員会は，Ｄの航空機リース市場でのシェアが低く，そのような効果は生じないと判断した。垂直型企業結合については，Ⅲ6(2)で説明する。

垂直型でも上記の意味での混合型でもないもの，すなわちまったく異業種の会社間の企業結合は「純粋混合型」企業結合という。「純粋混合型」企業結合が，「一般集中」規制ではともかく，市場集中規制において問題になることはほとんどない[4]。

3　市場集中規制

(1)　概　　要

独禁法は，企業結合規制に係る規定を企業結合の方法に従って，株式取得・所有（10条），役員兼任（13条），会社以外の者による株式取得・所有（14条），合併（15条），共同新設分割・吸収分割（15条の2），共同株式移転（15条の3），事業譲受け等（16条）と別々に置いている。しかし，企業結合が禁止されるための要件（効果要件）は共通しており，「一定の取引分野における競争を実質的に制限することとなる」，または「不公正な取引方法によ」る場合である。

このうち，「不公正な取引方法によ」る企業結合が規制された先例はない。たとえば粉飾決算（ぎまん的顧客誘引〔第5章Ⅵ2〕）による株式公開買付け，不公正な取引方法を内容とする契約による株式取得などが考えられるが，それは金融商品取引法などのより有効な規制が存在し，独禁法の適用を検討する実益が乏しいからであろう。

以下では，「一定の取引分野における競争を実質的に制限することとなる」の要件のみをとりあげる。

(2)　結　合　関　係

まず，「結合関係」の有無が問題になる。

公取委は，「企業結合審査に関する独占禁止法の運用指針」（以下「企業結合ガイドライン」という）を公表し，どう審査するかの指針を明らかにしている。企業結合ガイドラインでは，結合関係について，「複数の企業が株式保有，合併等により一定程度又は完全に一体化して事業活動を行う関係」を「結合関

---

4)　ただし，混合型企業結合でも，上記の例は市場閉鎖が生じうるし，商品市場が隣接している場合や（商品拡大型），地理的に隣接する市場である場合（地域拡大型）は，潜在的な競争があるから，市場集中が問題になりうる（Ⅲ7(1)）。

22　第1章　企業結合

係」と呼び，結合関係が「形成・維持・強化」されることにより競争を実質的に制限するおそれが生じる場合には企業結合が禁止されるとする。

　結合関係という考え方に対しては，条文上の要件は，「他の会社の株式を取得し，又は所有することにより，一定の取引分野における競争を実質的に制限することとなる」（10条1項）であり，結合関係は要件ではないこと，また，10条1項の定める，企業結合と「競争を実質的に制限することとなる」との因果関係を意味する「より」の解釈の問題と捉えれば足りることから，「結合関係」という要件を置く必要はないとする批判もある。しかし，いずれの見解をとっても，実際には結果に大きな違いは生じないと考えられる。また，「結合関係」をまず審査することは，審査や検討の手順としてわかりやすいといえる。そこで，本章では「結合関係」を要件と解する考え方に沿って以下説明する。

　上述のとおり企業結合の方法には，合併，株式取得・所有，役員兼任，共同新設分割・吸収分割，共同株式移転，事業譲受け等があった。合併は，複数の会社が1つの法人として完全に一体となるので，当事会社間で強固な結合関係が形成され，通常，当事会社間の競争は消滅する。共同新設分割・吸収分割，共同株式移転でも同様であり，これらの形態の企業結合が行われれば，当然に結合関係は成立する（形成，維持，強化される）と考えられ，「結合関係」の形成，維持，強化の有無を検討する必要はない。これに対し，株式取得では，発行済株式総数に占める株式所有比率が50％を超える場合，20％を超える場合，10％以下の場合，さらに数株を取得する場合と様々であり，「結合関係」がどの場合に成立するか（当事会社間の競争が消滅するか残るか）が問題になる[5]。企業結合ガイドラインは，株式保有等について，①議決権保有比率10％以下で役員兼任がなければ結合関係は成立しない，②10％超かつ3位以内等，③20％超かつ単独筆頭株主，④50％超ごとに結合関係が成立するとしている。役員兼任にも類似の記載がある。また，結合関係が成立したとしても，結合関係の強弱は様々であり（結合する会社間で競争が部分的に残る場合もある），その強弱は競争の実質的制限の判断にも影響する[6]。なお，共同新設分割・吸収分割

---

[5]　結合関係を不要とする説では，株式保有に「より」競争の実質的制限が生じるかの解釈および事実認定の問題となる。

も企業結合の方法の1つとされるのは，会社分割された事業が新しい会社の事業と結びつき（共同新設分割）または既存の会社に承継されその会社の事業と結びつく（吸収分割）からである。共同株式移転でも同様に結合が生じうる。

(3) 一定の取引分野

「一定の取引分野」とは何か，それはどのように画定されるのか，「競争を実質的に制限することとなる」とは具体的にはどういうことか，どのように判断するのかについては，Ⅱにおいて詳しく見る。ここでは概要だけを見ておく。

一定の取引分野は，競争の実質的制限の有無を判断する範囲であり，いわゆる市場を意味する。一定の取引分野の範囲を定める作業は市場画定と呼ばれる。一定の取引分野，つまり市場の範囲は，基本的に「商品役務の範囲」（商品役務市場。役務〔サービス〕を省略し，以下では，商品市場とする），「地理的範囲」（地理的市場とも呼ばれる）から構成され，主として需要の代替性から，補完的に供給の代替性から判断される（Ⅱ2(2)で詳しく説明する）。

企業結合ガイドラインも，「一定の取引分野は，企業結合により競争が制限されることとなるか否かを判断するための範囲を示すものであり，一定の取引の対象となる商品の範囲……取引の地域の範囲（以下『地理的範囲』という。）等に関して，基本的には，需要者にとっての代替性という観点から判断される」，「また，必要に応じて供給者にとっての代替性という観点も考慮される」とする。

(4) 競争を実質的に制限することとなる

Column ①で見たように，最高裁は，「競争を実質的に制限する」とは，「市場が有する競争機能を損なうこと」であり（最判平成24・2・20民集66巻2号796頁〔多摩談合（新井組）事件〕），「市場支配力の形成，維持ないし強化」であるとする（最判平成22・12・17民集64巻8号2067頁〔NTT東日本私的独占事件〕）。

---

6) 公取委『平成23年度における主要な企業結合事例』「事例2新日本製鐵㈱と住友金属工業㈱の合併」では，H形鋼について，新日鐵とA社は結合関係にあるとされたが，「競争を実質的に制限することとなる」の判断においてはA社との間で一定程度の競争関係が維持されているとされ，その競争関係が考慮された。

また，東京高裁は，「競争を実質的に制限するとは，競争自体が減少して，特定の事業者又は事業者集団がその意思で，ある程度自由に，価格，品質，数量，その他各般の条件を左右することによって，市場を支配することができる状態をもたらすことをいう」とする（東京高判昭和28・12・7高民集6巻13号868頁〔東宝・新東宝事件〕）。

　企業結合に係る一連の規定は，競争を実質的に制限する「こと」（2条5項・6項）ではなく，競争を実質的に制限する「こととなる」（10条1項）として，「こととなる」という要件を加えている。企業結合ガイドラインは，競争の実質的制限について上記の東京高裁判決を引用したうえで，「こととなる」について，次のように説明する。「法第4章の各規定では，法第3条……の規定と異なり，一定の取引分野における競争を実質的に制限する『こととなる』場合の企業結合を禁止している。この『こととなる』とは，企業結合により，競争の実質的制限が必然ではないが容易に現出し得る状況がもたらされることで足りるとする蓋然性を意味するものである。したがって，法第4章では，企業結合により市場構造が非競争的に変化して，当事会社が単独で又は他の会社と協調的行動をとることによって，ある程度自由に価格，品質，数量，その他各般の条件を左右することができる状態が容易に現出し得るとみられる場合には，一定の取引分野における競争を実質的に制限することとなり，禁止される」。これは通説の考え方でもある。

　すなわち，通説および企業結合ガイドラインは，最高裁判決のいう「市場支配力の形成，維持ないし強化」のうち「市場支配力」とは，東宝・新東宝事件判決と同様に，「ある程度自由に，価格，品質，数量，その他各般の条件を左右することができる状態」をいい，「形成，維持ないし強化」とはその「状態をもたらす」こと，「状況がもたらされること」を意味する。そして，「こととなる」とは「必然ではないが容易に現出し得る状況がもたらされることで足りるとする蓋然性」とする。まとめれば，「こととなる」とは，企業結合により「市場構造が非競争的に変化して」，市場支配力の形成，維持ないし強化が「容易に現出し得るとみられる場合」つまり「蓋然性で足りる」とするのである。

　企業結合規制は事前規制であるから企業結合後に生じる事態（市場構造，市場行動の状況）を予測して規制するほかない。また，「こととなる」とすること

Ｉ　企業結合規制の概要　　25

からその予測は,「市場構造が非競争的に変化して」,市場支配力の形成,維持ないし強化が「容易に現出し得るとみられる」「蓋然性」で足りるのである。

さらに,「当事会社が単独で又は他の会社と協調的行動をとることによって」という表現に示されるように,競争の実質的制限には,①「単独行動による競争の実質的制限」と②「協調的行動による競争の実質的制限」がある。これらの点は,Ⅲ4,5,6において見たい。

(5) 問題解消措置

企業結合が一定の取引分野における競争を実質的に制限することとなる場合においても,当事会社が一定の適切な措置(問題解消措置[7])を講じることにより,その問題(当該企業結合により競争を実質的に制限することとなること)を解消することができる場合がある。問題解消措置は,構造措置と行動措置に分類され,企業結合ガイドラインは前者が原則であるとしている(Ⅳ2)。

これらの要件は,Ⅱ以下で具体的に検討する。その際には,企業結合ガイドラインに掲載されているフローチャートを逐次,参照するのが便利であるのでここに掲げる。

4 「一般集中」規制

(1) 独禁法上の「一般集中」規制の意義

「一般集中」規制は,特定の企業や企業グループに経済力が集中することに注目して規制をする。独禁法には,制定当初から,第二次世界大戦後に解体された財閥の復活を阻止し(旧9条),銀行・保険会社等の金融会社による産業支配を阻止することを目的とする規制(旧11条)があった。また,その後,旧11条の強化とともに,総合商社や銀行を中核とする企業集団が,株式の持合いを通じて,排他的取引(系列取引)を行うことを回避するための規制が新設された(1977〔昭和52〕年改正)。しかし株式の持合いは減少し,企業集団も解消しつつあり,総合商社,銀行の影響力もかつてほど大きくはない。このような経済状況の変化の中で「一般集中」規制は緩和され,現在残っている9条と

---

7) 英語では,"remedy" という。

Figure 2 企業結合審査のフローチャート

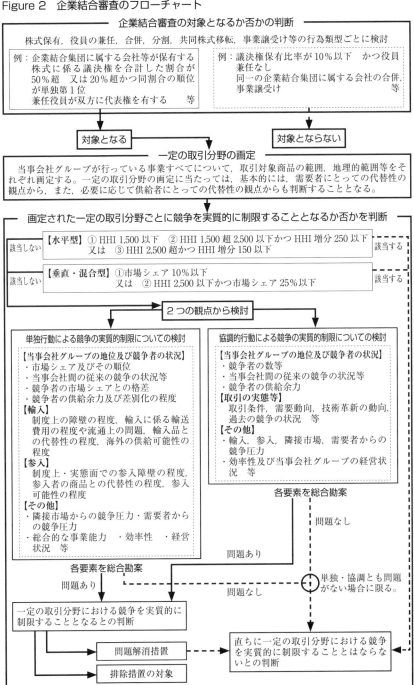

11条についても，以下で見るように，9条が適用される場面は金融会社グループに係る第3類型を除けばあまり想定できず，11条の規制も銀行法，保険業法の規制と重複するもののみとなっている。

(2)　事業支配力の過度集中規制（9条）

　(ア)　**事業支配力の過度集中**　　独禁法の制定以来，持株会社は原則として禁止とされてきたが，1997（平成9）年に後述の3類型を除いて解禁され，2002（平成14）年独禁法改正により持株会社に対する規制が会社一般に対する規制（事業支配力が過度に集中することとなる会社の設立等の規制）に変わった（9条）。現在は，持株会社は広く利用されている。

　独禁法は事業支配力が過度に集中することとなる会社の設立等をどのような場合に禁止しているのか。

　まず，禁止される会社の設立等は，「事業支配力が過度に集中することとなる」会社の設立およびそのような会社への転換である（9条1項・2項）。規制される会社の範囲には，子会社が含まれる。子会社の定義は同条5項に置かれている。禁止される3類型は，1997（平成9）年改正のそれと同じであり，その会社グループ（その会社および子会社その他当該会社が株式の所有により事業活動を支配している国内の会社）の，①総合的事業規模が相当数の事業分野にわたって著しく大きいこと，②資金に係る取引に起因する他の事業者に対する影響力が著しく大きいこと，または③相互に関連性のある相当数の事業分野においてそれぞれ有力な地位を占めていることにより，国民経済に大きな影響を及ぼし，公正かつ自由な競争の促進の妨げとなることである（同条3項）。①〜③を3類型という。

　3類型の定義規定には，「相当数」「著しく大きい」「影響力」「関連性」「有力な地位」などの抽象的概念が用いられている。これらの意味を明確にするために，公取委は「事業支配力が過度に集中することとなる会社の考え方」（以下「9条ガイドライン」という）を公表している。3類型の内容を理解するためには，9条ガイドラインを確認しなければならない。

　(イ)　**第1類型**　　9条ガイドラインによると，第1類型は，「(a)会社グループの規模が大きく，かつ，(b)相当数の(c)主要な事業分野のそれぞれにおい

28　第1章　企業結合

て別々の(d)大規模な会社を有する場合」である。(a)は総資産の額の合計額が
15兆円（金融会社の総資産を除く）を超えるもの，(b)は5以上，(c)は日本標準産
業分類3桁分類のうち，売上高6000億円超の業種等，(d)は単体総資産の額
3000億円超の会社である。第1類型は，第二次世界大戦前にあった旧財閥の
復活が会社グループの形で復活することを阻止する目的のものであり，1997（平
成9）年時点で存在した6大企業集団（三井，三菱，住友の3グループおよび銀行
を中心とした3グループ）が持株会社の下で再編される場合が想定されていた。
現在，このような会社グループ（単なる会社グループではなく，「株式の所有により
事業活動を支配している」〔9条3項〕会社のみが上記基準の算定対象である）ができ
ることは想定しにくい。

(ウ)　**第2類型**　　第2類型は，「(a)大規模金融会社と，(b)金融又は金融と
密接に関連する業務を営む会社以外の(c)大規模な会社を有する場合」であり，
(a)は単体総資産の額15兆円超である金融会社，(b)は銀行業または保険業を営
む会社その他公取委規則で定める会社（独禁10条3項），(c)は単体総資産の額
3000億円超の会社である。金融会社と大規模一般事業会社が1つの会社グ
ループを形成し，金融会社が一般事業会社に大きな影響を及ぼすことを懸念し
て規制している。(a)をみたすのは都市銀行と大手の生命保険会社であるが，銀
行は(3)(ウ)で述べる独禁法11条および銀行法上の株式保有規制により，第2類
型の会社グループを作ることはできない。これに対し，実際になされるかどう
かはともかく，株式会社形態の生命保険会社を子会社にしたり，相互会社形態
の生命保険会社が事業会社の株式を保有する場合，これに該当することが法制
度上はありうる。

(エ)　**第3類型**　　第3類型は，「(a)相互に関連性のある(b)相当数の(c)主要
な事業分野のそれぞれにおいて別々の(d)有力な会社を有する場合」であり，(a)
については，(1)取引関係（各財・サービスを供給する事業分野間で密接な取引関係の
ある場合），(2)補完・代替関係（ユーザーから見て，各事業分野の提供する財・サー
ビスが補完・代替関係にある場合），(b)は5以上（規模が極めて大きい事業分野に属す
る有力な会社を有する場合は，会社の有力性の程度により3以上），(c)は，日本標準
産業分類3桁分類のうち，売上高6000億円超の業種等，(d)は，当該事業分野
における売上高のシェアが10％以上の会社である。企業集団内の金融会社が

Ⅰ　企業結合規制の概要　　29

金融会社グループになること，独立系集団が系列企業をグループ化し[8]，排他的取引（系列取引）がなされることの阻止を目的とする。

　第1類型，第2類型の企業グループが生じることは現状では想定しにくいが，第3類型については，都市銀行，生命保険会社，損害保険会社，クレジット会社等（これらでは(b)の主要な事業分野は3で足りる可能性が高い）が1つの金融会社グループを形成しようとすれば[9]，これに該当することがありうる。なお，公取委は，2015（平成27）年3月31日，「独占禁止法第9条に基づく一般集中規制が廃止された場合に実際に生じ得る現実的な弊害について」を公表し，9条の規制は今後も維持されるべきとしている。

(3)　金融会社の株式保有規制（11条）

⑥	【設例6】
	E銀行は，家電メーカーFの株式を50%を超えて取得しようとしている。
⑦	【設例7】
	E銀行は，G銀行の株式を50%を超えて取得しようとしている。
⑧	【設例8】
	E銀行を子会社とするE銀行持株会社（持株会社の定義は9条4項1号）は，家電メーカーFの株式を50%を超えて取得しようとしている。

　　(ア)　**独禁法11条**　　11条は，銀行および保険会社の株式（議決権）の保有を規制している。すなわち，「銀行業又は保険業を営む会社は，他の国内の会社の議決権をその総株主の議決権の100分の5（保険業を営む会社にあっては，100分の10。……。）を超えて有することとなる場合には，その議決権を取得し，又は保有してはならない」（同条1項）。したがって，銀行が取得できる「他の国内の会社の議決権」は5%まで，保険会社は10%までであり，【設

---

8)　現状ではありそうにないが，たとえば自動車メーカーとその部品（電子部品・デバイス，ガラス，タイヤ等）メーカーが1つの会社グループになる場合。

9)　1997年の独禁法改正時には，このような金融グループが形成されることが予想されていたが，実際には，銀行グループ，損害保険会社グループ等の形態で業種ごとに会社グループが形成されており，現状では第3類型の問題は生じそうにない。

例 6】では F 会社の株式を 5％までしか取得できない。

これに対し，11 条は【設例 7】に掲げる行為を禁止していない。見つけにくい条文であるが，10 条 3 項第 3 括弧書は，「他の国内の会社」について，「銀行業又は保険業を営む会社その他公正取引委員会規則で定める会社を除く。……次条第 1 項……において同じ」とするので，「銀行業又は保険業を営む会社その他公正取引委員会規則で定める会社」（以下「金融会社」という）の議決権の取得は 11 条の対象外である。つまり，11 条は金融と商工業を分離する規制であり【設例 7】は 11 条の規制対象外である。ただし，【設例 7】は水平型企業結合であり，3 で見た市場集中規制により，10 条による審査を受けることとなる。たとえば，ある地方において D 銀行と H 銀行が大きなシェアを持ち，この地方で資金を借りようとする者の多くにとって 2 社が主要な選択肢であるならば，10 条違反が問題になりうる。結論としていえば，銀行は金融会社以外の会社（事業会社）を子会社等にすることは原則としてできないことになる。

なお，11 条は，その規定が適用されない例外（適用除外）を定めている。適用除外には，①法定の適用除外（同条 1 項 1 号〜6 号・同条 2 項）と，②公取委の認可による適用除外（同条 1 項但書）がある。①については，公取委「独占禁止法第 11 条の規定による銀行又は保険会社の議決権の保有等の認可についての考え方」が公表されている。たとえば，銀行の貸付先が業績不振で，その信用を維持するために必要と認められる場合などが適用除外となる。

　(イ)　**11 条の目的**　　金融と商工業を分離する 11 条の規制目的は何だろうか。第 1 は，9 条の第 2 類型と同じく，金融会社はその資金力，融資に加え，株式保有を通じて他の会社に大きな影響を及ぼしうること，金融会社を通じて事業支配力が過度に集中することとなることに対する歯止めである。第 2 は，金融会社が事業会社と結びつくことにより，①結びつきのある事業会社に有利な融資をし，その事業会社と競争関係にある事業会社を不利に扱う等，資金の流れに歪みを生じさせ競争を歪めること，②金融会社が取引先に商品の購入を要請したり，経営に不当に介入するなどの不公正な取引方法の素地が形成されることを防止することである[10]。つまり，とくに②では，事業会社のいる市場で競争が歪められる危険を問題にする。したがって，「一般集中」規制という

I　企業結合規制の概要　　31

より市場集中規制の一種の予防・補完規定という位置づけといってよいであろう。

　銀行と保険会社で取得できる議決権の上限が異なるのは，銀行は融資に加え，株式を保有し，保有期間も長期になる傾向があり，被取得会社を支配したり影響を与えやすいのに対して，保険会社は保険契約者から受け取った保険料の運用のために保有することが多く，保有期間も短く，影響等を与えにくいからとされている。

　　(ウ)　**より広い視点から**　　金融会社の株式保有規制は銀行法にも存在する。1997（平成9）年の独禁法の改正時に，銀行法，保険業法も改正され，独禁法11条とほぼ同じ規定（上記の5％，10％規制）が置かれた（銀行16条の3第1項，現行法16条の4第1項）。ただし，規制の目的は，金融会社の健全性の確保（銀行の決済機能，預金者・保険契約者の保護）である。これに加えて，銀行法は，銀行持株会社（持株会社とは，子会社の株式等の取得価額の合計額の総資産に対する割合が50％を超える会社とし〔銀行2条12項〕，銀行持株会社とは1以上の銀行を子会社とする持株会社とする〔同条13項〕）またはその子会社は，国内の会社の15％を超える議決権を取得・保有してはならないとする（合算15％ルール。銀行52条の24第1項）。銀行持株会社は，事業会社の株式の5％を超えて取得できるが（公取委は，自らが銀行業，保険業を営んでいない銀行持株会社，保険持株会社には独禁法11条は適用されないと解する[11]），自らおよび子会社の取得・保有する事業会社の議決権は，合算して15％を超えては取得・保有できない。**【設例8】**では，E銀行持株会社は，Fの株式を15％を超えては取得できないことになる。これは，1997（平成9）年独禁法改正の際，既存の企業集団が金融持株会社に転化する場合に備えてとられた措置である[12]。なお，保険会社や保険持株会社に対してはこのような規制はない。したがって，保険持株会社が銀行を子会社化する場合には注意を要する。銀行持株会社の定義をみたすようになり，銀行

---

10)　菅久修一＝小林渉編著『平成14年改正　独占禁止法の解説』（商事法務，2002年）12頁。

11)　銀行持株会社は子会社を通じて実質的に銀行業を営んでおり，独禁法11条の適用を受けると解する余地があるが，後掲注12)の理由から，公取委はそのような解釈をとらなかったと解される。

12)　当時，1つの企業集団内の銀行，保険会社等が一般事業会社の株式を上限まで保有する例が多かったといわれる。この場合，合算15％ルールのもとでは銀行3社を，あるいは保険会社1社と銀行1社を，事業会社株式を処分することなく，持株会社の子会社とすることができる。

持株会社として新たな規制（合算15％ルール）を受けることになるからである。

Ⅱ　一定の取引分野

1　はじめに

　本節のテーマは「一定の取引分野」であり，「一定の取引分野の画定」あるいは「市場画定」といわれる問題をとりあげる。一定の取引分野という要件は，企業結合規制においてきわめて重要な役割を担っている。のみならず，一定の取引分野という要件は，独禁法が規制する他の3つの行為類型のうちの2つである不当な取引制限および私的独占でも共通の要件となっている。さらに，不公正な取引方法についても，自由競争減殺（競争減殺）（第5章Ⅰ1(4)）が問題とされる類型において，市場画定を必要とするという理解が一般的である。その意味で，「一定の取引分野」は独禁法全体に共通して問題となるきわめて重要な論点である。ここでは，企業結合規制を主として念頭に置きながら，他の行為類型とも共通する要件であることを意識しつつ「一定の取引分野」について学習をしよう。

2　一定の取引分野の基本的な考え方

(1)　一定の取引分野の要件の役割

　Ⅰ3で見たように，企業結合規制は，①結合関係の有無，②一定の取引分野の画定（市場画定），③競争を実質的に制限することとなるか，④問題解消措置の設計という形で審査が進んでいく。

　一定の取引分野は当該企業結合により競争が実質的に制限されることとなるか否かを判断するための範囲・場所とされる。Ⅲで見るように，競争の実質的制限の判断においては，当事会社の市場シェア・順位，従来の競争の状況等，競争者の市場シェアとの格差，競争者の供給余力等，輸入，参入，隣接市場からの競争圧力，需要者からの競争圧力，効率性，当事会社グループの経営状況等が考慮要素となる。たとえば，結合当事者が一定の取引分野で1位かつ市場シェアがきわめて大きいこと，競争者の市場シェアとの格差が大きいことは，競争の実質的制限があるとされる方向での考慮要素となる。この順位や市場シ

Ⅱ　一定の取引分野　　33

ェアの計算は，分子に当事会社の合算販売数量等を，分母に市場全体の合算販売数量（例外的に販売額）を置くので，分母に係る一定の取引分野（市場）が広ければ市場シェアは小さく，狭ければ大きくなる。そのため，一定の取引分野の画定（市場画定）は，競争の実質的制限の判断に重大な影響を及ぼし，企業結合審査においてきわめて重要な争点となる。もっとも，企業結合当事者の順位や市場シェアはかつては企業結合審査において決定的といってよいほどの役割を持っていたが，現在では決定的とはいえず，Ⅲで見るように，1位で市場シェアがきわめて大きくても，たとえば競争圧力（参入，隣接市場からの競争圧力等）が強く働けば，競争の実質的制限がないとされる。結合後の市場シェアが100％となる事例において，隣接市場からの競争圧力が強いことを理由に競争の実質的制限がないとされたものもある[13]。しかしながら，市場画定が企業結合当事者にとっても公取委にとっても重要であることは変わらない。

　企業結合ガイドラインは，「一定の取引分野は，企業結合により競争が制限されることとなるか否かを判断するための範囲を示すもの」とし，「一定の取引の対象となる商品の範囲（役務を含む。……），取引の地域の範囲（……「地理的範囲」という。）等に関して，基本的には，需要者にとっての代替性という観点から判断される。また，必要に応じて供給者にとっての代替性という観点も考慮される」とする。

(2)　市場画定における需要の代替性，供給の代替性

　　(ア)　**需要の代替性**　　Figure 3 を見よう。a 市は，北と東西を山に囲まれているとする。最も北に位置する a 地域に住む消費者 Y は，甲会社の商品 X_1 を a 地域にあるスーパー A_1 とスーパー A_2 で購入している。A_1 と A_2 が合併するとどうなるか。合併後のスーパー A が X_1 の販売価格を引き上げたとす

---

13)　公取委『平成22年度における主要な企業結合事例』「事例2 北越紀州製紙㈱による東洋ファイバー㈱の株式取得」，『平成21年度における主要な企業結合事例』「事例7 パナソニック㈱による三洋電機㈱の株式取得」。後者では結合後，ニッケル水素電池（自動車用）で市場シェア100％となるが，競争の実質的制限がないとされたのは，自動車用電池はリチウムイオン二次電池への代替が急速に進むことを理由とする。なお，中国でも本件は審査され，ニッケル水素電池の事業譲渡という問題解消措置がとられた。中国では，ニッケル水素電池が今後も利用され続けると判断されたからのようである。

34　第1章　企業結合

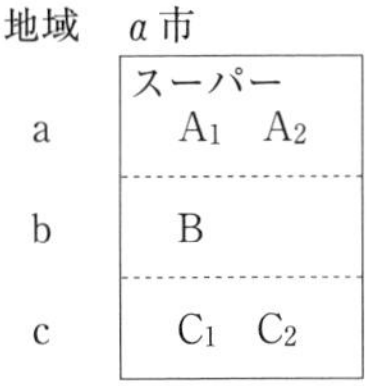

ると，Yはどうするだろうか。Yは，南の隣接するb
地域にあるスーパーBでX₁を購入しようとするであろ
う（ケース1）。あるいは，YはX₁に代えて乙会社のよ
く似た商品X₂をAで買うかもしれない（ケース2）。い
ずれのケースにおいても，a地域にYのような消費者
が多くいるならば，販売価格を引き上げたAは顧客に

Figure 3　市場の画定

地域　　a市

スーパー	
a	A_1　A_2
b	B
c	C_1　C_2

逃げられてしまい，X₁の販売価格を元に戻さざるを得ない。これらの場合，
商品X₁とX₂とは（ケース2），またはa地域とb地域とは（ケース1），需要者
にとっての代替性（以下では，「需要の代替性」ともいう）がある（強い）という。
この場合，商品X₁とX₂は同じ商品市場にあり（ケース2），またはa地域とb
地域とは同じ地理的市場にある（ケース1）ことになる。なお，この場合に，
商品X₃やさらに南のc地域にあるスーパーC₁やC₂についても同様に代替性
が働くならば，商品市場，地理的市場はさらに広いこととなる。

　一方，AがX₁の価格を引き上げても，a地域に住む多くの消費者は（X₂は
X₁と品質が異なるなど何らかの理由で）X₂に買い換える行動をとらないことがあ
りうる（ケース3）。また，多くの消費者にとっては，A以外のスーパーはいず
れも遠すぎてAでX₁を買わざるを得ないこともありうる（ケース4）。これら
の場合，商品X₁とX₂とは，またはa地域とb地域とは需要者にとっての代
替性がない（弱い）ことになる。これらの場合，商品X₁とX₂は同じ商品市場
になく，またはa地域とb地域とは同じ地理的市場にないことになる。

　（イ）**供給の代替性**　　ケース4において，b地域のスーパーBは，a地域
においてAがX₁等に高い価格を設定し利益を得ていることを知ったとする。
Bは，Aが価格引上げをした半年後に，a地域に支店を出し，Aより低い価格
で販売するようになった。その結果，a地域の多くの消費者がBのa支店で
X₁を購入するようになり，AはX₁の価格を元に戻さざるを得なかったとする。
この場合，a地域とb地域とは，需要者にとっての代替性はないが，供給者に
とっての代替性（以下「供給の代替性」ともいう）があるといえ，そのためにa
地域とb地域とは同じ地理的市場にあるといえる。

　ケース3においてX₁を「カップうどん」としよう。もっぱら「カップカ
レーうどん」（X₃）を製造している丙会社は自社工場のX₃の生産ラインを少し

Ⅱ　一定の取引分野　　35

変更して X_1 を製造できると仮定しよう。この場合，X_1 の価格が高くなれば丙会社は X_1 を製造し，スーパーに販売することが考えられる。それにより A が X_1 の価格を下げざるを得なければ，X_1 と X_3 は同じ商品市場にあるといえる。

　もっとも，スーパーが，他地域における価格引上げを知って，半年や1年で，店舗を新設してその地域に進出することは通常は考えにくく，B が a 地域に進出するまでの相当の期間，A は価格を引き上げて利益を獲得し続けることができる。中のめんやスープを変えればよくカップ自体は共通するカップうどんとカップカレーうどんであればともかく，X_3 を製造している丙会社が X_3 の生産ラインを変更して短時間で X_1 を製造するようになることも，通常は困難であろう。したがって，供給者にとっての代替性が機能するのは，例外的な場合に限られる[14]。企業結合ガイドラインが，「必要に応じて供給者にとっての代替性という観点も考慮される」とするのは，需要者にとっての代替性を基本とし，供給者にとっての代替性は補完的な役割しかないことを意味している。

　　(ウ)　**実際には**　　カップうどんの話を続けよう。カップめんには，そこに入っているめんの種類によってカップ中華めん，カップ和めん，カップ焼きそばなどがある。これらは別の商品か。公取委は，日清による明星の株式取得事例において，商品の形状（カップめん）が同じ場合に，中華めん，焼きそば等のめんの種類ごとに商品市場が成立するかについて，いずれのめんであっても製造設備は基本的に共通していることから，各商品の間には供給の代替性があるとし，カップめん全体を1つの商品市場とした[15]。また，スーパーマーケットについて，公取委は，イオンによるダイエーの株式取得事例において，商品市場を「スーパーマーケット業」，地理的市場を店舗から半径500m～3kmの円の範囲とし[16]，需要者が買い回る範囲を基本にして，需要の代替性により判断している。

---

14)　そのほか，b地域のBよりAに近い場所に他のスーパーがあり，そのスーパーとは供給の代替性がない場合に地理的市場をどう切り分けるのか等の問題もある。このような理由もあり，供給の代替性は市場画定では考慮せずBを市場への参加者としてシェアの計算でのみ含めたり，競争の実質的制限の判断でのみ考慮するという立場もありうる。しかし，企業結合ガイドラインはそのような立場をとっていない。

15)　公取委『平成18年度における主要な企業結合事例』「事例2日清食品株式会社による明星食品株式会社の株式取得について」。一方，商品の形状の異なる袋めん，カップめん，チルドめん等は別の商品市場としている。これらの間では供給の代替性も需要の代替性もないということであろう。

36　第1章　企業結合

(3) 仮定的独占者テスト

(ア) **仮定的独占者テストとは** 現在，市場画定は，仮定的独占者テストといわれる方法により行われる。一定の取引分野の候補となる最も狭い商品と地域において独占者がいると仮定し（仮定的独占者），その独占者が「小幅ではあるが，実質的かつ一時的ではない価格引上げ」ができるかを見る。それができればそこが市場となる。価格引上げができなければ，より広い商品と地域について同様のテストを行う。このテストを繰り返していき，最初にこのテストが成立し，この価格引上げができた商品と地域の範囲が一定の取引分野となる。(2)の例では，商品市場について，X_1 について a 地域に独占者がいるとして価格引上げができるかを検討し，できなければ X_2，X_3 に広げる。地理的市場は b 地域，c 地域へと広げていく。このテストが最初に成立し，価格引上げができた商品と地域が一定の取引分野となる。

(イ) **企業結合ガイドライン** 企業結合ガイドラインも，このテストを採用しており，商品市場（商品の範囲）の画定について次のように述べる。「需要者にとっての代替性をみるに当たっては，ある地域において，ある事業者が，ある商品を独占して供給しているという仮定の下で，当該独占事業者が，利潤最大化を図る目的で，小幅ではあるが，実質的かつ一時的ではない価格引上げ……をした場合に，当該商品及び地域について，需要者が当該商品の購入を他の商品又は地域に振り替える程度を考慮する。他の商品又は地域への振替えの程度が小さいために，当該独占事業者が価格引上げにより利潤を拡大できるような場合には，その範囲をもって，当該企業結合によって競争上何らかの影響が及び得る範囲ということとなる」，「供給者にとっての代替性については，当該商品及び地域について，小幅ではあるが，実質的かつ一時的ではない価格引上げがあった場合に，他の供給者が，多大な追加的費用やリスクを負うことなく，短期間（1年以内を目途）のうちに，別の商品又は地域から当該商品に製造・販売を転換する可能性の程度を考慮する。そのような転換の可能性の程度

---

16) 公取委『平成25年度における主要な企業結合事例』「事例9 イオン㈱による㈱ダイエーの株式取得」。なお，公取委は，家電量販店については店舗から半径10kmとし（『平成24年度における主要な企業結合事例』「事例9 ㈱ヤマダ電機による㈱ベスト電器の株式取得」），より広い市場とする。食料品より家電のほうが消費者の買い回る範囲が広い（食料品を購入する場合には徒歩や自転車を利用するが，家電を購入する場合には車や電車も利用する）ということであろう。

が小さいために，当該独占事業者が価格引上げにより利潤を拡大できるような場合には，その範囲をもって，当該企業結合によって競争上何らかの影響が及び得る範囲ということとなる」。

企業結合ガイドラインは，「小幅ではあるが，実質的かつ一時的ではない価格引上げ」とは，「通常，引上げの幅については5％から10％程度であり，期間については1年程度のものを指す」とし，5〜10％，1年程度を基準としている。ただし，この数値はあくまで目安であり，個々の事案ごとに検討されるともする。

企業結合ガイドラインは，商品市場の画定の際の考慮要因（需要の代替性，供給の代替性を判断する要素）として，(1)用途，(2)価格・数量の動き等，(3)需要者の認識・行動を，地理的市場については，(1)供給者の事業地域，需要者の買い回る範囲等，(2)商品の特性，(3)輸送手段・費用等をあげている。

(ウ) **仮定的独占者テストの意義と課題**　仮定的独占者テストは，多くの国・地域の競争当局が採用しており，「小幅ではあるが，実質的かつ一時的ではない価格引上げ」の英文 "Small but Significant and Non-transitory Increase in Price" の頭文字をとって「SSNIP テスト」ともいわれる。このテストは，ある商品・地域の範囲において仮に競争が完全に消滅しても価格引上げという市場支配力の形成，維持，強化（競争の実質的制限）ができないかを見て，それができないのであれば，独禁法上，そのような場所・範囲は競争の実質的制限が問題となる場所・範囲として問題にしなくてよいとするものである。仮に独占者がいてそこでの競争が完全に消滅すれば市場支配力の形成，維持，強化ができる最も狭い範囲を独禁法が問題とする市場と考えるのである。

もっとも，このテストを実際に正確に行える事例は限られ，小売店の販売情報（POS データ等）に係る統計データがあるといった場合に限られる。そこで，公取委は，通常，取引先や競争者に対して，結合当事者が結合後に価格を引き上げればどう行動するか等を内容とするアンケート調査やヒアリングを行う。しかし，当該企業結合に反対したり賛成する取引先や競争者は，アンケートに対して自己に有利な結果になる回答をしようとする（たとえば，企業結合に反対〔賛成〕である買い手は価格が上昇しても取引先を変更できない〔変更する〕と答える）インセンティブを持つ。また，アンケート内容は誘導的なものになりかねない。

アンケート調査は十分に慎重に行わなければならず，これに依拠しすぎてはならない。

Column ③ 東宝スバル事件での市場画定

　競争の実質的制限の意味を初めて述べた東宝スバル事件判決（東京高判昭和 26・9・19 高民集 4 巻 14 号 497 頁）（Column ⑦）は市場画定についても興味深い判断をしている。映画演劇等の興行を事業とする東宝がスバル興業株式会社より東京・有楽町のスバル座等 2 劇場の営業賃借契約をした。公取委はこれが独禁法 16 条に違反する旨の審決を出した。公取委は，丸の内，有楽町界隈における映画興行が一定の取引分野であり，そこで東宝が支配する映画興行館の数は合計 10 館のうち 8 館，定員数で 90.4％となり，競争の実質的制限があるとし，仮により広く，銀座を中心とする東京都興行組合銀座支部の管轄区域（以下「銀座地区」という）が一定の取引分野だとしても，合計 20 館のうち 8 館を支配し，定員数で 57.9％であること等から，競争の実質的制限があるとした。取消訴訟において，東宝は，①地理的市場は旧東京市内または銀座地区である，②役務市場は，日本映画，外国映画のそれぞれである，③新橋演舞場等も含まれると主張した。

　東京高裁は，「映画館の多数がある地域に近接して存在するときは，おのずからその地域に集合する観客群を生じ，これらの観客群は通常この地域内で，それぞれの映画館を選択して入場することとなり，この地域内の興行者は，この観客群を共通の対象とすることとなる。このように解すると，旧東京市内よりも狭い地域に映画興行の一定の取引の分野が成立する」とし，「丸の内，有楽町界隈は東京都の中心繁華街である銀座方面に直ちに接続し，同方面にわたって更に多数の映画館が相近接して存在しているのは，公知の事実であつて，この事実からみると，丸の内，有楽町界隈だけを切りはなして独立した地域とみることは相当でな」いとし，地理的市場は銀座地区だとした。また，外国映画と日本映画とを通ずる顧客群が生じるとし，役務市場は映画全体だとした。新橋演舞場については「現在直ちに映画館に転用されるようなことは予想することはできない」とした。

　仮定的独占者テストによって東京高裁の判断を正当化できるだろうか。たとえば日本映画の独占者がいるとして価格（入場料）を上げれば外国映画をみる需要者が多くなり，1 年程度は入場料を 5 〜 10％引き上げることができず，また，丸の内，有楽町では，銀座に移動する需要者が多く，引き上げられないが，一方，銀座地区に独占者がいれば，1 年程度入場料を 5 〜 10％引き上げることができる（旧東京市内の他の地区に需要者が移動し入場料を引き下げざるを得なくなることはない）ということになろう。また，供給の代替性について，新橋演舞場は，1 年程度では映画館に転換できないことになろう。

Ⅱ　一定の取引分野　39

3 発展問題

(1) 企業結合当事者の主張方法はさまざま

(ア) **狭い市場の主張**　企業結合当事者は，市場シェアを小さい数字にするため，市場はできるだけ広いと主張するのが一般的である（Ⅱ2(1)）。しかし，場合によっては，結合当事者が市場はより狭いと主張することもある。*Column ③*の東宝スバル事件では，東宝は役務市場について，映画全体ではなく，日本映画，外国映画それぞれの市場が成立すると主張した。その理由を推測すると，当時，東宝は日本映画，スバル座は外国映画を中心に上映していたようであり（競争の実質的制限の判断にあたり，判決は，スバル座がフランス，イタリア映画の「ロードショウ」で有名であった事実を指摘する），日本映画，外国映画が別の役務市場を構成するとすれば，水平型企業結合ではなくなり，混合型企業結合とできれば競争の実質的制限を否定しやすくなるという事情があったと考えられる。

(イ) **「取引」のない商品**　「一定の取引分野」ということから，「取引」がなされていなければならないとされる。公取委同意審決昭和44・10・30審決集16巻46頁（新日鐵合併事件）は，当時第1位と第2位の製鉄メーカーが合併する事案であり，銑鉄，粗鋼については約45％，35％の合算シェアとなるものであった。本件では，鉄道用レール，食かん用ブリキ等について，競争を実質的に制限することとなるとされ，事業譲渡等の問題解消措置（構造措置）がとられたうえで合併は許容された。銑鉄，粗鋼が一定の取引分野とされた場合，当時の独禁法15条の解釈運用からは競争を実質的に制限することとなるとされる可能性が高く，また銑鉄，粗鋼を事業譲渡すれば合併の目的を達成できず有効な問題解消措置を見つけることが困難であったと考えられる。しかし，本件で銑鉄，粗鋼市場が問題にされることはなかった。それは，銑鉄，粗鋼は鉄道用レール，食かん用ブリキなどの最終製品を製造するための中間財であり，事業者間の取引がなされていなかったからとされる。ただし，実際には取引がなくても，取引することができるような商品であれば一定の取引分野とされよう。

(ウ) **「価格」のない商品**　グーグルはインターネット検索サービスを無

40　第1章　企業結合

料で提供している。デジタル・プラットフォーム，たとえばフェイスブックなどのSNSの多くは，消費者に対しては無料でサービスを提供し，他の市場（たとえば，オンライン広告市場）を有料とし収入を得ている（このような市場を二面市場とか多面市場という）。このようなデジタル・プラットフォーム等の「価格」のない商品では市場をどのように画定するのか。「価格」がなく，0円にいくら乗じても0円だから仮定的独占者テストは用いられない。この場合に，消費者は個人情報を提供しており，アマゾン等はそれらを利用して広告を表示したり，ビッグデータとして活用する。消費者はアマゾンやフェイスブックに個人情報という「対価」を提供し，提供する個人情報の量を増やすことを「対価の悪化」つまり「質の悪化」，「費用の悪化」と捉える，SSNDQ（Small but Significant and Non-transitory Decrease in Quality）テスト，SSNIC（Small but Significant and Non-transitory Increase in Costs）テストも提唱されているが，実際に用いられた例はない。もっとも，たとえばグーグルとヤフー，フェイスブックとツィッター，LINE（ライン）等の間で需要の代替性があるかを判断できることはありそうである。また，競争の実質的制限の判断においても，それぞれの市場に係る競争分析の段階において必要に応じて，一方の市場における競争（たとえば検索サイト）が他方の市場での競争（たとえばインターネット広告）に及ぼす影響も考慮することになる。

(2) 国境を越えた地理的市場
(ア) どういう問題か

【設例9】　⑨

　鋼材会社Aと鋼材会社Bが合併を計画している。両社の日本での合算シェアは80％になる。両社は次のように述べている。「わが社は中国や韓国において現地の鋼材会社と熾烈な競争を行っている。したがって，本件の市場は世界市場あるいは東アジア市場と画定されるべきである。」

　どのような意味でこのように主張しているのだろうか。第1は，世界で競争をするためには，日本で一定の利益を確保して体力をつけておかなければ戦えないというもの，第2は，日本においても世界においても同じように競争が活

発であるから日本市場は世界市場や東アジア市場の一部にすぎないというものが考えられる。

第1が理由だとすれば，独禁法の解釈からはそのような主張は認められないであろう。国内における競争を実質的に制限し，要件をみたしているし，実質的にも，海外で競争をするために日本の消費者や需要者を犠牲にすることは，公正かつ自由な競争を保護し，一般消費者の利益を確保する等する独禁法の目的（1条）に反しよう。

一方，第2が理由だとし，【設例9】での当事会社の主張が事実であるとすれば，仮定的独占者テストを行うと，日本という国境を越えて地理的市場が画定されよう。仮定的独占者が日本において5〜10%の価格引上げをしても，需要者が外国の競争者から購入したり，外国の競争者が日本の需要者に供給し，1年程度以内には価格を引き下げざるを得ないだろうからである。

(イ)　**肯定説と否定説**　企業結合ガイドラインも，「ある商品について，内外の需要者が内外の供給者を差別することなく取引しているような場合には，日本において価格が引き上げられたとしても，日本の需要者が，海外の供給者にも当該商品の購入を代替し得るために，日本における価格引上げが妨げられることがあり得るので，このような場合には，国境を越えて地理的範囲が画定されることとなる」とし，国境を越えた地理的市場の画定を肯定する。

これに対して，批判的な見解がありうる。日本の独禁法は日本国内における競争を保護するのであり，日本国外の地域において競争の実質的制限が生じても日本の独禁法の問題ではないというものである。たしかに，価格カルテルがたとえば東欧のX国国内でのみ行われ，カルテル対象商品が日本に直接的にも間接的にも輸入されないのであれば[17)]，日本の独禁法が出て行く場面ではない。しかし，上記の企業結合ガイドラインの考え方に立つ場合は，日本を「含む」一定の取引分野が画定され，そこで競争の実質的制限が生じるならば，その一部を構成する日本においても競争の実質的制限（市場支配力の形成，維持，強化）が生じており，日本の独禁法の保護法益が侵害されているといえる（第6章Ⅱ）。

---

17)　商品が日本に輸入される場合に，日本の独禁法が適用されるか否か，適用される場合の論点については，第6章でとりあげる。

現在の企業結合ガイドラインが平成19年に改訂される前のガイドライン（以下(2)において「旧ガイドライン」という）では，「当事会社の事業区域が国外に及んでいる場合であっても，法により保護すべき競争は日本国内における競争であると考えられるので，国内の取引先の事業活動の範囲を中心としてみることとなる。」「したがって，当事会社グループが商品の供給側である場合，通常，輸出先を含めた一定の取引分野が画定されることはない。」としていた。しかし，現行のガイドラインは，上記のように立場を変更した。

　ただし，国境を越えた地理的市場の画定を認めない立場でも，旧ガイドラインが述べていたように，競争の実質的制限の判断において「輸入」，「参入」という考慮要因として外国競争者の競争圧力が考慮されるため[18]，いずれの立場に立つかにより競争の実質的制限に係る最終的な判断に影響を及ぼすことはないと考えられる（*Column ⑤*）。

　(ウ)　**実 際 例**　実際に，東アジア市場や世界市場が画定される事案がいくつも出ている。パソコンや家電向けHDD（ハードディスクドライブ）について，HDDの製造販売業者は，世界全体において，実質的に同等の価格でHDDを販売しており，内外のHDDの需要者は，内外のHDDメーカーを差別することなく取引を行っているとし，HDDそれぞれについて，「世界全体」を地理的市場とした[19]。またオーストラリア所在の鉄鉱石メーカー間でのジョイントベンチャー設立計画について，日本市場や東アジア向け市場ではなく，「世界海上貿易市場」を地理的市場とした[20]。

(3)　重層的市場画定の可否

　(ア)　**どういう問題か**　ある市場が成立する場合に，それより大きな市場や小さな市場が同時に成立することがあるのか。これは重層的市場画定とか，

---

18)　旧ガイドラインも，「輸入圧力が十分働いていれば，当該企業結合が一定の取引分野における競争を制限することとなるおそれは小さいものとなる」等としていた。

19)　公取委『平成23年度における主要な企業結合事例』「事例6 ハードディスクドライブの製造販売業者の統合計画」。

20)　公取委『平成22年度における主要な企業結合事例』「事例1 ビーエイチピー・ビリトン・ピーエルシー及びビーエイチピー・ビリトン・リミテッド並びにリオ・ティント・ピーエルシー及びリオ・ティント・リミテッドによる鉄鉱石の生産ジョイントベンチャーの設立」。

下位市場，サブマーケットといわれている問題である。公取委は，このような
ことがあることを肯定し，企業結合ガイドラインにおいて「一定の取引分野は，
取引実態に応じ，ある商品の範囲（又は地理的範囲等）について成立すると同
時に，それより広い（又は狭い）商品の範囲（又は地理的範囲等）についても
成立するというように，重層的に成立することがある」としている。

　このような考え方に対しては，仮定的独占者テストは，最も小さい市場の候
補からこのテストを行い，最初にこのテストが成立する範囲を市場とするから，
下位市場という考え方は仮定的独占者テストと矛盾するのではないかという疑
問や，さらにこのようなことを認めれば公取委による規制が恣意的になるので
はないかという疑問が生じる。

　この問題は，様々な説明が試みられ，活発な議論がなされている論点である
が，少なくとも次の場合，仮定的独占者テストと矛盾することなく重層的市場
画定がなされるといえよう。

　　(イ)　**出発点の違い**　　第1は，仮定的独占者テストの最初の市場候補が異
なる場合に重層的市場が生じうる。NTT東日本私的独占事件では，FTTH
サービス（光ファイバーによるインターネット接続サービス）の取引分野が成立す
るのか，ADSL，CATVを含むより広い「ブロードバンドサービス市場」の
みが成立するのかが争点になり，東京高裁[21]は，「ブロードバンドサービスの
中のFTTHサービス，ADSL，CATVインターネットは，それぞれのサービ
スの内容及び料金等に応じて需要者層を異にし，また，通信設備の違い等によ
り各サービスを提供する事業者もそれぞれのサービスごとに異なる」から「ブ
ロードバンドサービス市場の中でも，ブロードサービス事業のひとつである
FTTHサービス事業の分野について独立の市場を観念することができる」と
した。仮定的独占者テストの出発点となる市場候補をADSLとすれば，5〜
10%引き上げればより高速のFTTHサービスに需要が移動しブロードバンド
サービス市場が成立するが，本件で問題となったFTTHサービスを出発点と
すれば，FTTHサービスの料金が5〜10%引き上げられても，顧客はより低
速のADSLには戻らずブロードバンドサービス市場より狭いFTTH市場が成

---

21)　東京高判平成21・5・29審決集56巻（第2分冊）262頁。

立することが推測され，本判決は仮定的
独占者テストと整合的と考えられる。こ
のように，X₁ と X₂ という商品間で，需
要者が一方向にのみ代替しやすい（いっ
たんある商品を使用するとかつて使用してい
た商品はいくら安くても使用しなくなる）場
合には，仮定的独占者テストの出発点が
変われば，異なる市場が画定されうる。

Figure 4　映画興行の一定の取引分野

　Figure 4 を見よう。*Column ③*の東宝スバル事件での商品・役務市場の画定方法を確認しよう（⑴(ｱ)）。そこで述べたように，判決は，スバル座がフランス，イタリア映画の「ロードショウ」で有名であること等をあげている。仮定的独占者テストの出発点を日本映画とすれば映画全体の市場が画定されるとしても，外国映画を出発点とすれば，銀座で「ロードショウ」をみる需要者（主に若い女性）が，入場料が値上げされたからといって時代劇を見るとは考えにくく，外国映画という市場が画定されたかもしれない。そうであるとすれば，外国映画市場と映画全体の市場という2つの市場が同時に成立することとなる。余談ながら，現在の JR 有楽町駅から日比谷公園方面へ少し行くと入り口に「ロードショー発祥の劇場」という看板を掲げたスバル座（火災後の1966年に再開館）がいまもある。

　(ｳ)　**時間軸の違い**　第2は，仮定的独占者テストを行う時間軸が異なる場合にも，重層的市場が生じる。仮定的独占者テストにより画定される市場は，1年程度価格を引き上げられる市場支配力が成立する場であり，この最小限の市場支配力が生じる最も小さい市場を画定する。しかし，より強い市場支配力，たとえば3年間5～10％引き上げることのできる市場支配力もありうる。たとえば3年程度，5年程度等を基準にテストを行うことにより，より大きな市場支配力を生じさせうる市場（通常，より広い市場）を画定し，それらが同時に成立するとすること[22]はありうる[23]。なお，1年程度より短い期間を基準にこ

---

22)　この立場を示唆するものに，金井貴嗣ほか編著『独占禁止法〔第6版〕』（弘文堂，2018年）211-212頁〔武田邦宣〕。

23)　これに対し，Ⅲ 4 ⑶，*Column ⑤*で見るように，2年，さらにそれより長い期間，市場支配力を維持できなければ，競争の実質的制限はないとはされていない。

のテストを行いより狭い市場を画定できると主張するならば公取委は恣意的であるとの批判を免れないが，より強い市場支配力が成立することを示すためにより広い市場を画定することに対して恣意的との批判は成り立たないであろう。

(4) セロファン・ファラシー

仮定的独占者テストは，すでに市場支配力が生じ，それが行使されている市場においてこれを行うと不適切に広い市場が画定される，ということが知られている。ダイヤモンドはかつてデビアス社が生産・販売をほぼ独占していた。当時，ダイヤモンドは独占価格に近い価格がつけられていたと推測される。その際に，仮定的独占者テストを行うと，仮定的独占者（デビアス社）は独占価格からさらに5〜10%価格を引き上げられるかの問題となるが，デビアス社はすでに自己の利潤を最大化できる上限の価格を設定しているとすれば，それより高い価格をつけても，需要者はダイヤモンドを買ってくれず，需要は他の宝石にシフトするであろう。この場合，ダイヤモンドの市場が成立しないというのはおかしい。仮定的独占者テストは，基本的に，競争水準の価格から5〜10%引き上げられるか（市場支配力を形成，維持，強化できるか）というテストであり，デビアス社はすでに引き上げていた（市場支配力を行使していた）と考えられる。この問題は，そのような誤った市場画定がされたといわれる米国の有名な判決[24]で問題となった商品がセロファンであったことからセロファン・ファラシー（セロファンの誤謬）と呼ばれる。すでに市場支配力が形成等され，行使されていると考えられる事例では，その点を考慮して市場画定の作業を行わなければならない。

そのほか，市場画定に関して「ロックイン市場」といわれる論点がある。これは，この論点が正面から問題になる不公正な取引方法における抱き合わせ販売の規制（第5章Ⅶ3(2)）において見ることとする。

(5) 市場画定はつねに必要か

2(1)において，一定の取引分野は競争が制限されることとなるか否かを判断

---

24) U.S. v. E. I. du Pont de Nemours & Co., 351 U.S. 377 (1956).

46　第1章　企業結合

する範囲であると説明した。そうであれば，競争の実質的制限を直接に認定できるのであれば，市場画定という面倒な作業はしなくてよいことになりそうである。実際，競争の実質的制限が直接に認定できる場合があるとされる。市場支配力を直接測定する方法にマージャー・シミュレーションといわれる手法がある。米国の2010年水平型企業結合ガイドラインは，これを簡易化した価格上昇圧力（Upward Pricing Pressure，UPP）テストという方法を採用している。いまだUPPテストの利用例はほとんどないが，このように市場支配力が直接に測定できるならば，競争の実質的制限を判断する前提作業として一定の取引分野を画定することは必要でなくなる。ただし，独禁法に一定の取引分野が要件として置かれている以上，競争の実質的制限の有無が直接に判断できる場合にも，一定の取引分野がどこかは明示する必要がある。

　また，競争の実質的制限の判断は，かつては順位，市場シェアをきわめて重視していたが，Ⅲで見るように，現在は，市場における競争の状況，輸入，参入，隣接市場からの競争圧力，需要者からの競争圧力などを具体的に検討し判断をする。したがって，一定の取引分野の画定の重要性はかつてよりは低くなっている。

　さらに，不当な取引制限のうち価格カルテルや入札談合では，競争制限を内容とする合意の範囲を，通常，一定の取引分野と認定する。価格カルテル，入札談合は，価格を直接引き上げる行為であり，かつこのような競争制限以外に目的がないことが外見上明らかな行為である（ハードコアカルテルといわれる）。そのような行為について，当該業界に知見を持つ事業者が合意をし，実際に価格引上げを行い，それに成功している。このように，競争の実質的制限を生じさせていることが明らかである行為については，通常，その範囲が市場となり，一定の取引分野の画定を簡略化してよいことになる（第2章Ⅱ2）。

Ⅲ　競争の実質的制限

1　はじめに

　独禁法は，多くの実体規定において「競争を実質的に制限する」を要件とする。Ⅰ1で確認したように，「競争を実質的に制限する」は，企業結合規制だ

けでなく，私的独占（2条5項），不当な取引制限（同条6項）に共通する要件である。本節では，水平型企業結合の規制を主として念頭に置きながら，他の行為類型とも共通する要件であることを意識しつつ，「競争を実質的に制限する」の要件について学習をしよう。

2 競争を実質的に制限する

(1) 競争の実質的制限とは

東京高判昭和28・12・7高民集6巻13号868頁（東宝・新東宝事件）は，「競争を実質的に制限するとは，競争自体が減少して，特定の事業者又は事業者集団がその意思で，ある程度自由に，価格，品質，数量，その他各般の条件を左右することによって，市場を支配することができる状態をもたらすことをいう」としていた。

学説は，この「価格，品質，数量，その他各般の条件を左右することができる力」を「市場支配力」と呼び，市場支配力を「もたらす」こと（東京高裁判決の表現では，「市場を支配することができる状態をもたらすこと」）を市場支配力の「形成，維持，強化」とし，競争の実質的制限とは，「市場支配力の形成，維持，強化」だとしてきた。

ここで，「形成」とは新たに市場支配力を創り出すこと，「強化」とはすでに存在する市場支配力をより強いものにすることである。これらと別に「維持」があるのは，すでに市場支配力は存在するが，競争が活発になって放っておけば力が弱くなりまたは消滅しそうになったときに，企業結合等によりその力を維持することも問題にするからである。

最近になって，最高裁も，2件の私的独占（2条5項）の事件において，競争の実質的制限を「市場支配力の形成，維持ないし強化」を意味するとしている（最判平成22・12・17民集64巻8号2067頁〔NTT東日本事件〕，最判平成27・4・28民集69巻3号518頁〔JASRAC事件〕）。

要するに，競争の実質的制限とは，「競争自体が減少して，特定の事業者又は事業者集団がその意思で，ある程度自由に，価格，品質，数量，その他各般の条件を左右することによって，市場を支配することができる状態をもたらすこと」，すなわち「市場支配力の形成，維持ないし強化」ということができる。

48　第1章　企業結合

独禁法は，①排除・支配行為（2条5項，私的独占），②共同行為・相互拘束（同条6項，不当な取引制限），③企業結合（10条，15条等）などの手段を用いて，市場を支配することができる状態をもたらすこと，すなわち市場支配力を形成，維持ないし強化することを禁止しているということができる。

(2) 若干の課題

不当な取引制限（2条6項）に関して，最判平成24・2・20民集66巻2号796頁（多摩談合（新井組）事件）は，競争の実質的制限を「当該取引に係る市場が有する競争機能を損なうことをいい」，入札談合では「落札者及び落札価格をある程度自由に左右することができる状態をもたらすことをいう」とする。ここでは，最高裁は，「市場支配力の形成，維持ないし強化」という表現を用いていない。そこで，私的独占と不当な取引制限とでは競争の実質的制限の定義が異なるのかが議論されている。この点は，「不当な取引制限」の章において検討する（*Column ⑧*）。

企業結合規則でも競争の実質的制限を「市場支配力の形成，維持ないし強化」ということができるか。この点，最高裁は「市場支配力の形成，維持ないし強化」を私的独占の効果要件について述べるだけであり，企業結合の効果要件については何もいっていないという理解もありうる。しかし，学説上は企業結合の効果要件についても同様にいえることはほぼ異論がないと考えられ[25]，以下ではこの理解を前提として説明する。なお，3で見るように，企業結合ガイドラインは，東宝・新東宝事件判決の定義を用いており，最高裁判決が出た後も「市場支配力の形成，維持ないし強化」という説明に修正していない。それは最高裁判決が企業結合規制に直接言及していないからという面もあるが，「市場を支配することができる状態をもたらすこと」と「市場支配力の形成，維持ないし強化」が同じ意味であることはガイドライン作成当初から明らかであることから，あらためて説明する必要はないと考えたからであろう。

---

25) たとえば，根岸哲編『注釈独占禁止法』（有斐閣，2009年）296頁［武田邦宣］。なお，米国の水平型企業結合ガイドラインは，市場支配力の形成，強化のほか「行使の促進」も加えており，興味深い。

3　競争を実質的に制限する「こととなる」

⑴ 「こととなる」の考え方

独禁法の文言上，企業結合規制（独禁法4章）は競争を実質的に制限する「こととなる」とし，私的独占，不当な取引制限（本書第2章）では「こと」で終わっている。この違いはどこにあるのか，「こととなる」は何を意味するのか。

まず考えられるのは，企業結合規制は事前規制であり，公取委が競争を実質的に制限するか否かを判断する時点では当該企業結合はまだ行われていないから，企業結合が行われれば競争を実質的に制限するであろうという未来形を意味するというものである。しかし，通説および企業結合ガイドラインは，「こととなる」にはそれ以上の意味があると解している。すなわち，企業結合ガイドラインは，「『こととなる』とは，企業結合により，競争の実質的制限が必然ではないが容易に現出し得る状況がもたらされることで足りるとする蓋然性を意味するものである。したがって，法第4章では，企業結合により市場構造が非競争的に変化して，当事会社が単独で又は他の会社と協調的行動をとることによって，ある程度自由に価格，品質，数量，その他各般の条件を左右することができる状態が容易に現出し得るとみられる場合には，一定の取引分野における競争を実質的に制限することとなり，禁止される」としている。

このように，「こととなる」とは，競争の実質的制限が生じるかの判断は「蓋然性」で足りる，つまり「必然ではないが容易に現出し得る状況がもたらされることで足りるとする蓋然性」を意味し，企業結合により「市場構造が非競争的に変化して」競争の実質的制限が「容易に現出し得るとみられる」かを判断基準としているのである。

⑵ 単独行動と協調的行動による競争の実質的制限

(10) 【設例10】

米国の携帯電話市場において第3位であるSprintが第4位のT-Mobile USを買収しようとしている。買収後のSprintの市場シェアは第3位からVerizon

> Wireless（第 1 位）に次ぐ第 2 位になると見込まれる。

　【設例 10】では，企業結合後，Sprint は米国市場で第 2 位になるにすぎず，第 1 位の Verizon Wireless がいるために，単独で市場支配力を形成等することはできない。しかし，本件では，Sprint の親会社であるソフトバンクは，米規制当局の承認を得るのは困難だとして，2014 年 8 月に買収計画を断念している[26]。それはどのような理由からだろうか。

　(1)で見たように，企業結合ガイドラインは，「当事会社が単独で又は他の会社と協調的行動をとることによって」とし，単独行動による競争の実質的制限と協調的行動による競争の実質的制限を区別する。前者は，企業結合の当事会社が単独で保有する市場支配力が形成，維持，強化される場合であり（「単独型」ともいう），後者は当事会社とその競争者とが協調することによって市場支配力が形成，維持，強化される場合である（「共調型」ともいう）。【設例 10】には協調的行動の問題があったと考えられる。協調的行動がなぜ問題になるのかは，4 (2)(イ)および 5 で説明する。

4　単独行動による競争の実質的制限

(1)　単独行動による競争の実質的制限とは

　X 商品の市場を考えよう。当事会社が X 商品の価格を引き上げたとき，競争者はどう行動するか。競争者が価格を引き上げなければ，需要者（買い手）は購入先を競争者に振り替え，通常，当事会社の売上げは減少し，競争者の売上げが拡大するであろう。したがって，当事会社は価格を引き上げる（ある程度自由に価格，数量等の条件を左右する）ことはできないことが多い。しかし，当事会社の生産・販売能力が大きいのに対し，競争者の生産・販売能力（供給余力）が小さい等の場合，当事会社が価格を引き上げた場合に，競争者は価格を引き上げないで売上げを拡大することや，需要者が購入先を競争者に振り替えることができないときがある。このような場合には，当事会社が X 商品の価

---

26)　日本経済新聞 2014 年 8 月 14 日朝刊。なお，その後，T-Mobile が Sprint を抜き第 3 位となったが，2018 年に両社は再び統合の合意をし，競争当局の対応が注目されている。日本経済新聞 2018 年 4 月 30 日朝刊。

格等をある程度自由に左右することができる状態が容易に現出しうるので，競争を実質的に制限することとなる。

　このようなことができるのは，当事会社の市場シェア，生産・販売能力が大きく，競争者のシェア，生産・販売能力（供給余力）が小さい場合である。企業結合ガイドラインに沿って考慮要素を見ていこう。

(2)　当事会社の地位，競争者の状況

　(ア)　**考慮要素**　　企業結合ガイドラインは，当事会社グループ（以下「当事会社」という）の地位，競争者の状況として，以下の４つ（他に２つあるが，企業結合一般に共通なものは以下の４つである）を考慮要素としている。

　(i)　**市場シェア，順位**　　企業結合後の当事会社の市場シェアや増分が大きい，および市場シェアの順位が高い，順位が大きく上昇するという場合において，当事会社が商品の価格を引き上げようとしたときに，(1)のように，競争者が商品の価格を引き上げずに十分供給することが容易ではないため，価格引上げに対する競争者の牽制力は弱くなり，企業結合の競争に及ぼす影響が大きい。

　(ii)　**当事会社間の従来の競争の状況等**　　当事会社間で，従来，競争が活発に行われてきたことが市場全体の価格引下げなどにつながってきたような場合，企業結合によりこのような状況が期待できなくなるときには競争に及ぼす影響が大きい。

　(iii)　**競争者の市場シェアとの格差**　　企業結合後の当事会社と競争者の市場シェアの格差が大きい場合，(i)と同様，当事会社の価格引上げに対して競争者が商品を十分供給することが容易ではなく，価格引上げに対する競争者の牽制力は弱くなる。

　(iv)　**競争者の供給余力，差別化の程度**　　競争者の供給余力が十分でない場合，当事会社の価格引上げに対して，競争者は商品の価格を引き上げないで売上げを拡大することができず，(i)(ii)がさほど大きくない場合でも価格引上げに対する牽制力が働かないことがある。

　(イ)　**HHIの役割**　　ハーフィンダール・ハーシュマン指数（HHI）は，一定の取引分野における各事業者の市場シェアの２乗の総和によって算出される。

52　第1章　企業結合

上位会社の市場シェアが大きく（(ア)(i)参照），下位会社との市場シェアの格差が大きいほど（(ア)(iii)参照）HHI は高くなるために，市場の集中度（寡占化の程度）を測るうえで適切な指標とされる。企業結合では，*Column ④*のように，結合後の HHI の数値と，結合によって HHI がどれだけ増えるか（増分）の両方を見るのが一般的である。

Column ④　日米のガイドラインにおける HHI

　日本の企業結合ガイドラインは，HHI をセーフハーバー（安全港）基準としてのみ用いる。企業結合後の当事会社が下記の(1)～(3)のいずれかに該当する場合，「水平型企業結合が一定の取引分野における競争を実質的に制限することとなるとは通常考えられ」ないとする。
(1)　企業結合後の HHI が 1500 以下である場合
(2)　企業結合後の HHI が 1500 超 2500 以下，かつ，HHI の増分が 250 以下である場合
(3)　企業結合後の HHI が 2500 超，かつ，HHI の増分が 150 以下である場合
　米国の水平型企業結合ガイドラインは，重要な競争上の問題が生じる場合や市場支配力の強化が推定される場合の基準としても HHI を用いる。日本のガイドラインはこのような基準として HHI を用いないが，個別の事案では競争の実質的制限の判断要素として HHI の数字を示す場合があり，なにより米国の以下の基準は日本での個別ケースがどう判断されるかを予測するうえで参考になろう。
①　増分が 100 未満であれば原則として問題ない。
②　企業結合後の HHI が 1500 未満である場合（非寡占市場），原則として問題ない。
③　企業結合後の HHI が 1500 ～ 2500（緩やかな寡占市場），かつ増分が 100 超である場合，重要な競争上の問題が生じる。
④　企業結合後の HHI が 2500 超（高度寡占市場），かつ増分が 100 ～ 200 である場合，重要な競争上の問題が生じる。
⑤　企業結合後の HHI が 2500 超（高度寡占市場），かつ増分が 200 超である場合，市場支配力の強化が推定される。
　なお，これらの数字だけから見ると，日本ではセーフハーバーに入る事例が米国では重要な競争上の問題が生じるとされるなど，米国のほうがやや厳格な基準ともいえよう。

【設例 11】　⑪

　市場において第 1 位の会社から順に，市場シェアが，40%, 20%, 10%, 5%, 4%の市場で，第 1 位と第 2 位の会社が合併するならば，HHI とその増分はい

くらになり，日本と米国ではどのように判断されるか。第2位と第3位の会社が合併し，第1位の会社に追いつこうとする合併はどうか。

⑫　**【設例 12】**

市場において第1位の会社から順に，市場シェアが，30％，20％，15％，10％，5％の市場で，第1位と第3位の会社が合併するならば，HHI とその増分はいくらになり，日本と米国ではどのように判断されるか。第3位と第4位の会社が合併するとどうか。

【設例 11】では，合併前の HHI は，$1600 + 400 + 100 + 25 + 16$ で，2141 である。HHI の増分は，当事会社の市場シェアをそれぞれ a ％と b ％とすれば，$(a+b)^2 - (a^2 + b^2)$ であり，2ab となる。第1位と第2位の会社が合併すると，HHI の増分は 1600 （$= 2 \times 40 \times 20$），HHI は 3741 となる。これは日本のセーフハーバー基準をみたさず，米国の基準では *Column ④* に示したなかの⑤となる。市場シェアは第1位が 60 ％，第2位が 10 ％となり，市場シェア，順位，競争者の市場シェアとの格差（(ア)）の点でも独禁法上の問題は深刻と考えられる。第2位と第3位の会社の合併では，HHI の増分は 400 （$= 2 \times 20 \times 10$），HHI は 2541 となる。これも日本のセーフハーバー基準をみたさず，米国の基準でもぎりぎりであるが⑤となる。第2位と第3位の会社が合併し第1位の会社に追いつこうとしたが追いつけないという場合にも独禁法上の問題が懸念されるのは，協調的行動による競争の実質的制限の危険があるからである。ただし，実際に競争を実質的に制限することとなるかは，この市場において過去に協調的な行動が行われてきたかなど（後述の5(2)(3)）をよく見なければならない。

【設例 12】は，**【設例 11】**ほどは寡占化が進行していない市場の例である。合併前の HHI は，$900 + 400 + 225 + 100 + 25$ で，1650 となる。第1位と第3位の会社が合併すると，HHI の増分は 900 （$= 2 \times 30 \times 15$），HHI は 2550 であり，日本のセーフハーバー基準をみたさず，米国の基準ではやはり⑤となる。第3位と第4位の会社が合併し，第2位になった場合はどうか。米国の携帯電話市場に係る**【設例 10】**での各社の市場シェアは不明であるが，企業結合前後の順位の変化はこれと同じになる。この場合には，HHI の増分は 300 （$= 2 \times 15 \times 10$），HHI は 1950 であり，日本のセーフハーバー基準をみたさず，米国の基準

では③となる。第3位と第4位の会社が合併し，第2位になる場合にも，協調的行動による競争の実質的制限の危険はあることになる。

ただし，日米いずれにおいても，順位，市場シェア，競争者の市場シェアとの格差は，絶対的な判断基準ではなく，市場シェアが大きくても，競争者の供給余力が十分ある場合や，⑶以下で見るように，外国からの競争圧力が強かったり（輸入），参入が容易であったり（参入）するほか，隣接市場からの競争圧力が高かったり，需要者からの競争圧力が強かったりすれば，市場支配力の形成，維持，強化はないとされうる。

⑶　輸入，参入

輸入と参入はよく似ている。外国では，参入の中に輸入という考慮要素を含めるのが一般的であるが，島国である日本では輸入に係る主張がなされることが多いためか独立して論じられている。しかしここでは，まとめて取り扱おう。

需要者が当事会社の商品から容易に輸入品の使用に切り替えられる状況にあり，当事会社の商品の価格引上げに対して輸入品への切替えが増加する蓋然性が高いときには，当事会社は価格を引き上げないと考えられる。

企業結合ガイドラインは，当事会社が商品価格を引き上げた場合に，輸入品への切替えが増加する蓋然性が高いときには，当事会社は，輸入品に売上げが奪われることを考慮して，当該商品の価格を引き上げないとし，①制度上の障壁の程度，②輸入に係る輸送費用の程度や流通上の問題の有無，③輸入品と当事会社の商品の代替性の程度，④海外の供給可能性の程度を考慮要因とする。輸入の増加が続く「一定の期間」については，「おおむね2年以内を目安」とする。

以上は，参入についても，基本的に同様である。また，一般に参入（輸入）が有効な競争圧力となるためには，参入の⒜蓋然性（likelihood），⒝迅速性（timeliness），⒞十分性（sufficiency）の3つがすべてみたされるべきだといわれている。企業結合ガイドラインはこの点を明示しないが，このような考え方に立って記載されていると考えられる。

Ⅲ　競争の実質的制限　55

Column ⑤　「輸入」,「参入」はどこで考慮されるか

　仮定的独占者テストは，仮定的な独占者が「小幅ではあるが，実質的かつ一時的ではない価格引上げ」が可能であるかどうかを基準とするが，この「一時的ではない」とは，Ⅱ2⑶(イ)で見たように「1年程度」が目安とされる。仮定的独占者テストにより，「1年程度」以内に輸入や参入が起こることにより5～10％の価格引上げを維持できなければ「国境を越えた」地理的市場が画定される。一方，「1年程度」超から「2年」以内の間に輸入や参入が起こり，それが当事会社がある程度自由に価格等を左右することを妨げる要因となるならば，「輸入」として考慮される。さらに，「2年」を超えて初めて輸入や参入が当事会社がある程度自由に価格等を左右することを妨げる要因となるならば，「隣接市場からの競争圧力」として考慮される。
　このように輸入や参入は，市場画定と競争の実質的制限の判断のいずれの段階でも考慮されるが，輸入増加が生じるためのタイムスパンによってどの考慮要素の問題となるかが異なる。

(4)　隣接市場からの競争圧力

　隣接する商品市場に存在する商品が，当事会社が価格等を左右することを妨げる要因となりうる。また地理的に隣接する市場の競争が，当事会社が価格等を左右することを妨げる要因となりうる。
　Ⅱ2⑴(注13)でとりあげた『平成21年度における主要な企業結合事例』「事例7　パナソニック㈱による三洋電機㈱の株式取得」において，結合後，パナソニックはニッケル水素電池（自動車用）で市場シェア100％となるが，競争の実質的制限がないとされたのは，自動車用電池のリチウムイオン二次電池への代替が急速に進むことを理由とする。

(5)　需要者からの競争圧力

　需要者が，当事会社に対して，対抗的な交渉力を有している場合，当事会社が価格等を左右することを妨げる要因となりうる。その際は，①需要者の間の競争状況，②取引先変更の容易性等が考慮要素となる。

たとえば，有力な家電メーカーであっても，川下市場に有力な家電量販店や
インターネット販売業者が多く存在する場合，小売業者が大きな交渉力を持ち，
競争圧力となり，家電メーカーは販売価格を引き上げることができないと推測
される。

　このように，川下市場において競争が活発であることは，川上市場での商品
の販売価格を引き下げさせようとする誘引となる（①）。また，需要者が商品
や他の供給者に関する十分な知識をもち，かつ十分な交渉力も持てば，川上市
場での価格引上げに対抗して，代替品を購入したり，新規参入者等の他の供給
者から購入することにより供給者の市場支配力を抑制することができる（②）。
需要者が複数の購入先を確保することを方針としている場合で（複数購買），結
合当事会社の2社以上から購入している場合には，有力な需要者が企業結合後
は他の調達先に変更することにより，競争が確保されうる。②に係る要因であ
る需要者の供給先の切替え可能性を考慮することは，仮定的独占者テストにお
いて市場画定についてもなされるが，1年程度よりも長いタイムスパンにおい
て初めて，上記のような競争圧力が働く場合には，ここでの考慮要因となる。

　なお，ガイドラインは，さらに「総合的事業能力」を挙げるが，近時，この
要素が考慮される事例はあまりみられない。

(6) 効 率 性

【設例 13】 ⑬

　製品MのメーカーにはA社とB社とがあり，市場シェアはそれぞれ50%で
あり，活発な価格競争をしている。両社は，それぞれ製品Mを改良し生産コスト
を2分の1にする画期的な製造方法甲を開発し，A社は特許権α，B社は特許権
βを取得した。しかし，製造方法甲は，特許権αとβの両方を利用しないと使用
できない（これらの特許権は，「補完特許」，あるいは互いに「ブロックしあう特
許」といわれるものである）。両社は，製造方法甲を使用するために過去の経緯
を捨てて，合併することにした。合併後は両社のシェアは100%となり，製品M
市場で独占者となり，製品Mの価格は合併前より高くなると考えられるが，生産
コストは2分の1になり，社会的総余剰も増大すると予想される。両社は，この
合併は効率性と社会的総余剰を大きく改善するから許容されるべきと考えている。

Ⅲ　競争の実質的制限　　57

(ア) **Williamson の主張**　企業結合規制において効率性はどのように考慮されるのか。企業結合により，一方では市場支配力が形成，維持，強化されるが，他方で効率性が獲得される場合，この効率性は考慮されないのか，考慮されるとすればどのように考慮されるのか。序章Ⅲにおいて独禁法の目的をめぐる論点を見た。カルテル等はそれを禁止することによって，消費者の利益も効率性も達成される。しかし，企業結合をすることで効率性は獲得されるが消費者の利益が害されるような例外的な場合があることを予告した（序章Ⅲ3(2)）。【設例13】がその場面である。ノーベル経済学賞受賞者である Oliver E. Williamson は，米国独禁法の目的を社会的総余剰とする理解に立ち，企業結合により社会的総余剰が増大するか否か（達成される効率性と発生する独占の死荷重のいずれが大きいか）のみを見る立場を提唱した[27]。しかし，日本，米国を含むほとんどの国・地域（カナダがほぼ唯一の例外である）ではこの立場は採用されていない。

(イ) **企業結合ガイドラインの3基準**　企業結合ガイドラインは，「効率性については，①企業結合に固有の効果として効率性が向上するものであること，②効率性の向上が実現可能であること，③効率性の向上により需要者の厚生が増大するものであることの3つの観点から判断する」（以下「(b)」とする）とする。このうち，①（企業結合固有の効率性）では，その効率性は「より競争制限的とはならない他の方法によっては生じ得ないもの」であることを必要とする。②（実現可能性）では，文書，資料等を検討する。③（需要者の厚生の増大）では，「当該効率性の向上により，製品・サービスの価格の低下……等を通じて，その成果が需要者に還元されなくてはならない」とする。

③の「価格の低下……等を通じて，……成果が需要者に還元され」るとは，当該企業結合により，企業結合前より製品価格が下がることを意味する。つまり，獲得される効率性により生産費用が下がり，企業結合により形成，維持，強化された市場支配力の行使による価格上昇を上回る価格引下げ効果がなければならないこととなる。この立場は，多くの国・地域の独禁法でとられている。消費者（需要者）の利益を独禁法の重要な目的と位置づけるものと評価できよ

---

27)　Oliver E. Williamson, *Economies as an Antitrust Defense: The Welfare Tradeoffs*, 58 American Economic Review 18（1968）.

58　第1章　企業結合

う。ただし，企業結合ガイドラインは，「製品・サービスの価格の低下」に続けて「品質の向上，新商品の提供，次世代技術・環境対応能力など研究開発の効率化等」を通じて需要者に還元されてもよいとしており，多くの国・地域よりも③の「需要者の厚生の増大」を広いものとして捉えてはいる。

(ウ) **「内在的考慮説」**と**「外在的考慮説」**　　上記3つの要素をすべて充足すれば，市場支配力を形成，維持，強化する企業結合も許容されるのか否かは，見解が分かれる。これを肯定する見解は効率性に関する「外在的考慮説」といわれる。これに対し，3要素はあくまで競争の実質的制限（市場支配力の形成，維持，強化）の考慮要素にすぎないという見解は「内在的考慮説」といわれる。

この点について，企業結合ガイドラインがどの立場をとるかは明確でなく，理解が分かれている。ただし，企業結合ガイドラインは，先の(b)の直前において(a)「効率化等により当事会社……の効率性が向上することによって，当事会社……が競争的な行動をとることが見込まれる場合には，その点も加味して競争に与える影響を判断する」とし，また(b)の直後において(c)「独占又は独占に近い状況をもたらす企業結合を効率性が正当化することはほとんどない」とする。(a) (c)からは，たとえば市場における下位の会社が，効率性を獲得することよって上位の会社に対して競争的な行動をとることができるようになる場合が典型的に想定されていると考えられる。たしかに，このような場合には，企業結合によって競争を実質的に制限することはないといえる。このように，(a) (c)は「内在的考慮説」を強く示唆するが，(c)は「外在的考慮説」によっても説明はできる。いずれにせよ，効率性が獲得されることを理由として市場支配力の形成，維持，強化をもたらす企業結合を許容した先例はない。

【設例13】では，合併後に製品価格が上昇すると考えられ，企業結合ガイドライン(b)の③をみたさないであろう[28]。さらに，仮に③をみたすとしても，この効率性は，互いに特許権の実施許諾（特許78条）を行うクロスライセンス契約や業務提携によっても実現できそうであり，より競争制限的でない代替的方法があると推測され，①もみたさない可能性が高い。さらに，**【設例13】**は，「独占又は独占に近い状況をもたらす」から，(c)の観点からも効率性の主張は

---

28) 効率性の向上の度合いや需要曲線の形状によっては③をみたす場合もありうる。

否定されよう。

(7) 経営状況

⑭ 　**【設例14】**

　市場シェア50％で１位の会社（甲社）が同30％で２位であるが破綻寸前の会社（乙社）を吸収合併しようとしている。甲社は，乙社はまもなく市場から消滅し，市場シェアがゼロになるから，HHIの増分はゼロでありHHIに変化はなく，競争を実質的に制限することとならないと考えている。

　会社の経営状況，とくに会社が破綻したり破綻寸前であることはどう扱われるのか。**【設例14】**では，たしかに乙社の市場シェア30％は乙社の供給余力等の競争力を高く評価しすぎているといえる。したがって乙社の市場シェア30％やそれに基づき導かれるHHIとその増分の数字は割り引いて分析されるべきこととなり，競争を実質的に制限しないとされる可能性が出てくる。つまり，経営状況はこの意味で，(6)で述べた「内在的考慮」がされることとなる。

　一方，乙社が破綻しても，より市場シェアの低い会社（丙社）や，隣接市場にいる潜在的競争者，新規参入者，投資ファンド等が救済することにより，乙社は市場に残り続けるかもしれない。仮に乙社が破綻したとしても，当該市場での競争に役に立つ乙社の工場，知的財産や従業員の少なくとも一部は丙社等に引き継がれるであろう。そうであるとすれば，甲社による吸収合併は，それがなされず丙社が救済した場合等と比較すると，競争への悪影響（市場支配力の維持，強化）があるといえる（but-forテスト）。

　企業結合ガイドラインも，そのような考え方から，「次の場合には，……競争を実質的に制限することとなるおそれは小さいと通常考えられる」，「当事会社の一方が継続的に大幅な経常損失を計上しているか，実質的に債務超過に陥っているか，運転資金の融資が受けられない状況であって，企業結合がなければ近い将来において倒産し市場から退出する蓋然性が高いことが明らかな場合において，これを企業結合により救済することが可能な事業者で，他方当事会社による企業結合よりも競争に与える影響が小さいものの存在が認め難いとき」とし，乙社を「企業結合により救済することが可能な事業者で」，甲社

60　第1章　企業結合

「による企業結合よりも競争に与える影響が小さいものの存在が認め難いとき」に，初めて競争の実質的制限のおそれは小さいとする。つまり，ここでも「より競争制限的とはならない他の方法」（より競争制限的でない代替的方法）（Ⅲ4⑹⑷）があるか否かを見るのである。

(8) 商品が差別化されている場合

　ブランド品（バッグ，高級時計等）のように商品が差別化されている場合，当事会社の市場シェアが小さくても，問題となることがある。X，Y，Zという3つの商品が存在する場合に，X商品の価格引上げによりX商品の次に需要者にとって好ましい（代替性の高い）Y商品にのみ需要の多くが移動するとしよう。この場合，Y商品，Z商品に同等に移動する場合に比べて，X商品，Y商品それぞれの会社間の企業結合は合算市場シェアがより小さくても単独行動による競争の実質的制限をもたらしうる。企業結合ガイドラインも，「商品がブランド等により差別化されている場合，代替性の高い商品を販売する会社間で企業結合が行われ，他の事業者が当該商品と代替性の高い商品を販売していないときには」競争を実質的に制限することとなるとする。公取委『平成24年度における主要な企業結合事例』「事例10 ㈱東京証券取引所グループと㈱大阪証券取引所の統合」では，デリバティブ取引の売買関連業務において，東京証券取引所のTOPIX先物取引と大阪証券取引所の日経225先物取引の統合はそのような効果があるとして，問題解消措置がとられた。

5　協調的行動による競争の実質的制限

(1) 協調的行動による競争の実質的制限とは

　事業者Xが商品の価格を引き上げた場合，他の事業者Y，Z等は当該商品の価格を引き上げないで，売上げを拡大しようとし，それに対し，Xは，価格を元の価格にまで引き下げ，あるいはそれ以上に引き下げて，Y，Z等が拡大した売上げを取り戻そうとするであろう。しかし，企業結合によって競争単位の数が減少することに加え，市場の集中度等の市場構造，商品の特性，取引慣行等から，各事業者が互いの行動を高い確度で予測することができるようになり，協調的な行動をとることが利益となる場合がある。この場合，Xの価

格引上げに追随して他の事業者が価格を引き上げたときに，Yが価格を引き上げないで売上げを拡大しようとしても，他の事業者が容易にそれを知り，それに対抗して価格を引き下げて，奪われた売上げを取り戻そうとする可能性が高い。したがって，Yが価格を引き上げないことにより獲得できると見込まれる一時的な利益は，Xに追随して価格を引き上げたときに見込まれるものより小さなものとなりやすい。このような状況が生み出される場合，各事業者が互いに価格を引き上げることが利益となり，当事会社とその競争者が協調的行動をとることにより価格等をある程度自由に左右することができる状態が容易に現出しうる。

【設例10】は，この協調的行動による競争の実質的制限が懸念されたと考えられる。

(2) 考 慮 要 素

協調的行動による競争の実質的制限についても，企業結合ガイドラインは，①当事会社の地位，競争者の状況，②取引の実態等，③輸入，参入，隣接市場からの競争圧力等，④効率性，当事会社の経営状況を考慮要素としている。

(3) 特有な論点

協調的行動による競争の実質的制限では，上記(2)①当事会社の地位，競争者の状況において，(a)競争者の数等，(b)当事会社間の従来の競争の状況等，(c)競争者の供給余力等が問題になる。(b)では，従来どのような競争をしてきたのかが問題になり，従来から協調的な行動をしてきた場合には企業結合によりそれが促進されるか，従来は活発な競争があった場合には企業結合により協調的な行動をとるようになるかが問題になる。その際には，競争者に(c)の供給余力があれば，協調的行動に対して価格を引き上げない等の競争的な行動を行いやすく，供給余力が小さければ価格を引き上げて，協調しやすい。

市場に，1社だけ，協調的な行動をとらず積極的に競争を仕掛ける会社（maverick〔一匹狼〕といわれる）がいるような場合，企業結合により一匹狼を消滅させれば協調的行動がとりやすくなる。このような場合には，一匹狼の市場シェアが小さくても協調的行動による競争の実質的制限が生じやすい。

62　第1章 企業結合

6 垂直型企業結合

(1) 単独行動と協調的行動による競争の実質的制限

垂直型企業結合は,どのような場合に競争を実質的に制限することとなるのだろうか。水平型企業結合と同様に,単独行動による競争の実質的制限(単独型)と協調的行動による競争の実質的制限(協調型)がある。そしてそれぞれが川上市場と川下市場で生じうる。つまり,川上市場,川下市場のそれぞれで単独型,協調型の競争の実質的制限が問題になることから,合計4パターンの競争の実質的制限が問題になり,非常に複雑となる。

(2) 単独行動による競争の実質的制限(市場閉鎖)

ここでは,「市場閉鎖」といわれる問題,企業結合ガイドラインでは「市場の閉鎖性・排他性」と呼ばれる問題が生じる。

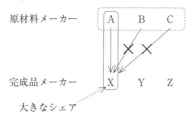

Figure 5 を見よう。原材料メーカー A,B,C,完成品メーカー X,Y,Z がいる。完成品メーカーは完成品をさらにその需要者に供給する。A,B,C から原材料を購入し,かつ大きな市場シェアを有する X が,A と合併し,合併後の AX の完成品メーカー部門が AX の原材料部門からのみ原材料を調達すると,B,C は,大口の需要先との取引の機会を奪われうる(購入拒否,顧客閉鎖)。この結果,B,C が川上市場から締め出され,川上市場(原材料の供給市場)において競争が実質的に制限されることとなりうる(以下「市場閉鎖効果①」という[29])。なお,AX が B,C に購入拒否を行うか否

---

[29] 公取委や欧州委員会は,何が利用できなくなる(利用拒否される)かに着目し,市場閉鎖効果①を「顧客閉鎖」,次に述べる市場閉鎖効果②を「投入物閉鎖」と呼ぶ。学説ではどの市場で競争を実質的に制限するおそれが生じるかに着目し,その市場の閉鎖という場合があり混乱しやすい。そこで,本章では競争を実質的に制限するおそれが生じる市場に着目するときには川上市場で生じる場合を市場閉鎖効果①,川下市場で生じる場合を市場閉鎖効果②と呼び,何が利用拒否されるかに着目する場合には顧客閉鎖(または購入拒否),投入物閉鎖(または供給拒否)と呼ぶ。この点は,同様の効果が問題になる不公正な取引方法でも同様である(第5章Ⅷ,Ⅹ)。

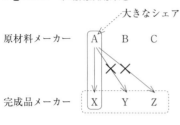

Figure 6　市場閉鎖効果②
Aによる供給拒否

かの先例では，AXにその「能力」があることに加えて，その「インセンティブ」があるかも検討する。たとえば，B，Cから購入した方が拒否する場合より利益が増えるならば，通常，「インセンティブ」はないとされる。

　Figure 6を見よう。完成品メーカーX，Y，Zに原材料を販売し，かつ大きな市場シェアを有する原材料メーカーAが，Xと合併し，合併後のAXの原材料メーカー部門がAXの完成品メーカー部門にのみ原材料を販売するようになると，Y，Zは，主要な原材料の供給元を奪われうる（供給拒否，投入物閉鎖）。この結果，Y，Zが川下市場から締め出され，川下市場（完成品の製造販売市場）において競争を実質的に制限することとなりうる（以下「市場閉鎖効果②」という）。

　そのほか，有力なメーカーAと有力な流通業者Xとが合併した場合も，他のメーカーが新規参入に当たって，自ら流通網を整備しない限り参入が困難となるときには，競争に及ぼす影響が大きい。ここでは，市場閉鎖効果①と②の両方が生じている。

　ここで注意したいのは，B，CやY，Zが市場から締め出され，市場が完全に閉鎖されなくても，競争者が取引上不利になる（「ライバルの費用引上げ」といわれる〔詳しくは，第4章Ⅱ1(3)，第5章Ⅷ2(3)〕）場合にも問題になることである。企業結合ガイドラインも，「垂直型企業結合後も当事会社が競争者と取引を継続する場合において，企業結合前と比較して競争者が取引上不利に取り扱われることにより，実効性のある競争が期待できなくなるときも，競争に及ぼす影響が大きい」としている。

　さらに，一方の市場での市場閉鎖効果は他の市場へも影響を及ぼす。たとえば，市場閉鎖効果①が生じると，川上市場の供給者（競争者）からの原材料（投入物）が供給されなかったり，価格が高くなり，投入物閉鎖が生じ，その結果，Y，Zも競争上不利になり，市場閉鎖効果②も生じることがある。

(3) 協調的行動による競争の実質的制限

ここでは，協調的行動による競争の実質的制限が問題になる。

Figure 7 を見よう。A と X とが結合することによって，A は，X を通じて，B，C の販売価格等の情報を入手しうるようになる。その結果，A，B，C の間で協調的に行動することが高い確度で予測することができるようになりうる。このような場合，A，B，C の間で当該商品の価格等をある程度自由に左右することができる状態が容易に現出しうることで，競争を実質的に制限することとなる（以下「協調効果①」という）。

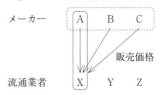

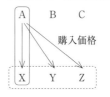

Figure 8 を見よう。A と X とが結合することによって，X は，A を通じて，Y，Z の購入価格等の情報を入手しうるようになり，その結果，X，Y，Z の間で協調的に行動することが高い確度で予測することができるようになりうる。このような場合，X，Y，Z の間で当該商品の価格等をある程度自由に左右することができる状態が容易に現出しうることで，競争を実質的に制限することとなる場合がある（以下「協調効果②」という）。

なお，Figure 6 で，A のシェアが高い（たとえば70％）場合，この情報を利用して B，C を市場から締め出すことも考えられる。この場合は，市場閉鎖効果①が生じる。Figure 7 でも同様である。

(4) 事　例

「大建工業㈱によるＣ＆Ｈ㈱の株式取得」[30]（以下「大建工業事例」という）では，川上市場において水平型の競争の実質的制限が生じることに加えて，市場閉鎖効果②が生じることが問題とされ，問題解消措置がとられた。大建工業事

---

30) 公取委『平成24年度における主要な企業結合事例』「事例１大建工業㈱によるＣ＆Ｈ㈱の株式取得」。

例では，競争の実質的制限の考慮要素のうち，川下市場での「隣接市場からの競争圧力」が川上市場への競争圧力になることから，川上市場では競争の実質的制限（市場閉鎖効果①）が生じないとする。審査官は，このような考慮要素を「間接的な隣接市場からの競争圧力」と呼んでいる。

「エーエスエムエル・ホールディング・エヌ・ビーとサイマー・インクの統合」[31]（以下「ASML 事例」という）では，市場閉鎖効果①と②の両方が生じるとされ，問題解消措置がとられた（以上の２つの事例でとられた問題解消措置の内容は，Ⅳ 5 (2)(イ)）。

Column ⑥　㈱KADOKAWAと㈱ドワンゴによる共同株式移転[32]

本件は，出版業を営む株式会社 KADOKAWA（以下「KADOKAWA」という）と，「ニコニコ動画」，「ニコニコ生放送」等（以下「niconico」という）を提供しポータル事業を営む株式会社ドワンゴ（以下「ドワンゴ」という）が，共同株式移転（15 条の3）により結合する事案である。公取委は，本件の垂直的企業結合としての競争の実質的制限の有無について興味深い判断をしている。

公取委は，川上市場を有料動画提供事業とし，川下市場を有料動画配信を行うプラットフォームとしたうえで，川下市場は有料動画配信事業（以下「川下市場 a」という）およびその中の niconico（以下「川下市場 β」という）という重層的な市場が存在するとする。川上市場では KADOKAWA が事業を行い市場シェアは不明とする。川下市場 a では，KADOKAWA とドワンゴが事業を行っているが，当事会社の合算市場シェアは 5％にすぎず，独禁法上の問題はない（セーフハーバー基準に該当する）とする。川下市場 a には市場シェア約 35％と約 30％の事業者がいる点からも，問題はないと考えられる。

そこで，公取委は，川下市場 β について検討し，niconico はドワンゴのみが提供するサービスであることから市場シェアは 100％であるとする。そして，市場閉鎖効果 1 については，川上市場における KADOKAWA の市場シェアが僅少であり，「双方向市場の間接ネットワーク効果」（niconico において提供されるコンテンツ数・種類が増加すると，niconico のコンテンツを視聴するユーザーの数が増加し，さらに，ユーザー数が増加すると，niconico において提供されるコンテンツ数・種類が増加するという効果）が生じるという特性を踏まえると，購入拒絶を行えばドワンゴが取り扱う有料動画の

---

31)　公取委『平成 24 年度における主要な企業結合事例』「事例 4 エーエスエムエル・ホールディング・エヌ・ビーとサイマー・インクの統合」。
32)　公取委『平成 26 年度における主要な企業結合事例』「事例 8 ㈱ KADOKAWA 及び㈱ドワンゴによる共同株式移転」。

66　　第 1 章　企 業 結 合

数・種類が減少し，提供する有料動画配信サービスの質の低下，視聴者数の減少により，課金等による収入等の減少をもたらすから，購入拒絶を行うインセンティブがないとする。市場閉鎖効果2については，コンテンツ提供事業においては限界費用が限りなく小さく，追加的費用をかけず，際限なく多種・多様なプラットフォームにコンテンツを提供できること，コンテンツを提供するプラットフォームを増やせば増やすほど，より多くの利用者に視聴してもらう機会が増加し，収益拡大につながること，また当事会社の川下市場αにおける市場シェアは約5％にすぎないこと，KADOKAWA の有料動画の売上高のうちドワンゴを通じた販売による売上高の割合は僅少であることから，供給拒絶を行うインセンティブがないとする。

　双方向市場とは "two-sided market" の訳である。本書では二面市場と呼ぼう。二面市場といえるものは，ATM ネットワークと銀行の決済・預貯金の受入業務，通信インフラとそれにより配信するコンテンツ提供，インターネット検索サービスと検索連動型広告など，多くの例がある。二面市場では一方のタイプの顧客に対する料金設定がその顧客の需要だけではなくそれ以外のタイプの顧客の需要にも影響を及ぼし，競争への影響の分析が複雑になる。本件は，この二面市場および間接ネットワーク効果を競争の実質的制限の判断において検討したおそらく初めての事例であり，今後の参考となる。

7　混合型企業結合

【設例15】　⑮

　関西の電力会社Ａと東北の電力会社Ｂが合併を計画しているとする。ＡとＢは，それぞれ関西エリア，東北エリアにのみ電力を供給しており，これまで競争はない。

⑴　単独行動による競争の実質的制限1——潜在的な競争の消滅

【設例15】は，地理的市場を異にする混合型企業結合（水平型でも垂直型でもない企業結合）となりそうである。また，東北，東京，中部，関西の各エリアをつなぐ地域関連系線の容量は小さく，とくに東京・中部間にある周波数変換所（FC といわれる）を通ることのできる電力の容量は小さく，異なるエリアの事業者間では競争しにくい。しかし，東日本大震災による原子力発電所の停止による電力不足の結果，Ａが東北に火力発電所を建設して東北エリアや東京

Ⅲ　競争の実質的制限　67

エリアに電力を供給したり，A，Bのいずれも東京エリアに火力発電所を建設する計画が出されてきた[33]。このような状況では，AとBの間に「潜在的な競争」があるといえるが，合併がなされるとその潜在的な競争が消滅すると予測される。潜在的な競争が市場支配力の形成等に対する有効な競争圧力となっている場合，混合型企業結合において，このような「潜在的な競争の消滅」により，市場支配力が形成，維持，強化されることとなり，競争の実質的制限が生じる場合がある。

　混合型企業結合のうち，【設例15】のような企業結合を「地域拡大型」といい，商品市場が隣接している場合のそれを「商品拡大型」という。

(2)　単独行動による競争の実質的制限２——市場の閉鎖性・排除性

　【設例5】は実際の事例を大きく変更し，垂直型とした。実際の事例では，Dを子会社とする会社グループの航空機用エンジンの有力メーカーでもあり，Aは航空機の有力部品（電子機器）メーカーである。EC委員会は，両社がエンジンと電子機器を同じ需要者（航空機メーカー）に供給する際に，垂直型企業結合の市場閉鎖と同じような仕組みにより，Aの競争者を締め出し，市場閉鎖が生じるかを問題にした。混合型企業結合ではこのような効果を「市場の閉鎖性・排除性」と呼んでいる（企業結合ガイドライン第5の1(1)）。スマートフォンの主要部品にデジタルカメラと部品aがあり，スマートフォンメーカーを需要者としているとする。前者の有力メーカーCと後者のメーカーXが企業結合をすれば，X社製部品aを使用したスマートフォンでのみX社のデジタルカメラが十分な機能を発揮できる仕様のデジタルカメラを供給するかもしれない。そうすると，Xの競争者を締め出し，部品aの市場で市場閉鎖が生じうる。そのような蓋然性があれば，当該企業結合は禁止されよう[34]。

---

33)　日本経済新聞2015年4月12日朝刊。

34)　このような検討をし，問題ないとしたものに，公取委『平成29年度における主要な企業結合事例』「事例3　クアルコム・リバー・ホールディングス・ビーブイによるエヌエックスピー・セミコンダクターズ・エヌブイの株式取得」，「事例4　ブロードコム・リミテッドとブロケード・コミュニケーションズ・システムズ・インクの統合」。

68　第1章　企業結合

(3) 協調的行動による競争の実質的制限

　複数の市場で当事会社が併存している場合，ある市場で一方会社が協調的行動から逸脱すれば他の市場では他方会社が報復をすることが予想されるため，一方会社は，逸脱しにくい。このような場合，協調的行動による競争の実質的制限が生じうるといわれている。しかし，わが国で実際にそのような理由から規制された事例はまだない。

Ⅳ　問題解消措置

1　はじめに

　ある企業結合が一定の取引分野における競争を実質的に制限することとなる場合に，当事会社が競合する事業を譲渡したり，一定の行動をとるなどの措置を講ずることを申し出て，公取委はその措置を講ずるならば競争を実質的に制限することとならないと判断することがある。このような措置は諸外国においては "remedy" と呼ばれ，日本では「問題解消措置」と呼ばれている。

2　構造措置と行動措置

　問題解消措置は，事業譲渡，株式処分などの「構造措置」と，情報交換を遮断したり（ファイアーウォール），競争者に対してコストベースや合理的かつ非差別的な条件で取引することを約束するなどの「行動措置」に分類される。①構造措置は，その措置により当事会社の市場での順位，シェアなどの市場構造を変更し，新規の独立した競争者を創出したり，既存の競争者を有効な牽制力をもつように強化し，後は市場の競争機能に委ねればよくなる。また，②行動措置は，当事会社の利潤最大化等の行動のインセンティブを人為的に変更させるものであるため，措置をとった後に，コストベースや合理的かつ非差別的な条件で取引がされているか等について公取委や後述（Ⅳ5(3)）の受託者等が事後的・継続的に監視しなければならない。これに対し，構造措置では，そのような監視のためのコストがかからない。①と②の理由から，多くの国・地域において問題解消措置は構造措置を原則とする。

　企業結合ガイドラインも，問題解消措置は「事業譲渡等構造的な措置が原

Ⅳ　問題解消措置　69

則」であるとする。ただし、「技術革新等により市場構造の変動が激しい市場
においては、一定の行動に関する措置を採ることが妥当な場合も考えられる」
とする。

3 構 造 措 置

　企業結合ガイドラインは原則であるとする構造措置を「事業譲渡等」と表現
し、具体的には、事業譲渡、結合関係の解消等をあげている。

　そして、企業結合ガイドラインは、「問題解消措置は、原則として、当該企
業結合が実行される前に講じられるべきものであ」り、「やむを得ず、当該企
業結合の実行後に問題解消措置を講じることとなる場合には、問題解消措置を
講じる期限が適切かつ明確に定められていることが必要」とする。また、「当
該企業結合の実行前に譲受先等が決定していることが望まし」く、そうでない
ときには、譲受先等について公取委の事前の了解を得ることが必要となる場合
があるとされる。

　諸外国においては、企業結合の実行前に問題解消措置が講じられることは
"fix-it-first" と、当該企業結合の実行前に譲受先等が決定している場合の譲受
先等は "up-front buyer" といわれ、多くの国・地域において公取委と同様に、
それが原則であるか、もしくは望ましいとされている。

4 行 動 措 置

　企業結合ガイドラインは、問題解消措置の類型として「事業譲渡等」に続け
て、㋐競争者に対する生産費用相当額での引取権設定（長期供給契約）、㋑輸
入・参入を促進する措置等（輸入に必要な貯蔵施設や物流サービス部門等を輸入業
者等が利用できるようにしたり、特許権等の適正な条件での実施許諾〔ライセンス〕）、
㋒行動に関する措置（情報交換の遮断、共同資材調達の禁止など独立性を確保する措
置、不可欠設備の利用等の差別取扱いの禁止）をあげている。

　このうち、㋒が典型的な行動措置である。これに対し、企業結合ガイドライ
ンは、㋐を「事業譲渡等」に含め、㋑は、輸入・参入を促進すること等によっ
て、競争を実質的に制限することとなるという問題が解消することがあるとす
る。㋑㋒は当該措置をやめれば市場構造が非競争状態に戻ること（2①）、事

70　第1章 企業結合

後的・継続的監視が必要であること（2②）からは，行動措置と分類され，例外的な場合にのみ許容されよう。ただし，(イ)のうち特許権等の実施許諾は，それが特許権等の譲渡の性格をもつ場合には，(ア)のように新規の競争者が生まれたり，既存の競争者の牽制力を強化し，市場構造が変化する場合もありうる[35]。

5 事　例

(1) 構造措置

構造措置がとられる場合にも，3で見たように例外的に，譲受先等が決定されているが企業結合までに実行されていない場合，譲受先等の条件だけが決まり具体的な譲受先等が決まっていない場合がある。そのような場合には，事業譲渡の実行まで当該事業の資産価値を維持することで競争力を維持し，効果的に実行できるようにするため，問題解消措置の内容・実施方法・期限を慎重に設計しなければならない。

この点，「ジンマーとバイオメットの統合」[36]（以下「ジンマー事例」という）が参考になる。本件の問題解消措置では，譲渡先は十分な経験，能力を有し，当事会社から独立した資本上無関係な事業者であり，かつ，処分対象事業を維持し発展させるための財源，専門性およびインセンティブを有することなどを基準に選定し，具体的な譲渡先については，譲渡先との契約締結後，公取委に報告し同意を得るとし，当時会社が一定期間内に譲渡先との契約締結に至らなかった場合，独立した第三者（後述5(3)の事業処分受託者）が公取委の同意を得たうえで事業を売却するとしている。

(2) 行動措置

行動措置がとられた事例は実は多い。

(ア) **コストベースの引取権**　「新日本製鐵㈱と住友金属工業㈱の合併」[37]では，無方向性電磁鋼板について，合併後5年間のコストベースでの引取権を

---

35) 公取委の企業結合担当者の解説である田辺治＝深町正徳編著『企業結合ガイドライン』（商事法務，2014年）227頁も参照。

36) 公取委『平成26年度における主要な企業結合事例』「事例7 ジンマーとバイオメットの統合」。

37) 公取委『平成23年度における主要な企業結合事例』「事例2 新日本製鐵㈱と住友金属工業㈱の合併」。

設定しているが，5年間とするのは，5年後には輸入圧力が働く蓋然性が高いことを理由とする。5年後に市場構造の変化（外国からの輸入圧力による市場支配力の消滅）が起きることが予測される場合に，それまでの間，市場支配力の行使による弊害（価格の上昇など）を抑え，競争を回復する手段として行動措置をとることは理解しやすい[38]。そのほか，構造措置を補完する手段として行動措置をとることもある（ハイブリッド型といわれる）。

　　(イ)　**公正，合理的かつ無差別的な条件での取引**　　大建工業事例（Ⅲ6(4)）では，当事会社に供給する場合と同等かつ合理的な条件で引き渡すという行動措置がとられ，ASML事例（Ⅲ6(4)）では，公正，合理的かつ無差別的な事業条件の下に取引するという行動措置がとられた。公正，合理的かつ無差別的な条件は，fair, reasonable and non-discriminatory の頭文字をとって，FRAND条件ともいわれる。

　　垂直型企業結合では，*Column* ⑥で紹介した間接ネットワーク効果などの効率性が達成できる場合もあり，効率性を確保しながら競争の実質的制限を除去する方法として行動措置が有効という指摘もある[39]。

　　(ウ)　**情報遮断措置（ファイアーウォール），独立性の確保**　　「新日本製鐵株式会社及び株式会社中山製鋼所による普通線材事業における生産の共同化」[40]は，両社が共同生産会社を設立するが，販売はそれぞれ独立して行うものである。本件では，当事会社は，生産された商品の販売は当事会社が独立して行い，販売面における独立を確保するため，販売価格，数量，ユーザー等に関する情報の交換を行わないという措置を講じている。

　　企業結合規制においてだけでなく，不当な取引制限（2条6項・3条後段）に

---

38)　価格を引き上げない（引き下げる）との措置は，市場支配力を市場に残すこと，監視コストも高いことから，通常，行動措置として認められることはない。公取委『平成13年度における主要な企業結合事例』「事例10 日本航空㈱及び㈱日本エアシステムの持株会社の設立による事業統合」が，当事会社が，平成17年までの間，他の措置に加えて，普通運賃の引下げ等を申し出たことを評価するのも，国土交通省が平成17年に発着枠の抜本的見直しを行えば競争を実質的に制限しなくなることから，それまでの間，当事会社による市場支配力の行使の弊害を抑えるものと理解されよう。

39)　たとえば，米国司法省の問題解消措置政策指針（DOJ, Antitrust Division Policy Guide to Merger Remedies（2011））はこの点を明示する。

40)　公取委『平成17年度における主要な企業結合事例』「事例6 新日本製鐵株式会社及び株式会社中山製鋼所による普通線材事業における生産の共同化」。

72　　第1章　企業結合

関する相談事例でも，生産を共同化し，販売は独立して行う場合に，情報遮断措置をとることにより独禁法上の問題がないとされる例は多い[41]。

(3) 受託者等

事業譲渡や行動措置の実行を当事会社に任せると，当事会社はできるだけ競争を回復させないように行動するインセンティブをもつ。そこで，事業譲渡を実行する受託者（事業処分受託者〔divestiture trustee〕）やそれらの実行を監視する受託者（監視受託者〔monitoring trustee〕）を選任することが行われる。ASML事例では，「本件統合後，一定期間，当該措置の遵守状況について，事前に当委員会が承認した独立した監査チームによる監査を行い，当該監査結果を当委員会に報告する」とする。ジンマー事例は事業処分受託者が，ASML事例は監視受託者が選任されたわが国で初めての事例である。

V　手　続

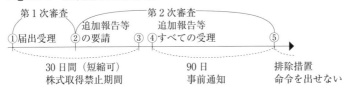

Figure 9　企業結合の審査手続

1　概　要

企業結合では，事前届出・事前審査制度が採用されている。

この制度は企業結合の様々な手段に共通するものであるが，ここでは株式取得を例にとり，Figure 9 を参照しながら，確認しよう[42]。企業グループの国内売上高の合計額200億円以上である会社が，他の会社およびその子会社の国

---

41) たとえば，公取委「独占禁止法に関する相談事例集（平成26年度）」「7 化学品メーカーからの全量OEM供給」。
42) 条文上も，株式取得規制に事前届出・事前審査制度の詳細が規定され（10条2項から10項），他の企業結合類型ではこの規定は準用されている（15条3項，15条の2第4項，16条3項等）。

内売上高の合計額50億円以上の会社の株式を取得しようとする場合，公取委への届出義務が生じる（10条2項）。届出が受理されれば（Figure 9の①）第1次審査が始まる。当事会社は，届出受理の日から30日間（短縮可）（①から③までの期間），当該株式の取得が禁じられる（禁止期間，同条8項）。公取委は，独禁法上の問題がないと考えれば，第1次審査で手続を終了する。公取委が，第2次審査に進む場合，①〜③の期間内に追加報告等の要請（②）を行う。第2次審査においては，公取委が追加報告等をすべて受理した時点（④）から90日以内（⑤まで。④が③〔届出受理日の30日後〕より前となる場合には届出受理日〔①〕から120日以内〔同条9項〕）に，公取委は排除措置命令（17条の2）を出すか否かを判断する。排除措置命令を出す場合には，⑤までに事前通知を行う（10条9項）。排除措置命令を出さない場合には，排除措置命令を行わない旨の通知を出す。⑤の時点を経過すると，公取委は原則として排除措置命令を出すことはできない（同項）。

　このような事前届出・事前審査制度は，第1に，公取委にとっては効率的な法執行を可能にする。とくに企業結合は卵を割り黄身と白身を混ぜる行為に譬えられるように[43]不可逆的であるために，事前の規制が効果的である。しかし，この制度は，第2に当事会社にとっても利点がある。⑤の時点が経過すれば，原則として事後的に独禁法違反とされることはなく，法的安定性を確保することができるからである[44]。

2　手続をめぐる問題

⑯ 　**【設例16】**

　株式取得の禁止期間終了時（Figure 9の③）以降は，当事会社は企業結合を実行できる。③から⑤の間は第2次審査中であり，公取委は直ちに排除措置命令を出すことは難しいが，企業結合の実行を阻止したいという事態がありうる。公取委は，③から⑤の間の企業結合の実行を阻止できないか。

---

43)　Ⅰ2(2)。
44)　もっとも，⑤以降に株主総会を開催する場合，株主総会の日から逆算していつまでに届出を行わなければならないかの判断は難しい場合がある。第2次審査に進むか否か，進む場合，②から④の期間がどれだけか（とくに次の2(2)の問題がある）を予測するのが難しいのである。海外の競争当局の審査も並行して行われる場合は，より予測が難しくなる。

74　第1章　企　業　結　合

【設例 17】 ⑰

　当事会社は，第 2 次審査において，公取委から，競争を実質的に制限することとなるおそれがあると指摘された。当事会社は問題解消措置を講じたいが，譲渡対象事業の選定や譲渡先の確保などに時間を要し，⑤の時点に間に合いそうにない。どうすればよいか。

【設例 18】 ⑱

　公取委の実務では，当事会社が問題解消措置を講じる場合，変更された企業結合の計画の内容に沿った届出書を再提出するか変更届出書を提出する。つまり，公取委は排除措置命令を出さない。企業結合の実行後に，当事会社が事業譲渡等の問題解消措置を実行しないならば，公取委はどうするのか。

(1) 緊急停止命令

　【設例 16】では，企業結合が実行されてしまうと，卵は割られ，混じり合った黄身と白身を元に戻すことは困難になる。そこで，公取委は，東京地裁に緊急停止命令を申し立てることができる（70 条の 4・85 条）。過去には，このような状況において緊急停止命令が申し立てられたことがある[45]。

(2) 報告等の受理の時期，届出前相談

　公取委が追加報告等をすべて受理すると（④），公取委は 90 日以内（⑤まで）に排除措置命令を出すか否かの判断をしなければならない。【設例 17】のように，当事会社は，その間に公取委が当該企業結合が競争を実質的に制限することとならないと判断できる問題解消措置を提案できなければ，公取委から排除措置命令が出されてしまう[46]。たとえば欧州委員会は，このような場合に 90 日をカウントする時計を停止させる制度を設けているが，日本にはそのような制度はない。その対応策として，当事会社は，90 日の起算点である④（追加報告等の受理）の時期を操作し，問題解消措置の内容が具体化し公取委も認める

---

45) 新日鐵合併事件（公取委同意審決昭和 44・10・30 審決集 16 巻 46 頁。合併期日が延期され，取り下げられた。根岸哲編『注釈独占禁止法』〔有斐閣，2009 年〕732 頁〔鈴木孝之〕）。
46) 排除措置命令を出す旨の事前通知が出された後でも公取委は問題解消措置の提案を受け入れることがある（菅久修一編著『独占禁止法〔第 2 版〕』〔商事法務，2015 年〕330-331 頁参照）。

Ⅴ 手　続　75

であろうものができて初めて最後の報告等を提出することが行われている[47]。また，①の届出前に行いうる任意の手続である届出前相談（公取委「企業結合審査の手続に関する対応方針」2（平成23年））を行い公取委の判断を予測することなどがなされる。

(3) 「重要な事項」と排除措置命令等

【設例18】のような事態が生じないように，企業結合ガイドラインは，問題解消措置は，原則として，企業結合の実行前に講じられるべきとする。しかし，例外的に実行後となることは認められている（Ⅳ3）。問題解消措置の実行性を確保するために，受託者を選任したり（Ⅳ5(3)），事業譲渡できない場合に入札を行うとする例[48]もある。しかし，当事会社が事業譲渡を故意に実行しないこともありうるし，入札を行っても適切な応札者が現れない場合や，当事会社が誠実に努力をしたが，交渉の相手方が無理な条件を求めるなどして問題解消措置が実行できないこともありうる。独禁法は，合併等の無効の訴えの制度を用意しているが，それは禁止期間（①から③の期間）に企業結合を行った場合に限定されており，③以降に行った場合には合併無効の訴えはできない（18条1項）。

そこで，独禁法は，【設例18】のような事態に備えて，「当該届出に係る株式の取得に関する計画のうち，第1項の規定に照らして重要な事項が当該計画において行われることとされている期限までに行われなかった場合」には，④以降も事前通知を出して排除措置命令を出すことができるとする（10条9項ただし書1号）。問題解消措置は，「競争を実質的に制限することとなる」（同条1項）企業結合計画について，そのようにならないようにするために行う計画の変更であるから，問題解消措置の主要な部分は，通常，「第1項の規定に照らして重要な事項」に該当しよう。【設例18】では，公取委は，期限内に実行さ

---

47) そのような問題解消措置が用意できないと，すべての報告等が提出されず，第2次審査が長期間続くこともある。公取委事務総長定例会見記録（平成29年12月6日。ふくおかFG・十八銀行の統合について「『報告等の受理』がまだ行われていないという状態」）。本件は，他の金融機関に債権譲渡を行うという問題解消措置がとられ審査が終了したが（公取委「株式会社ふくおかフィナンシャルグループによる株式会社十八銀行の株式取得に関する審査結果について」（平成30年8月24日），①から約2年3か月，③から約2年2か月を要している。

48) 公取委『平成24年度における主要な企業結合事例』「事例9㈱ヤマダ電機による㈱ベスト電器の株式取得」。

76　第1章　企業結合

れなかった問題解消措置を「重要な事項」に該当するとして，あらためて排除措置命令を出すことになる。

　しかし，企業結合が実行されてから排除措置命令が出されても，卵はすでに割られ黄身と白身は混ざっており，元の競争状態に戻すことは難しい。排除措置命令違反には過料の規定があるため（97条），学説では，問題解消措置の実効性を確保するために問題解消措置を内容とする排除措置命令を出すべきであるとか，あるいは，問題解消措置に係る行政処分や3で述べる確約などの契約締結等をし，履行強制金を課すなどして問題解消措置の遵守を確保する仕組みが作れないかなど主張されている。

3　確　約　制　度

　TPP協定（環太平洋パートナーシップに関する包括的及び先進的な協定）の締結に伴い，独禁法の一部改正を含む「環太平洋パートナーシップ協定の締結に伴う関係法律の整備に関する法律」（TPP整備法）が成立・公布されている。これにより，企業結合のほか，不当な取引制限，事業者団体，私的独占，不公正な取引方法の規制に確約手続（以下「確約制度」という）が導入される。施行日は，TPP整備法の2018（平成30）年改正により，TPP11協定が日本で発効する日（2018年12月30日）とされた。これは，独禁法の違反の疑いについて公取委と事業者との間の合意により自主的に解決する制度である。ここで，確約制度全般について，説明をする。

　①公取委は独禁法違反の疑いがあると思料する場合，その行為をしている者に対し通知できる（改正後独禁法48条の2・48条の6）。②通知を受けた者は，違反被疑行為を排除するために必要な措置を自ら策定し，実施しようとするときは，その措置に関する計画（排除措置計画）を作成し，公取委に認定を申請できる（同48条の3第1項・48条の7第1項）。③公取委は，(i)排除措置が違反被疑行為を排除するために十分で（十分性），かつ(ii)確実に実施されると見込まれる（確実性）と認めるとき，排除措置計画を認定する（同48条の3第3項・48条の7第3項）。④認定すると公取委は，認定を取り消さない限り，排除措置命令，課徴金納付命令を出さない（同48条の4・48条の8）。確約措置の典型例として，(i)違反被疑行為を取りやめることまたは取りやめていることの確認等，(ii)取引

V　手　続　77

先・利用者等への通知・周知，(iii)コンプライアンス体制の整備，(iv)契約変更，(v)事業譲渡等，(vi)取引先等に提供させた金銭的価値の回復，(vii)履行状況の報告がある（公取委「確約手続に関する対応方針」〔以下「対応方針」という〕6(3)イ）。

　確約制度は，公取委が違反行為を認定することなく被疑行為を解消させる制度であり，独禁法上の問題を早期に是正でき，また公取委と事業者が協調的に問題を解決できるという利点がある。事業者にとって，独禁法違反の調査をするインセンティブが増大する利点がある。一方，違反行為を認定しないことから，課徴金が課されない等サンクションが弱くなったり，判例等によるルールの形成ができなくなる懸念もある。そこで，入札談合，価格カルテル等のハード・コアカルテル（7条の2第1項1号，2号該当行為）等は確約制度の対象とされていない（対応方針5）。また，認定に当たり，第三者の意見を募集する場合があるとされる（同7）。確約手続は，私的独占，不公正な取引方法等で活発な利用が予想される。ただし，企業結合については現行の問題解消措置に係る手続と大きくは異ならないため，利用は少ないと予想される。なお，多くの国と異なり，確約措置の違反に対する措置は，措置期間（現行独禁法7条2項，10条9項等，20条2項）の延長（改正後独禁法48条の4ただし書き・48条の8ただし書き）だけであり，履行強制金等は導入されていない。

78　第1章　企業結合

第2章

不当な取引制限

I 不当な取引制限の規制の概要

1 不当な取引制限

　複数の事業者が共同行為により競争を回避することを通じて競争を実質的に制限することがある。独禁法の規制のうち，このような行為に対する規制を「共同行為規制」と呼ぶ。共同行為規制には，不当な取引制限（2条6項・3条後段），国際的協定・契約（6条），事業者団体の行為（8条），それらに対する適用除外としての組合の行為（22条）等がある。第2章では，このうち不当な取引制限に対する規制を見ていく。不当な取引制限の典型例は，価格カルテルと入札談合である。

2 2条6項の要件

⑴ 2 条 6 項

　独禁法は「この法律において『不当な取引制限』とは，事業者が，契約，協定その他何らの名義をもってするかを問わず，他の事業者と共同して対価を決定し，維持し，若しくは引き上げ，又は数量，技術，製品，設備若しくは取引の相手方を制限する等相互にその事業活動を拘束し，又は遂行することにより，公共の利益に反して，一定の取引分野における競争を実質的に制限することをいう」とする（2条6項）。

I　不当な取引制限の規制の概要　　79

⑵ 事　業　者

「事業者」とは、「商業、工業、金融業その他の事業を行う者をいう」（2条1項）。ここにいう「事業」とは、「なんらかの経済的利益の供給に対応し反対給付を反覆継続して受ける経済活動を指」す（最判平成元・12・14民集43巻12号2078頁〔都営芝浦と畜場事件〕）。この定義から、広範囲の者が事業者に該当することがわかる[1]。

⑶　共同して、相互拘束

　不当な取引制限が成立するには、「他の事業者と共同して……相互にその事業活動を拘束し、又は遂行すること」が必要である。「共同して」を「共同行為」、「相互にその事業活動を拘束し」を「相互拘束」、「共同して……遂行する」を「共同遂行」という。すなわち、不当な取引制限とは、事業者が、「共同して」、「相互拘束」を、または「共同遂行」をすることにより、「公共の利益に反して」、「一定の取引分野における競争を実質的に制限すること」となる。事業者が、「共同して」、「相互拘束」を、または「共同遂行」をすることを「行為要件」、それにより、「公共の利益に反して」、「一定の取引分野における競争を実質的に制限すること」を「効果要件」という。

　行為要件のうち「共同して」は、後述するように「意思の連絡」を意味すると解されており、「意思の連絡」は「明示の意思の連絡」だけでなく「黙示の意思の連絡」でもよいとされる。では、「共同して」、「相互拘束」はどういう意味か。価格カルテルを例とすれば、価格を引き上げるという合意がなされる。この合意は、事業者間で「共同して」、すなわち「意思の連絡」をもってなされている。そして、事業者は、本来、価格を自由に決めることができるはずのところ、合意に参加した事業者は、この合意に制約されて（価格を引き上げるという）意思決定を行うことになり、事業活動が事実上拘束され、「相互拘束」があるとされる（*Column ⑧*参照）。

---

1) 「事業者」概念については、第3章において詳述する。

80　第2章　不当な取引制限

⑷ 不当な取引制限の種類

2条6項は,「対価を決定し,維持し,若しくは引き上げ,又は数量,技術,製品,設備若しくは取引の相手方を制限する等」とし,不当な取引制限を例示している。「対価を決定し,維持し,若しくは引き上げ」る行為は「価格カルテル」,「数量……を制限する」行為は「数量制限カルテル」であり,その他「技術,製品,設備……を制限する」行為は「技術制限協定」,「設備制限協定」等,「取引の相手方を制限する」行為は「取引先制限カルテル」といわれている。しかし,取引の相手方を制限する「等」とあるから,これらは不当な取引制限の例示にすぎず,それらに限られるものではない。以下では,不当な取引制限の典型としてまず価格カルテルについて詳しく検討し,また入札談合は独立にとりあげ（Ⅲ）,その他の共同行為に特有な問題はⅡ6,7およびⅣでとりあげる。

⑸ 共 同 遂 行

「共同遂行」はどのようにとらえられるか。判例,通説は「共同遂行」を独立の行為要件とは考えない[2]。そこで,以下では「共同遂行」には触れず,行為要件としては「相互拘束」のみを検討する。ただし,「共同遂行」に意義を見出す有力な見解はある[3]。この見解は,相互拘束とまではいえない場合にも,後述の意識的並行行為（Ⅱ1⑹）やプライス・リーダーシップといわれるものを共同遂行として規制することを示唆する。しかし,その適用範囲の外延が曖昧であること等から,本書はこの見解を支持せず,この見解にはこれ以上触れないこととする。また,入札談合の刑事事件において相互拘束の「遂行」を独立に不当な取引制限の行為要件とする学説および東京高裁判決が出ている。この点は,入札談合（Ⅲ）において説明する。

---

2) 「共同して……遂行」を「共同遂行」とすることは,「共同」と「遂行」が条文上離れていて不自然ではある。また,明文の規定があるのに独立の要件でないというのも不自然である。しかし,この理解は,独禁法の制定に中心的に関わった裁判官が,独禁法制定直後に出版した解説書で早くも述べている。石井良三『独占禁止法〔改訂増補版〕』（海口書店,1948年）103頁（「共同遂行は,不当な取引制限に固有な行為ではない」,「相互拘束を伴う共同遂行が不当な取引制限の実体行為である」）。

3) たとえば,正田彬『全訂独占禁止法Ⅰ』（日本評論社,1980年）240頁,248頁。

(6)　一定の取引分野における競争を実質的に制限する

　効果要件のうち，「一定の取引分野における競争を実質的に制限する」とは，第1章Ⅲ2(1)で詳しく見たように，「価格，品質，数量，その他各般の条件を左右することによって，市場を支配することができる状態をもたらすこと」，すなわち市場支配力を形成，維持ないし強化することである。不当な取引制限では，通常は，市場支配力を新たに「形成」する。

3　企業結合，私的独占の規制との違い

　2条6項（不当な取引制限）の要件を企業結合のそれと比較しよう。企業結合規制では，行為要件が一連の企業結合（10条・13条・14条・15条等）であった。効果要件は，ほぼ同じであるが，「公共の利益に反して」の要件がないこと，一定の取引分野における競争を実質的に制限する「こととなる」とする点が異なる。私的独占（2条5項）と比較すると，不当な取引制限と私的独占は，効果要件は共通である。これに対し，不当な取引制限と私的独占は行為要件が異なる。つまり，私的独占では，（「結合」，「通謀」により共同で行う私的独占もあるが〔2条5項〕）単独で行うことが多いのに対し，不当な取引制限では「他の事業者と共同して」とし，つねに複数の事業者が行わなければならないこと，私的独占の行為要件が他の事業者の事業活動の「排除」または「支配」であることが異なる（このため，不当な取引制限は「共同行為」の典型例，私的独占は「単独行為」，「一方的行為」の典型例と考えられている）。この行為要件の違いは，不当な取引制限が，典型的には，「競争の回避」を手段とするのに対し，私的独占は「競争（者）の排除」を手段とすることに由来する。

Column ⑦　ハードコア・カルテルと非ハードコア・カルテル

　競争者間で行われる共同行為について，独禁法の条文にはない分類ではあるが，一般に，「ハードコア・カルテル」と「非ハードコア・カルテル」とが区別される。ハードコア・カルテルとは，価格カルテル，数量制限カルテル，入札談合，市場分割カルテルなどである。ハードコア・カルテルの定義には様々なものがあるが，ここでは，「価格，産出量などの重要な競争手段を直接に制限する競争者間の共同行為であり，かつ競争制限以外に合理的な目的がないことが外見上明らかなもの」としておく。ハードコア・カルテルは，比較法的に見ると，ほとんどの国で「当然違法（Ⅱ2(2)注

82　第2章　不当な取引制限

9)参照)」または「原則違法」とされ，エンフォースメントは刑事罰や課徴金，制裁金など強力なものが用意されている。

　これに対し，「非ハードコア・カルテル」には，様々なものがある。非ハードコア・カルテルを「競争者間の共同行為であって，ハードコア・カルテルでないもの」と定義するならば，非ハードコア・カルテルには，①価格，産出量などの重要な競争手段を直接に制限するのではない競争者間の共同行為と，②価格，産出量などの重要な競争手段を直接に制限するが，競争制限以外の合理的な目的が考えられる競争者間の共同行為とがあることとなる。①には，競争者間の業務提携，技術標準の作成，共同販売機関の設立，相互OEM（相手先ブランドでの生産）などが，②には，環境保護を目的としてレジ袋を削減するために小売業者がレジ袋を有料化し，料金を共同決定する行為，①の行為のうち，その目的達成のため等から価格や数量の共同決定も行われるものなどが考えられる。

　非ハードコア・カルテルは，通常，直ちに競争を制限しないし，競争を制限するとしても，環境保護，安全性の確保，コスト削減，効率上昇などの競争促進的効果を持ちうる。したがって，非ハードコア・カルテルが2条6項の要件をみたし独禁法に違反するか否かを判断するには，第1章で学んだ企業結合と同様に，一定の取引分野の画定，競争の実質的制限の有無の分析を慎重に行わなければならない。また，エンフォースメントにおいても，比較法的に見て，ほとんどの国で，当該行為自体を禁じること（排除措置命令を出す等）にとどまり，刑事罰，課徴金等は課されない。

　独禁法には，2条6項の要件があるだけで，条文上両者の区別を行っていない（実は，独禁法にはかつてはハードコア・カルテルを原則違法に近いものとする明文の規定があったが，その行為の範囲が広すぎたこと等から1953（昭和28）年に削除された〔旧4条〕）。しかし，たとえば，ハードコア・カルテルである価格カルテルや入札談合がなされ，それが成功し，実際に価格が引き上げられているならば，通常，その成功裏になされている価格カルテルや入札談合の対象・範囲が「一定の取引分野」と画定でき，かつその一定の取引分野において競争が実質的に制限されていると事実上推認できる。この意味で，ハードコア・カルテルと非ハードコア・カルテルの区別は，実務上，また解釈上，わが国においても重要な意味を持つ。

4　エンフォースメント

　不当な取引制限に対しては，公取委は，排除措置命令（7条）を出し「当該行為の差止め，……その他これらの規定に違反する行為を排除するために必要な措置」（同条1項）を命ずる。排除措置命令が出される時点では，通常，不当な取引制限は終了しているので（V2），「特に必要があると認めるときは」，

I　不当な取引制限の規制の概要　83

「当該行為が既になくなっている旨の周知措置その他当該行為が排除されたことを確保するために必要な措置を命ずる」（同条2項）。

　また，公取委は，一定の不当な取引制限については，課徴金納付命令を出す。課徴金は不当な取引制限の対象商品・役務（「当該商品又は役務」）の売上額の原則10％である（7条の2第1項）。

　排除措置命令および課徴金納付命令を出すことができるのは違反行為終了後5年以内である（除斥期間，7条2項ただし書・7条の2第27項）。

Column ⑧　多摩談合（新井組）事件の最高裁判決をどう読むか

　最判平成24・2・20民集66巻2号796頁（多摩談合（新井組）事件）は，入札談合について不当な取引制限の要件をどう解釈するかその立場を明らかにした。

　最高裁は，入札談合について，「各社は，本来的には自由に入札価格を決めることができるはずのところを，このような取決めがされたときは，これに制約されて意思決定を行うことになるという意味において，各社の事業活動が事実上拘束される結果となることは明らかであるから，……『その事業活動を拘束し』の要件を充足する」，「本件基本合意の成立により，各社の間に，上記の取決めに基づいた行動をとることを互いに認識し認容して歩調を合わせるという意思の連絡が形成されたものといえるから，本件基本合意は，同項にいう『共同して……相互に』の要件も充足する」としている。

　続けて，最高裁は，「法2条6項にいう『一定の取引分野における競争を実質的に制限する』とは，当該取引に係る市場が有する競争機能を損なうことをいい，本件基本合意のような一定の入札市場における受注調整の基本的な方法や手順等を取り決める行為によって競争制限が行われる場合には，当該取決めによって，その当事者である事業者らがその意思で当該入札市場における落札者及び落札価格をある程度自由に左右することができる状態をもたらすことをいうものと解される」とし，「当該取決めによって，その当事者である事業者らがその意思で……落札者及び落札価格をある程度自由に左右することができる状態をもたらすこと」とする。

　最高裁は，不当な取引制限の行為要件を「拘束」，「共同して……相互に」とする。最高裁は，「共同して」，「相互拘束」とする通説や従来の審判決例の理解と異なる立場をとるようにも見え，そのように理解するものもある。しかし，最高裁が「拘束」，「共同して……相互に」の順で検討したのは，原判決が「拘束」について特異な解釈をした事案であるため，まず争点である「拘束」の意味について判断したのであり，「共同して」，「相互拘束」とする行為要件の理解を否定するとまではいえないと考えられる。ただし，通説・審判決例がいうように，カルテル等の合意や入札談合におけ

84　第2章　不当な取引制限

る基本合意について，意思の連絡の有無，相互拘束の有無の順に検討していくと，合意をそれぞれの要件の観点から重複して検討することになる。これに対し，「拘束」，「共同して……相互に」の順に検討すると，合意に拘束があるか否か，次に意思の連絡と拘束の相互性があるか否か（「共同して……相互に」をみたすか）を検討することになり，重複して検討する部分がなくなる。通説の立場からも，事業者それぞれが拘束を受けていることをそれぞれが認識，認容し，それぞれが歩調を合わせるという意思が形成されるならば相互拘束もあるといえそうである。また，Ⅱ8でとりあげる相互拘束に「拘束の内容の共通性が必要か」といった現在は否定されている問題を意識しないですみ，要件の解釈が明快になるという意義はあるということができよう。

競争の実質的制限については，最高裁は「市場が有する競争機能を損なうこと」とし，さらに東宝・新東宝事件判決（東京高判昭和28・12・7高民集6巻13号868頁）等で用いられた「ある程度自由に……左右すること……ができる状態をもたらすこと」という表現を用い，「市場支配力の形成，維持ないし強化」（最判平成22・12・17民集64巻8号2067頁〔NTT東日本事件〕[4]）と表現していない。この点は，①競争の実質的制限とは（原判決が示唆する）競争者間の単なる競い合いの問題ではなく，市場全体における競争制限，つまり「市場が有する競争機能」が損なわれてはじめて競争の実質的制限といえること，②入札談合は通常，市場支配力の「形成」であること（既存の市場支配力を維持，強化する入札談合は通常ないこと），③入札談合はハードコア・カルテルであり，価格引上げ等が成功していれば通常，競争の実質的制限の成立が推認できる（特段の事情がない限り競争の実質的制限が認められる）ことなど，競争の実質的制限の現れ方や立証方法が私的独占や企業結合と異なるために，「市場支配力の形成，維持ないし強化」という表現を使っていないだけであり，私的独占に関する2条5項（上記NTT東日本事件最高裁判決）と不当な取引制限に関する同条6項とで競争の実質的制限の定義や意義が異なるものではないと考えるべきである[5]。

Ⅱ　ハードコア・カルテル(1)──価格カルテル等

【設例1】を思い出そう[6]。

---

4)　第1章Ⅲ2(1)。
5)　このような結論を明示するものに，たとえば，幕田英雄『公取委実務から考える独占禁止法』21-22頁（商事法務，2017年）。
6)　序章Ⅱ2(2)。

⑲ **【設例 19】**

　【設例 1】 に記した事実のうち，「オーナー 10 名が，ある日集まって話し合い，ガソリンの価格を 10%引き上げることを決め」た事実（合意，共同して〔意思の連絡〕，相互拘束）に関する直接証拠はなく，次のような間接事実に係る証拠しかないとする。この場合，不当な取引制限に該当するか。

　事実 1（事前の連絡・交渉）：8 月 31 日の夜，B の自宅にガソリンスタンドのオーナー 8 名（B から I）が集まっていた証拠がある。

　事実 2（連絡・交渉の内容）：B の自宅に B の息子の友人甲，乙が遊びに来ており，甲はガソリンの価格に関する情報交換をしているのを聞いたと証言した（事実 2-1）。乙は価格を引き上げる旨の合意文書をゴミ箱で発見し，証拠として提出した（事実 2-2）。

　事実 3（行為の外形的一致）：9 月 1 日の朝，A 市の国道 2 号線沿いで販売されているガソリンの価格が一斉に 10%引き上げられた証拠がある。

⑳ **【設例 20】**

　【設例 19】 の会合において F は独禁法違反をおそれ自分は価格引上げをしないと発言した。しかし他の者は F を無視して価格引上げを決めた。F は結局翌日価格引上げをしたが，それは帰宅後に自己の独自の判断で行ったのであり，B 宅で合意に参加（共同して，相互拘束）した事実はないと主張している。

㉑ **【設例 21】**

　G は **【設例 19】** の会合において価格引上げに賛成したが，帰宅後家族にそれは独禁法に違反する行為だからやめてくれといわれ，翻意し，価格引上げを行わなかった。

㉒ **【設例 22】**

　A 市の国道 2 号線沿いのガソリンスタンドオーナーであり，B の釣り仲間である X は，会合があった事実を知らない。X は，8 月 31 日深夜，釣りに誘おうと B に電話したところ，釣り談義の中で，先ほど会合があり，9 月 1 日からガソリンの価格を引き上げることが決まったと聞いた。なお，B は X に価格の引上げを要請する等は一切していない。電話の後，X は，熟考したが，自分も価格を引き上げるとの結論に至り，9 月 1 日から価格を引き上げた。

㉓ **【設例 23】**

　A 市の国道 2 号線沿いのガソリンスタンドオーナーである Y は，会合があっ

た事実を知らない。Ｙは，９月１日の正午，Ａ市の国道２号線沿いで販売されているガソリンの価格が一斉に引き上げられていることに気付いた。Ｙは，熟考したが，自分も価格を引き上げるとの結論に至り，９月１日夕方から価格を引き上げた。

【設例24】 (24)

　【設例19】の会合に参加していたＨとＩはそれぞれ，９月１日の午後，大口で主要な取引先である運送会社，家電小売店に価格引上げを要請したが，それならば取引を打ち切るといわれ，これらの会社に対しては価格を引き上げられなかった。【設例21】のＧを除く他の５社（ＢからＦ）はすべての顧客に対し価格を引き上げた。Ｇ，Ｈ，Ｉの売上額は５社より少ない。

1 「共同して」，「相互拘束」

(1) 価格カルテルとは

　価格カルテル（価格協定ともいう）には，共同して価格を引き上げる行為（価格引上げカルテル）のほか，市場価格が下がりそうな場合に共同して価格を維持する行為（価格維持カルテル），これ以上の価格でしか販売しないという最低価格を共同で決める行為（最低価格カルテル），様々な商品が対象となり価格を決められない場合に共同して値上率を決める行為（値上率カルテル）などがある。

　価格カルテルはなぜ禁止されるのだろうか。市場内に事業者が多数存在する場合，企業結合や私的独占によって市場支配力を形成することは難しい。その場合，市場内の事業者が話し合って価格を引き上げることを決め，それに従って価格を引き上げ市場支配力を形成することができる。価格カルテルは，序章で見た市場支配力を形成して独占利潤を獲得する手っ取り早い方法なのである。カルテルがなぜ禁止されているのかは，独禁法の目的に関する序章での説明に尽きる[7]。

(2) 「共同して」，「明示の意思の連絡」と「黙示の意思の連絡」

　東京高判平成７・９・25審決集42巻393頁（東芝ケミカル事件）は，「共同して」について次のように述べる。①「『共同して』に該当するというためには，

---

7) 序章Ⅲ。

複数事業者が対価を引き上げるに当たって，相互の間に『意思の連絡』があったと認められることが必要である」，②「『意思の連絡』とは，複数事業者間で相互に同内容又は同種の対価の引上げを実施することを認識ないし予測し，これと歩調をそろえる意思があることを意味」する，③「一方の対価引上げを他方が単に認識，認容するのみでは足りないが，事業者間相互で拘束し合うことを明示して合意することまでは必要でなく，相互に他の事業者の対価の引上げ行為を認識して，暗黙のうちに認容することで足りる……（黙示による『意思の連絡』といわれるのがこれに当たる。）」とする。

その後，最高裁判決（Column ⑧多摩談合（新井組）事件）も，「取決めに基づいた行動をとることを互いに認識し認容して歩調を合わせるという意思の連絡が形成された」とし，この立場を確認した。

したがって，「共同して」とは，（価格引上げ等を）相互に認識し認容して歩調を合わせるという意思の連絡を形成することをいう。

(3) 間接事実からの意思の連絡の立証

カルテル等が独禁法に違反し違法であることはいまや常識といえる。したがって，カルテル等に関する合意（意思の連絡，相互拘束）があったことは秘匿され，合意文書（【設例19】事実2-2）などの「意思の連絡」に関する直接証拠は作成されないし，作成されても秘匿される。そこで，直接証拠がない中で，意思の連絡を間接事実（間接証拠，状況証拠）からどのように立証するかが実務上重要な問題となる。

このような状況の下，平成17年独禁法改正により課徴金減免制度（リニエンシー制度）（7条の2第10項～13項。Ⅴ5(2)(イ)）が導入された。課徴金減免制度とは，事業者がカルテル等の事実を公取委に一定の要件のもとで報告すれば課徴金が減免されるものであり，この制度が導入されて以降，直接証拠も得られるようになった。しかし，すべての事件で課徴金減免制度が利用されているわけではなく，また課徴金減免制度によってもつねにカルテル等の直接証拠が得られるわけではない。

そこで，事実3（行為の外形的一致）だけからカルテル等があるといえるか（間接事実からの推認ができるか），さらに事実1（事前の連絡・交渉）が加わればカル

テルがあったといえるか，さらにたとえば事実 2-1 が加わればどうか（これらの間接事実から推認できるか）が問題になる。

(4) 3 要 素 説

前掲東芝ケミカル事件判決では，(1) 8 社が事前に情報交換，意見交換の会合を行っていた事実，(2)交換された情報，意見の内容が商品の価格引上げに関するものであった事実，(3)その結果としての販売価格引上げに向けて一致した行動がとられたという事実から，意思の連絡が存在したとする。(1)～(3)はそれぞれ，事前の連絡・交渉（事実 1），連絡・交渉の内容（事実 2），行為の外形的一致（事実 3）に対応し，この 3 点から，意思の連絡を認定したといえる。

これに対し，行為の外形的一致（事実 3）だけでも不自然な行動はあり，それにより意思の連絡を認めてよいのではないかという意見もありうる。しかし，市場における競争の悪化や仕入価格の上昇等の市場環境の変化等の中で事業者が偶然によく似た行動を行うことはありうるから，事実 3 だけから意思の連絡を推認することはできない。審判決や学説では，さらに，これに加えて事実 1 があったとしても，なお事実 2 に関する何らかの証拠が必要と考えられ，事実 1 と 3 だけで意思の連絡を認定した先例はみられない。

(5) 価格に関する情報交換と特段の事情

前掲東芝ケミカル事件判決では，【設例 20】のように，ある事業者が，株式上場前などの特殊事情があり協調して価格引上げをすることができないと発言したところ，特段の異論や非難が出なかった。その事業者は独自の判断で価格引上げを行ったと主張した。東京高裁は，「特定の事業者が，他の事業者との間で対価引上げ行為に関する情報交換をして，同一又はこれに準ずる行動に出たような場合には，右行動が他の事業者の行動と無関係に，取引市場における対価の競争に耐え得るとの独自の判断によって行われたことを示す特段の事情が認められない限り，これらの事業者の間に，協調的行動をとることを期待し合う関係があり，右の『意思の連絡』があるものと推認される」とし，先の「発言や……価格引上げの実施等の実情をとらえて前示の推認を覆すに足りる特段の事情と認めることはできない」とする。【設例 20】についても，会合に

出席し，価格にかかる情報交換をし，価格を引き上げた以上，Ｆは「特段の事情」を立証できない限り，意思の連絡があるとされよう。

　諸外国においても，事業者が作成する独禁法遵守プログラムにおいては，価格に関する情報交換が行われる会合には参加しない，会合において価格の話が出たら直ちに退席する等とするのは，上記の意味で，独禁法上危険な行為だからである。

(6) 意識的並行行為，プライス・リーダーシップ，一方的な追随行為，一方的な協力行為

　市場にいる事業者が，それぞれ独自の判断により（たとえば自己の利益を最大化するために）価格を引き上げたところ，ほとんどの事業者も同様の判断をして価格を引き上げる結果になることがある。この場合，それぞれが相互に価格引上げを認識，認容していないのに，結果として市場で同調的な価格が設定される。これを意識的並行行為という。原材料費がある日突然に値上がりしたり需要が拡大している場合などを想定すれば理解できよう。また，たとえば市場支配力をもつ事業者が独自の判断により価格を引き上げたところ，供給余力の少ない他の事業者は価格を維持して新たな顧客を増やして多く売るより，価格引上げに追随して従来の顧客に高い価格で売るほうが自己の利益が大きいことから，独自の判断により追随する（せざるを得ない）場合がある（第２章Ⅲ４(1)および５(1)）。市場でのこのような価格の成立の仕方をプライスリーダーシップという。これらの場合には，事業者の間に価格引上げを相互に認識，認容して歩調を合わせるという意思の連絡はなく，不当な取引制限に該当しないことなる。先に見た一方的な追随行為も，同様に，意思の連絡がないことになる。

　【設例22】，【設例23】はどうか。【設例23】では，Ｙは，価格が引き上げられたことに気づき，自己の判断で価格を引き上げている。この場合，Ｙと他の事業者（合意に参加した８社）との間に接触はなく，価格を引き上げることを相互に認識・認容して歩調を合わせるという意思の連絡を形成したとはいえない。このような行為は，一方的な追随行為といえるが（意識的並行行為の１つである[8]），これは意思の連絡も相互拘束もないと考えられる。市場において価格上昇を目撃していたＹとしては，自己の価格を維持して，顧客を多く獲得

することが自己の利益になるか，価格を引き上げて1顧客あたりからの利益を
増やす方が自己の利益になるかを自己で判断することになる。独禁法がこの状
況においてYに対して価格を引き上げてはならないと強制することは，自由
な競争を促進することを目的とする独禁法の立場に矛盾する。Yは競争をしか
けるか追随するかを独自に判断すべきことになる。

　【設例22】については，XはBから価格引上げの合意がなされた事実を知
らされ，Yと同様に，自己の独自の判断で価格を引き上げたと考えられる。
つまり，【設例22】記載の事実だけからは，Bとの間で価格引上げを相互に認
識・認容して歩調を合わせるという意思の連絡は形成されていないといえそう
である。しかし，話はそう簡単ではない。前掲東芝ケミカル事件判決によれば，
価格の情報交換（事前の連絡・交渉，情報交換）とその後の価格引き上げ（行為の
外形的一致）により意思の連絡が推認されることから，価格引上げの合意に参
加し，会合場所を提供した点で首謀者といえるBとたまたまとはいえ電話で
情報交換をし，その後価格を引き上げたXの行為は独禁法の観点から非常に
危険であるといえる。

2　一定の取引分野，競争の実質的制限

【設例25】　㉕

　H電鉄M駅周辺は，高級ケーキ店が約20店あることで有名であり，全国か
ら顧客が来る。約20店のうちのミルフィーユが人気とされるW店とZ店の
オーナーが話し合い，ミルフィーユの価格を600円から750円に引き上げる
こととした。

(1)　問題の所在

　W店とZ店のオーナーの行為は，不当な取引制限にあたるか。一定の取引
分野はどこだろうか。商品市場（商品の範囲）は，ミルフィーユだろうか，
ケーキ全体だろうか。地理的市場（地理的範囲）はH電鉄M駅周辺だろうか，

---

8)　一方，共同遂行を独立の要件とする説では，このような行為を共同遂行として不当な取引制限に
　該当することとできないかと考える。

もっと広いのだろうか。この市場画定には企業結合規制で学習した仮定的独占者テストを用いるのだろうか。

(2) ハードコア・カルテルの場合

実は，【設例25】は難しい事案ではない。W店とZ店がミルフィーユの価格を750円に引き上げて，価格を維持できるかを見ればよい。価格を維持できるのであれば，そこが一定の取引分野であり，その一定の取引分野において競争の実質的制限が生じているといえる。W店とZ店のオーナーは，自己のいる市場の状況をよく知っているはずであり，かつ成功しないような価格引上げは行わないはずであるから，【設例25】の事実があれば競争の実質的制限があるといってよいという考え方もありうる[9]。しかし，W店とZ店のオーナーは，例外的な状況においては，市場の実態を見誤ることはある。彼らは自店のミルフィーユに自信を持っていたが，実は他の店のミルフィーユも顧客には十分に魅力的であり，2店のミルフィーユの価格が高くなれば顧客は他の店のミルフィーユを購入するようになるかもしれない。彼らの店のミルフィーユは顧客にとって十分に魅力的であったとしても，ミルフィーユが高ければミルフィーユ以外のケーキを購入するという顧客が多いかもしれない。価格が高くなれば，顧客は，高級住宅地にあり顧客層の良いH電鉄A駅周辺のケーキ店に移動するかもしれない。このように，稀ではあるが，W店とZ店のオーナーが状況を見誤って価格引上げが失敗した場合には，ミルフィーユは商品市場として狭すぎ，そして競争を実質的に制限しないといえる[10]。

このように，ハードコア・カルテルにおける一定の取引分野の画定は，一般に，企業結合規制よりも容易である。不当な取引制限規制は通常，事後規制として行われ，カルテル等が実施されてから公取委が審査する。この段階では，すでに価格が引き上げられ，その価格が一定期間維持されているはずである。そうすると，その価格が引き上げられ，価格が維持されている範囲・場所が通

---

9) 米国法（シャーマン法1条）は，このような考え方から，価格に関する合意をすれば直ちに違法とする「当然違法（*per se* illegal）」という立場をとる。

10) 以下，失敗したハードコア・カルテルという。これは，上記のように競争を実質的に制限しない共同行為は不当な取引制限としては規制されないが，第3章で見るように，同様の行為を事業者団体が行った場合には規制される（8条4号。第3章Ⅱ6）。

92　第2章　不当な取引制限

常は一定の取引分野ということができ，少なくとも事実上推認される[11]。さらに，ハードコア・カルテルは価格引上げ等の競争制限以外に説明ができない行為であるから，価格引上げに成功していれば，競争が実質的に制限されているといえる。

(3) すべての事業者が価格引上げに成功していなければならないか

【設例24】では，HとIが価格引上げに失敗している。このような事態が多くのカルテル参加者に生じれば，市場支配力の形成はなかったことの間接事実となる。しかし，一部の価格引上げが失敗しても，市場の大部分で価格引上げに成功していれば，「市場が有する競争機能を損な」っているということができ，競争の実質的制限は生じていたと解される[12]。また，3で見る理由から，H，Iについても不当な取引制限は成立している。

3 不当な取引制限の成立時期（始期）

(1) 問題の所在

【設例19】～【設例24】において，不当な取引制限が成立するのはいつか。ガソリンの価格引上げを取り決めた時か（合意時説），価格引上げに着手した時か（着手時説），価格を実際に引き上げた時か（実施時説）。

(2) 最高裁判決

石油価格カルテル刑事事件の最高裁判決（最判昭和59・2・24刑集38巻4号1287頁）は，「事業者が他の事業者と共同して対価を協議・決定する等相互にその事業活動を拘束すべき合意をした場合において，右合意により，公共の利益に反して，一定の取引分野における競争が実質的に制限されたものと認められるときは，独禁法89条1項1号の罪は直ちに既遂に達し，右決定された内容が各事業者によって実施に移されることや決定された実施時期が現実に到来することなどは，同罪の成立に必要でない」とした。合意時説をとったと考

---

11) 価格引上げに実際に成功しているという事実は，当該市場について仮定的独占者テストがなされ，そのテストが成立したということを意味する。

12) 東京高判平成22・12・10審決集57巻（第2分冊）222頁（モディファイヤーカルテル事件）等。

えられる。

(3) 合意時説の根拠

競争を実質的に制限するとは，市場支配力を形成，維持，強化することであり，これに加えて，現実に市場支配力が行使される（実施される）ことは必要としない。ハードコア・カルテルにかかる合意がなされれば，通常，市場支配力は形成されたといえるから，合意時説は，競争の実質的制限の考え方にも整合的である。

【設例21】では，会合での価格引上げの合意により不当な取引制限が成立しているので，Gは価格の引上げを実施しなくても合意した段階で独禁法に違反しているといわざるを得ない。

(4) 合意時説の例外

もっとも，合意時には市場支配力が形成されないこともある。【設例25】の検討において述べたケーキ店のオーナーによる失敗したカルテルはその例である。そのような場合には，合意時には不当な取引制限は成立していないといえる。石油価格カルテル刑事事件最高裁判決も，「右合意により，……競争が実質的に制限されたものと認められるときは」とし，このような考え方にたっていると考えられる。

合意に参加した事業者の数や，実際に価格引上げにどの程度成功したかは，競争の実質的制限を立証する間接事実となる。【設例19】のように市場の過半のような多くの参加者が合意に参加した場合には，合意の時点で競争の実質的制限があったと推認できる。一方，【設例24】とは異なり，多くの参加者が価格の引上げに失敗し，市場価格が上昇しなかったという事実が後で判明すれば，その事実を間接事実として，実は，合意の時点で市場支配力は形成されておらず，競争の実質的制限はなかったのだと推認されよう。

不当な取引制限の終期および不当な取引制限からの離脱の問題については，入札談合（Ⅲ4(3)(4)）において見ることにする。

Column ⑨   合意で足りるか，実施が必要かは措置により様々

　行政処分（排除措置命令，課徴金納付命令），民事責任（損害賠償請求など）において
いつ措置をとるか，とれるかは様々である。排除措置命令は，合意したが実施していない
のに出す実益は乏しく，通常，実施後に出される。DS 用液晶カルテル事件（排除措置命
令・課徴金納付命令平成 20・12・18 審決集 55 巻 704 頁，768 頁）はその例外であり，ニン
テンドー DS 用と新製品である DS Lite 用の TFT 液晶ディスプレイモジュールのそれぞれ
が一定の取引分野を構成するとされ，DS Lite 用液晶モジュールについては，引渡し前で
あったが，不当な取引制限が成立するとし，排除措置命令のみが出されている。課徴金納
付命令は，売上額がなければ課せないので（7 条の 2 第 1 項），実施時前には命じることは
できない。損害賠償請求についても，実施時以降でなければ，損害賠償の対象となる損害
は通常は発生しないであろう。これらに対し，刑事事件において不当な取引制限の成立
時期が問題になるのは，公訴時効（Ⅲ 4⑵で見る）が争点になることが多いからである。

4　公共の利益に反して

　「公共の利益に反して」（2 条 6 項）については，序章において独禁法の目的
との関係で触れた[13]。

　独禁法の目的を「公正且つ自由な競争」（1 条），すなわち自由競争経済秩序
と理解する通説の立場では[14]，公共の利益も自由競争経済秩序とされる。ハー
ドコア・カルテルは，価格，数量等を直接に制限し，かつ競争制限以外に合理
的な目的がないことが外見上明らか[15]であるから，少なくともハードコア・カ
ルテルについては，2 条 6 項の「公共の利益に反して」要件以外の要件をすべ
てみたせば，自由競争経済秩序を侵害し，当然に「公共の利益に反」すること
となる（確認規定説・訓示規定説）。

　これに対し，前記石油価格カルテル刑事事件最高裁判決[16]は，「公共の利益
に反して」とは，「原則としては同法の直接の保護法益である自由競争経済秩
序に反することを指すが，現に行われた行為が形式的に右に該当する場合であ

---

13)　序章Ⅲ。
14)　序章Ⅲ 2。
15)　*Column ⑦*。
16)　最判昭和 59・2・24 刑集 38 巻 4 号 1287 頁。

Ⅱ　ハードコア・カルテル⑴──価格カルテル等　　95

っても，右法益と当該行為によって守られる利益とを比較衡量して，『一般消費者の利益を確保するとともに，国民経済の民主的で健全な発達を促進する』という同法の究極の目的（同法 1 条参照）に実質的に反しないと認められる例外的な場合を」除外する趣旨とした。ここでは，自由競争経済秩序を直接の保護法益とする点で通説を支持しつつ，それと他の利益を比較衡量し「一般消費者の利益を確保するとともに，国民経済の民主的で健全な発達を促進する」という究極の目的に実質的に反しない例外があるとする。最高裁の立場では，このような例外的な場合には「公共の利益に反し」ないこととなる。

　ハードコア・カルテルに係る事案においても，事業者からは「公共の利益に反しない」という主張がしばしばなされるが[17]，上記の例外的な場合に当たるとされた事例はない。このことは，先述のように，ハードコア・カルテルの定義（「……競争制限以外に合理的な目的がないことが外見上明らか」）からして，理解しやすいであろう。

　これに対し，安全の確保や環境保護のためなどの共同行為，すなわち非ハードコア・カルテルについては，このような例外が認められるのか，認められるとすればそれはどのような場合かが問題になる。また，非ハードコア・カルテルは，「一定の取引分野における競争を実質的に制限する」という要件をみたさない場合が多いであろうし，この要件の解釈の中で競争以外の利益・法益が考慮される可能性もある。実際，「公共の利益に反して」に関する前記石油価格カルテル刑事事件最高裁判決の解釈を「一定の取引分野における競争を実質的に制限する」という要件の中に読み込む下級審判決[18]も現れている。これは非ハードコア・カルテル（Ⅳ）で見ることにしよう。

5　価格カルテルの発展問題

(1)　最高価格カルテル

　最高価格を合意し実施する最高価格カルテルでは，最高価格を超える価格の

---

17)　そのような主張がされた事例については，菅久修一編著『独占禁止法〔第 3 版〕』（商事法務，2018 年）35 頁。

18)　東京地判平成 9・4・9 判時 1629 号 70 頁（日本遊戯銃協同組合事件）。後掲（5(3)）の大阪バス協会事件審決も参照。

設定のみが禁止され，最高価格を下回る価格による競争は自由にできるから，需要者や消費者にとって利益になるようにも見える。最高価格カルテルは独禁法上許容されるのだろうか。古い事件であるが，公取委審判審決昭和27・4・4審決集4巻1頁（醤油価格協定事件）では，最高価格カルテルがなされ，被審人は，当時，統制価格が廃止され上昇の勢いにあった醤油の小売価格が抑制されたのだから消費者の利益に貢献したと主張した。審決は，「事業者が共同して価格を左右することを禁じたのは，私的企業が恣意的に価格を支配する力を有することそれ自体が結局消費者にとり不利であるとの見解に基き一律かかる力を振うことを禁じたのであって，特定の場合にたまたまかかる力が消費者に有利なように用いられたということはかかる危険な力の存在を容認する理由とはならない」とし，被審人の主張を斥けた。競争の実質的制限は，市場支配力を形成，維持，強化することであり，市場支配力が行使される必要はないこと，たまたま消費者の利益になるように市場支配力が行使されていても，市場支配力が形成されている以上，それが行使され消費者が被害を受ける危険が具体的に生じているということから，独禁法制定のわずか5年後の審決であるが，競争の実質的制限の考え方に沿う審決といえる。また，最高価格といいつつ，最高価格を高く設定し，それを価格設定の目安にすることにより，実質的には価格引上げの目的や効果を持つこともあろう。

(2) 基準価格の合意，概括的認識による意思の連絡

意思の連絡や相互拘束はどこまで具体的である必要があるのだろうか。

東京高判平成20・4・4審決集55巻791頁（元詰種子カルテル事件）では，元詰種子生産者32社が，元詰種子の販売価格を定める際の基準となる「基準価格」の引上げ等を決定した。ただし，各事業者は，基準価格のとおりには販売しておらず，それぞれが需要者等向けの価格表を独自に作成し，その価格表の価格は取引実態に応じて設定されており，さらに価格表に基づき交渉し，価格表の価格から値引き，割戻しがなされていた。被審人は，本件合意のみでは具体的な販売価格を設定できないから相互拘束はないこと，基準価格に係る等級区分が不明確であったり他社の割引率等がわからなかったりするので，実勢価格を予想できなかったこと等を主張した。判決は，それぞれ，おおむね基準価格の値上げ幅等に沿って価格表を

引き上げる等したとし，基準価格の決定に基づいてそれぞれ販売価格の設定を拘束するものと相互に認識していたものと推認されるとした。そのうえで，価格表価格と販売価格を基準価格に基づいて定めると合意すること自体が競争を制限する行為にほかならないとした。また，決定した基準価格に連動した価格表価格を設定する者との相互の認識程度の概括的認識をもって意思の連絡に該当するとし，意思の連絡の事業者の範囲を具体的かつ明確に認識するまでは要しないともした。

(3) 法遵守カルテル

法律違反状態を是正するためのカルテル（法遵守カルテル）は独禁法に違反するのであろうか。それが違反し，あるいは違反しないのは，いかなる根拠によるのだろうか。

㉖【設例26】

1988（昭和63）年以降，貸切バス運賃は，道路運送法上，認可運賃の上下15％の範囲で自由に運賃を設定できていた（幅運賃）。大阪府の貸切バス市場では，貸切バス事業者と旅行業者の力関係，需給関係等から幅運賃の下限を大幅に下回る運賃（実勢運賃）による取引が広く行われていた。大阪バス協会（Y）は，実勢運賃を引き上げる決定を行い実施したが，実施後の運賃は幅運賃の下限を下回っていた。なお，道路運送法は，幅運賃に収まらない運賃の収受を刑事罰の対象としている（同法旧99条1号）。

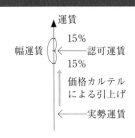

【設例26】は，公取委審判審決平成7・7・10審決集42巻3頁（大阪バス協会事件）の事案である。本件では，事業者団体による競争の実質的制限を禁じる旧8条1項1号（現8条1号。以下，現行法の条文による。この規制については第3章Ⅱ3）に違反するかが問題になり，Yは，本件運賃の引上げは法遵守カルテルであり，独禁法に違反しないと主張した。

審決は複雑な構造からなる判断基準を示した。①「一定の取引分野における競争を実質的に制限」している行為の外形的な事実が調っている限り，3条（2条6項）または8条1号の構成要件に該当する，②価格協定が制限する競争が

刑事法典，事業法等他の法律により刑罰等をもって禁止されている違法な取引（典型事例として阿片煙の取引）または違法な取引条件（たとえば価格が決定の幅または認可の幅を外れている場合）である場合に限っては，価格協定は，特段の事情がない限り，「競争を実質的に制限すること」という構成要件に該当しない，③②の「特段の事情」の(i)典型例は，当該取引条件を禁止している法律が確定した司法部における判断等により法規範性を喪失しているときであり，(ii)その他，(a)事業法等他の法律の禁止規定の存在にもかかわらず，これと乖離する実勢価格による取引，競争が継続して平穏公然と行われており，かつ(b)その実勢価格による競争の実態が，公正かつ自由な競争を促進し，もって，一般消費者の利益を確保するとともに，国民経済の民主的で健全な発達を促進する，という独禁法の目的の観点から，その競争を制限しようとする協定に対し同法上の排除措置を命ずることを容認しうる程度までに肯定的に評価されるときである。そして，本件では，③(ii)(a)は認められるものの，(b)は主務官庁により法律的に効果のある措置が相当期間，まったく講じられていない場合にはこれに該当するが，そのような事実を確定できない，とし8条1号に違反しないとした[19]。

　審決は，③(ii)(b)において，4で見た公共の利益に関する石油価格カルテル刑事事件の最高裁判決の解釈を，「公共の利益に反して」の要件のない8条1号において，「競争を実質的に制限すること」の要件の解釈に取り込んでいるとも読むことができる（Ⅳ2(2)）。一方，本審決のいう②に該当する場合（本件でも，幅運賃の下限を下回る実勢運賃による競争は，道路運送法により刑罰をもって禁止されている），1条の目的規定の観点から見て独禁法上「保護すべき競争」または「保護に値する競争」がなく，特段の事情がない限り，「競争」を実質的に制限していないが，③の基準をみたす例外的な場合には，独禁法上「保護すべき競争」または「保護に値する競争」があり，「競争」を実質的に制限すると解すれば足りると考えられる（Ⅳ2(3)）。

　いずれにせよ，法遵守という競争制限以外の目的ないし効果を持ちうる本件は，実は非ハードコア・カルテルと考えられる。この問題は非ハードコア・カルテル（Ⅳ）においてあらためて見ることにしよう。

---

19) なお，価格協定により幅運賃の下限を上回る運賃が設定された学校遠足向け輸送の運賃については，旧8条1項4号（現8条4号。第3章Ⅱ6）に違反するとしている。

Column ⑩ カルテルの不安定性，安定性 ◦◦◦◦◦◦◦◦◦◦◦◦◦◦◦◦◦◦◦◦◦◦◦◦◦◦◦◦◦◦◦◦◦◦

　カルテルにおいては，参加者がカルテル破り（cheating，秘密の値引き）を行う誘因
がある。このため，カルテルは不安定なものであり，規制しなくても自然に崩壊する
という見方もあった。たしかに，歴史的に見ると，そのような例はある。OPEC（石
油輸出国機構）は，長年，原油の産出量制限（数量制限カルテル）を行ってきた。
OPEC のカルテルは，国家間でなされるカルテルであるので，たとえば米国では州
（国家）行為免責理論（state action doctrine）があるなどの理由から，これまで規制さ
れたことはない。しかし，このカルテルは裏切りの連続であった。

　経済学では，カルテルが安定的であるためには，①カルテル破りが容易でないこと，
②カルテル破りからその探知までのタイム・ラグが短いこと，③カルテル破りに対し
て効果的な制裁ができることの 3 つがみたされることが必要だといわれる[20]。

　この 3 要素は，カルテル規制の要件とはされていないが，たとえば EU では，企業
結合規制における協調的行動による競争の実質的制限（第 1 章Ⅲ 5）を判断する際の
考慮要因とされている[21]。

◦◦

Column ⑪ 他店が 1 円でも安く売っているならば差額をお返しします ◦◦◦◦◦◦◦◦◦◦◦◦

　［広告 1］「同じ商品を他の店が当店より 1 円でも安く売っているならば差額をお返
しします」[22]，［広告 2］「同じ商品を今後 3 か月以内に別のお客様に当店がより安く
販売したならば，当店はその差額をお返しします」[23]という広告があるとしよう。

　小売店が顧客にこのような広告を行うことを，どのように理解すべきだろうか。ま
ず考えられるのは，［広告 1］はその店が最も安い価格を設定している，［広告 2］は
その店は，現在の顧客に最も安い価格を設定しているという，活発な価格競争を行っ
ているという理解であろう。

　しかし，実はそうではないかもしれない。小売店間で価格カルテルを行っていると
しよう。*Column ⑩*で見たように，カルテル参加者は秘密の値引きをしようとする誘
因を持つ。カルテル参加者は，店頭価格をカルテルで決まった価格とし，顧客と個別
にやり取りし秘密の値引き（カルテル破り）をしかねない。しかし，カルテルの他の

---

20)　Simon Bishop & Mike Walker, The Economics of EC Competition Law: Concepts, Application
　　and Measurement, pp. 174-179（Sweet & Maxwell, 3rd ed. 2010）.

21)　Airtours v. Commission,［2002］ECR II-2585,［2002］5 CMLR 317; Bertelsmann and Sony
　　Corporation of America v. Impala and Commission,［2008］ECR I-4951,［2008］5 CMLR 1073;
　　2004 年欧州委員会「水平型企業結合評価ガイドライン」paras. 49-57。

22)　"meeting-competition clause"（MCC，競争対抗条項）といわれる。

23)　"most-favored-nation clause"（MFN 条項，最恵条項）といわれる。

100　　第 2 章　不当な取引制限

参加者は，秘密の値引きを自ら探知するのは容易でない。そのような場合に，［広告1］を行えば，顧客がカルテル破りを発見して，知らせてくれる。こうして，ただちにカルテル破りを探知でき（*Column ⑩の②*），ただちに効果的な制裁（差額の返却という対抗的値下げ）（*Column ⑩の③*）を行うことができる。つまり，［広告1］は，カルテルの実効性確保手段である可能性がある。［広告2］では，当該小売店は，将来にわたって価格を引き下げない（カルテル破りをしない）ということを約束し，その約束違反に対する効果的な制裁を自らに科すことにより確約（コミット）している。これも，カルテルの実効性確保手段である可能性がある。もっとも，これらの広告が，日本においてカルテルの実効性確保手段等とされた事例はないようである（米国については，Ⅳ3注71））。なお，このような行為は，共同行為として行われるほか，1つの事業者が行う（単独行為といわれる）こともある。事業者が単独行為として［広告2］を行ったことが，価格を維持し，または新規参入を阻止するとして，不公正な取引方法に該当するおそれがあるとした事案がある[24]。

6　数量制限カルテル，取引先制限カルテル，市場分割カルテル

(1)　2条6項の例示

2条6項は不当な取引制限の例示として「共同して……数量，技術，製品，設備若しくは取引の相手方を制限する等」とする。これらは，数量制限カルテル，取引先制限カルテル，市場分割カルテル等といわれる。

(2)　数量制限カルテル

数量制限カルテルによる数量制限の方法には，生産数量の制限，販売数量の制限などがある。生産設備の廃棄，設備投資制限も，一定の取引分野をそれらで生産される商品とすると，数量制限の効果が生じるのは将来であるが，それにより競争を実質的に制限するといえるならば不当な取引制限となる。

数量制限カルテルはなぜ禁止されるのか。市場全体の産出量を制限すれば，市場全体の価格が上昇し，市場支配力が形成・行使される。数量制限カルテルは，価格カルテルと同じ機能・効果を市場に及ぼすのであり，その弊害は価格

---

[24]　公取委「アマゾンジャパン合同会社に対する独占禁止法違反被疑事件の処理について」平成29年6月1日），「アマゾン・サービシズ・インターナショナル・インクからの電子書籍関連契約に関する報告について」（平成29年8月15日）。後者については，第5章Ⅸ5(3)。

カルテルで説明したものと同じである[25]。価格カルテルと数量制限カルテルとが同時に行われることもある[26]。

(3) 取引先制限カルテル

取引先制限カルテルは，取引相手を制限しあうカルテルである。たとえば，ある地域の主要な商品aの販売事業者としてAとBが存在する場合に，AとBが，それぞれ，一方は大手民間需要者に，他方は地方公共団体にのみ供給することに合意し，実施するとしよう。この場合，Aは大手民間需要者向けのa，Bは地方公共団体向けのaについて，市場支配力を形成することとなり，競争を実質的に制限する。顧客争奪の禁止も競争を実質的に制限すればこれに該当する。

(4)で見る市場分割カルテルやⅢで取り上げる入札談合は取引先制限カルテルとしての性質をも持つ。

(4) 市場分割カルテル

市場分割カルテルは，事業者間で地理的市場や商品市場を分けあい，互いに他の地域等では競争をしないとするものであり，競争の実質的制限が生じる仕組みは(3)と同じである。地理的市場を分割する市場分割カルテルは，外国事業者間や国内事業者と外国事業者との間で行われる国際カルテルにおいてしばしば例がある。国際市場分割カルテルでは，公取委は，その一部を切り取って，日本に所在する需要者が発注するものの取引分野のみを認定することを行っている[27]。

---

25) 序章Ⅲ。

26) 石油価格カルテル事件に係る最判昭和57・3・9民集36巻3号265頁（価格カルテル事件審決取消訴訟），前掲注16)最判昭和59・2・24。

27) 公取委排除措置命令・課徴金納付命令平成20・2・20審決集54巻512頁，623頁（マリンホース事件），公取委審判審決平成27・5・22審決集62巻27頁等（テレビ用ブラウン管カルテル事件）。菅久編著・前掲注17)38頁は，マリンホース事件でこのようにした理由を「立証上の制約から」とする。この点を含め国際カルテルに固有な問題は，第6章でとりあげる。

7 市場シェア協定

市場シェア協定（市場占有率カルテル，シェア維持協定）は，それぞれの市場シェアを取り決める協定である。たとえば，甲は63％，乙は27％，丙は10％の市場シェアを維持することを協定する[28]。このようなシェアを取り決める協定がなぜハードコア・カルテルなのかは，少し丁寧な説明を必要としよう。

市場シェア協定が締結されていると，たとえば甲が価格引下げをして顧客を獲得すれば市場全体の販売量が増大し，甲の市場シェアは増える。その結果，乙と丙の市場シェアは減少する。それぞれの市場シェアが減少したことに気づいた乙と丙は，理由は分からないにせよ，市場シェア協定を遵守するためにそれぞれの販売量を増大させ，または価格を引き下げる。そうすると，甲は価格引下げによって顧客を獲得することができなくなる。このように，市場シェア協定は，事業者に対して，顧客を奪取して販売量を増加させることで利益を得るインセンティブを低下させる。合算シェアが大きな事業者がこれを行えば[29]競争を実質的に制限する[30]。*Column ⑪*で見たカルテルが安定的である理由によく似ている。カルテル破り（価格引下げ）がなされると，短いタイム・ラグでカルテル破りを探知し（乙，丙は自らの市場シェアの減少により気づく〔*Column ⑩の②*〕），カルテル破りに対して効果的な制裁を行う（乙，丙は，自らの市場シェアを維持するために販売量の拡大や価格引下げをする〔*Column ⑩の③*〕）のである。このような状況では，市場の参加者が販売量の拡大や価格の引下げを行わない市場の構造が形成される。市場シェア協定が不当な取引制限に該当し，課徴金の対象であることは，7条の2第1項2号ロにおいて「市場占有率」として明示されている。

---

28) 東京高判平成12・2・23審決集46巻733頁（ダクタイル鋳鉄管事件）の例である。
29) そうでない事業者にはそのような協定をする誘因がない。
30) 以上について，金井貴嗣ほか編著『独占禁止法〔第5版〕』（弘文堂，2015年）76頁〔宮井雅明〕。

Ⅱ　ハードコア・カルテル(1)——価格カルテル等　　103

8 垂直的制限行為の問題

(1) 問題の所在

⑰ 【設例27】
　B新聞社はA市の新聞販売店各店に対して，それぞれの販売地域を指定している。そのため，販売店は指定された地域以外で新聞を販売できない。

⑱ 【設例28】
　Cメーカーは，小売店に対して，自ら製造した商品の小売価格を指定し，守らせている。

　【設例27】は販売地域の制限（テリトリー制），【設例28】は再販売価格の拘束といわれる。これらは，「共同して」，「相互拘束」，「一定の取引分野における競争を実質的に制限する」の要件をみたし，不当な取引制限に該当するだろうか。

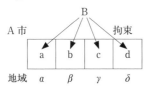

Figure 10　販売地域の制限

　【設例27】について Figure 10 を見よう。Bは，A市の a 地域の販売店 a に対して他の地域で販売することを禁止している。この場合，Bはaに対して一方的に拘束をしているだけであるため，Bとaとの間で「共同して」や「相互拘束」はなく，これらの要件をみたしそうにない。【設例28】のCについても同様である。

　しかし，【設例27】において，たとえばBは β，γ，δ 地域のそれぞれ b，c，d に対しても同様に他の地域で販売しないという拘束を課すことを約束しているとすればどうか。この場合，Bとaとの間で「共同して」や「相互拘束」の要件をみたしそうであり，Bの市場シェアが大きいなどの場合，需要者は1つの新聞販売店としか取引条件に係る交渉ができなくなり，それによりA市における市場価格を引き上げられるようになれば，一定の取引分野における競争を実質的に制限しそうである。【設例28】においても，たとえばCが他の小売店に対しても同様の拘束を課すことを約束すれば，同じことがいえる。このような制限は，垂直的な関係[31]にある事業者間の共同行為であること

から，「垂直的制限行為[32]」と呼ばれる。垂直的制限行為は，諸外国において共同行為（米国シャーマン法 1 条，欧州連合機能条約 101 条等）として規制されることが多い。不当な取引制限に該当するならば，課徴金や，場合によっては刑罰も科しうるので，エンフォースメントが強くなる。

(2)　新聞販路協定事件判決

公取委は，独禁法執行の初期において，(1)のような考え方から，垂直的制限行為に対して共同行為規制を適用してきた。しかし，東京高判昭和 28・3・9 高民集 6 巻 9 号 435 頁（新聞販路協定事件）が，この解釈を否定した。

新聞販路協定事件において公取委は，新聞社と新聞販売店との間で締結された販売地域を定める協定が旧 4 条 1 項 3 号[33]にいう「共同して販路又は顧客を制限する」に該当するとしたが，判決はこれを否定した。判決は，旧 4 条と不当な取引制限の規制の本質は同一だとしたうえで，「事業者とは……相互に競争関係にある独立の事業者と解するのを相当とする。……各当事者に一定の事業活動の制限を共通に設定することを本質とする」，「自己の事業活動の制限を共通に受ける者の間にのみ共同行為が成立する」とし，共同行為に該当しないとした。

この判決の立場では，不当な取引制限においては，①事業者間に競争関係が必要であり，また②事業活動の制限が共通することが必要となる。②については，「拘束の内容の共通性」，つまり拘束の内容も同一でなければならないのか否かは理解が分かれ，本判決もそこまで求めていないとも解される。しかし，いずれにせよ，垂直的制限行為は①をみたさないために，その後公取委は垂直的制限行為を不当な取引制限（3 条後段）ではなく不公正な取引方法（19 条）として規制してきた。現在，販売地域の制限は拘束条件付取引（一般指定 12 項，

---

31)　第 1 章 I 2 (4)。

32)　英語では "vertical restraint" である。「制限」自体が「行為」であるので（不当な取引制限は英語では "unreasonable resutraint of trade" であるが，これを「不当な取引制限行為」とはいわない），「垂直的制限」で足りるように思われるが，公取委が「垂直的制限行為」とするので（8 (3)），この用語による。

33)　共同行為のうちハードコア・カルテルに対して当然違法に近い規制を行う規定であり，昭和 28 年改正により削除された（*Column* ⑦）。

Ⅱ　ハードコア・カルテル(1)——価格カルテル等　　105

独禁 19 条。第 5 章X），再販売価格の拘束は法定の不公正な取引方法としての再販売価格の拘束（2 条 9 項 4 号・19 条。第 5 章IX）として規制される[34]。

(3) 流通・取引慣行ガイドライン

公取委は，1991 年，「流通・取引慣行に関する独占禁止法上の指針」（流通・取引慣行ガイドライン）を公表し，取引先事業者等との共同ボイコット（共同の取引拒絶。第 5 章 II 5(1)）についてであるが，「ここでいう事業活動の拘束は，その内容が行為者（例えば，メーカーと流通業者）全てに同一である必要はなく，行為者のそれぞれの事業活動を制約するものであって，特定の事業者を排除する等共通の目的の達成に向けられたものであれば足りる」（第 2 部第 2 の 3 (1)注 2）とし，メーカーと流通業者の間でなされる共同ボイコットも不当な取引制限として問題になりうるとする。流通・取引慣行ガイドラインは，不当な取引制限での事業者は「実質的な競争者」であることも不要とし，共通の目的の達成に向けられた拘束があればよいという立場と考えられる。ただし，公取委がこの見解に基づいて事件処理をした事例はない。

(4) 社会保険庁シール談合刑事事件判決

東京高判平成 5・12・14 高刑集 46 巻 3 号 322 頁（社会保険庁シール談合刑事事件）は，旧社会保険庁発注の支払通知書等貼付用シール（いわゆる目隠しシール）に係る入札談合事件であり，Y_1 から Y_4 の 4 社が不当な取引制限の罪で起訴された。このうち，Y_4 は入札談合の取りまとめ役であったが，指名競争入札において指名を受けず入札に参加できず，Y_4 の専属工場のような存在であった A が指名を受け入札に参加した。そこでは，Y_4 は受注調整行為を行い，また下請業者となることで談合の利益の分配を受けていた。Y_4 は，新聞販路協定事件判決に依拠し，指名を受けておらず競争関係がないので事業者に該当しないこと，相互拘束を行っていないことを主張した。

判決は，「〔新聞販路協定事件判決〕は，〔旧 4〕条 1 項が当該行為による競争への実質的影響を犯罪成立の積極的要件としていなかった規定のもとで，同項の

---

34) 流通・取引慣行ガイドラインは，「垂直的制限行為」として，第 1 部 2, 3, 第 1, 第 2, 第 3 に記載する。

解釈として，同項にも影響の可能性を取り込むため，その『事業者』を競争関係にある者に限定したものとみられる……。しかし，……当該共同行為によって『競争を実質的に制限する』ことが積極的要件として必要となった現行法のもとで，はたして右判例のように『事業者』を競争関係にある事業者に限定して解釈すべきか疑問があ」る，「Y₄は，……指名業者に選定されなかったため，指名業者であるAに代わって談合に参加し，指名業者3社もそれを認め共同して談合を繰り返していたもので，Y₄の同意なくしては本件入札の談合が成立しない関係にあったのであるから，Y₄もその限りでは他の指名業者3社と実質的には競争関係にあったのであり，……ここにいう『事業者』というに差し支えがない」とする。また，本来自由であるべき事業活動が制約されるに至ったのであるから相互拘束があるとしている。

判決は，競争関係は不要であるとするので新聞販路協定事件判決について解説した(2)の①を覆したと考えられる。ただし，本件は取引段階を異にする事業者間の入札談合であるが，「実質的な競争関係」があったとするので，①に関する判示は傍論だと考えられる。

(5) 現在の考え方

以上から見ると，垂直的制限行為に不当な取引制限が適用されうるかについては，傍論ではあるが，これを肯定する裁判例があるといえる。一方，新聞販路協定事件判決について解説した(2)の②については，「拘束の内容の共通性」は必要でなく，「本来自由であるべき事業活動が制約される」ことまたは共通の（反競争的）目的の達成に向けてそれぞれ協力すること（流通・取引慣行ガイドライン）程度でよいと考えられる。最判平成24・2・20民集66巻2号796頁（多摩談合（新井組）事件）も，拘束の有無，「共同して……相互に」を要件と捉え，拘束について「本来的には自由に入札価格を決めることができるはずのところを，このような取決めがされたときは，これに制約されて意思決定を行うことになるという意味において，各社の事業活動が事実上拘束される結果となる」とし，続けて，意思の連結の有無を問うだけであり[35]，(2)で見た②を限定

---

35) I 4 *Column* ⑧。

する等の問題意識はうかがえない。

さらに，Ⅲ1(2)〜(3)で見るように，最近の入札談合事件は，相互拘束について，(1)拘束の相互性があり，かつ(2)本来自由であるべき意思決定が制約されるという意味での拘束があれば足りると考えるようである[36]。仮に(2)の①の事業者性について，「実質的な競争者」を必要としているとしても，それらも相当柔軟に解されているように見える。そして，シール談合刑事事件判決がいうように，事業者の共同行為・相互拘束により「一定の取引分野における競争を実質的に制限する」ならば2条6項の要件はみたされており，事業者等の要件をそれ以上に限定する理由はないと考えられる。

Ⅲ　ハードコア・カルテル(2)──入札談合

1　入札談合と不当な取引制限

(1)　入 札 制 度

国や地方公共団体が，工事等の請負契約，物品調達等を行う場合には（公共調達），原則として競争入札によらなければならないことが法律により定められている（国については会計29条の3第1項・29条の5第1項，地方公共団体については自治234条1項・2項）。この入札には，発注者が提示する基準をみたす事業者はだれでも応札できる一般競争入札や，発注者が応札できる事業者をあらかじめ指名する指名競争入札がある。

入札談合は，入札参加者の間で受注予定者を決め，それ以外の者はより高い価格で応札するなどの協力をして，競争を回避する行為である。これにより，国，地方公共団体等の発注者は，入札談合がなかった場合よりも高い価格で契約を締結することになる。入札談合に価格カルテルを伴うこともある。独禁法2条6項に例示された行為では「取引の相手方を制限する」行為に該当するが，場合よっては「対価を決定」する行為にも該当しよう。

---

36)　たとえば，公取委審判審決平成6・3・30審決集40巻49頁（協和エクシオ事件），公取委勧告審決平成14・12・4審決集49巻243頁（四国ロードサービス事件）（3(2)）。

108　　第2章　不当な取引制限

(2) 基本合意と受注調整行為

入札談合では，一般に2段階にわたる行為がなされるとされる。①基本合意と②受注調整行為（個別談合）である。①は，入札談合の一般ルールを取り決める合意である。基本合意は，受注予定者を決め，他の者は受注予定者が受注できるように協力する[37]といった者が典型である。受注予定者の決定（調整）方法には，受注意欲のある者が1名の場合はそのものを受注予定者とし，複数ある場合には，たとえば地理的に近い者や，以前に当該工事を担当した者を受注予定者とするものなどがある。②は，個々の入札において基本合意に基づいて実際に調整する行為（受注予定者を決定し，その応札価格および他の者の応札価格を決定し，各応札者に伝え，それに基づいてそれぞれが応札することなど）である。Figure 11は，数か月ごとに入札があり，そのたびに受注調整行為がなされる例である。基本合意は，通常，その間，継続している。

Figure 11 入札談合の仕組み

(3) 基本合意と不当な取引制限

入札談合において不当な取引制限とされるのは，上記①と②のいずれであろうか。一般に，①の基本合意をもって不当な取引制限に該当すると解されている。したがって，入札談合における「共同して」，「相互拘束」は，①の基本合意を内容とすると解される。このように解されるのは，入札談合の根幹が基本合意にあることや，基本合意を解消させなければ入札談合はなくならない（排除措置命令では基本合意を解消すべき）といった考え方が背景にあるのであろう。

入札談合もハードコア・カルテルであり，基本合意により一定の取引分野に

---

37) 典型は，受注予定者の応札価格等を伝えられた協力者が，それより高い価格で応札することである。

おける競争が実質的に制限されたものと認められるときは，市場支配力が形成され，不当な取引制限が成立する（合意時説[38]）。

2　入札談合の立証

【設例29】
> 　A市発注の公共下水道工事（本件工事）において，入札参加者の間で受注予定者を決め，それ以外の者はより高い価格で応札し協力することを取り決めている（本件合意）。本件合意の参加者はゼネコン（総合建設業者）33社であり，そのほかゼネコン47社と地元業者74社が本件工事の入札への参加資格をもつ。ゼネコン33社（地元業者との共同企業体〔ジョイントベンチャー，JV〕を含む）は，過去3年間に発注された本件工事72件のうちで34件を落札し，落札率（契約額の上限である入札予定価格に対する落札価格の比率）は99％を超えるものが21件，97％〜99％のものが7件，90％未満は6件であった。

(1)　共同して，相互拘束

【設例29】では，ゼネコン33社が基本合意（本件合意）を行っており，ゼネコン33社が，「共同して」，「相互拘束」をしたと考えられる。

すでに見たように，【設例29】のモデルである最判平成24・2・20民集66巻2号796頁（多摩談合（新井組）事件）は[39]，「各社は，本来的には自由に入札価格を決めることができるはずのところを，このような取決めがされたときは，これに制約されて意思決定を行うことになるという意味において，各社の事業活動が事実上拘束される結果となることは明らかであるから，……『その事業活動を拘束し』の要件を充足する」，「本件基本合意の成立により，各社の間に，上記の取決めに基づいた行動をとることを互いに認識し認容して歩調を合わせるという意思の連絡が形成されたものといえるから，本件基本合意は，同項にいう『共同して……相互に』の要件も充足する」としている。

【設例29】のモデルである最高裁判決（多摩談合（新井組）事件）では基本合意に関する直接証拠（供述調書）があるとされた。これと異なり，基本合意に

---

38)　最判昭和59・2・24刑集38巻4号1287頁（Ⅱ3）。
39)　以下について，本判決が2条6項の要件をどのように理解しているかは，*Column ⑧*を参照。

110　第2章　不当な取引制限

関する直接証拠がない場合が少なくない。そのような場合，個々の入札での受注調整においてどのような調整（受注予定者の決定，協力）がなされたかに関する証拠を間接事実として，間接事実から主要事実としての基本合意を推認し，基本合意の存在を認定することが行われる。【設例29】のモデルである最高裁判決は，ゼネコン33社を基本合意の参加者，ゼネコン47社，地元業者74社を協力者等とした。この判決も，基本合意に関する直接証拠に加えて，受注調整行為の内容からゼネコン33社による基本合意を認定している[40]。

なお，カルテルでも同様であるが，意思の連絡が形成されていることが認められればよく，その形成過程について日時，場所等をもって具体的に特定することは要しない。

(2) 一定の取引分野

入札談合はハードコア・カルテルであり，合意の対象・範囲が通常は一定の取引分野となる[41]。公取委は，一般に，発注者ごとに一定の取引分野を画定している。

(3) 競争の実質的制限

多摩談合（新井組）事件最高裁判決は，「一定の取引分野における競争を実質的に制限する」とは，「当該取引に係る市場が有する競争機能を損なうことをいい，本件基本合意のような一定の入札市場における受注調整の基本的な方法や手順等を取り決める行為によって競争制限が行われる場合には，当該取決めによって，その当事者である事業者らがその意思で当該入札市場における落札者及び落札価格をある程度自由に左右することができる状態をもたらすことをいうものと解される」としている。

入札談合はハードコア・カルテルであるので，通常，競争の実質的制限が認定できる。

一部の受注調整行為が失敗し，基本合意の参加者間で競争（「たたき合い」といわれる）が生じても，多くの個別談合が成功し，市場全体で市場支配力が形

---

40) 後掲注46)参照。
41) *Column ⑦*, Ⅱ 2。

Ⅲ　ハードコア・カルテル(2)──入札談合　111

成されていればよい。

しかしながら，**【設例29】**では，ゼネコン47社と地元業者74社は，基本合意に参加していない。それなのに，「市場が有する競争機能を損なう」という意味での競争の実質的制限があるのか。

ゼネコン47社と地元業者74社の中には，どうしても受注したい工事等があるならば，個々の入札においてゼネコン33社に対して競争をしかける者がいよう（たたき合い）。しかし，基本合意の参加者の合算シェアが高く[42]，または，ゼネコン47社と地元業者74社は多くの入札でゼネコン33社による受注調整に協力したり，自ら競争をしかけることを回避して，予想される落札価格より高い価格を設定することが期待できる場合がある。

あるいは，ゼネコン47社と地元業者74社はゼネコン33社よりも効率性や競争力において劣っており，ゼネコン33社による受注調整は通常成功すると期待できる場合もある。

このような場合には，本件基本合意により市場支配力を形成でき，競争を実質的に制限するといえる。

また，実際になされた多くの個別調整行為においてゼネコン47社と地元業者74社が協力していたならば，それを間接事実として，競争を実質的に制限したと認定できよう。

前掲最判も，①ゼネコン33社およびその他ゼネコン47社が指名競争入札において指名業者に選定される可能性が高かったことに加え，②ゼネコン47社からの協力が一般的に期待でき，地元業者74社の協力または競争回避行動も相応に期待できる状況の下にあったことなどもあわせ考慮すれば，本件基本合意は，それによって競争の実質的制限をもたらしうるものであったこと，③しかも，相当数の入札において本件基本合意に基づく個別の受注調整が現に行われ，そのほとんどすべての工事（入札）において受注予定者とされた者が落札し，④大部分の工事における落札率も97％を超えるきわめて高いものであったことから，競争の実質的制限を肯定している。

これに対しては，基本合意の対象が原則として一定の取引分野であり，基本

---

42) 合算シェアが過半やそれに準じればそれにより競争の実質的制限を認定できるともされる（菅久修一編著『独占禁止法〔第3版〕』〔商事法務，2018年〕41頁等参照）。

112　第2章　不当な取引制限

合意が実効性をもって行われていれば原則として競争の実質的制限が認められるという理解がありうる。この理解からは，最高裁はここまで具体的に認定する必要はなかったという批判もありうる。しかし，本件では，上記のように，基本合意の当事者はゼネコン33社であり，ほかにゼネコン47社および地元業者74社が入札に参加していたことから，アウトサイダーの数が多く，競争の実質的制限を慎重に判断すべき事案であったこと，および3(2)注46)に記載した事情からくる本件事案の特殊性から，具体的に認定する必要があったと考えられる。

Column ⑫　入札談合の要件の立証構造

① 共同して，相互拘束
　(ア)基本合意の認定
　　立証
　　　直接事実（証拠）から認定
　　　間接事実から推認
　　　　受注調整行為
　(イ)共同して（意思の連絡）
　　　基本合意参加者
　　　単なる協力者（一方的協力者は意思の連絡なし）
　(ウ)相互拘束
② 一定の取引分野
　　基本合意の対象が，通常，一定の取引分野となる（例外あり）
③ 競争の実質的制限
　　立証
　　　通常，認められる
　　　間接事実から推認
　　　　受注調整行為（一部たたき合いがあってもよい）
　　　　基本合意参加者のシェア，個別談合成功例の比率，落札率など
④ 課徴金の対象となる売上額（Ⅴ6(2)で後述）
　　　具体的な競争制限効果

3 入札談合の発展問題

(1) 黙示の意思の連絡

基本合意が直接に取り決められていた証拠はなく，また個別談合でも発注者の意向が明らかであり（郵便区分機の製造業者2社のうち，一方が右流れ方式，他社が左流れ方式を機器の構造として採用し，発注側の担当者が各方式の購入計画数の情報を各社に提示し，その情報をもとに各社は自社の応札すべき物件を理解していた），直接に連絡しあって調整したと考えられない事案について，指名競争入札から一般競争入札に変更後も従来の情報提供を継続することを担当者に要請したこと，一般競争入札の導入後も従来の方法で入札に参加していたこと等の間接事実から意思の連絡を認定したものがある[43]。

(2) 受注能力と相互拘束，一方的協力？

(ア) **いくつかの事例**　公取委審判審決平成6・3・30審決集40巻49頁（協和エクシオ事件）では，マイクロ通信業務について，Bは業務の特殊性から自らの運用保守能力に優位性があり，他の9社は受注能力がないと主張した。審決は，合意の時点で受注能力がない場合でも，近い将来本件業務を遂行する能力を備える蓋然性が高いときには受注能力があると解するのが相当とし，9社による行為も不当な取引制限に該当するとした。

公取委審判審決平成13・9・12判タ1099号280頁（安藤造園土木事件）では，福岡市発注の造園工事について，落札金額1億円以上と想定される工事のみを一定の取引分野とした。本件では，超特Aランクの事業者のほか，下のランクである特AランクとAランクの事業者も入札に参加できた。審査官は，本件基本合意を超特Aランクの事業者によるものとし，特Aランク，Aランク事業者を含めなかった。被審人は，一定の取引分野を1億円未満の工事も含まれる等主張した。審決は，特Aランク，Aランクの事業者は自ら受注せず，協力していたとし，それは自分のランクの受注で超特Aランクの事業者からの協力を期待するとともに，将来超特Aランク業者になった場合に利益を享

---

43)　東京高判平成20・12・19判時2043号51頁（郵便区分機談合事件〔差戻審〕）。

114　第2章　不当な取引制限

受できる見込みがある反面，協力しなければ制裁を受けるおそれがあるためであり，相互拘束をしていたのでなく，一方的に協力しただけであり，共同しての要件にあたらず，不当な取引制限にあたらないとした。

公取委勧告審決平成 14・12・4 審決集 49 巻 243 頁（四国ロードサービス事件）では，旧日本道路公団四国支社発注の保全工事（本件工事）について，従来随意契約により C がすべてを受注していたところ，競争入札が導入されたため，C は中国地区において受注実績を有する D，E，F との間で，C が確実に受注できるようにする等のため，①当該工事は C が受注する，②中国地区 3 社は，指名を受けた場合には，C が受注できるように協力するという合意をし，C が本件工事の大部分を受注したことを，4 社による不当な取引制限とした。D，E，F は，C の依頼に応じれば，同公団中国支社が競争入札で発注する工事の入札に C は参加しないと考え，依頼に応じたと認定されている。

　㈡　**どう理解するのか**　　協和エクシオ事件では，現在受注能力がなくても合意の参加者となり相互拘束や競争の実質的制限があるとするのに対し，安藤造園土木事件では，受注能力がないことから相互拘束を否定し，一方的に協力したにすぎないとする。両審決は矛盾していないだろうか。

四国ロードサービス事件でも，D，E，F は一方的に協力するだけであり，さらに C は拘束を受けていないようにも見える。

これらの疑問に対しては，公取委の法律構成が唯一の正解ではなく，他の構成もありえたが，「何らかの理由」から，公取委は裁量権の範囲で，そのような構成をとったと推測される。

協和エクシオ事件では協和エクシオと 9 社との間の相互拘束が成立すると構成できないと，B の一方的な行為になり不当な取引制限と構成できなかったので，このように構成せざるを得なかったと考えられる。四国ロードサービス事件においても，D，E，F が一方的に協力している構成とすると，C との間での相互拘束が成立せず不当な取引制限とできなかったと考えられる。公取委は，D，E，F は C の受注に協力するという拘束を，C は「必ず」受注する[44] という拘束を受け，4 社は拘束を「相互に」受けていたと構成することで不当な取

44）　C が利益の見込みの少ない工事も含めて「必ず」受注しなければ，4 社以外の競争者が参入し，競争が始まるおそれがあり，4 社には競争回避の観点からこのような拘束をしあう意味がある。

Ⅲ　ハードコア・カルテル⑵──入札談合　　115

引制限とできたと考えられる[45)]。

これに対し，安藤造園土木事件では，超特Ａランクの事業者の間のみでも「意思の連絡」，「相互拘束」があり，不当な取引制限が成立しうるから，このような事情はない。また，公取委は，特Ａランク，Ａランク業者を含めて基本合意や相互拘束を認定できたと考えられる。しかしながら，特Ａランク，Ａランク業者は談合に積極的に関わっておらず，落札もしていない事情を考慮したうえで，このような構成をしたのであろう[46)]。

(ｳ) **より一般的に** 入札談合の基本合意を相互拘束とする場合に，新聞販路協定事件の東京高裁判決（昭和28・3・9高民集6巻9号435頁）の「事業活動の制限を共通に設定」の文言を厳格に解するなどすると（Ⅱ8⑵）相互拘束の要件をみたすかどうか微妙な事案がありうる。これらの事案には，①もともと拘束の内容に偏りがある場合（協和エクシオ事件），②様々なレベルの事業者が複雑な形で入札談合に関与しているために一定の取引分野の画定に様々な構成がありうる場合（安藤造園土木事件），③実際は双務性のある拘束があったのかもしれないが十分な証拠がなく，一方的な拘束に近い事実しか認定できない場合（四国ロードサービス事件）などがあろう。これらは米国法やEU法等多くの国・地域ならばハードコア・カルテルとして当然違法，原則違法となるものであるが，日本法では2条6項の要件があり，かつ新聞販路協定事件判決を先例とする事業者の代理人の主張に備えて公取委は相互拘束の要件の解釈に工夫をしたとも考えられる。

(3) 民間事業者の発注と入札談合

民間事業者が発注者である場合にも，入札談合をすれば不当な取引制限に該

---

45) 本件は，4社による市場分割カルテルで，その四国支社発注部分のみについて不当な取引制限の証拠が見つかったので，これを切り取って1つの不当な取引制限としたのかもしれない。

46) 多摩談合（新井組）事件では，ゼネコン47社を協力者としているが，これはこの事案の課徴金算定期間内に受注したゼネコン33社を基本合意の参加者とし，受注しなかったゼネコン47社を協力者としたものと考えられる。ゼネコン47社の中にも基本合意の参加者がいた可能性があるが，本件は課徴金納付命令のみが出された事案であり（当時は課徴金納付命令の除斥期間は5年であったが，排除措置命令の除斥期間は3年であった），公取委は，売上額がなく課徴金納付命令を出せないゼネコン47社を不当な取引制限の当事者としても，ゼネコン47社は争う方法がないことなどから，ゼネコン33社に限定したとも推測される。最高裁判決は，審決は「少なくとも本件33社が」合意をしていた旨を認定していたものとして合理的だとする。

116　　第2章　不当な取引制限

当するのか。民間事業者が，競争入札や見積合わせをすることとし，その発注等を一定の取引分野と画定でき，談合やカルテルによりその一定の取引分野で競争の実質的制限が生じれば，不当な取引制限に該当すると解される。最近，このような事例は多い[47]。

　ところで，1で見たように，国や地方公共団体による調達では，法律上，国や地方公共団体は競争入札を行うことを義務付けられている。法律で認められている場合を除き，発注者が競争入札によらないで調達することはできない（Ⅲ6の官製談合参照）。

　これに対し，民間事業者は競争によらず調達をすることは自由であり，またそれは広く行われている。したがって，発注者がはじめから競争を求めない場合はもちろん，競争によるという方針を示しつつも，当該事業者自らが[48]応札者に話し合い（談合）をさせることは（6で見る官製談合の民間版），公共調達と異なり[49]，禁止されていない。応札者が談合や話し合いを行っても，民間事業者である発注者がそれを許容したり，さらに強制していれば，たとえば，独禁法が保護すべき「競争」がなく（1条）[50]，したがって競争の実質的制限がないことから，不当な取引制限に該当しないこととなろう。

　ただし，たとえば政府が民間事業者間の取引に対して補助金を交付しその条件として法律等により競争入札を強制しているような場合がある。このような場合には，当該事業者自らの意思のいかんにかかわらず競争の実質的制限があることとなり，不当な取引制限に該当しうる。公取委排除措置命令・課徴金納付命令平成19・5・11審決集54巻461頁，545頁（東京ガス発注の天然ガスエコ・ステーション建設工事談合事件）はそのような事例と考えられる[51]。

---

47)　公取委排除措置命令・課徴金納付命令平成25・12・20審決集60巻（第1分冊）350頁，441頁（東京電力発注架空送電工事等談合事件），公取委排除措置命令・課徴金納付命令平成25・3・22審決集59巻（第1分冊）262頁，346頁（自動車メーカー発注ヘッドランプ等見積合わせ談合事件）等。

48)　たとえば，事業者（会社）は競争させようとしているにもかかわらず，担当者が独断等により話し合いをさせる場合には，当該事業者自らが競争をやめさせたとはいえない。

49)　公共調達では，発注者に競争をやめさせる権限はなく，応札者にもこれに従う義務はない。応札者が競争入札に参加したにもかかわらずこれに応じて談合をすれば通常不当な取引制限の要件をみたす。

50)　Ⅱ4，5⑶参照。

Column ⑬ 確実に受注できるものがいる場合と不当な取引制限 ◆◇◆◇◆◇◆◇◆◇◆◇◆

　入札談合事件の調査に関する報道において，各社はそれぞれの工事について，研究していたり，得意技術をもっており，受注調整しなくてもほぼ確実に受注していたのだから競争制限はないのではないか，という指摘がなされることがある。

　北海道新幹線の函館・札幌間の工事が行われるとしよう。A社は難工事が予想される札幌地下駅建設工事（以下，本*Column*において「札幌」）で，B社は同じく難工事が予想される函館地下駅建設工事（以下，本*Column*において「函館」）で，工法等を研究したり，得意技術をもっており，受注調整しなくてもA社が札幌，B社が函館で受注できたという例を想定しよう。他の2社も火山帯を通り難工事が予想される羊蹄トンネル等（以下本*Column*において「羊蹄トンネル等」）について同様の得意工法があるとする。

　これを仮定的な数字で表現しよう。A社は札幌で，上記の理由から最も効率的であり，80億円（コストぎりぎり）で受注できるとする。B社以下は，効率に劣るので，100億円（コストぎりぎり）以上でしか受注できないとする。A社は他社より20％効率的という極端な例とした。さて，A社は，競争入札においていくらの価格で応札するだろうか。入札では，各社は他社の費用構造をある程度推測できるが，確実な数字を知らないのが一般的である。そこで，B社以下は，A社のコストを75億円から85億円の間と推測しており，A社はB社以下のコストを95億円から105億円の間と推測しているとする。これでは，B社以下はまったく太刀打ちできない。では，競争入札は必要ないのだろうか。

　A社は，入札において確実に落札するためには，B社以下の最も低いコストである95億円より少し安い価格で応札するであろう（他社が落札するリスクを負っても利益が大きい方がよいと考えれば100億円等で応札するかもしれない）。A社の利益は15億円である。日頃の研究や得意技術を磨いたたまものであり，正当な利益といえる。

　では，入札談合と評価できるかはともかく，自社のコストについて各社の技術者間で情報交換したとする。すると，A社は，B社以下のコストは100億円とわかるので，100億円より少し安い価格で応札するであろう。コストに関する情報交換によって，A社の利益はさらに5億円増えた。

　さて，ここで，情報交換の際に，さらに，札幌の工事で，A社を受注予定者とし，B社以下はA社の受注に協力する（A社の応札価格より高い価格で応札する）と決めたとする。A社は，100億円より高い価格，たとえば120億円で応札し，B社以下はそれより高い価格で応札する。A社の利益はさらに20億円増えた。

---

51)　前掲注47)の前者の事案等では，公取委は東京電力が違反行為を誘発，助長していたとし，適切な措置を講じるよう申し入れている。電力会社は民間企業ではあるが，何らかの理由から適切に入札をすべき状況にあったと解するのであろう。

118　　第2章　不当な取引制限

その後，函館の工事でも，Ａ社とＢ社が入れ替わったコスト構造になっているとすれば，函館ではＡ社等はＢ社に協力するので，Ｂ社が同様の利益を得ることができる。Ｃ社，Ｄ社がそれぞれ得意な他の工事も同様である。

このように，ある工事で，ある会社が効率が良いためにほぼ確実に落札するだろう状態でも，通常，依然として市場における競争は機能しており，談合により利益を得ることができる。独禁法はこのような場合を含めて，競争の実質的制限があると考える。

ところで，JR北海道は，コスト意識が高く，75億円を上回る価格では契約しないとする（予定価格75億円とする）。この場合，調整する必要はない。Ａ社は契約を断る，つまり応札しない，または予定価格より高い価格で応札するという判断しかない。他社も同様であるので，契約は成立しない。予定価格が80億円から95億円までであれば，Ａ社は，予定価格ぎりぎりで応札する。他社との情報交換や受注調整をする必要はない。その場合の利益は，予定価格 -80億円である。予定価格が95億円を超えれば，情報交換や受注調整によってさらなる利益（予定価格 -80億円）を得る。その利益は，競争入札で得られる利益（15億円）を上回る。予定価格が事前にわかっていない場合，Ａ社の利益はもう少し減る可能性があるが，基本的な構造は同じである。

もっとも，上記のコストに関する情報交換だけで，独禁法2条6項でいう不当な取引制限が成立するか（とくに相互拘束または「共同して……相互に」があるか）は微妙であろう。しかし，受注調整までなされ，それが複数の工事で行われていれば，不当な取引制限が成立し，または成立すると推認される可能性が高いと思われる。法的な評価は個別事案を見なければならないが，各社はそれぞれの工事について，研究していたり，得意技術をもっており，受注調整しなくてもほぼ確実に受注していたのだから競争制限はない，というわけではないことはわかったであろう。

4 入札談合の始期・終期，不当な取引制限からの離脱

(1) 始 期

入札談合の始期（成立時期）は，不当な取引制限一般の問題と共通し，合意時説が原則である（Ⅱ3(2)(3)）。基本合意により，一定の取引分野における競争が実質的に制限されたものと認められるときには，ただちに不当な取引制限が成立する。

(2) 不当な取引制限と公訴時効

(ア) **問題の所在**　　不当な取引制限が基本合意により既遂になるとすれば，

5年以上前に成立した入札談合は公訴時効が成立していると主張されうる。実際に多くの事件でこのような主張がなされている。この主張をどう考えるか。

　なお，これは刑事罰を科す場合の論点であり，排除措置命令，課徴金納付命令を課す場合には，（競争の実質的制限をもたらす）基本合意が継続している限り，これらが課される点は異論がない。したがって，以下は，刑事事件の公訴時効に固有な論点といえる。

　　(イ)　**状態犯説と継続犯説**　　不当な取引制限の罪は，状態犯か継続犯か。もし継続犯であれば，公訴時効は成立しない。東京高判平成9・12・24高刑集50巻3号181頁（第1次東京都水道メーター談合刑事事件）は，継続犯説を採用し，時効にならないとした。もっとも，継続犯説の採用を明示する判決は少ない。公取委の行政処分は事業者（通常，法人）を名宛人とするが，刑法は個人の具体的行為を対象とし，会社レベルでは基本合意が継続していても担当者の交替を想定すれば（個人）レベルでの実行行為の継続は不自然だなどと指摘とされる[52]。また，加えて，競争制限的な行為が日々新たに行われているとまではいえないからとも指摘される。その根拠として，刑事事件では，事業者の業務に関して犯罪行為を行った従業者個人に犯罪が成立することを前提に，事業者（業務主）の犯罪の成否が問題になることがあげられる[53]。

　　(ウ)　**基本合意の確認・修正**　　東京高判平成8・5・31高刑集49巻2号320頁（下水道事業団談合刑事事件）では，基本合意の確認と修正を毎年行っていた。この場合，基本合意の確認と修正を行うたびに新たな不当な取引制限の罪が成立すると構成すれば，状態犯説によっても公訴時効は生じない。もっとも，入札談合において，基本合意の確認や修正がつねに公訴時効となる5年以内に行われるわけではない。

　　(エ)　**相互拘束の遂行説**　　基本合意を2条6項にいう相互拘束とし，基本合意に基づいて行われる受注調整行為（個別談合）を相互拘束の「遂行」とし，いずれによっても不当な取引制限の罪が成立するとする見解がある[54]。この見解では，基本合意が公訴時効になっていても，相互拘束による「遂行」が5年

---

52)　品田智史「不当な取引制限罪」『経済法判例・審決判例百選〔第2版〕』251頁（2017年）。
53)　幕田英雄『公取委実務から考える独占禁止法』291頁（商事法務，2017年）。
54)　芝原邦爾「不当な取引制限罪における『遂行行為説』」ジュリ1167号（1999年）101頁。

以内に行われれば公訴時効にならない。東京高判平成 16・3・24 判タ 1180 号 136 頁（防衛庁石油製品入札談合刑事事件），東京高判平成 19・9・21 審決集 54 巻 773 頁（橋梁入札談合刑事事件）など最近の判決はこの立場によっている。たとえば，後者の判決は，相互拘束行為（基本合意）により不当な取引制限の罪が成立し，その後にこれに基づく遂行行為（個別談合）もされた場合はその時点で不当な取引制限の罪が成立し，不当な取引制限の罪の包括一罪が成立するとする。また，本判決は，不当な取引制限の罪を継続犯ともしている。

(3) 終 期

公取委の立入検査（Figure 11 参照）が行われれば，入札談合の事実が広く知られ，入札談合の参加者は，通常入札談合をやめる。この時点で，合意が明示的に廃棄されないでも，通常，事実上消滅するといえよう。

したがって，通常，立入検査時が不当な取引制限の終期となる。しかし，事件によってはその後も入札談合を続けている場合がある。その場合は，不当な取引制限はなお存続していることになる。

(4) 不当な取引制限からの離脱

【設例 30】 ㉚

　【設例 29】において，Y は基本合意に参加していたが，W が受注予定者とされた 2018 年 5 月 1 日の入札では話し合いの結果 Y を受注予定者とすることを拒否し，たたき合いを行って自ら受注した。Y は同年 5 月 10 日の入札においては，受注予定者が受注できるように協力した。同年 6 月 1 日，Y は 5 月 1 日の行為を理由に，他の基本合意参加者から半年間受注予定者にしないペナルティを課す旨の通告を受けたが，「一切従うつもりはない」，「うちはうちなりにやっていく」，「話のできる人と話していく」と述べた。同年 8 月 1 日の入札では，受注予定者に協力した。同年 10 月 1 日に配布された話し合いの連絡に用いる電話番号等を記した「外線当番表」に Y の名がなかった。Y は，同年 5 月 1 日に入札談合から離脱したと主張している。

入札談合の終期の到来前に，入札談合の参加者が不当な取引制限から離脱することがある。この場合，①離脱した事業者は，それ以降は課徴金が課されず

Ⅲ　ハードコア・カルテル(2)——入札談合　121

（7条の2第1項[55]），また②除斥期間が開始する（7条2項ただし書・7条の2第27項）。さらに，③早期離脱すると，一定の要件をみたせば課徴金が減額される（7条の2第6項。V5(2)(ｱ)）。入札談合の参加者が，不当な取引制限から離脱しようとする場合，どのような行為が必要か。「意思の連絡」を消滅させればよいから離脱する旨の内心の意思があれば足りるのか，あるいは刑法における共犯からの離脱の要件（後掲）をみたす必要があるのか。

　東京高判平成15・3・7審決集49巻624頁（岡崎管工事件）は，「離脱者が離脱の意思を参加者に対し明示的に伝達することまでは要しないが，離脱者が自らの内心において離脱を決意したにとどまるだけでは足りず，少なくとも離脱者の行動等から他の参加者が離脱者の離脱の事実を窺い知るに十分な事情の存在が必要である」とする。また，審判審決平成19・6・19審決集54巻78頁（日本ポリプロ事件）は，「違反行為者相互間での拘束状態を解消させるための外部的徴表が必要」とする。このように，「離脱の事実を窺い知るに十分な事情」や「外部的徴表」が求められる。なお，経営陣が対外的に離脱宣言をしても，担当者が他社の担当者に「迷惑をかけない」と発言し，連絡を取り合うなどし，担当者間で「窺い知るに十分な事情」がない場合には，離脱を認められない[56]。

　【設例30】は岡崎管工事件の事案をモデルにしている。5月1日の入札で話し合いを拒否し，たたき合いをしたことが，「窺い知るに十分な事情」といえるか。Yは，5月10日の入札では協力しており，離脱していないと解される。Yは，その後，6月1日にペナルティを課されたが，ペナルティは半年間であり，半年後には談合により受注予定者になりうることを前提としており，またYは「一切従うつもりはない」とはいうものの，「話のできる人と話していく」と談合を継続すると思われる発言さえしている。この時点でも，「窺い知るに十分な事情」はなく，個別談合の手段と考えられる「外線当番表」からYの名が削除された10月1日にこのような事情が生じたと解するのが合理的であろう。

---

55) ただし，入札談合が3年以上継続している場合，課徴金の対象となる売上額の計算時期が離脱時から遡って3年となるから（7条の2第1項かっこ書），課徴金額が減少するか増加するかは事案ごとに異なる。

56) 公取委審判審決平成21・9・16審決集56巻（第1分冊）192頁（国交省橋梁上部工事談合事件）。

なお，離脱について，刑法において不当な取引制限から離脱するには，「行為者において客観的に見て犯行の継続阻止に十分な措置をとること」を要するとされている[57]。

(5) 7条の2第10項2号・11項4号と「離脱」

ところで，V 5(2)で見る課徴金減免制度（リニエンシー制度）において，調査開始前に公取委に違反事実を報告した事業者が課徴金の減免を受けるには，「当該違反行為に係る事件についての調査開始日以後において，当該違反行為をしていた者でないこと」が求められる（7条の2第10項2号・11項4号）。調査開始日「以後」違反行為をしていないとするから，たとえば11月4日の朝に立入検査がなされた場合，11月3日までに違反行為から離脱していたことが必要となる。一方，報告者は，「正当な理由なく，その旨を第三者に明らかにしてはならない」とされている（課徴金の減免に係る報告及び資料の提出に関する規則8条）。報告の事実が他の違反行為者に伝わると調査の妨げになるからである。すると，離脱に他の違反行為者の認識を求める上記審判決と7条の2第10項2号・11項4号とは報告者に相反する行為を求めるように見える。さらに，課徴金の減免だけでなく，刑罰を免れるために離脱しようとすればより深刻な事態になるかもしれない。

公取委は，7条の2第10項2号・11項4号に係る事案において，離脱の意思を窺い知る事情がないにもかかわらず，会社の内部的意思決定と担当者への周知により離脱を認めている（排除措置命令平成24・1・19審決集58巻（第1分冊）262頁〔ワイヤーハーネス事件〕）。課徴金減免申請をし，担当者に違反行為を行わないよう指示した事実を違反行為の継続を困難にさせることを推認させる事案としたもので，課徴金減免制度に固有な事情が考慮されたものであり，離脱に係る上記審判決の考え方を変更するものでないと考えられる[58]。立法論としては，7条の2第10項2号・11項4号の「調査開始日以後」を「調査開始日の翌日以降」などに改正することが考えられる。

---

57) 前掲橋梁談合刑事事件。
58) 菅久編著・前掲注42)47頁，川濵昇ほか『ベーシック経済法〔第4版〕』（有斐閣，2014年）126-127頁。

5 刑 法 等

入札談合に対しては，独禁法以外の法律も用意されている。

刑法 96 条の 6 第 1 項は，「偽計又は威力を用いて，公の競売又は入札で契約を締結するためのものの公正を害すべき行為をした者は，3 年以下の懲役若しくは 250 万円以下の罰金に処し，又はこれを併科する」とし，2 項は「公正な価格を害し又は不正な利益を得る目的で，談合した者も，前項と同様とする」とする。1 項が公契約関係競売等妨害罪，2 項が談合罪である。

不当な取引制限の罪と談合罪との違いは，不当な取引制限が基本合意に適用され，法人については実行行為者（自然人）と法人の両方が処罰されるのに対し，談合罪は受注調整行為に対して適用され，また法人処罰制度がなく実行行為者（自然人）のみが処罰の対象である点にある。

手続においては，不当な取引制限の罪は，公取委が検事総長に告発する専属告発制度（独禁 96 条 1 項）となっているのに対し，談合罪，公契約関係競売等妨害罪にはそのような制約はない。

そのほか，入札談合を行った事業者は，国や地方公共団体から指名停止処分を受ける。指名停止処分を受けると，その期間，入札に参加することができない。

6 官 製 談 合

(1) 官製談合とは

㉛ 【設例 31】

　　A 市の発注担当の職員甲は，入札予定価格を応札者に伝え，受注予定者としてＸを指名し，他の応札者はＸより高い価格で応札するように強制した。応札者は，今後の入札で不利益を受けることをおそれ，甲の指示に従った。

発注者（官）が入札談合をさせたり入札談合に関与することがある。これを官製談合という。官製談合には，発注者やその職員が行うもの，地方公共団体の長，政治家が行うものなどがある。

発注担当の職員が官製談合を行った場合，独禁法により規制できるだろうか。

124　第 2 章　不当な取引制限

できないとすれば，どのような法律で規制するのだろうか。

【設例31】の甲に対して，排除措置命令や課徴金納付命令を課せるであろうか。甲の行為が不当な取引制限に該当するためには，2条6項の「事業者」，「共同して」，相互拘束という行為要件をみたさなければならない。甲は，設例の範囲では「事業」を行っていない可能性が高い。仮に事業者であっても，「共同して」つまり意思の連絡としての相互の認識・認容があるのか，甲は相互拘束とりわけ拘束を受けているのかなど[59]の克服すべき高いハードルがある。これらを仮にすべてみたし，効果要件もみたしたとしても，排除措置命令（7条）はともかく，課徴金納付命令は課せない。甲には当該商品の売上額（7条の2第1項）がないからである。

(2) 不当な取引制限の罪の共犯等

しかし，甲に対しては，不当な取引制限の罪の共犯として，刑事罰を科すことはできる。甲は事業者でないとしても，身分なき共犯となる。実際に，これにより有罪とされた例がある。前掲下水道事業団談合刑事事件では，事業団の発注担当者を幇助犯に，東京高判平成19・12・7判時1991号30頁（旧道路公団鋼橋工事談合刑事事件）では，公団の副総裁を共謀共同正犯としている。

(3) 公契約関係競売妨害罪

そのほか，5で見た公契約関係競売等妨害罪（刑96条の6第1項）や背任罪（刑247条）にもなりうる。

(4) 入札談合等関与行為防止法

国，地方公共団体，特定法人の職員が談合に関与している場合に，「入札談合等関与行為の排除及び防止並びに職員による入札等の公正を害すべき行為の処罰に関する法律」（以下「入札談合等関与行為防止法」という）が適用される。同法は，2002（平成14）年にその前身となる法律ができ，2006（平成18）年改正により刑事罰も導入された。

---

59) これらの要件については，II 1および8。

同法は，①「入札談合等関与行為」を，⑴入札談合等を行わせること，⑵受注者に関する意向を教示・示唆すること，⑶入札談合を容易にする秘密情報を教示・示唆すること，⑷入札談合等を幇助すること（2条5項）と定義し，②公取委は各省庁の長等に対し改善措置を講ずべきことを求めることができる（改善措置要求，3条1項）。②がなされると，③各省庁の長等は調査をし，改善措置を講じなければならず（同条4項），④各省庁の長等は，損害の有無を調査する義務を負い（4条1項），故意・重過失により損害が生じたと認めるときは職員に損害賠償を求めなければならず（同条5項），⑤懲戒事由の調査をしなければならない（5条）。したがって，公取委は，各省庁の長等に改善措置要求等ができ，実際，国交省等に対して改善措置要求を行っている。

さらに2006（平成18）年改正により，入札談合等関与行為を行った職員に対する刑事罰が導入され，「職員が，その所属する国等が入札等により行う売買，貸借，請負その他の契約の締結に関し，その職務に反し，事業者その他の者に談合を唆すこと，事業者その他の者に予定価格その他の入札等に関する秘密を教示すること又はその他の方法により，当該入札等の公正を害すべき行為を行ったときは，5年以下の懲役又は250万円以下の罰金に処する」（8条）とされた。この法律は，よく利用され，1年に数件の有罪判決が出ている。この規定は公取委の告発が訴追要件（専属告発制度）になっておらず，刑法と同様に，捜査当局（検察官，警察官）が，公取委による独禁法違反調査とは独立に行う。また，2条5項は入札談合等（3条，8条違反行為）の存在を前提とするが，8条はそれを前提としていない。

なお，「職務に反し」の要件があることから，8条の刑事罰の対象は職員となり，退職者，議員等は刑事罰の対象外とされている。

以上から，【設例31】の甲に対しては，不当な取引制限の罪の共犯，入札談合等関与行為防止法・刑法の公契約関係競売等妨害罪等により刑事罰が科される可能性がある。官製談合をした議員等に対しては，入札談合等関与行為防止法は適用できないが，刑法の公契約関係競売等妨害罪，場合によっては不当な取引制限の罪の共犯として刑事罰が科される可能性がある。

Ⅳ 非ハードコア・カルテル

1 非ハードコア・カルテルと不当な取引制限

【設例 32】 ㉜

日本における主要なテレビメーカー5社が共同して高画質映像の次世代のテレビ（いわゆる4K／8Kテレビ）の技術標準を策定した。あわせて，標準規格必須特許を認定し，そのパテントプールを行う。

【設例 33】 ㉝

仙台市のバス会社甲社と山形市のバス会社乙社は，共同して仙台市と山形市の間に高速バスを運行する。

【設例 34】 ㉞

丙製品を製造する家電メーカーA社とB社が共同して部品の調達のためのインターネット上のサイト（プラットフォーム）を設け，購入価格はAとBが共同で決定する。

本書では，非ハードコア・カルテルを「競争者間の共同行為であって，ハードコア・カルテルでないもの」とし，ハードコア・カルテルを「価格，産出量などの重要な競争手段を直接に制限する競争者間の共同行為であり，かつ競争制限以外に合理的な目的がないことが外見上明らかなもの」とした[60]。したがって，非ハードコア・カルテルは，競争者間の共同行為であって，①価格，産出量などの重要な競争手段を直接に制限するものでないもの，および②価格，産出量などの重要な競争手段を直接に制限するが，その共同行為には競争制限以外の合理的な目的がありうるものがある。

【設例 32】と【設例 33】は，①に該当するであろう。【設例 34】は，②に該当する。また，仮に【設例 32】，【設例 33】において共同行為の目的を実現するために料金を共同で決めたとすれば，これらも②に該当する。競争者間で行う共同生産，共同販売，業務提携，共同研究開発，技術標準の作成，共同購

---

60) *Column* ⑦。

Ⅳ　非ハードコア・カルテル　　127

入などは非ハードコア・カルテルといえる。

　非ハードコア・カルテルは，第1に，価格，産出量を直接に制限しないし（①），競争の制限以外の合理的な目的がある（②）ならば，当該共同行為が成功したからといって，一定の取引分野における競争を実質的に制限する（2条6項）とは限らない。むしろこれらの行為は，原則として競争を実質的に制限しないであろう。これに対し，ハードコア・カルテルは，競争制限以外に合理的な目的が考えられないから，それが成功したならば，競争の実質的制限が生じると事実上推認できる[61]。

　第2に，仮に非ハードコア・カルテルにより市場支配力が形成されたとしても，それが合理的な目的のため，とりわけ競争促進的目的のための行為であり，かつその目的達成のためのより競争制限的でない代替的方法がないような場合には，2条6項の要件の「何らかの」解釈により，許容される可能性がある。

Column ⑭　非ハードコア・カルテルの競争促進効果と反競争効果

　【設例32】では，これにより技術開発が早くなり，技術や規格が標準化され（異なるメーカーの商品間で互換性を確保することができる），顧客（需要者）の利便が増す。**【設例33】**では，単独では参入できなかった場合にも，バス，従業員やターミナルを共同で利用でき，市場に参入できるようになり，また運行時間を各社で調整することにより，たとえば30分ごとに運行されるなど，顧客の利便が増す。**【設例34】**では，部品を安く調達でき（大量に調達でき「規模の経済」が生じ，かつ世界中の部品メーカーから調達でき安くなる），最終製品の価格が安くなりうる。このように，これらの行為は，競争を促進し，顧客や消費者の利益も実現しうる。しかし非ハードコア・カルテルによっても市場支配力が形成されることがある。**【設例32】**では優れた技術や規格が採用されず排除され，技術革新も遅れるかもしれない。**【設例33】**ではバス運賃が協定され，運賃が高くなったり，運行本数の調整がされて運行本数が減る（提供される役務が悪化する）かもしれない。**【設例34】**では部品供給者は買いたたかれ，購入量が減ったり，その部品を組み込んだ完成品の価格が調整され高くなるかもしれない。

　先の第1については，2条6項の解釈において，行為要件に加えて，効果要件を検討することになる。効果要件である「一定の取引分野における競争を実

---

61)　*Column ⑦*，Ⅱ2(2)。

128　　第2章　不当な取引制限

質的に制限」（市場支配力の形成，維持，強化）を判断する際には，ハードコア・カルテルのように共同行為の内容から一定の取引分野，競争の実質的制限が推定されることはなく，一定の取引分野（市場）の画定，競争の実質的制限の有無の判断がなされなければならない。この作業は，企業結合において学習した方法[62]と基本的には同じと考えてよい。たとえば【設例33】では，一定の取引分野（役務市場，地理的市場）はどこか，競争が実質的に制限されるかが問題になる。一定の取引分野については，高速バスと鉄道との需要や供給の代替性はあるのかないのか，仙台市・山形市間の高速バス運賃を5～10％引き上げると顧客（需要者）は鉄道，さらに自動車に移動し価格を引き上げ続けられないか（仮定的独占者テスト）が検討される。また，これにより効率性が達成されればその扱いも問題になる。さらに，仮に相手方の市でバスターミナルや従業員の確保が困難であるなどの理由から，甲社と乙社はそれぞれ単独では参入できないとすれば，これは高速バス運行という市場や競争を新たに作る行為であり，より競争制限的でない代替的方法もないならば，ただちに競争を実質的に制限するとはいえないであろう[63]。これらの点は，3以下においていくつかの行為類型について，検討してみよう。なお，【設例32】（技術標準とパテントプール）については，知的財産と独禁法の関係を取り扱う第7章においてとりあげる（第7章Ⅳ）。

　まず第2について，2でとりあげよう。

2　非ハードコア・カルテルと社会公共目的

(1)　問題の所在

Column ⑮　米国の「合理の原則」

　1の第2の問題はどのように分析するのだろうか。たとえば，米国等では非ハードコア・カルテルは以下のような「合理の原則（rule of reason）」によって分析される[64]。①共同行為により市場支配力が形成，維持，強化されるかどうか（反競争効果）

---

62)　第1章Ⅱ2，Ⅲ2。

63)　公取委「高速バスの共同運行に係る独占禁止法上の考え方について」（平成16年2月24日）も参照。

64)　FTC & DOJ, Antitrust Guidelines for Collaborations among Competitors（2000）.

Ⅳ　非ハードコア・カルテル　　129

を具体的に判断する。②反競争効果が肯定される場合には，その共同行為が競争促進的な（効率性を含む）目的または合法的な（legitimate）目的をもつかを検討する。③それらの目的が認められる場合にもそれらの目的を達成するための「より競争制限的でない代替的方法（less restrictive alternatives）」がないか，およびそれらの目的と反競争効果とを比較衡量して全体として反競争効果を上回るかを検討する。①がみたされない場合と，①②③のすべてがみたされる場合には適法とされる。非ハードコア・カルテルのほとんどは，①がみたされないとして事件処理が終了する。②③まで行くのはごく例外とされる。

2条6項の解釈においても，「共同して」，「相互拘束」をし（行為要件），一定の取引分野における競争の実質的制限（市場支配力の形成，維持，強化）が生じると（効果要件），*Column ⑮*の②③の検討をすることができるのであろうか。日本においても，非ハードコア・カルテルのほとんどは①の段階で検討が終わると予想される。実際，3以下で見るように，2条6項の行為要件および効果要件の解釈により解決されている。しかし，例外的にではあれ，②③の検討ができるのかが問題となる。

「公共の利益に反して」の要件の解説（Ⅱ4）で見たように，最判昭和59・2・24刑集38巻4号1287頁（石油価格カルテル刑事事件）の立場によれば，②③は2条6項に置かれた「公共の利益に反して」の要件の解釈の問題となる。ただし，次章で取り上げる8条1号（事業者団体による競争の実質的制限）と企業結合規制（第1章）にはこの要件はないので，石油価格カルテル刑事事件判決の立場でも事業者団体の行為等についてはこの点をどう解決するかが問題になる。一方，「公共の利益に反して」の要件を確認規定とする通説の立場では，②③を行うことは解釈論上難しいようにも見える。

(2) 日本遊戯銃協同組合事件判決

(ア) **事 案** 2条6項にいう「公共の利益に反して」要件の解釈について，社会公共目的のために行われたと主張された非ハードコア・カルテルの事例において下級審が注目すべき判示をしている。

東京地判平成9・4・9判時1629号70頁（日本遊戯銃協同組合事件）では，事業者団体Yがエアーソフトガンおよびそれに使用する弾丸（BB弾）の威力に

ついて，安全性に関する自主基準を設け実施した。そして，その自主基準をみ
たさない商品を製造販売するアウトサイダー X に対して，問屋と小売業者の
団体に依頼して（間接の）共同の取引拒絶[65]を行った。その際に，安全性が独
禁法においてどのように考慮されるかを判示した。条文は，第3章Ⅱで学習す
るが，現行法では8条1号と5号である。8条は，事業者団体は，「一定の取
引分野における競争を実質的に制限すること」（1号），「事業者に不公正な取引
方法に該当する行為をさせるようにすること」（5号）をしてはならないとする。
8条1号には，「公共の利益に反して」の要件がないことに注意したい。不公
正な取引方法を定義する一般指定（2条9項6号に基づく公取委の指定）は，「正
当な理由がないのに，……競争者……と共同して」，「他の事業者に，ある事業
者から商品……の供給を受けることを拒絶させ……ること」（1項2号）を不公
正な取引方法の1つとして挙げている。本件では，Y が問屋の団体と小売業
者の団体に要請して，問屋と小売業者が X と取引しないようにさせた行為が，
8条1号および5号に違反するとされた。

　（イ）**判　旨**　まず判決は，本件行為が，一般指定1項2号に該当し，8
条5号の構成要件に形式的に該当するとしたうえで，「共同の取引拒絶行為で
あっても，正当な理由が認められる場合は，不公正な取引方法に該当しないと
解される」とした。

　また，「形式的には『一定の取引分野における競争を実質的に制限する行為』
に該当する場合であっても，独禁法の保護法益である自由競争経済秩序の維持
と当該行為によって守られる利益とを比較衡量して，『一般消費者の利益を確
保するとともに，国民経済の民主的で健全な発展を促進する』という同法の究
極の目的（同法1条）に実質的に反しないと認められる例外的な場合には，当
該行為は，公共の利益に反さず，結局，実質的には『一定の取引分野における
競争を実質的に制限する行為』に当たらないものというべきである」とした。

　さらに判決は次のように判断基準を示した。「Y がエアーソフトガンの安全

65）　現行の不公正な取引方法では，本件の適用条文は複雑である。「取引拒絶」が購入させない（供
　　給を受けることの拒絶）という意味であれば一般指定1項2号，販売させない（供給の拒絶）とい
　　う意味であれば2条9項1号ロと適用条文が異なるが（第5章Ⅱ1，2），以下では前者の事例と
　　想定する。

Ⅳ　非ハードコア・カルテル　　131

に関する品質基準を設けて，これに合致しない商品の取扱いを中止するよう問屋及び小売店に要請したという事案であるから，本件自主基準設定の目的が，競争政策の観点から見て是認しうるものであり，かつ，基準の内容及び実施方法が右自主基準の設定目的を達成するために合理的なものである場合には，正当な理由があり，不公正な取引方法に該当せず，独禁法に違反しないことになる余地があるというべきである」，「さらに，自由競争経済秩序の維持という法益と，本件妨害行為により守られる法益を比較衡量して，独禁法の究極の目的に反しない場合には，公共の利益に反さず，不当な競争制限に該当せず，独禁法に違反しないことになる余地があるというべきである」。

判決は，本件では，8条5号（一般指定1項）の「正当な理由」要件について，①目的の合理性（目的が競争政策の観点から是認しうるか），②内容の合理性，③実施方法の相当性に関して，本件自主基準については，①は合理的とし，②は「一応合理的」，③は，自主基準に違反しても著しく危険とはいえないこと，Yの組合員に自主基準を超えるものが多数存在したこと等から「相当なものであるとは到底いえない」とし，正当な理由がないとした。

さらに，8条1号について，「本件妨害行為は，自由競争経済秩序の維持という独禁法の保護法益を犠牲にしてまで，消費者及びその周辺社会の安全という法益を守るため必要不可欠なやむを得ない措置としてされたものであるとは到底認められないから，前記独禁法の究極の目的に実質的に反しない例外的な場合」でないとした。

　(ｳ)　**判決の意義**　　判決は，「公共の利益に反して」に係る石油価格カルテル刑事事件最高裁判決の解釈（1条の目的規定の解釈）を，「競争を実質的に制限する」要件でも同様に読み込むことができるとする解釈をした点がとくに注目される。

また，「正当な理由」の判断基準として，①目的の合理性，②内容の合理性，③実施方法の相当性を示したことも重要である。

さらに，判決は，①②③を競争の実質的制限に関する「消費者及びその周辺社会の安全という法益を守るため必要不可欠なやむを得ない措置としてされた」かの判断基準にも用いているように見える。そして，①②③をみたしても，「自由競争経済秩序の維持という法益と，本件妨害行為により守られる法益を

132　　第2章　不当な取引制限

比較衡量して，独禁法の究極の目的に反しない」か否かの判断がさらにされることになる。もっとも，①②③の判断において通常，実質的な比較衡量がされるという見方もありえ，本判決の理解は分かれうる。

(3) 競争の実質的制限と保護すべき（保護に値する）競争

　これに対し，通説は，「公共の利益に反して」について，確認規定説・訓示規定説をとっていた[66]。この立場では，安全性，環境保護などの社会公共目的のための行為はどのように扱われるのだろうか。たとえば，あへん煙の価格カルテルをしたとしよう[67]。あへん煙の販売等は刑法により犯罪とされており（刑法第2編第14章），あへん煙を公正かつ自由な競争により安価に購入する競争やあへん煙の取引自体は独禁法上保護に値せず[68]，あへん煙の価格カルテルを独禁法が規制することはなかろう。また，事業者が共同してあへん煙の取引を禁止したり，取引をする者と取引拒絶することは独禁法に違反しないであろう。

　刑罰で禁止されていなくてもきわめて危険と判明した薬品や食品について，たとえばその輸入業者の団体が輸入や販売を共同で禁止することは，独禁法上保護すべき競争（保護に値する競争）を実質的に制限するものとはいえず，独禁法上許容されるであろう。

　一方，環境に負荷を与える商品（たとえばレジ袋）を製造販売することは，ただちに独禁法上保護に値しない競争とはいえなさそうである。そうであるとすれば，安全の確保や環境保護のためそのような取引を競争者が共同で禁止する行為は，通常，保護すべき競争の実質的な制限になろうし，仮に目的が一応は合理的といえても，内容が合理的でなく，手段が相当でない，あるいはより競争制限的でない代替的方法もあることになろう。このように，「競争」を規範的に解することにより，(2)と同様の解釈は一定の範囲でなされると考えられる。

---

66)　Ⅱ4。
67)　大阪バス協会事件審決（公取委審判審決平成7・7・10審決集42巻3頁。Ⅱ5）が示す仮設例を参考にしている。
68)　本書は，Ⅱ5(3)においても，大阪バス協会事件審決について，刑罰をもって禁止が担保されている道路交通法に違反する運賃での競争は，特段の事情がない限り，保護すべき競争ではないと説明した。

⑷ 目的の合理性，競争促進的目的

「合理的な目的」，「目的の合理性」という場合に，それが競争を促進するもの（競争促進的目的）と競争と関係ないものに分けられる。*Column* ⑮にあるように，米国反トラスト法では，考慮（比較衡量）できるものを前者に限定している。社会公共目的には両方のものがあろう。日本遊戯銃協同組合事件判決は，「目的の合理性」について，「目的が，競争政策の観点から見て是認しうる」かを問題とし，前者の意味で述べるように見える。一方，後者も認める学説はありうる。また安全な商品や環境にやさしい商品を供給することは競争の重要な手段ともいえ，そうであれば多くの社会公共目的は，広義の競争促進的目的と捉えられるかもしれない[69]。

3 レジ袋の有料化と料金の決定

㉟ **【設例 35】**

> 2007（平成 19）年，改正容器包装リサイクル法が施行され，レジ袋の有料化が，レジ袋の排出抑制の促進のために，小売事業者に推奨される行為となった。しかし，独自にレジ袋の有料化に踏み切る小売事業者は少なかった。C 市では，C 市，同市内の住民団体および同市の小売事業者各社が，レジ袋の提供を有料化し，その単価を 1 枚 5 円とする内容の協定を締結することとした（3 者協定）。

【設例 35】は，公取委公表の『平成 19 年相談事例集』「事例 3 レジ袋の利用抑制のための有料化の取組」である。公取委は次のように説明する。①レジ袋の提供は商品提供というより副次的なサービスと捉えられ，小売事業者間の競争が行われている場はレジ袋の取引でなく，小売事業者が販売する商品全体の取引である。②C 市では，顧客がレジ袋を無償や安値で提供する小売事業者を選択する余地がなくなる。③しかし，(i)本件取決めにより小売事業者間での商品の販売についての競争は制限されない，(ii)レジ袋は，顧客にとって商品購入に必要不可欠とはいえず，顧客はその購入を目的に来店しない，(iii)レジ袋の

69） 第 5 章Ⅱ 3 も参照。

利用抑制の必要性について社会的理解が進展し，正当な目的に基づく取組みである，(iv)本件取決め内容は，(ア)レジ袋の利用抑制という目的達成のための手段として，ポイント制等の手段では効果に限界が見られ，レジ袋の有料化は効果が高い，(イ)単価を取り決めなければ，上記目的を達成できないような安価な提供に陥る可能性があり，(ウ)取り決められる単価の水準として，単価5円は，目的達成のために顧客が受忍すべき範囲を超えるものとは考えられないから，「目的に照らして合理的に必要とされる範囲内であ」り，「直ちに独占禁止法上問題となるものではない」。

【設例35】ではレジ袋を5円とする価格カルテルがなぜ適法とされたのか。①において，レジ袋の取引分野（一定の取引分野）が成立しないとするから，それだけで本件行為は2条6項の要件をみたさないはずである。しかし，公取委は，さらに，③において，小売業者間の商品販売という一定の取引分野においても競争を実質的に制限せず，さらに社会公共目的という正当な目的に基づくものであり，実施方法も目的に照らして合理的に必要とされる範囲内だから独禁法に違反しないとする。相談事例であることから，公取委は，本件には一定の取引分野における競争の実質的制限がなく，さらに他の一定の取引分野への影響，社会公共目的の行為という面からも独禁法に違反しないと念を押したのであろう。

なお，本件は事後検証（フォローアップ）がなされており，実際に複数の市で行われた3者協定は，協定書において，市，住民団体，小売事業者1社で協定を締結しており，そのような協定書が，小売事業者の数だけ作成されており，実際は価格もさまざまであった[70]。とすれば，それぞれの3者協定は，事業者の間において「共同して」，「相互拘束」しておらず，行為要件も効果要件もみたさないと考えられる。ただし，そうであるとしても，市を中心（道具）として，事業者間の間接的な共謀（意思の連絡，相互拘束）が成立している可能性があり，さらに検討する必要がある[71]。

---

70) 筆者も参加した公正取引委員会の競争政策研究センターによる共同研究「非ハードコアカルテルの違法性評価の在り方」（2015年）127-135頁［齊藤高広］。

4 相互 OEM 供給

㊱ 【設例 36】

　丁製品メーカーには，Y 社，Z 社，W 社があり，シェアは，それぞれ 50％弱，40％強，10％弱である。Y は，丁製品の価格の約 1 割を占める運送コストを削減するため，Z との間で，相互に OEM 供給を行うことを検討している。Y は関東地区，Z は関西地区に工場を有しているから，Y の関西以西の顧客への販売相当量につき Z に，Z の関東以北の顧客への販売相当量につき Y に，それぞれ OEM 供給を委託する。Y が九州の顧客に納入する場合，従来は Y の関東地区の工場から配送していたが，Z の関西地区の工場から配送することにより，運送コストを削減できる。OEM 供給を受ける数量は，Y は自社販売数量の約 30％，Z は約 40％である。丁製品の販売は，独自に行い，互いに販売価格や取引先などには一切関与しない。丁製品の販売価格のうち，製造コストが相当の部分を占める。

　【設例 36】は公取委公表の『平成 13 年相談事例集』「事例 8 建設資材メーカーの相互的 OEM 供給」である。OEM（original equipment manufacturing）とは，委託者のブランドで製品を生産することである。本件では，2 社が相互に OEM 供給しようと計画している。Figure 12 を見よう。2 社は，従来どおり独自に販売を行い，互いに販売価格や取引先などには一切関与しないとしているものの，①2 社が相互に OEM 供給することにより，地域的に見れば，関西以西の顧客に販売される両社の製品は，ほとんどすべて Z の製造に係る製品，関東以北はほとんどすべて Y の製造に係る製品となり，両社の製造コストが共通化され，また，丁製品の販売価格のうち製造コストが相当の部分を占めることから，2 社の丁製品市場におけるシェアが約 90％を占めることを踏まえると，2 社の販売価格が同一水準になりやすいなど，販売分野での競争が減殺されるおそれが大きいこと，②相互に OEM 供給を行うことを通じて，製造コストなど企業活動を行ううえで重要な情報を

Figure 12　丁製品市場

71）　米国では，ハブアンドスポーク型共謀といわれる。U.S. v. Apple, Inc., 791 F.3d 290 (2d Cir. 2015) では，最恵条項（*Column* ⑰）を用いてハブアンドスコープ型共謀を行ったとされた。

知りうることは，2社のシェアからすれば競争に与える影響が大きいと考えられることから，本件相互OEM供給は，丁製品の製造販売分野における競争を実質的に制限し，独禁法上問題となるとする。

ここでは，コストが共通化することにより，製品の販売価格が同一水準になることを競争の実質的制限と捉えている。また，コストの情報交換が価格を引き上げる等のメカニズムとして働くとしている。逆にいえば，OEM供給する商品の比率が低かったり，両社の市場全体におけるシェアが低く競争圧力となる有力事業者が存在すれば，競争の実質的制限は生じないといえる[72]。

さらに，本件では，製品価格の約1割を占める運送コストの削減という正当な理由がありうる。これは，社会公共目的というより，効率性の獲得である。したがって，企業結合規制における効率性の扱い[73]によることとなる。

5 共 同 購 入

【設例34】においては，①購入市場（川上市場），および②購入した部品を組み込んだ製品の市場（川下市場）において競争を実質的に制限しないかが問題となる。

Figure 13を見よう。川上市場の部品メーカーをX_1からX_4，川下の丙製品の購入者をY_1からY_4としている。公取委は，共同購入の対象となる部品の需要全体に占める共同購入参加者（Figure 13ではA，B）のシェアが高い場合には当該部品の購入分野について（①），製品の販売分野における参加者のシェアが高く，製品製造に要するコストに占める共同購入対象部品の購入額の割合が高い場合には製品の販売分野において（②），それぞれ不当な取引制限が問題になるとする[74]。

たとえば，AとBの丙製品における市場シェアの合計が70％であるとしよ

---

72)　そのような例として，公取委『平成13年相談事例集』「事例7食品の原材料メーカーの相互的OEM供給」，同『平成25年相談事例集』「事例5競合する工業製品メーカー間の相互OEM供給」。

73)　企業結合ガイドラインは，①固有の効率性，②実現可能性，③需要者の厚生の増大という3基準をあげている（第1章Ⅲ4(6)(イ)）。

74)　公取委『平成13年相談事例集』「事例9資材購入のための電子商取引サイトの設立」，同『平成14～16年相談事例集』「事例6保養所における食材の共同購入」，「事例7自動車部品メーカーの原材料の共同購入」。

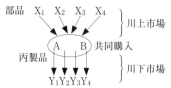

Figure 13 共同購入

う。また，部品は特殊な製品で，当該家電の製造にのみ利用でき，他の用途には用いられないとしよう[75]。さらに，コストに占める部品の購入額の割合が80％としよう。この場合には，A，Bは部品の購入市場においてX_1からX_4に対して市場支配力（買い手市場支配力，買い手独占）を形成し，X_1からX_4は販売価格を下げざるを得なくなり，供給量も減少する[76]。すると，①において競争の実質的制限が生じる。さらに，丙製品に占める部品の購入額の割合が80％と高く[77]，A，Bは互いに相手の原価を予測できるので，相手の原価がわからない場合に比べ，Y_1からY_4に対する販売価格を引き上げたり販売価格を協調しやすくなり，②において競争の実質的制限が生じうる[78]。この競争の実質的制限が生じる仕組みは，相互OEMでも同じである。

なお，4の相互OEM供給等でも同様であるが，共同行為の際に，共同行為をする組織等にAB双方の従業員を派遣する場合，その従業員を通じて部品の購入数量，購入価格等について，2社間で相互に情報が交換され，共通の意思が形成されるおそれがある。このような場合には，それ自体が不当な取引制限になる可能性があり，情報遮断措置（ファイアーウォール）を講じるなどの措置が行われる[79]。

共同購入をすると「規模の経済」が得られ，またプラットフォームを設けネットオークション等を通して世界中から原料を安くたくさん購入でき，競争の

[75) このような商品はあまりなく，A，Bが購入価格を引き下げようとすれば，通常，供給者は他の需要者に供給するから（供給の代替性），買い手独占が成立することは稀である。

[76) 部品供給者が買いたたかれる（買い手独占）ことについては，買いたたかれたら購入価格が安くなり価格が下がるので消費者は得をするのではないかという疑問がもたれよう。しかし，このような購入カルテルでは，一般に，価格は下がり，かつ（その価格では赤字になるなどから販売できない供給者が生じるなどし）供給量は減少する。価格が下がることは消費者の利益にも見えるが，同時に供給量が減少するため，効率性や社会的総余剰は一般に減少する（序章Ⅲ 3(2)）。

[77) 市場支配力が形成されない場合でも，不公正な取引方法としての優越的地位の濫用の規制を受ける可能性もある（2条9項5号）。

[78) 前掲注76)のように，部品の供給量が減少することによっても，完成品の供給量が減り，価格が高くなりうる。

[79) 企業結合規制における問題解消措置のうちの行動措置（第1章Ⅳ 5(2)(ウ)）に共通する。

138 第2章 不当な取引制限

観点からも好ましい場合がある。その場合は，4で見た効率性の考慮がなされうる。

6　被災地への救援物資配送のための調整

(1)　相談と回答

公取委は，2011（平成23）年，「被災地は必要な様々な物資が供給されにくい困難な状況」において，「このような緊急の状況に対処し，被災地に円滑に物資を供給するため，関係事業者が共同して，又は関係団体において，配送ルートや配送を担当する事業者について調整することは，①被災地に救援物資を円滑に輸送するという社会公共的な目的に基づくものであり，②物資の不足が深刻な期間において実施されるものであって，かつ，③特定の事業者に対して差別的に行われるようなおそれはないと考えられることから，独占禁止法上問題となるものではありません」という考え方を公表した[80]。

(2)　どう理解するか

本件では，震災時を理由に独禁法の解釈で特別の扱いをするようにも見える。しかし，本件は，本件取組みをしないと，救援物資が適切に供給されない（取引や競争ができない）状況を前提に，それを是正する（可能にする）ものであり，本件取組みにより取引を促進し競争を促進しているといえる。つまり，物資を供給するという競争ができない状況において，競争ができるようにする行為は，市場を創り出し，競争を促進する行為であり，競争を制限するとはいえない。その意味で，「社会公共的な目的」というようである。そのうえで，目的達成のためのより競争制限的な代替的な方法がないことを条件とし，かつこのような事態が終了すれば本件取組みを終了するとしている。2で述べた解釈に沿ったものといえよう[81]。

(3)　事業者団体ガイドラインと社会公共目的

事業者団体ガイドラインは，社会公共目的のための自主基準について，8条

---

80)　公取委「被災地への救援物資配送に関する業界での調整について」（平成23年3月18日）。
81)　公正取引委員会＝競争政策研究センター共同研究・前掲注70)136-140頁〔泉水文雄〕も参照。

Ⅳ　非ハードコア・カルテル　　139

3号・4号・5号に関して，(1)競争手段を制限し需要者の利益を不当に害するものではないか，(2)事業者間で不当に差別的なものではないかの判断基準に照らし，(3)社会公共的な目的等正当な目的に基づいて合理的に必要とされる範囲内のものかの要素を勘案しつつ，判断されるとする（第2・7(2)ア）。(1)の公取委の考え方も基本的にこの3基準によっている。この考え方は，社会公共目的で行う事業者団体の行為に係る相談事例において通常，使用される。3基準は，日本遊戯銃協同組合事件判決も参考にしたと推測される。

　ただし，事業者団体ガイドラインは，「自主規制等の利用・遵守……は，構成事業者の任意の判断に委ねられるべきであって，事業者団体が……強制することは，一般的には独占禁止法上問題となるおそれがある」とする（第2・7(2)ア）。しかし，「強制」があれば一律に問題とすることに対しては，強制を必要とする自主基準もあるはずだという批判もある。一方，強制を必要とする自主基準には，競争への悪影響（反競争効果）がなかったり，8条4号の「不当」をみたさないことが多いと考えられ，強制しても独禁法の問題がないことが多いであろう。

7　弁護士会による懲戒処分

　弁護士会は懲罰規定を設け依頼者に不当な報酬を請求したり，通常の弁護活動をしない会員弁護士を懲戒処分とする。このような行為は，2(2)で取り上げた日本遊戯銃協同組合事件判決と同様に8条1号・5号，さらに3号・4号に違反する共同の取引拒絶（共同ボイコット）ではないかという疑問がある。

　懲戒処分により悪徳弁護士を排除することで，顧客は安心して弁護士に相談でき，取引が促進され弁護士間の競争が活発になるとともに，顧客（消費者）の利益ともなる。顧客が事業者の提供する役務の質が購入するまでわからなかったり，購入後（訴訟の終了後など）もわからない場合（経済学では前者を「経験財」，後者を「信用財」と呼び，このような状況を「情報の非対称性」という），不安を抱き取引を行うことを躊躇する。事業者も自己が質の悪い役務を提供しないことを顧客に確信させることは難しい。そのような場合に，弁護士会が懲罰規定を設けて悪徳弁護士を懲戒処分にすることが明らかにされていれば，顧客は安心して取引ができ，弁護士も安心して顧客に取引（相談）をしてもらえる。

140　　第2章　不当な取引制限

このような行為は，競争を制限せず，むしろ情報の非対称性を是正することにより取引という競争を促進する。

一方，安い報酬で弁護士業務を行っている（競争的な）弁護士を些細な会則違反を理由に懲戒処分するならば，弁護士間での報酬引下げ競争が少なくなり弁護士報酬が高くなったり，弁護士の提供する役務の質が落ちる。このように，競争を制限し，消費者の不利益をもたらすことは，8条1号または3～5号に違反しよう。

V　エンフォースメント

1　はじめに

ある行為が不当な取引制限に該当する場合には，公取委は排除措置命令と課徴金納付命令を出す。また，刑事罰も用意されている。さらに，被害者は不法行為として損害賠償請求をするほか，独禁法上の損害賠償請求制度も利用できる。会社であれば株主代表訴訟が提起されることもあろう。以下では，論点が複雑であり，独禁法のエンフォースメントにおいて実務上重要といえる課徴金制度を中心にみてみよう。

2　排除措置命令

7条1項は，3条違反行為があるときは「違反する行為を排除するために必要な措置を命ずることができる」とする。しかし，公取委の立入検査により違反行為は通常終了する。公取委はその後審査を行い，通常，1年以上後に排除措置命令を出す。この場合には，排除措置命令を出す時点で違反行為は終了しているために，1項は使えない。そこで，2項は，「第3条……の規定に違反する行為が既になくなっている場合においても，特に必要があると認めるときは，……当該行為が既になくなっている旨の周知措置その他当該行為が排除されたことを確保するために必要な措置を命ずることができる。ただし，当該行為がなくなった日から5年を経過したときは，この限りでない」とし，通常，これが用いられる。「違反行為を排除するために」「必要な措置」を命ずることができる。除斥期間は違反行為終了後5年である（7条2項ただし書）。

V　エンフォースメント　141

「特に必要があると認めるとき」とは，①違反行為がなくなっているが，当該違反行為が将来繰り返されるおそれがある場合，②当該違反行為の結果が残存しており競争秩序の回復が不十分な場合など[82]とされる。

3　課徴金納付命令

課徴金制度は，1977（昭和 52）年に導入され，2005（平成 17）年と 2009（平成 21）年の改正で強化され，複雑になった（序章Ⅳ 4 参照）。不当な取引制限については，2005（平成 17）年改正において課徴金額が引き上げられるとともに，課徴金減免制度（リニエンシー制度）が新設された。調査手続では，行政手続に加えて犯則調査手続が新設された。2009（平成 21）年改正では，課徴金納付命令の対象となる行為が不当な取引制限以外にも広げられ，課徴金減免制度の拡大などがなされた。これらは不当な取引制限の規制において重要な役割を持ち現在に至っている。不当な取引制限に係る課徴金制度および課徴金減免制度の内容をやや詳しくみよう。

独禁法は，課徴金について，「事業者が，不当な取引制限……で次の各号のいずれかに該当するものをしたときは，……当該事業者に対し，当該行為の実行としての事業活動を行った日から当該行為の実行としての事業活動がなくなる日までの期間（当該期間が 3 年を超えるときは，当該行為の実行としての事業活動がなくなる日からさかのぼって 3 年間とする。以下『実行期間』という。）における当該商品又は役務の政令で定める方法により算定した売上額……に 100 分の 10……を乗じて得た額に相当する額の課徴金を国庫に納付することを命じなければならない」とする（7 条の 2 第 1 項）。

4　課徴金対象行為と課徴金額

⑴　課徴金対象行為

まず，課徴金納付命令の対象となる不当な取引制限は，商品または役務の対価に係るもの（7 条の 2 第 1 項 1 号），および商品または役務について，(イ)供給量または購入量，(ロ)市場占有率，(ハ)取引の相手方，のいずれかを実質的に制限

---

82)　最判平成 19・4・19 判時 1972 号 81 頁（郵便区分機談合事件）。

することによりその対価に影響することとなるもの（同項2号）である。

7条の2第1号に該当するのは価格カルテル，入札談合であり，2号の(イ)は数量制限カルテル，購入カルテル，(ロ)はシェア協定（市場占有率カルテル），(ハ)は取引先制限カルテル，市場分割カルテル，共同の取引拒絶等が該当する。入札談合は，受注予定者を決定し，価格競争を回避し，価格維持をするものであり，1号に該当すると考えられる。入札談合はまた，基本合意により受注予定者を決定し発注者の取引先を受注予定者に制限するから，(ハ)に該当するとも構成できよう。

「対価に係る」または(イ)(ロ)(ハ)の実質的制限により「対価に影響することとなる」を要件とすることから，課徴金対象行為はほぼハードコア・カルテル（Ⅱ，Ⅲ）に限定されている。

なお，購入カルテルでは，カルテルの持つ市場支配力が強ければ強いほど課徴金額は少なくなるという不合理な結果になる。購入カルテルの力が強いほど，購入額が少なくなり[83)]，それに一定率を乗じて算出される課徴金額も少なくなるからである。しかし，だからといって購入カルテルに課徴金を課さないよりは，課したほうがよいとされたのである。

(2) 課 徴 金 額

【設例 37】 37

A市発注の公共下水道工事において，入札参加者の間で受注予定者を決め，それ以外の者はより高い価格で応札し協力することを取り決めている。本件合意の参加者はゼネコン33社である。33社は，過去3年間に発注された本件工事72件のうちで34件を落札した。X社は，2014年8月1日の入札で受注調整により受注予定者になり，10億円で落札した。なお，X社は中小企業ではない。

課徴金額は，原則として売上額の10%である。ただし，卸売業，小売業では，それぞれ2%，3%となり（7条の2第1項かっこ書），中小企業（定義は同条5項）の場合は，原則は4%，卸売業，小売業では，それぞれ1%，1.2%とな

83) 購入価格が低くなり，購入量が減少するので（Ⅳ5注76)），両者を乗じた購入額は減少する。

Figure 14　課徴金の計算方法

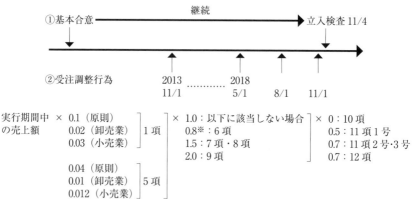

る（同項）。課徴金額は立法時においてそれぞれの業種の売上高営業利益率を参考に設定されており，原則（その他，製造業，建設業等），卸売業，小売業の利益率が異なること[84]が理由とされる。ただし，中小企業と大企業とで利益率に大きな差があるというデータはないようであり，7条の2第5項は政治的な理由（中小企業の保護）等に基づくといわれている。

　課徴金が課される売上額は，違反行為の実行期間におけるそれであるが，実行期間が3年を超えるときは違反行為終了時から遡って3年間に限定される（7条の2第1項）。除斥期間は，排除措置命令と同様に，違反行為終了後5年間である（同条27項）。

　価格カルテルの場合は，カルテルの当事者の違反行為対象の商品・役務の売上額を合計し，それに法定の率を乗じればよい。これに対し，入札談合では，事業者が受注調整により実際に落札し，当該事業者が発注者と契約を締結して売上額が生じて初めて，課徴金の対象となる売上額が発生する。【設例37】では，X社の売上額は1回の落札で売上額10億円である。このようにやや複雑である入札談合を例にして具体的に見よう。

---

84)　商品を仕入れて転売する卸売業の利益率は製造業等より低い。

【設例37】と Figure 14 では，【設例29】における落札結果を例示した。
【設例37】では，2018年11月4日の立入検査により違反行為が終了したとすると，公取委は違反行為終了日の5年後である2023年11月3日までに排除措置命令と課徴金納付命令を出さなければならない（7条2項，7条の2第27項）。2015年11月5日から2018年11月4日までの売上額が課徴金の対象となり，X社は，次の5に該当しない限り，1億円（＝10億円×0.1）の課徴金納付命令を受ける。この期間内に落札した他の事業者も落札しなかった事業者も，不当な取引制限の当事者であり，排除措置命令を受けるのに対し，落札しなかった事業者は違反行為による売上額がなく課徴金納付命令は受けない。この点は，前述のとおり，価格カルテル等では，実行期間における違反行為対象の売上額はすべて課徴金の対象となるのと対照的である。

5　課徴金の増額，減免

【設例38】　㊳

　　【設例37】において，X社の弁護士甲は，立入検査の行われた2018年11月4日の6か月前の5月4日に，X社から次の質問を受けた。「社内調査の結果，わが社は入札談合に参加していることが分かった。①課徴金が1億円よりも増額される可能性はあるのか，あるとすればどのような場合か，②課徴金が減額されたり免除される方法はないのか，あるとすればどうすればよいのか。③刑事罰を科されるおそれはないのか，あるならばどうすればよいのか。」

【設例39】　㊴

　　【設例37】において，基本合意の参加者であるY社は，2018年7月4日，同社の弁護士乙に質問をした。「X社が公取委に談合について報告したとの噂がある。わが社の課徴金が減額されたり免除される方法はないのか，あるならばどうすればよいのか。」

【設例40】　㊵

　　【設例37】において，基本合意の参加者であり2018年11月4日に立入検査を受けたZ社は，立入検査当日，弁護士丙に質問をした。「課徴金が減額されたり免除される方法はないのか，あるならばどうすればよいのか。」

(1) **課徴金の増額**（累犯，主導的役割）

課徴金が増額されるのは，2つの場合である。第1は，調査開始日から遡って10年以内に，1項または4項[85]による課徴金納付命令を受けた者（命令が確定している場合等に限る）者であり，課徴金額は1.5倍になる（7条の2第7項）。違反行為を繰り返した者は，前回の課徴金による抑止効果が不十分であったといえることから，増額されるのである（累犯加重）。第2は，主導的事業者（当該違反行為をすることを企て，かつ，他の事業者に対し当該違反行為をすることまたはやめないことを要求し，依頼し，または唆すことにより，当該違反行為をさせ，またはやめさせなかった者〔同条8項1号〕，対価，供給量，購入量，市場占有率または取引の相手方について指定した者〔同項2号〕，および違反行為を容易にすべき重要なものをした者〔同項3号〕）であり，課徴金額が1.5倍になる（主導的役割）[86]。さらに，7項と8項の両方に該当する者は，課徴金額が2倍となる（同条9項）。【**設例38**】の①では，X社がこれらの要件をみたす場合，課徴金が増額される。

(2) **課徴金の減免**（早期離脱，課徴金減免制度）

(ア) **早期離脱**　不当な取引制限から早期離脱した者は，課徴金額が2割減になる。調査開始日（通常は，立入検査日）の1月前までに違反行為をやめた者で，違反行為の実行期間が2年未満である場合である（7条の2第6項）。カルテルや入札談合からの早期離脱を促す制度であり，離脱の事実を公取委に報告する必要はない。早期離脱は，(1)の加重基準をみたす場合には適用されない（同項ただし書）。

(イ) **課徴金減免制度**　調査開始日より前に，単独で，違反行為をした事業者のうち最初に公取委に違反行為に係る事実の報告および資料の提出（以下「申請」という）を行った者（調査開始日以後において，当該違反行為をしていた者でないことが必要[87]）は，課徴金納付を命じられない（7条の2第10項）。

---

85) 4項は支配型私的独占の課徴金であるが，対象は入札談合を強制した者など非ハードコア・カルテルを行ったものが想定されているから，1項と並んで置かれている。

86) 課徴金納付命令平成24・10・17審決集59巻（第1分冊）290頁，305頁等（国交省・高知県発注土木工事談合事件）では，1つの入札談合で3社が主導的事業者である（受注予定者を指定する行為が7条の2第8項2号に該当する）として，課徴金額を5割増しにしている。

87) この要件と不当な取引制限からの離脱の基準の関係については，Ⅲ4(5)。

146　　第2章　不当な取引制限

調査開始日より前に，同様に，2番目に申請した者は，課徴金が5割減（7条の2第11項1号・4号），3番目から5番目に申請した者は3割減となる（同項2号〜4号）。ただしいずれも調査開始日以後において，当該違反行為をしていた者でないことが必要である。

【設例38】の②については，調査開始前の1番目の申請者であれば，課徴金が免除され，もし他の事業者がすでに申請をしていても，2番目であれば5割減，3番目から5番目までであれば3割減となる。【設例39】においてX社が申請済みであっても，Y社は申請により5割減または3割減となりうる。

さらに，調査開始日（通常は，立入検査日）以降の申請者であっても，課徴金が減額される。【設例40】のZ社はこの制度を利用できる。調査開始日前の申請者が5名未満である場合で調査開始日以降に申請者が5名に至るまで，かつ調査開始日以降の申請者3名まで，課徴金額が3割減となる（7条の2第12項）。ただし，この場合に提出される資料は，公取委にすでに「把握されている事実に係るもの」であってはならない（12項1号かっこ書）。つまり，調査開始前は早い者勝ちとし，できるだけ早い申請を促すが，調査開始後には公取委が知らない事実に係る資料（新たな証拠）の提出が求められる[88]。この点は，調査開始前の申請者のうち4番目，5番目のものも同様である（7条の2第11項3号第1かっこ書）。

課徴金減免制度は，違反行為をしていることを早期に公取委に申し出た事業者に対して，課徴金を免除し，または減額する制度である。カルテルや入札談合は，秘密裏に行われ発見が困難である。課徴金減免制度は，①カルテル等の参加者がカルテル等から離脱するインセンティブを高め，かつ②公取委への情報提供を促そうとする制度であり，①はカルテル等の当事者はいつだれが申請するか疑心暗鬼にさせ，カルテル等の形成やその維持を困難にし[89]，かつ②により公取委による違反行為の摘発，証拠収集，立証が容易になる。現在，公取委が法的措置をとる大部分の事件は，課徴金減免制度が利用されたものといわ

---

88) もっとも，実際には，公取委が把握していないメモや取締役会議事録等が広く「把握されている事実に係るもの」でないとされ，この要件をみたさないために減額が認められなかった例はないようである。この点，「重要な付加価値ある証拠」を要件とするEU競争法等と異なる。

89) ゲーム理論で「囚人のジレンマ」といわれる状態を作り出すものである。

れている。

　なお，申請は「単独で」行わなければならない（7条の2第10項1号・11項1号～3号・12項1号）。競争者が共同で申請できるならば，互いに疑心暗鬼にさせることでカルテル等の形成や維持を不安定にすることができない[90]からである。ただし，親子会社，兄弟会社などの会社グループが共同で報告した場合は課徴金減免の対象となる（同条13項）。1つの会社グループが調査開始前の5名や調査開始後の3名を占めてしまうと，他の事業者の申請を促せないことから，2009年改正で新設された。

　(ウ)　**刑事罰との関係**　　**【設例38】**の③について，調査開始前の1番目の申請者は課徴金を免除されるが，刑事罰が科される危険があるのであれば，申請を行うインセンティブが減殺される。そこで，立法段階で，刑事罰も免除できないかが問題になった。公取委は，調査開始前の1番目の申請者は刑事告発の対象から除外するとしている。もっとも，公取委の専属告発制度（96条1項）[91]のもとにおいても，告訴・告発不可分の原則（刑訴238条2項）によりX社は共犯として起訴される可能性は残る。そこで，国会での審議の過程で，法務省も，検察官は公取委が告発を行わなかったという事実を十分考慮することとなる旨を説明し[92]，事実上，刑事責任を問わないとした。したがって，調査開始前の1番目の申請者は事実上刑事罰が免除され，2番目以降の申請者のみが刑事責任を問われうる。

　(エ)　**課徴金の法的性質**　　課徴金の法的性質は，1977（昭和52）年の立法時にはカルテル等による「不当利得の剥奪」とされた。課徴金が行政上の制裁であるとすると，刑事罰と課徴金の両方を課すことは二重処罰の禁止（憲39条）に違反するのではないかという指摘があったからである。しかし，課徴金と刑事罰とは趣旨，目的，手続等が異なり憲法違反にならないとされる[93]。そして，行政上の制裁であっても二重処罰にはならず罪刑均衡が問題になるだけと指摘された[94]。2005（平成17）年改正では，違反行為を防止するという行政

90）　「囚人のジレンマ」は非協力ゲームといわれるものであるが，協力ゲームになってしまう。

91）　Ⅲ5。

92）　第162回国会衆議院経済産業委員会会議録4号（2005年3月11日）における法務省刑事局長答弁。

93）　最判平成10・10・13判時1662号83頁（社会保険庁シール談合事件）。

148　　第2章　不当な取引制限

目的を達成するために行政庁が違反事業者等に対して金銭的不利益を課す行政上の措置と説明されている。課徴金の趣旨は一種の「行政上の制裁」と考えられる。

　刑事告発され，刑が確定し，罰金が科されると，罰金額の半分が課徴金額から控除される（7条の2第19項）。この規定は課徴金と刑事罰とは違反行為の抑止という機能面で共通する部分があることから政策的判断から置かれたとされる。

6　課徴金に関する発展問題

(1)　非裁量型課徴金

　以上で見たように，課徴金の算定方法は単純で形式的な方法によっており，また「納付することを命じなければならない」（7条の2第1項）とされる。公取委は，違反事実を認定すると，課徴金を課すか否か，いくら課すかについて一切の裁量がない（非裁量型課徴金制度）。もっとも，事業者の代理人としては，カルテルや入札談合の対象となる商品の範囲，地理的市場，期間の長さ等に関する事実認定をめぐって審査手続や事前手続（証拠の閲覧・謄写〔52条1項・62条4項〕，意見聴取・証拠提出の機会〔53条〜57条・62条4項〕）等において主張・交渉の余地があろう。

(2)　「当該商品又は役務」

　課徴金の算定の対象となるのは「当該商品又は役務」（以下「当該商品」という）の売上額である。当該商品とは何か。

　価格カルテルでは，「当該商品」がカルテルの対象となった商品であることに異論はない。具体的には，「『当該商品』とは，違反行為である相互拘束の対象である商品，すなわち，違反行為の対象商品の範ちゅうに属する商品であって，違反行為である相互拘束を受けたものをい」い，「違反行為の対象商品の範ちゅうに属する商品については，一定の商品につき，違反行為を行った事業者……が，明示的又は黙示的に当該行為の対象から除外するなど当該商品が違

---

94)　佐伯仁志「独禁法改正と二重処罰の問題」日本経済法学会年報26号（2005年）61頁。

Ⅴ　エンフォースメント　　149

反行為である相互拘束から除外されていることを示す事情が認められない限り，違反行為による拘束が及んでいるものとして，課徴金算定の対象となる当該商品に含まれ」るとされる[95]。

　一方，入札談合においては，条文にはないものの，審判決の蓄積により，「具体的な競争制限効果」が発生することを求められるようになった。最判平成 24・2・20 民集 66 巻 2 号 796 頁（多摩談合（新井組）事件）も，「課徴金の対象となる『当該…役務』とは，……本件基本合意の対象とされた工事であって，本件基本合意に基づく受注調整等の結果，具体的な競争制限効果が発生するに至ったものをいう」とする。

　また，「当該事業者が……受注調整に反する入札に及んだために他の事業者間で受注調整を行うことができなくなったなど，当該物件について本件基本合意に基づく受注調整が行われたとは認められない特段の事情がない限り，当該物件についても本件基本合意の対象とされたものと推認」できるとされる[96]。

　そうすると，具体的な競争制限効果が発生するに至らないのはどういう場合か，どういう場合に「特段の事情」があるかが問題になる。

㊸ 【設例 41】

　【設例 37】において，2018 年 5 月 1 日の入札においては，受注調整により B 社が受注予定者となったが，受注調整において C 社と D 社はどうしても受注したいと主張し，話し合いがつかず，C 社，D 社は従わず，3 社の競争（たたき合い）となった。結局，受注予定者の B 社が落札した。

㊷ 【設例 42】

　【設例 37】において，2018 年 8 月 1 日の入札においては，受注調整により E 社が受注予定者となった。談合の取りまとめ役である丁は，受注調整の場に現れず連絡も取れない F 社が受注に協力するか不安になり，F 社の責任者を探し当て，受注への協力を要請したが，F 社はどうしても受注したいと主張し続け，話し合いがつかず，E 社と F 社の競争（たたき合い）となった。結局，F 社が落札した。

---

95)　東京高判平成 22・11・26 審決集 57 巻（第 2 分冊）194 頁（出光興産事件）。

96)　たとえば東京高判平成 26・4・25 審決集 61 巻 204 頁（石川県談合（大東建設）事件）。

150　第 2 章　不当な取引制限

【設例41】【設例42】のように，受注調整が失敗した場合には具体的な競争制限効果が生じていないといえるのか。【設例41】では，3社の競争となった。本件入札が指名競争入札であるとし，基本合意に参加した33社のうちで本件入札で指名された業者が20社あるとしよう。17社は競争に参加せず，競争は3社間の限定されたものとなる。受注調整により競争が少数の入札参加者に限定され，他の大部分の入札参加者による競争がなくなったことをもって具体的な競争制限効果があるとされてきた[97]。かなり前にとりあげたⅢ4⑷の【設例30】においてYが2018年5月1日に落札した契約による売上額も同様の理由から課徴金の対象となろう。また，3社等の限定された競争により落札価格が下限（たとえば，これ未満の価格では失格になりうる価格である調査基準価格ぎりぎり）であった場合にも具体的な競争制限効果が認められる[98]。

　これに対し，【設例42】のモデルとした事件では，東京高裁は，「当該事業者が直接又は間接に関与した受注調整手続の結果競争制限効果が発生したことを要す」とし，F社は，F社が関与していないところで受注調整が進んでいることを認識していたが，認識後も，他の指名業者に協力を依頼するとか自己の入札価格を連絡するなどの，自己が関与していないところで行われた受注調整によって生ずる競争制限効果を利用する行為をしていないから，F社は当該受注調整行為に間接的ないし後発的に参加したともいえず，F社が関与した受注調整手続によって競争制限効果が生じたとはいえないとしている[99]。

　それでは，【設例41】においてC社またはD社が落札したとするとどうだろうか。上記東京高裁の考え方からすると，C社，D社については「直接又は間接に関与した受注調整手続の結果競争制限効果が発生した」とされよう[100]。

---

97)　公取委審判審決平成16・8・4審決集51巻87頁（森川建設事件），東京高判平成20・9・26審決集55巻910頁（ごみ焼却炉建設工事談合事件）等。競争単位減少説と呼ばれることもある。

98)　東京高判平成25・12・20審決集60巻（第2分冊）117頁（岩手談合（藤正建設）事件）（ただし，直接の争点にはなっていない）。2社がたたき合い，これ未満の価格では落札できない最低制限価格で落札した場合にも具体的な競争制限効果があるとしたものに，東京高判平成21・10・2審決集56巻（第2分冊）373頁（港町管理事件）。

99)　東京高判平成16・2・20金判1189号28頁（土屋企業事件）。

Ⅴ　エンフォースメント　　151

(3) 業種分類の問題

(ア) 第三者からの購入と「その他」

㊸ 【設例43】

> G社は，商品βの価格カルテルにより摘発された。実行期間におけるG社の商品βの売上額は360億円であり，その内訳は，① 12%は自ら製造し，② 14%は子会社から引き取って販売し，③ 26%はH社との共同出資会社（G社の保有株式は45%，H社保有株式は55%）から引き取って販売し，④ 48%はI社から購入し販売している。課徴金はいくらになるか。

4(2)の通り，事業者の業種区分が卸売業，小売業，その他のいずれかによって，課徴金額が大きく変わる。とくに卸売業とその他では課徴金額に5倍もの違いが生じる。

では，【設例43】の③やOEM供給の場合はどうなるのか。形式的には第三者から購入して販売するものであっても，実質的にみて卸売業または小売業の機能に属さない他の業種の事業活動を行っていると認められる特段の事情があるときは，当該他の業種と同視できる事業を行っているものとして業種を認定することが相当とされている[101]。自ら製造業本来の機能に関与していたり，出資会社に原材料を供給し全量引き取るなど製造業者が一部門と同視できる場合などに，その他の業種とされている。

(イ) **過半基準**　1つの事業者が1つの違反行為において，たとえば製造業と卸売業など複数の業種の事業を行っている場合はどうなるのか。それぞれの売上額に課徴金算定率を乗じることが考えられる。しかし，東京高裁は，「1つの課徴金算定率を乗じることを予定している」とし，それは「課徴金制度が

---

100)　もっとも，具体的な競争制限効果を要件と解することには疑問がある。これにより，①離脱せず「たたき合い」を行っても課徴金を免れることになり，「たたき合い」を促進するという機能があるとはいえる。しかし，②入札談合の基本合意から離脱することなく，取りたい物件だけ「たたき合い」を行い取りたくない物件については入札談合を継続するインセンティブを与え，入札談合から離脱させず，入札談合を崩壊させないというインセンティブを与えている。①と②のいずれのインセンティブが大きいかが問題となるが，②のインセンティブはかなり大きいのではないかと推測され，また公取委の立証上の負担や訴訟コストも大きくなり，法政策として疑問がある。「独占禁止法研究会報告書」（後掲注103)）も，具体的な競争制限効果の要件の撤廃を提言している。

101)　東京高判平成18・2・24審決集52巻744頁（ジェット燃料談合事件）。

152　　第2章　不当な取引制限

行政上の措置であるため，算定基準が明確であることが望ましく，また，課徴金制度の積極的かつ効率的な運営により法違反行為の抑止効果を確保するためには，算定が容易であることが必要であることが考慮されたものと解される」としている。そして複数の業種に属する場合は，「実行期間における違反行為に係る取引において，過半を占めていたと認められる事業活動に基づいて業種を決定するのが相当」とする[102]。この基準は過半基準といわれる。

　(ウ)　**結果は？**　　そうすると，どの業種に該当するか，過半の業種は何かという問題が重要となる。【設例 43】では，①②がその他（製造業），④が卸売業であることは問題がない。③が製造業であればその他が過半（52%）となり，卸売業であれば卸売業が過半（74%）となる。

　東京高判平成 26・9・26 判時 2245 号 14 頁（エア・ウォーター事件）は，【設例 43】のモデルである。公取委は，③をその他（製造業）とし 10% の課徴金を課した。G 社は審決取消訴訟を提起し，東京高裁は，G 社の出資比率が 55% であること，役員兼任から G 社は主導的役割で関与していると認められないこと，共同出資会社の利益の過半を取得しているといえないこと，関与は販売面が中心であること等から，製造業ではなく卸売業として，30 億円近い課徴金について審決を取り消している[103]。

7　損害賠償請求

　独禁法は，民法とは別に損害賠償請求制度を置く。「第 3 条……の規定に違

---

[102]　東京高判平成 24・5・25 審決集 59 巻（第 2 分冊）1 頁（昭和シェル石油事件）。

[103]　課徴金制度の積極的かつ効率的な運営により法違反行為の抑止効果を確保するためには，算定が容易であることが必要として形式的基準とされているが，その結果，このような極端な事案が出てきている。そこで，非裁量型課徴金を見直し，より柔軟な制度に変更しようとする見解が出ている。たとえば，内閣府「独占禁止法審査手続についての懇談会報告書」（2014 年）37-40 頁。その後，公取委に「独占禁止法研究会」が設置され，課徴金制度の見直しの検討がされ，「独占禁止法研究会報告書」（2017 年 4 月）が公表された。報告書では，より柔軟な課徴金制度の設計を目指し，調査協力のインセイティブを高める課徴金減免制度や売上額の計算方法，算定期間の延長，具体的な競争制限効果の要件の廃止等について法改正を含む様々な提案がなされた。この法改正法案は，2018 年の通常国会に提出される予定であったが，国会提出が見送られた。その背景には，弁護士・依頼者間秘匿特権の法制化等が求められ，公取委で対応できる範囲を大きく超えていると判断したためとされる。公取委事務総長定例会見記録（2018（平成 30）年 1 月 10 日）。法改正が実現すれば，4⑵，5，および 6 は大きく変わることになる。同報告書が提案する改正の内容は，泉水文雄「課徴金制度のあり方について」公正取引 800 号 13 頁（2017 年）を参照。

V　エンフォースメント　　153

反する行為をした事業者……は、被害者に対し、損害賠償の責めに任ずる」
（25条1項）。「事業者……は、故意又は過失がなかったことを証明して、前項
に規定する責任を免れることができない」（同条2項）ことから無過失損害賠償
責任といわれる。26条1項により排除措置命令等が確定する必要があり、ま
た東京地裁の専属管轄（85条の2）となっている。なお、時効は排除措置命令
または課徴金納付命令が確定した日から3年である（26条2項）。故意過失の
立証を不要とすることの利点はそれほどないこと、裁判所が限定されるなどか
ら利用は多くなかったが、入札談合等では利用される例が増えており、請求が
認容される事例が多く出ている。

　熱海市発注のごみ処理施設建設工事談合事件において、旧法に基づく住民代
位訴訟において個別談合に立証がないとして敗訴した熱海市（原告）が独禁法
25条訴訟を提起した。判決は、独禁法25条の目的規定、同条は故意・過失の
有無を問わない等から民法709条と独禁法25条とは損害賠償制度の趣旨が異
なる等を理由としてあげ、両者の訴訟物が同一であると解することはできない
として後訴は適法だとしている[104]。

8　刑　事　罰

　不当な取引制限等の罪は、独禁法89条に置かれ、5年以下の懲役または500
万円以下の罰金が科される（同条1項）。さらに、法人処罰制度があり、法人は
5億円以下の罰金が科される（95条1項1号）。また、法人の代表者に対する罰
もある（95条の2）。

　したがって、不当な取引制限を行った事業者が自然人である場合は89条が
適用される。これに対し、不当な取引制限を行った事業者が法人である場合は、
実行行為者（入札談合で基本合意や受注調整に参加した担当者等）は89条が適用さ
れ、会社等の法人には95条が適用される。実行行為者は、事業者性等がなく
「不当な取引制限をした者」（89条1項1号）に該当しないようにもみえる。し
かし、95条柱書が「行為者を罰するほか」とすることから実行行為者にも不
当な取引制限の罪が科され、適用条文は89条となると解される。なお、95条

---

104)　東京高判平成25・3・15審決集59巻（第2分冊）311頁。

154　　第2章　不当な取引制限

の2が適用された事例はこれまでない。

　入札談合に係る刑事罰の問題は，入札談合においてみたから（Ⅲ5，6），重複する部分は省略する。

第3章

事 業 者 団 体

　本章では，事業者団体に関する規制（8条）を取り上げる。その際，事業者
の概念（2条1項）についても見てみよう。また，一定の組合に係る適用除外
制度（22条）も関係する範囲で見よう。

I　事　業　者

1　事業者の定義

　独禁法は多くの規定（企業結合規制と事業者団体規制を除く規定）において違反
行為の主体を事業者とし（2条5項・6項・9項），法的措置の名宛人も事業者と
している（3条，19条）。また，独禁法により規制される行為の対象が事業者に
限定されている行為類型もある（2条9項1号イ・ロ，一般指定1項・2項）。事業
者とは何であろうか。なお，企業結合規制の対象は，会社である。

　2条1項が事業者を定義し，「商業，工業，金融業その他の事業を行う者を
いう」としている。文言から小売業者，流通業者，製造業者，銀行，保険会社
などが事業者であることは明らかである。では，「その他の事業」とは何か。

　最高裁は，「なんらかの経済的利益の供給に対応し反対給付を反覆継続して
受ける経済活動を指」すとし[1]，一定の経済活動に対して反対給付（内容が均衡
する必要はない）を受けていればよいと解される。なお，2条1項は「事業を行

---

1)　最判平成元・12・14民集43巻12号2078頁（都営芝浦と畜場事件）。

I　事　業　者　　157

う」，同条2項ただし書は事業を「営む」と書き分けており，同条1項では営利性は必要ない。

この定義から，反対給付を受けない慈善事業等は，事業には当たらない。しかし，社会福祉活動，NPO活動などを行う者でも何らかの対価（反対給付）を受け取っていれば事業者に該当する。

消費者や労働者は事業者ではない。消費者は，定義から明らかに事業を行っていない。労働者は，労働という役務を提供し，対価として賃金を得ており，定義をみたすようにも見えるが，立法経緯等から独禁法は労働者を事業者と考えていない[2]。

ただし，消費者がたとえばメルカリやヤフオク！などのインターネットオークションで物品を反復して販売すればその限りで事業者になる。事業者かどうかは，その者の属性により判断されるのではなく，その者が行っている行為が事業に該当するか否かを見るのである。この点は，以下を読む上でも注意して欲しい。

2　教　　育

私立大学の受験料や授業料が同一であることは，不当な取引制限（2条6項・3条後段）に該当しないだろうか。私立大学が事業者かが問題になる。もっとも，受験料や授業料が同一であるとしても，それは意思の連絡や相互拘束（2条6項）によるのでない一方的な追随行為・意識的並行行為[3]である可能性が高い。

かつては教育が事業に該当するかが論じられたこともあるが，現在は事業と解されている。独禁法と同じ事業者要件を置く景品表示法について，受験指導の学校法人による合格実績の不当表示が同法4条（現5条）違反とされた事件等がある[4]。学校は，授業等の役務を提供し，対価として授業料を徴収しており，先の事業者の定義からも事業者となろう。近時は，学校を事業者として独

---

2)　原始独禁法の立案担当者の解説書である石井良三『独占禁止法〔改訂増補版〕』〔海口書店，1948年〕69頁も，「労働者及び労働組合は事業者でないから，事業者に関する本法の規定の適用を受けない」としている。

3)　第2章Ⅱ1(6)。

4)　公取委排除命令平成17・2・10排除命令集24巻217頁（東京リーガルマインド事件）等。

158　　第3章　事業者団体

禁法を適用する例が増えている。西日本私立小学校連合会，京都私立小学校連合会，大阪府私立小学校連合会，兵庫県私立小学校連合会が，それぞれの地域で加盟校間における児童の転出入を原則として認めないことを決定し，加盟校に周知していたことについては，自らが所在する府県において私立小学校が提供する教育サービスの取引分野における競争を実質的に制限していた疑いがあり，8条1号に違反するおそれがあるとし，警告が行われている[5]。なお，学校等に事業者性を認めない立場でも[6]，学校等が収益事業を行う範囲では（たとえば私立学校による駐車場経営，私学26条）事業者となる。

では国立大学はどうであろうか。国立大学が法人化した2004（平成16）年より前には，国が事業者になりうるかという論点（I 4）に加え，国立大学の授業料額は法定されており，競争の余地がなかったため，少なくとも「競争を実質的に制限する」の要件をみたさず，不当な取引制限は生じないと考えられた。しかし，国立大学法人は事業者に該当すると考えられ，授業料に関する競争が法制度上あるのかを見る必要がある。文部科学省令では，国立大学法人の学部の授業料は53万5800円，法科大学院の授業料は80万4000円（いずれも年額）を「標準として，国立大学法人が定める」としている[7]。したがって，文部科学省令が定める金額は標準額にすぎないから，国立大学法人間の自由競争があると解され，その範囲で価格カルテル等をすれば競争の実質的制限が生じうる。なお，国立大学法人が仮に法科大学院の受験日を共同で同一日に決定すれば，これも不当な取引制限に該当する可能性がある[8]。

3 医師，弁護士等

医師，弁護士，司法書士，公認会計士等は事業者だろうか。この点も，従来は論じられたことがあるが，現在は事業者に該当することに異論はない。観音寺市三豊郡医師会事件東京高裁判決[9]では，医師が事業者であることを前提に

---

5) 公取委警告平成27・6・30。
6) 根岸哲＝舟田正之『独占禁止法概説〔第5版〕』（有斐閣，2015年）36頁はこのような立場とも読める。
7) 国立大学等の授業料その他の費用に関する省令2条。
8) 前掲注5)公取委警告では，京都私立小学校連合会の加盟校が統一して入学試験を実施する日を決めていた疑いがあるとして，これも8条1号違反行為につながるとして注意をしている。

I 事業者 159

事業者団体に対する規制（現8条3号・4号）が適用されている。吉川松伏医師会事件では，医師会の会員が設定するインフルエンザ任意予防接種の料金を医師会が決定し，会員に周知したことが，8条1号違反とされた[10]。

　なお，かつて弁護士会は「報酬等基準規程」を作成し，会員に交付していた。これは，2003（平成15）年改正前の弁護士法において弁護士会の会則の必要的記載事項として「弁護士の報酬に関する標準を示す規定」（旧33条2項8号）が記載されていたため，「報酬等基準規程」の作成は独禁法にも違反しないと考えられたからである。公取委は，この時期にも厳格な解釈をし，「報酬等基準規程」は作成してもよいが，会員に強制してはならず，法律上の独占業務以外では「報酬等基準規程」も作成できないとしてきた。このような規定は司法書士法等にもあったが，これらの業法の規定は2004（平成16）年に廃止され，現在は，報酬標準を作成することは，8条1号または4号に違反する[11]。

4　国，地方公共団体

　国や地方公共団体も，その行為が事業に該当するならば事業者となる。旧郵政省が郵便葉書の発行・販売という事業に関し事業者とされ[12]，東京都営のと畜場について東京都が事業者であることを前提に判示されている[13]。たとえば，地方公共団体がバスや地下鉄を運行すれば，その限りで事業者になり，競合するバス会社等との間で認可運賃申請額について合意をすれば不当な取引制限となりうる。

5　労働者，タレント，スポーツ選手，フリーランス

　前述のように，労働者（被用者）は事業者ではない。タレント，プロスポー

---

9)　東京高判平成13・2・16判時1740号13頁。
10)　公取委排除措置命令平成26・2・27審決集60巻（第1分冊）410頁。
11)　公取委「資格者団体の活動に関する独占禁止法上の考え方」第2の1。なお，現在も旧報酬等基準規程を参照している弁護士が少なくないと聞く。弁護士間で旧報酬等基準規程により報酬を請求する等の意思の連絡，相互拘束があると認められれば独禁法上の問題が生じるが，個々の弁護士が自己の判断で旧報酬等基準規程を参照すること自体は，通常，独禁法上の問題はないことになろう。
12)　最判平成10・12・18審決集45巻467頁。
13)　前掲最判平成元・12・14。

160　第3章　事業者団体

ツ選手については，事業者に該当する場合も，労働者にすぎない場合もあろう。もっとも，*Column ⑯*で述べるように，労働者やスポーツ選手が事業者でないとしても，雇用契約やスポーツ選手の行う契約が独禁法の適用対象かは別の問題と考えられる。

Column ⑯　プロ野球のドラフト制度は独禁法に違反しないのか

　プロ野球のドラフト制度，厳格な移籍制限，報酬額に上限を定める協定等が独禁法に違反するのではないか。この点は，江川卓元選手の巨人入団問題（いわゆる江川問題）等をめぐり昔から論じられてきた。

　1つの立場は次のものである。日本プロ野球選手会が労働組合であるように，プロ野球選手は労働者であり，事業者でない。そして，プロ野球選手契約は雇用契約であり独禁法の対象外である。したがって，ドラフト制度等については独禁法違反の問題は生じない。

　しかし，プロ野球選手契約は雇用契約なのだろうか，請負契約あるいは両者の中間的な無名契約ではないのか。興味深いことに，国会で江川問題に関係してなされた質疑において，公取委，法務省，労働省の担当者は，それぞれ雇用契約，請負契約と雇用契約の中間の無名契約，請負契約に近いと発言し，見解が大きく分れている。その際，公取委の担当者は，雇用契約であるから独禁法は適用されないと発言している[14]。この見解は，ごく最近まで維持されていたようである[15]。

　しかし，仮にプロ野球選手契約が雇用契約だとしても，労働者が事業者でないことと，雇用契約に独禁法が適用されるか否かは別の問題であろう。経済団体の加盟会社が新入社員の最高賃金協定を結んでよいはずがない。よりよい条件を提示しよりよい労働者を獲得する競争（独禁法2条4項2号は二以上の事業者が「同一の供給者から……役務の供給を受ける」行為を競争の定義に含めている）を制限することは独禁法の対象であろう。優秀な選手を獲得するという競争も，球団間における重要な競争であり，ドラフト制度等は人為的に買手独占を作り出してその競争を制限しているといえそうである。公取委の当時の解釈は誤っていたといわざるを得ない。

　しかし，話はそれでは終わらない。ドラフト制度等は「戦力均衡」が目的だとされる。戦力均衡と結果の不確実性の確保は，スポーツという競争の場を確保するための基盤・前提であり，その目的は競争促進といえよう。そうであるとすれば，ドラフト制度等は非ハードコア・カルテルであり，つねに不当な取引制限に該当するわけで

---

14)　以上は，第84回国会参議院法務委員会会議録3号（1978年3月2日）。

15)　公取委事務総長定例会見記録（2012年3月28日）（「プロ野球選手の契約関係については，労働契約ないしは労働関係としての性格を備えているものとみられる点などを踏まえますと，独占禁止法に直ちに違反するものとの認識は現在有していない」）。

はない。それが競争の実質的制限をもたらさなかったり，「戦力均衡」という競争促進的目的のためのより競争制限的でない代替的方法がなければ，許容される余地がある[16]。

さらに，最近は，働き方の多様化に伴い労働法上の労働者概念が拡大している。フランチャイズ加盟店の店長に労働組合法上の労働者性が認る判決が現われるなどしている。また，加盟店主やフリーランスといった人材の獲得を巡る競争が重要になっており，事業者の共同行為および単独行為によるそれらの競争の制限や競争減殺が問題になる。公取委に設置されている競争政策研究センターの「人材と競争政策に関する検討会」において検討がなされ，2018年2月，雇用契約だからといって独禁法が適用されないわけではないことを前提に，どのような共同行為や単独行為が独禁法上問題になるかを検討した報告書を公表している。そこでは，スポーツの移籍制限等が独禁法に違反する場合を明らかにしており，*Column ⑯*の公取委の立場は修正されたと考えられる。

Ⅱ　事業者団体の規制

1　事業者団体の定義

独禁法は，事業者団体を「事業者としての共通の利益を増進することを主たる目的とする二以上の事業者の結合体又はその連合体をいい，次に掲げる形態のものを含む」と定義する（2条2項）。「形態」は次の③で述べる。

①共通の利益を増進するという主たる目的は，団体であれば，通常みたされよう。②事業者の結合体または連合体であるから，弁護士会を例にすれば，二以上の事業者が結合した単位弁護士会，二以上の結合体の連合した日本弁護士連合会（日弁連）は事業者団体となる。もっとも，日弁連は，弁護士会と個々の弁護士・弁護士法人を会員とするから（弁護47条），連合体でありかつ結合体でもある。③法的形態（独禁2条2項1号～3号）は，社団，財団，組合，契約による事業者の結合体と規定されているが，契約による事業者の結合体が含

---

16)　非ハードコア・カルテルの分析方法は，第2章Ⅳでとりあげた。

まれることから法的形態による限定はほとんどないといってよい。

2条2項ただし書は，「資本又は構成事業者の出資を有し，営利を目的として商業，工業，金融業その他の事業を営むことを主たる目的とし，かつ，現にその事業を営んでいるものを含まない」とする。会社や共同出資会社（ジョイントベンチャー，JV）は，通常，①営利を目的とし，②事業者（株主や出資者）の結合体であり，③社団，契約による事業者の結合体であるので，事業者団体の定義をみたしてしまう。しかし，会社や共同出資会社はそれ自体を事業者として規制すれば足りるのであり，事業者団体とする必要はない。2条2項が事業者の定義を広くしたために，会社等まで事業者団体となってしまうなどの奇妙な現象が生じるために，その範囲をただし書で限定したと考えられる。

これに対し，たとえば協同組合は，法律上，営利を目的としたり，事業を営むことはできない。そこで，協同組合などは，事業者（2条1項）と事業者団体の両方に該当し，両方の規制を受ける（3）。

ある行為が事業者団体の行為であるかについては，「事業者団体の何らかの機関で決定がされた場合において，その決定が構成員により実質的に団体の決定として遵守すべきものとして認識されたときは，定款又は寄付行為上その機関が団体の正式意思決定機関であるか否かに係わりなく，その決定を団体の決定というのに妨げはない」とされる[17]。

ある行為が事業者団体の行為であるとともに事業者の行為でもあると評価できる場合がある。その場合には，いずれを適用することもできると解される[18]。その際は，排除措置としていずれを対象とするのが適切か，課徴金はどうなるかなどが考慮されよう。

2 事業者団体に対する規制

8条は，「事業者団体は，次の各号のいずれかに該当する行為をしてはならない」とし，「一定の取引分野における競争を実質的に制限すること」（1号），「第6条に規定する国際的協定又は国際的契約をすること」（2号），「一定の事

---

17) 公取委審判審決平成7・7・10審決集42巻3頁（大阪バス協会事件）。
18) 東京高判平成20・4・4審決集55巻791頁（元詰種子カルテル事件），最判昭和59・2・24刑集38巻4号1287頁（石油価格カルテル刑事事件）。

Table 1　事業者団体規制のエンフォースメントの比較

事業者の行為	事業者団体の行為	刑罰	課徴金	差止請求（24条）
3条	8条1号（競争の実質的制限）	○89条	△8条の3	――
6条	2号（国際的協定・契約）	○90条	△8条の3	――
――	3号（数の制限）	○90条	――	
――	4号（機能または活動の制限）	○90条	――	
19条	5号（させる行為）	――	△20条の2～20条の6（事業者がする行為）	○△

※　○：対事業者団体
　　△：対事業者

業分野における現在又は将来の事業者の数を制限すること」（3号），「構成事業者……の機能又は活動を不当に制限すること」（4号），「事業者に不公正な取引方法に該当する行為をさせるようにすること」（5号）とする。

　8条1号から5号に掲げられた規制を比較しよう。

　Table 1は，8条1項から5項の行為を事業者が行う場合と事業者団体が行う場合に独禁法上の規制があるか否かを比較し，さらに8条1号から5号に置かれた規制のエンフォースメントを比較している。○は事業者団体に対するエンフォースメント，△は事業者に対するエンフォースメントを意味する。

　まず，8条3号・4号該当行為に着目しよう。この2つの行為は事業者が行った場合には独禁法上の規制はされないが，事業者団体が行った場合には規制される。事業者団体の行為は，事業者の行為に比べて競争に及ぼす潜在的な危険性が大きいことから，特別な規制が行われていると考えられる。

　次にエンフォースメントを見ると，刑事罰は8条1号から4号に用意されており，1号の刑事罰が2号・3号・4号のそれより重い[19]。課徴金は8条1号・2号に課される。一定の類型の不公正な取引方法を事業者が行った場合には，当該事業者に対して課徴金が用意されているが（2条9項1号～5号・20条の2～20条の6），8条5号は課徴金の対象ではない。エンフォースメントの面から

---

19)　もっとも，8条1号に対して刑事罰が科された例（前掲最判昭和59・2・24〔石油価格カルテル刑事事件〕等）しかこれまでない。

164　第3章　事業者団体

見ると，ある行為が8条1号から5号のうちの複数の規定の要件をみたす場合，1号が最優先され，次に2号・3号・4号がこれらに続き，5号が適用されるのは他のいずれにも該当しない場合といえよう。ただし，被害者が事業者団体に対して差止請求（24条）を提起する場合，8条5号違反と構成するしかないことになる。

【設例44】 (44)

　Aコンクリート製品協同組合（A）は，B地区でコンクリート製品の製造販売を行う事業者を組合員とする。Aは，総会と運営委員会において，コンクリート製品について，需要者ごとに契約予定者として組合員のうち1社を割り当て，契約予定者の販売価格に係る設計金額からの値引き率を10％以内とすることとし，組合員はその決定を実施している。

【設例45】 (45)

　冷蔵倉庫の事業者を構成員とするC団体は，会員業者が旧運輸大臣に届け出る保管料の料率を約8.8％引き上げて届け出ることと届け出る期日を決定し，会員業者に周知した。しかし，届出後も，実勢料金の引上げに結びつかなかったり，届出料金の9割以下となるものが相当多かった。

【設例46】 (46)

　【設例44】のAは，自らもコンクリート製品を販売している。隣接する地区にあるD協同組合との間で，競合する入札において，コンクリート製品を設計金額の90％以上で販売することを決め，実施した。

3　競争の実質的制限（8条1号）

　8条1号は，事業者団体が，「一定の取引分野における競争を実質的に制限すること」を禁止する。事業者団体が主体となって，構成員間での価格カルテルや入札談合を行う場合が典型例である。事業者団体において価格カルテル，数量制限カルテルを行った例[20]や，共同の（間接の）取引拒絶を行った例[21]は

---

20)　公取委審判審決平成7・7・10審決集42巻3頁（大阪バス協会事件〔8条旧1項1号（現行8条1号）該当性は否定〕，第2章II 5(3)），東京高判昭和55・9・26高刑集33巻5号359頁（石油生産調整刑事事件）。

II　事業者団体の規制　　165

第2章（第2章Ⅳ2⑵）においてすでにとりあげた。

1号は，「競争を実質的に制限する」とするだけであり，不当な取引制限における共同して，相互拘束（2条6項）等の行為要件については限定していない。したがって，事業者団体がカルテル，入札談合などの不当な取引制限（2条6項・3条後段）に相当する行為を行う場合だけでなく，私的独占（2条5項・3条前段）に相当する行為を行う場合にも8条1号に該当する。

また，8条1号には，「公共の利益に反して」という要件がない。しかし，「競争を実質的に制限する」という要件の解釈において「公共の利益に反して」要件を読み込む解釈がなされていることは，前掲東京地判平成9・4・9（日本遊戯銃協同組合事件）に関してすでに学習した（第2章Ⅱ4・Ⅳ2⑵）。

【設例44】におけるAの行為は8条1号に該当すると考えられる。

事業者団体自体は同時に事業者でもありうることは，1ですでに触れた。たとえば，協同組合が他の協同組合と価格カルテルを行えば，不当な取引制限（2条6項・3条後段）に該当し，協同組合がその組合員にカルテルをさせれば事業者団体の行為（8条1号・4号）に該当する。【設例46】においては，AとD協同組合とによる不当な取引制限（2条6項・3条後段）に該当することとなる[22]。

なお，事業者団体規制においても課徴金制度が用意されている（8条の3）。課徴金対象行為は，不当な取引制限に相当する行為に限られ（同条第2・第3かっこ書），私的独占に相当する行為は含まれない。また，課徴金が課されるのは，違反行為をした事業者団体ではなく，構成事業者である。構成事業者は違反行為者ではないが，事業者団体には売上額がなく，8条1号該当行為により不当な利益を得るのが構成事業者であることからと考えられる。

4　国際的契約・協定（8条2号）

8条2号は，事業者団体が，「第6条に規定する国際的協定又は国際的契約

---

21)　東京地判平成9・4・9判時1629号70頁（日本遊戯銃協同組合事件）。

22)　公取委排除措置命令平成27・2・27審決集61巻153頁（岡山県北生コンクリート協同組合事件）では，取引先に非組合員から生コンを購入しないようにさせたことを取引妨害（2条9項6号，一般指定14項）とした。

をすること」を禁止する。6条は，不当な取引制限または不公正な取引方法に該当する事項を内容とする国際的協定または国際的契約を禁止している。6条の射程については議論があるが，公取委は近時国際カルテル・国際契約について6条を適用しないで，3条や19条等を適用することから（以上について，第6章III），2号についてはこれ以上触れない。

5 事業者の数の制限 (8条3号)

8条3号は，「一定の事業分野における現在又は将来の事業者の数を制限すること」を禁止する。数の制限といわれる。

事業者団体が加入制限を行うような場合に問題になる。I3でとりあげた観音寺市三豊郡医師会事件東京高裁判決では，医師会による医療機関の開設制限（開設等の希望を申し出させ，委員会で審議する等し，理事会で同意・不同意等を決定する審議システムにおいて，既存の事業者である会員医師の利益を守るための利害調整や合理性のない制限を行っていること）が8条3号に該当するとする公取委の判断を支持した。判決は，当該医師会に加入しないで開業することが一般に困難な状況にあれば，加入できないまたは除名されると医療機関の開設等を事実上抑制するとしている。3号には次の4号のような「不当に」といった要件はない。しかし，事業者団体が入会制限をすればつねに3号に該当するわけではない。医師会に加入しないと開業医となることは一般に困難な状況にある（関係行政機関からの通達等，医療・社会保険に関する情報提供等の便宜を受けられず，診療面で他の開業医の協力を求め難い等）といった事情がなければ，医師会に加入しなくても開業医という事業分野で事業を行うことができ，「数の制限」の要件をみたさないし，独禁法が公正かつ自由な競争の促進を目的とする（1条）ことからも，3号が適用されるのは市場における公正かつ自由な競争の促進が妨げられるような場合に限られよう。

3号は，「一定の取引分野」ではなく，「一定の事業分野」とする。これは，一定の取引分野のような市場（取引の場）を意味するのでなく，相互に競争関係にある供給者群または需要者群のいずれか一方の事業活動の範囲を意味する[23]とされる。一定の取引分野より簡便に画定できる。

3号では，「一定の取引分野における競争を実質的に制限」しなくてもよい。

2で説明した通り，3号該当行為が，一定の取引分野における競争を実質的に制限すれば，3号ではなく，1号が適用される。これに対し，Table 1からわかるように，事業者の間において3号該当行為を行っても独禁法違反（不当な取引制限）にならない。

6　構成事業者の機能・活動の不当な制限（8条4号）

8条4号は，「構成事業者（事業者団体の構成員である事業者をいう。以下同じ。）の機能又は活動を不当に制限すること」を禁止する。

事業者団体は団体である以上，何らかの内部的規律として機能・活動を制限するのが一般的である。では，「不当に」とされるのはいかなる場合か。「不当に」の意味についての確立した考え方はないが，競争を実質的に制限するとまではいえないものの，競争政策上看過できない競争への悪影響（反競争行為）があるものとでもいえばよいであろう。「不当に」の多くは，不公正な取引方法にいう「公正な競争を阻害するおそれ」（公正競争阻害性）（2条9項6号），とくに競争減殺ないし自由競争減殺に相当するという見解[24]がある。「不当に」とは公正競争阻害性を意味するといってよいと考えられ，また以下（第1，第2）に見るこれまでの事例は自由競争減殺に該当する類型といえるが，競争手段の不公正（第5章I 1⑷）が問題になる場合も4号の対象から排除する必要はないであろう。

4号該当行為には，いくつかの類型がある。

第1は，価格を直接に制限する行為であるが，参加者の市場シェアが少なかったり，アウトサイダーの競争圧力や取引相手の交渉力を見誤るなどして，調整に失敗したり，価格引上げに失敗するなどし，競争を実質的に制限したといえないものである。【設例45】のモデルである日本冷蔵倉庫協会事件審決[25]では，審決は，届出料金の引上げを契機に少しでも実勢料金を引き上げるように努力するという認識による届出料金に関する決定であったと認定するにとどま

---

23)　たとえば，岩本省吾編著『事業者団体の活動に関する新・独禁法ガイドライン』（別冊NBL 34号，1996年）45-46頁。
24)　川濱昇ほか『ベーシック経済法〔第4版〕』（有斐閣，2014年）298-299頁［瀬領真悟］。
25)　公取委審判審決平成12・4・19審決集47巻3頁。

168　　第3章　事業者団体

らざるを得ず，実勢料金についての競争の実質的制限が生じたものと認めるに足りないとし，現行8条1号に該当しないとした。そのうえで，審決は，同8条4号違反は成立するとした。

　事業者の間でこのような行為を行っても，決定等によって実勢料金の引上げができなければ市場支配力を形成せず，競争の実質的制限が生じないので，不当な取引制限に該当しない[26]。しかし，事業者団体がこのような行為をすることは競争政策上危険であるから，8条4号はこれを禁止するのである。

　第2は，数量，取引先，販売方法などの競争手段を制限する行為であるが，競争を実質的に制限するとはいえず，しかし競争政策上看過できない競争への悪影響がある場合である。この競争手段の制限には，取引先制限，顧客争奪の制限，施設の新増設等の制限，広告の制限などがある。

　東日本おしぼり協同組合事件審決[27]では，貸しおしぼり業者の団体が，組合員の取引先を他の組合員が奪うことの制限（顧客争奪の制限）が同8条4号違反とされている。前掲の観音寺市三豊郡医師会事件東京高裁判決では，会員の行う医療機関の診療科目の追加，病床の増設・増改築，老人医療保健施設の開設の制限を同8条4号違反としている。三重県社会保険労務士会事件審決[28]では，ダイレクトメール，ファクシミリ等による広告活動の制限等を同8条4号違反としている。

　たとえば最後の事例において，広告活動を制限すると，社会保険労務士が互いに顧客を獲得する競争が一定の範囲で制限されるが，たとえば他にも顧客を勧誘・獲得する重要な方法があるならば，これにより社会保険労務士としての事業に係る一定の取引分野において競争を実質的に制限する（8条1号）とはいえないが，しかしながら4号には該当するとされたと考えられる。顧客争奪の制限や病床の増設の制限等も，事案によっては8条1号に該当することがありえよう。

26）　失敗したハードコア・カルテルが例外的に不当な取引制限に該当しないことについて，第2章Ⅱ2⑵。
27）　公取委勧告審決平成7・4・24審決集42巻119頁。
28）　公取委勧告審決平成16・7・12審決集51巻468頁。

　　　　　　　　　　　　　　　　　　　　　　　Ⅱ　事業者団体の規制　　169

7　不公正な取引方法の勧奨 (8条5号)

8条5号は,「事業者に不公正な取引方法に該当する行為をさせるようにすること」を禁止する。事業者団体が,事業者に対して,不公正な取引方法に該当する行為をさせること（勧奨）のうち,当該事業者が構成事業者である場合には8条4号を適用すれば足りるから（Ⅱ2）,5号が適用される多くは非構成事業者を勧奨の対象とする事例である。前掲の日本遊戯銃協同組合事件判決では,事業者団体Ｙが非構成員を含む問屋と小売店にＹの設定した自主基準をみたさない商品を製造するアウトサイダーに対する共同の（直接の）取引拒絶（2条9項6号,一般指定1項）をさせたことが8条1号および5号に該当するとされた。

ただし,差止請求をしたければ,8条1号ないし4号違反行為も8条5号違反行為と構成するしかない。

8　ガイドライン, 相談事例集

事業者団体に対する規制については,「事業者団体の活動に関する独占禁止法上の指針」（事業者団体ガイドライン）,「資格者団体の活動に関する独占禁止法上の考え方」などが公表されている。本書ではこれらを詳細に検討することはできないが,事業者団体ガイドラインには,すでに紹介した自主規制等に係る判断基準[29]などが掲載されており,参考になる。また,公取委が毎年公表している「独占禁止法に関する相談事例集」[30]には,限界的事例を含めて参考になる事例が豊富に掲載されている。

Ⅲ　事業者団体と独禁法 22 条

1　組合の行為と適用除外

独禁法22条は,一定の組合の行為について独禁法の適用を除外する規定を置く。すなわち,「この法律の規定は,次の各号に掲げる要件を備え,かつ,

---

29)　第2章Ⅳ6(3)。
30)　第2章Ⅳ3〜5でも取り上げた。

法律の規定に基づいて設立された組合（組合の連合会を含む。）の行為には，これを適用しない。ただし，不公正な取引方法を用いる場合又は一定の取引分野における競争を実質的に制限することにより不当に対価を引き上げることとなる場合は，この限りでない」とする。1号は「小規模の事業者又は消費者の相互扶助を目的とすること」，2号は「任意に設立され，……任意に加入し，……脱退することができること」，3号は「各組合員が平等の議決権を有すること」，4号は「利益分配……の限度が法令又は定款に定められていること」である。

　ここでいう組合は，典型的には協同組合である。中小企業は団結することにより，競争単位として大企業と対等に競争できるという考え方による。したがって，協同組合が他の事業者団体と価格カルテルを行ったり（【設例46】），協同組合が組合員の販売する価格を決定すること（【設例44】）は，許されない。条文からは，ただし書後段が「一定の取引分野における競争を実質的に制限することにより不当に対価を引き上げることとなる場合」とし，【設例44】，【設例46】は適用除外を受けないとなりそうである。では，組合が私的独占を行った場合はどうか。ただし書前段で不公正な取引方法が適用除外の対象から外れるのだから，通常競争への悪影響がより大きい私的独占は独禁法の適用を受けるように見える。この場合，条文上も，私的独占により市場支配力を形成，維持，強化した結果，今後は高い価格が設定できるようになるから，「不当に対価を引き上げることとなる」といえそうである。しかし，公取委はそのように解さず，ただし書前段により不公正な取引方法を適用したと推測される事案がある[31]。

2　「組合の行為」

　しかし，上記の価格カルテルは，22条ただし書によるまでもなく，「組合の行為」でなく適用除外を受けないと考えられる。協同組合の設立の根拠となった法律には，通常，組合ができる行為を限定列挙している。「組合の行為」を，このような，組合の設立の根拠となった法律（農業協同組合法，中小企業等協同

---

31)　公取委審判審決昭和31・7・28審決集8巻12頁（雪印事件），公取委勧告審決平成2・2・20審決集36巻53頁（全国農業協同組合連合会事件）等。

組合法〔以下『中協法』という〕など）において組合ができるとされる事業（たとえば中協法 9 条の 2 第 1 項に掲げられている行為）に限定するとする見解がある。現在，公取委はこの立場に立つと考えられる[32]。【設例 44】のモデルである網走管内コンクリート製品協同組合事件排除措置命令[33]も，8 条 1 号の適用に際し，「網走協組は，……事業協同組合であるものの，……決定〔契約予定者の割り当て，販売価格に係る値引き率の上限の決定等〕は，網走協組の実施する販売について定めたものではなく，組合員等の……取引の相手方及び対価を制限することを定めたものであって，……組合の行為に該当しない」とする。1 の価格カルテルは「組合の行為」でないこととなろう。この解釈では，不公正な取引方法や不当な取引制限は，ただし書によることなく，そもそも「組合の行為」に該当しないので，22 条も射程外ということになる。そうすると，ただし書は不要ではないかという疑義が出うるが，たとえば，中協法 9 条の 2 第 1 項に定められた行為（「販売，購買」（1 号），「貸付け」（2 号）等）を他の事業者の事業活動の排除行為（独禁 2 条 5 項）の直接の手段とする不公正な取引方法や不当な取引制限（ただし書後段の要件をみたすもの）はただし書がなければ独禁法の適用を受けられないことになる。このような解釈は合理的といえよう。また，その際は，私的独占の扱いが問題になろう。中協法 9 条の 2 第 1 項の「販売，購買」，「貸付け」を排除行為（独禁 2 条 5 項）の直接の手段とする私的独占については，本来の事業の「範囲を逸脱した行為」とできるのかが問題となる。もしできないのであれば，なお立法論としての 22 条の廃止やただし書後段の「不当に対価を引き上げる」を削除することが考えられる。

---

32) 協同組合の間で，それぞれの組合員の購入価格を共同で決定する行為について，笠原雅之＝西上達也「紀州田辺梅干協同組合及び紀州みなべ梅干協同組合に対する警告について」公正取引 744 号（2012 年）71 頁，72 頁（組合の行為とは，「各協同組合法に基づく事業協同組合本来の事業のみを指し，その範囲を逸脱した行為は適用除外とならない」）。
33) 公取委排除措置命令平成 27・1・14 審決集 61 巻 138 頁。

第4章

私 的 独 占

I　私的独占の規制

1　2条5項

　独禁法2条5項は，私的独占とは「事業者が，単独に，又は他の事業者と結合し，若しくは通謀し，その他いかなる方法をもってするかを問わず，他の事業者の事業活動を排除し，又は支配することにより，公共の利益に反して，一定の取引分野における競争を実質的に制限することをいう」とし，3条前段は，「事業者は，私的独占……をしてはならない」とする。

　したがって，私的独占は，事業者が，「他の事業者の事業活動を排除し，又は支配することにより」，「公共の利益に反して，一定の取引分野における競争を実質的に制限すること」である。行為要件は他の事業者の事業活動の排除または支配であり（以下「排除行為」，「支配行為」といい，あわせて「排除・支配行為」ともいう），効果要件は，それにより，公共の利益に反して，一定の取引分野における競争を実質的に制限することである。排除行為による私的独占は「排除型私的独占」，支配行為による私的独占は「支配型私的独占」と呼ばれる。

　不当な取引制限は事業者が共同して競争を回避して（2条6項の要件〔第2章 I 2〕では，「共同して」，「相互拘束」により）競争を実質的に制限するのに対し，私的独占は，事業者が競争者の事業活動を排除・支配して競争を実質的に制限する。私的独占は，典型的な事案では単独で行うため，単独行為とか一方的行

I　私的独占の規制　　173

為とも呼ばれる。つまり，不当な取引制限は，通常，「競争の回避」を，私的独占は，通常，「競争（者）の排除」を手段として競争を実質的に制限する。ただし，たとえば共同の取引拒絶は不当な取引制限と私的独占の両方で規制しうるように，例外や両方の性格を持つ場合もある。また，「又は他の事業者と結合し，若しくは通謀し」とするように，他の事業者と結合（合併，株式取得などの企業組織上の結合手段全般）や通謀（共同して〔2条6項〕と同様の意思の連絡）する私的独占[1]もある。

2　排除型私的独占と支配型私的独占

(1)　行 為 要 件

排除行為とは，独禁法上非難される方法により（後述のように「人為性」と呼ばれる）他の事業者の市場（一定の取引分野）での事業活動の継続を困難にしたり，他の事業者の市場への参入を困難にしたりすることをいう。「困難」で足りるから，市場から退出していなくても，また部分的に参入できていてもよい。支配行為とは，他の事業者の事業活動について自主的な決定を困難にして，自己の意思に従わせることをいう。ある行為が排除行為と支配行為の両方に該当することもある[2]。

(2)　効 果 要 件

効果要件は，不当な取引制限に関する2条6項と共通し，企業結合規制のそれともよく似ている。すなわち，「一定の取引分野」とはいわゆる市場を意味し，商品（役務）市場（商品〔役務〕の範囲）と地理的市場（地理的範囲）からなり[3]，「競争を実質的に制限する」とは，市場支配力を形成，維持ないし強化すること[4]である。独禁法はタイトルを私的「独占」としているが，2条5項の要件は「独占」までは求めておらず，「市場支配力」の形成，維持，強化で足りることにも注意をしたい。

---

1)　公取委勧告審決平成9・8・6審決集44巻238頁（ぱちんこ機製造特許プール事件），公取委勧告審決平成8・5・8審決集43巻209頁（日本医療食協会事件）等。
2)　このことを前提とする規定として，7条の2第4項第1かっこ書。
3)　第1章Ⅱ。
4)　第1章Ⅲ。

174　第4章　私 的 独 占

Figure 15 競争の実質的制限が生じる仕組み

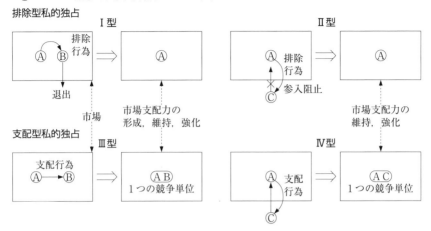

(3) 私的独占が競争を実質的に制限する仕組み

　Figure 15 を見よう。排除型私的独占では，事業者が既存の事業者の事業活動を排除し，市場から退出させるパターンと（Ⅰ型），新規参入者の事業活動を排除し，新規参入を阻止するパターンがある（Ⅱ型）。Ⅰ型では，市場支配力が，維持，強化される場合のほか，新たに形成される場合もありうる。Ⅱ型では，通常，すでにある市場支配力が維持または強化されよう。

　支配型私的独占でも同様に，事業者が既存の事業者の事業活動を支配し，市場において1つの競争単位となり，競争をやめるパターンと（Ⅲ型），新規参入者の事業活動を支配し，新規参入を受け入れつつも1つの競争単位となり，競争をやめるパターンがある（Ⅳ型）。Ⅲ型では，市場支配力は，形成，維持ないし強化され，Ⅳ型では，通常，すでにある市場支配力が維持または強化されよう。ただし，実際の事例では，市場支配力を持たない事業者が排除行為や支配行為により市場支配力を形成することは稀で，ほとんどがすでに市場支配力を持っている事業者が排除行為や支配行為によりその市場支配力を維持したり，強化するものである。

Column ⑰　排除型私的独占に係る NTT 東日本事件最高裁判決

　NTT 東日本事件の最高裁判決[5]は2条5項の要件について次のように述べる。

Ⅰ　私的独占の規制　175

「『他の事業者の事業活動を排除』する行為……に該当するか否かは，本件行為……が，自らの市場支配力の形成，維持ないし強化という観点からみて正常な競争手段の範囲を逸脱するような人為性を有するものであり，競業者の……市場への参入を著しく困難にするなどの効果を持つものといえるか否かによって決すべきものである」。

つまり最高裁は，排除行為について，①「自らの市場支配力の形成，維持ないし強化という観点からみて正常な競争手段の範囲を逸脱するような人為性」（以下「人為性」ともいう），②「市場への参入を著しく困難にするなどの効果」（以下「排除効果」ともいう）の2つを必要とする。もっとも，②の「著しく」困難にするについては，学説はそこまで求めず，またJASRAC事件最高裁判決（最判平成27・4・28民集69巻3号518頁）では「著しく」に注目しすぎたと考えられる原審決が修正されたと考えられ，基本的には「困難にする」だけに着目してよいと考えられる（Ⅱ2⑶）。

競争の実質的制限について，判決は，「本件行為により，同項〔2条5項〕にいう『競争を実質的に制限すること』，すなわち市場支配力の形成，維持ないし強化という結果が生じていたものというべきである」とする。

判決は，「競争を実質的に制限すること」が「市場支配力の形成，維持ないし強化」を意味することを確認している。

㊼ 【設例47】

> A社は，画期的な移動手段である「どこでもドア」を開発し，製造販売している。設置が容易であり，安価でもある「どこでもドア」は広く普及し，従来の移動手段である鉄道，自動車，航空機はほぼ市場から駆逐された。A社は「どこでもドア」の製造に必須である技術αの特許権とノウハウを持つために，新規参入が生じる見込みはない。A社は，鉄道，自動車，航空機が市場から消滅した後に「どこでもドア」の価格を2倍に引き上げた。A社の価格引上げ行為は私的独占に該当しないか。

(4) 市場支配力の行使と私的独占

A社は「どこでもドア」やそれを含む移動手段の市場において市場支配力（価格，数量，その他各般の条件を左右することができる力）を持ち，その市場支配力を行使して，独占的な高価格を設定している。いいかえれば，市場支配をしている状態（市場支配の状態）にある。「私的独占」というタイトルからは，独占している「状態」や市場支配力の「行使」による独占的高価格の設定を問題

---

5) 最判平成22・12・17民集64巻8号2067頁。

176　第4章　私的独占

にするようにも見える。

しかし，第1に，*Column* ⑰で見たように，2条5項の要件はそうなっていない[6]。まずA社は，排除行為も支配行為もしていない。鉄道，自動車，航空機が市場から消滅したのは，A社が画期的な移動手段（優れた商品）を開発するという独禁法が保護する競争の結果であり，そこに最高裁がいう「正常な競争手段の範囲を逸脱するような人為性」があるとはいえない（Ⅱ1）。また，仮に排除行為や支配行為が認められたとしても，A社が獲得した市場支配力はA社の研究開発により得た特許権やノウハウによるものであり，排除行為や支配行為に「より」競争を実質的に制限した（市場支配力を形成，維持，強化した）とはいえない。

第2に，実質的に見ても，このような行為を禁止すると，事業者が優れた商品を開発することに法的なサンクションを与えることになり，事業者が優れた商品を開発するという競争のインセンティブを損なう（ディスインセンティブを与える）ことになり，競争政策として適切でないといえよう。

もっとも，この「どこでもドア」を含む移動手段の市場に新規参入しようとする事業者が，A社に対して，技術 a の特許権とノウハウの実施許諾（ライセンス）を求めたとすると，新規参入者がたとえば相当な対価を支払う旨申し出た場合にもそれを拒否することが，排除行為に該当するのか否かという難しい論点はある[7]。この点は，第5章の不公正な取引方法の中の取引拒絶（単独の直接取引拒絶）において詳しく見よう（第5章Ⅲ5⑵）。

Column ⑱　「私的」独占　◦◦

　　独禁法は，「私的」独占とする。すると，国，地方公共団体の行為は「公的」独占なので，規制されないのだろうか。この点は，筆者が外国の競争当局の職員等に対す

---

6)　その意味で，「私的独占」というより「独占行為」または「独占化」というべきであろう。1947年にできた原始独禁法は，日本側の立案担当者（経済安定本部，司法省，商工省等から出向）とGHQの担当者との間で日本語版と英語版がやり取りされて制定されていった。「私的独占」の英語版は "private monopolization"（私的独占化）であり，当時の立案担当者はこれに「私的独占」という日本語を当てたが，この日本語は正確ではなかったといえよう。

7)　結論を先取りすれば，学説が分かれるところではあるが，筆者はこのような行為が排除行為に該当することはないし，あるにしてもきわめて例外的な場合に限られると考える。一方，次（Ⅰ3）に述べる排除型私的独占ガイドライン（第2の5）の示す基準からは問題とされる可能性が残る。

Ⅰ　私的独占の規制　177

る研修でよくされる質問である。また，中国独禁法が，行政権力の濫用を規制する規定（8条）を置き，省政府等の許認可権限を利用した競争の排除，制限を規制することとの対比で，そのような規制が日本に存在するのか否かも質問されることがある。前者の質問については，2条5項が主体を「事業者が」とし，事業者の定義（第3章Ⅰ1）においてすでに見たように国や地方公共団体も事業者の要件をみたせば規制対象となることとなる。国，地方公共団体等の行為も，事業者の要件をみたし，さらに2条5項の行為要件，効果要件をみたせば，独禁法違反とできるのである（旧郵政省による信書の送達，東京都によると畜場事業〔第3章Ⅰ4〕）。では，なぜ「私的」独占としているのだろうか。原始独禁法の立案担当者の意図は，旧専売公社によるたばこの販売独占（専売制），旧電電公社（NTTグループの前身）による電気通信事業の独占等の「公的」独占，「国家」独占それ自体は規制しないということであった。しかし，たばこの専売制は，それ自体，2条5項の排除行為でも支配行為でもなく（Ⅰ2(4)でいう市場支配力の行使にすぎない），また仮に排除行為等に該当したとしても，それに「より」競争を実質的に制限する「市場支配力の形成，維持ないし強化」の要件をみたさないことになる。立法者が規制されることを危惧した国家独占等は，実は，私的独占の要件をそもそもみたさないのであり，立案担当者の杞憂だったのである。また，たばこや電気通信事業の独占を利用して（テコとして），他の競争分野で競争者を排除してその市場で市場支配力の形成，維持ないし強化をすれば，国等の行為であろうと私的独占として規制されることになる。なお，中国独禁法8条は，省政府等（事業者に該当する必要はない）が自身の権限を利用して競争を制限等する行為を規制するものであり，わが国の私的独占よりも広範な規制といえる。

3　排除型私的独占ガイドライン

　公取委は，「排除型私的独占に係る独占禁止法上の指針」（以下「排除型私的独占ガイドライン」という）を公表している。2009（平成21）年独禁法改正により排除型私的独占に課徴金制度が導入された際，要件の明確化のために作成された。ガイドラインでは4つの行為（(1)商品を供給しなければ発生しない費用を下回る対価設定，(2)排他的取引〔排他的リベートを含む〕，(3)抱き合わせ，(4)供給拒絶・差別的取扱い）について，執行方針や判断要素が記載されている。もっとも，その内容は，総合考慮を行う際の判断要素を列挙するにとどまり，人為性をどのように判断するか，および排除行為により競争の実質的制限が生じるプロセスがどうなっているかについて十分に説明されているとはいいがたい。また，4つの行為はいずれも不公正な取引方法でも規制される行為類型である[8]。そこ

178　第4章　私的独占

で，本書では，4つの行為については，不公正な取引方法において詳しく説明し，その際，必要に応じて排除型私的独占ガイドラインや関連する私的独占事件に言及する。

なお，ガイドラインは，優先的に審査を行う事案として，シェアが「おおむね2分の1を超える事案」とする。この市場占有率50％超という基準は，ある事案が競争を実質的に制限し私的独占とされるか，不公正な取引方法にとどまるのかを判断する目安になる。

以下では，実際に私的独占とされた事件を簡略化したものを検討しつつ，2条5項の要件を具体的に見ていく。しかし，私的独占の事例をここで網羅的に取り上げることは難しく，また不公正な取引方法の理解が進んだ段階で学習するのが適切な類型が多い。そこで，不公正な取引方法を排除行為とする事例は，上記のように，原則として第5章において取り上げることにする。

II　排除型私的独占

1　排除行為と「人為性」

⑴　効率による排除

I 2⑷の「どこでもドア」の例でも確認したように，事業者が独禁法が保護する競争を行えば，通常，効率等で劣った他の事業者の事業活動を困難にする。ある事業者が優れた商品や役務を供給したり，効率的であるために，効率で劣った事業者が敗れて事業活動が困難になることには，NTT東日本事件最高裁判決のいう「自らの市場支配力の形成，維持ないし強化という観点からみて正常な競争手段の範囲を逸脱するような人為性」はなく，「正常な競争手段」である。このように，「人為性」は適法な競争手段と違法な競争手段とを区別するための概念である[9]。では，「正常な競争手段の範囲を逸脱するような人為性」は具体的にどのような基準で判断されるのか。

---

8)　⑴は不公正な取引方法では「不当廉売」と呼ばれる（第5章IV 3）。

9)　適法な競争手段と違法な競争手段とを区別する要件としては，排除行為の要件のほかに，「公共の利益に反して」要件（第2章II 4），さらに「公共の利益に反して」要件を競争の実質的制限に読み込む解釈（第2章IV 2⑵⑶）も用いられる。

II　排除型私的独占　　179

(2) 不公正な取引方法

排除行為は，独禁法違反行為，とくに不公正な取引方法に該当する行為が手段とされることが多い。その場合，不公正な取引方法という独禁法上不当な競争手段を用いているのだから，その行為には「正常な競争手段の範囲を逸脱するような人為性」があり，それに排除効果（「参入を著しく困難にするなどの効果」〔Column ⑰〕）もあれば，排除行為となる。

しかし，その行為自体を取り出せば不公正な取引方法に該当しなかったり，ただちには該当するといえない行為がある。それはどういう判断方法や基準によるのだろうか。

(3) 効率によらない排除

この問題は学説において盛んに論じられてきた。最近の学説は，「効率によらない排除」，すなわち効率性が勝ること（より良質・廉価な商品を提供すること）によらない方法で競争者の事業活動の継続を困難にする行為という考え方を提示している[10]。

また，排除行為には，①略奪，②ライバルの費用引上げの2つがあるとも整理される。

①は，典型的にはⅠ3に挙げた排除型私的独占ガイドラインの(1)（商品を供給しなければ発生しない費用を下回る対価設定，ガイドライン第2の2）や次に見る2(1)が例である。①では同等またはそれ以上に効率的な事業者（以下「同等に効率的な事業者」ともいう）をも排除する行為か否かという基準が示される。この「同等に効率的な事業者の排除」基準は，排除型私的独占ガイドラインでも(1)について採用されている[11]。ただし，学説上は①でこの基準をみたさない場合にも規制される場合があるのではないかという疑問も示されている。また，「市場支配力の形成，維持，強化以外に自己の利益にならない行為」や「経済的有意味性」テスト（その行為は競争者を排除するため以外に合理的に説明できない行為か）という基準も提示され，排除型私的独占ガイドラインにもそのような記述[12]が見られる。①略奪が不公正な取引方法として問題になる場合について

---

10) 代表的なものに，根岸哲編『注釈独占禁止法』（有斐閣，2009年）38-42頁［川濵昇］。
11) 第2の2(1)(2)「自らと同等又はそれ以上に効率的な事業者の事業活動を困難にさせる」。

180　第4章　私的独占

は，不当廉売においてその基準を詳しく説明するので，それも参照して欲しい（第5章Ⅳ2⑵）。

　②ライバルの費用引上げは，典型的には排除型私的独占ガイドラインの⑵（排他的取引，ガイドライン第2の3），⑶（抱き合わせ，同第2の4），⑷（供給拒絶・差別的取扱い，同第2の5）や次に見る2⑵⑶が例である。②は競争者の競争能力を低下させる行為であり，競争者の費用（典型的には次の2⑴でいう追加的に発生する費用）を引き上げることにより事業活動を困難にすることである。②については，それが不公正な取引方法に該当する場合について，本書では第5章において解説し，そこでは流通・取引慣行ガイドラインの記述も確認するので，それらも参照して欲しい（第5章Ⅷ，Ⅹ）。

2　具　体　例

【設例48】 (48)

　　B社とC社は，店舗等に有線音楽放送を提供しており，国内の業務店向け音楽放送事業の契約件数で，それぞれシェア約68%（第1位），約26%（第2位）である。両社は，契約期間を2年とし，加入金と月額聴取料を顧客から徴収している。B社は，C社から短期間で大量の顧客を奪い，事業を困難にし，C社をB社に統合することを企図し，C社の顧客のみを対象にキャンペーンを実施した。キャンペーンでは，C社の顧客に限って，加入金3万円を支払えば月額聴取料を12か月無料とし，さらに無料期間を最長24か月に延長した。この結果，1年間でC社のシェアは著しく減少（17%程度減）し，B社，C社それぞれ約72%，約20%となり，C社の営業所は128箇所から90箇所に減少した。

⑴　差別対価，不当廉売

　【設例48】 のモデルとなった事案[13]では，公取委は，B社は，C社の事業活動を排除することにより，わが国における業務店向け音楽放送の取引分野における競争を実質的に制限したとする。これは Figure 15 のⅠ型にあたる。本

---

12)　第2の2⑴「特段の事情がない限り，経済合理性のない〔行為〕」。
13)　公取委勧告審決平成16・10・13審決集51巻518頁（有線ブロードネットワークス事件）。

Ⅱ　排除型私的独占　　181

件行為は，不公正な取引方法では差別対価（2条9項2号。第5章V）や不当廉売（同項3号。第5章Ⅳ）の行為類型に属する。本件が人為性を持つ理由には，第1に，たとえばB社の対価が，自己がそれぞれの顧客に役務を提供するために追加的に発生する費用（または，その顧客に役務を提供しなければ支出しないですむ費用）を下回る対価である場合には，役務を提供すればするほど損失が拡大するから，競争者（C社）を市場から排除するためになされたと推認できそうである。このような行為がなされれば，C社はB社と同等かそれ以上に効率的であったとしても市場から退出せざるを得ないことから，「同等に効率的な事業者の排除」であり，また競争者を排除するため以外に合理的に説明できない行為といえる。もっとも，本件では，B社の対価が，自己がそれぞれの顧客に役務を提供するために追加的に発生する費用を下回る対価であるかは，明らかでない。流通業者であればこの費用は仕入価格を基準とでき計算しやすいが，音楽放送事業で無料期間の12か月や24か月において当該顧客に対して追加的に要する費用がいくらかを計算することは難しい。また，B社の対価が，自己がそれぞれの顧客に役務を提供するために追加的に発生する費用を上回っても人為性があるといえる場合があるかもしれない。第2に，本件では，C社の顧客を「狙い撃ち」して極端な割引をしたことが「人為性」といえるという考え方もある。一方，この市場にいるのはB社とC社だけであり，顧客のほとんどがすでに両社のいずれかと契約を締結しており，また提供する役務の内容も同質であるならば，競争の手段は低い価格を設定して競争者の顧客を奪うという「狙い撃ち」しかないともいえる。このように低い価格を設定する行為がどのような場合に独禁法に違反するかは，第5章V 4(2)で詳しく見ることにしよう（第5章V 4(2)，【設例74】）。

(2) その他の不公正な取引方法

取引拒絶（2条9項1号[14]，一般指定1項・2項[15]），排他条件付取引（一般指定11項[16]），拘束条件付取引（一般指定12項[17]）などの不公正な取引方法に相当す

---

14) 前掲注1)公取委勧告審決平成9・8・6。
15) 前掲注5)最判平成22・12・17（不当廉売にも関係する），公取委勧告審決昭和47・9・18審決集19巻87頁（東洋製罐事件）。

182　第4章　私的独占

る行為を手段とする排除型私的独占は多い。これらは第5章において述べる。

【設例 49】 ㊾

　　一般社団法人Dは音楽著作権の管理団体であり，放送事業者（テレビ局，ラジオ局）が利用する楽曲のほぼすべてを管理しており，使用料は放送料収入の1.5％という定額（包括徴収）である。E社は音楽著作権管理事業への参入を試みた。E社の管理楽曲には放送利用の需要が見込まれる著名な楽曲が含まれているにもかかわらず，相当数の放送事業者がE社の管理楽曲の利用を回避した。放送事業者がD以外の管理楽曲を有料で利用すると，包括徴収で支払う使用料と別に追加の使用料の負担が生じ，使用料の総額が増加することが理由と考えられる。

---

(3) 固 定 料 金

　【設例 49】は，JASRAC（日本音楽著作権協会）事件を単純化したものであり，Figure 15のⅡ型にあたる。公取委の審決[18]は，NTT東日本事件最高裁判決（*Column* ⑰）のいう「参入を著しく困難にするなどの効果」（排除効果）がないとしたのに対し，E社が審決取消訴訟を提起したところ，東京高裁[19]と最高裁[20]は，E社の原告適格を認めたうえで，この効果があるとして審決を取り消した。これらの判決では排除効果の有無についての事実認定が争点となり，最高裁は包括徴収というDの使用料，徴収方法の内容から他の管理事業者の管理楽曲の利用抑制効果があるとし，実際に利用を回避しまたは回避する行動が見られたこと等も付記している。さらに最高裁は，人為性について，使用料，徴収方法の内容，これらにより選択の制限や利用の抑制が惹起される仕組みのあり方等に照らせば，「別異に解すべき特段の事情のない限り」人為性を有するとし，再開される審判では特段の事情の有無，一定の取引分野における競争を実質的に制限するかなどが審理の対象となるとした。

---

16)　公取委勧告審決平成10・9・3審決集45巻148頁（ノーディオン事件），公取委勧告審決平成17・4・13審決集52巻341頁（インテル事件）。

17)　公取委審判審決平成18・6・5審決集53巻195頁（ニプロ事件）（あるいは差別取扱い〔一般指定4項〕等）。

18)　公取委審判審決平成24・6・12審決集59巻（第1分冊）59頁。

19)　東京高判平成25・11・1判時2206号37頁。

20)　最判平成27・4・28民集69巻3号518頁。

Ⅱ　排除型私的独占　　183

もっとも，包括徴収や固定料金制度は，インターネット接続，インターネットによる音楽・映画配信，携帯電話料金等で広く見られるものであり，料金の計算が容易でコストが節約できるなどの合理性もありうる[21]。本件は，排除行為や人為性をどう捉えるかという点でも，重要な論点を提示している。本件については，その後審判が再開されたが，JASRACは2016（平成28）年9月9日に審判請求を取り下げ，排除措置命令が確定し，この論点についてさらに論じられることはなくなった。

Ⅲ　支配型私的独占

1　支 配 行 為

支配行為とは，他の事業者の事業活動について自主的な決定を困難にして，自己の意思に従わせることである（Ⅰ2(1)）。支配行為には，典型的には，株式取得等による企業結合と，相手の意思決定を拘束し干渉する行為がある。前者は企業結合規制でも規制がなされる。

2　株式取得，役員兼任，事業分野の制限

市場シェア約56％を占め，4つの子会社等（製缶会社）を含めると約74％を占める製缶会社が，4社の株式を取得し役員を兼任し，そのうちの約29％の株式を取得した1社に対して，製造地域を北海道に限定し，また飲料缶の製造を阻止する等した行為が4社の事業活動の支配とされ，その他に取引先の缶詰製造業者が自ら缶を製造しようとしたところそれを阻止した行為が缶詰製造会社の事業活動の排除とされた[22]。Figure 15ではそれぞれⅢ型，Ⅱ型にあたる。本件をどう理解するかが議論されているが，親会社が子会社の事業分野を制限する行為一般が支配型私的独占に該当するわけではない。本件では，競争関係にある4社の株式を取得し，子会社化していき，その過程で事業分野を制限した行為が支配型私的独占とされたと考えるべきであろう。本件の排除行為につ

---

21)　経済学的には，限界費用に近い料金設定がなされることにより社会的総余剰が増大するのではないかという論点もある。

22)　前掲注15)公取委勧告審決昭和47・9・18。

いては，第5章Ⅲ4(4)【設例60】で取り上げる。

【設例50】　　　　　　　　　　　　　　　　　　　　　　(50)

　厚生省（当時）の医療用食品加算制度の対象となる医療用食品を登録するには，検査機関による検査が必要である。財団法人E協会（E協会）は，唯一の検査機関として厚生省から指定を受けている。検査は，1次販売業者に対して行っている。E協会はF社を唯一の1次販売会社として指定していた。しかし，F社の独占供給体制への批判が強まり，E協会とF社は，G社も1次販売業者にすることとした。その際，医療用食品の価格維持を図り，検定料を安定的に確保するために，E協会とF社は，次の内容の協定書をF社とG社に締結させた。(a)G社の参入する地域は医療用食品の普及率の低い21都道県とする。(b)医療用食品の販売系列（製造業者，1次販売業者，2次販売業者，医療機関）はF社，G社の2系列とし，2系列に属さない販売業者の参入を阻止する。(c)両社は自己系列の2次販売業者以外には販売しない。(d)両社は今後も，自己の系列の2次製造業者にはもっぱら自己に販売させる。(e)両社は，医療機関に対して，両社が定めた販売価格で販売し，2次販売業者にもこれを遵守させる。

3　販売地域，販売先，価格等の制限

　【設例50】のモデルとなった事案では，公取委は，E協会およびF社は，医療用食品を製造または販売しようとする事業者の事業活動を排除するとともに，医療用食品の製造業者の販売先，販売業者の仕入先，販売先，販売価格，販売地域，販売活動を制限してこれらの事業者の事業活動を支配し，わが国における医療用食品の取引分野における競争を実質的に制限していたとした[23]。Figure 15ではⅡ型，Ⅲ型にあたり，排除行為と支配行為の両方がなされた事案である。G社は被支配事業者とされている。審決は本件については，E協会とF社による私的独占であるとした。「結合……若しくは通謀」による私的独占である。E協会自身は，本件取引分野において市場支配力を持っていない。2条5項は排除行為か支配行為により競争を実質的に制限すればよいのであり，私的独占の主体が市場支配力を持つ必要はないのである。

　F社とG社が締結した協定書は，販売地域，販売先，販売価格等を合意し

---

23)　前掲注1)公取委勧告審決平成8・5・8。

Ⅲ　支配型私的独占　　185

ており，F社とG社による不当な取引制限（2条6項・3条後段）に該当するのではないかという疑問も持たれる。たしかに公取委はそのように法律構成することが可能であったと考えられる。しかし，G社は，F社の独占体制の維持とE協会の検定料収入の安定化の手段として利用されたと捉えれば，E協会とF社による私的独占という構成が実態にあうといえよう。

4　入札談合，官製談合

東京都立病院の医療用ベッドの入札に際して，都が複数メーカーに納入可能な仕様書による入札を実施する方針であったにもかかわらず，医療用ベッドの有力メーカー（国・公立病院向け医療用ベッドのほとんどを供給している）H社が，入札担当者に不当な働きかけを行い，自社の実用新案を含む構造による仕様書をその実用新案権を伏せたまま採用させ，他社のベッドが納入できないようにしたことが排除行為とされた。さらに，自社のベッドでなければ入札できないことを利用して，入札を行う販売業者に対して落札予定者および落札価格を指示するなどの販売事業者に対する支配も行ったとされた[24]。Figure 15 では，I型，III型である。本件の排除行為は，発注者による仕様書の決定のプロセスに不当な介入を行い，競争者の費用を引き上げることによる排除であり，それにより市場支配力の形成，維持，または強化がなされたといえる。排除行為については，医療用ベッドの排除による私的独占とされた。本件は，Hがいわば入札談合を行わせているともいえるが，H自身は入札に参加しておらず，その販売業者間の競争を回避させたことから，Hを当事者とする不当な取引制限と構成し，Hに対して課徴金を課すことは困難であったのであろう。そのため，支配型私的独占と構成したと考えられる。本件を契機に支配型私的独占に課徴金が課される法改正がなされた（2(1)）。

I（福井県経済農業協同組合連合会）は，会員である農協等から委託を受けて，穀物の乾燥・調製・貯蔵施設の製造請負工事等（特定共乾施設工事）に係る施主代行業務を行っている。Iは，11の農協等が発注する工事について，施工業者（入札の応札者）に対して，受注予定者を指定するとともに，受注予定者が受注

---

24)　公取委勧告審決平成 10・3・31 審決集 44 巻 362 頁（パラマウントベッド事件）。

できるように，入札参加者に入札すべき価格を指示し，当該価格で入札させていた。公取委は，本件行為をⅠによる支配型私的独占として，排除措置命令を出した[25]。Figure 15 では，Ⅲ型といえよう（ただし，Ⅰは競争が実質的に制限される市場にはいない）。本件は一種の官製談合である。官製談合を行った者を不当な取引制限の当事者とすることは難しい[26]。公取委は，Ⅰによる施工業者に対する受注予定者の指定等を支配行為と構成し，それにより上記工事の取引分野における競争を実質的に制限したとする。この場合には，Ⅰに一定の取引分野における売上額がないので，前記法改正の後でも課徴金を課すことができなかった。

5 間接支配？

古い事例であるが，トップブランド（現在の「キッコーマン」）の醬油メーカー（甲）が，小売価格を拘束し，それに次ぐブランドの３メーカーが，甲の価格に追随せざるを得なかったことを３社の事業活動を支配する私的独占とした事例[27]がある。当時は，価格が格付けや品質を表わすと考える風潮があった。そのため，３メーカーは，最も優良の品質とされる甲の価格より高い価格は設定できず，低い価格を設定すれば消費者から品質が悪いと判断されることから，甲の価格に追随せざるを得なかったと事実認定されている。Figure 15 のⅢ型に近くはある。甲による３メーカーの支配は「間接支配」と呼ばれ，本判決をめぐって，これを支配行為といってよいのか論じられてきた。一方では，本判決は，不当な取引制限では「共同して」，「相互拘束」の要件（2条6項）をみたさず規制できない意識的並行行為，プライス・リーダーシップや一方的な追随行為[28]を支配型私的独占として規制したという評価がある。他方，３メーカーが追随せざるを得ないのは甲がその持つ市場支配力を行使した結果にすぎないのではないか（Ⅰ2⑷），この構成では甲は卸売業者への販売価格を引き上げる等の価格設定一般が禁じられることになってしまう等の批判がなされて

---

25) 公取委排除措置命令平成 27・1・16 審決集 61 巻 142 頁（福井県経済農業協同組合連合会事件）。
26) この点と官製談合について第 2 章Ⅲ 6。
27) 東京高判昭和 32・12・25 高民集 10 巻 12 号 743 頁（野田醬油事件）。
28) 第 2 章Ⅱ 1 ⑹。

いる。いずれにせよ、本件では、甲が小売価格を拘束しており、それは不公正な取引方法として禁じられる再販売価格の拘束（同条9項4号）を手段としており、プライス・リーダーシップや一方的な追随行為が一般的に支配型私的独占に該当するわけではない。また、その後、類似の事例が問題になったことはない。少なくとも前者の説としての先例性はほとんどないといってよいであろう。

Ⅳ　エンフォースメント

1　エンフォースメントの内容

ある行為が私的独占に該当すると、公取委は排除措置命令を出し、課徴金の対象行為については課徴金納付命令を出す。

(1)　排除措置命令

公取委は、事業者に対して排除措置命令を出し、違法行為が残存している場合は「違反する行為を排除するために必要な措置」（7条1項）を、違反行為が終了している場合は「特に必要があると認めるときは、……当該行為が排除されたことを確保するために必要な措置」（同条2項）を命ずることができる。この点は、不当な取引制限と共通しており、共通部分は不当な取引制限において確認した（第2章Ⅴ2）。

(2)　課徴金納付命令

2005（平成17）年に支配型私的独占に、2009（平成21）年に排除型私的独占に課徴金制度が導入された。不当な取引制限と異なり、課徴金減免制度（リニエンシー制度）、その他の課徴金加減制度はない。課徴金制度については、2でやや詳しく見よう。

(3)　刑　事　罰

独禁法は私的独占に刑事罰を用意している（89条・95条・95条の2）。ただし、私的独占に対して刑事罰が科された例はない。これは諸外国でもほぼ同様であ

188　第4章　私的独占

る。ハードコア・カルテルに比べると，私的独占として規制される行為の範囲が明確でないことや，社会的非難が大きくないことが理由であろう。

2 課徴金制度

(1) 支配型私的独占

　課徴金対象行為は，事業者が，私的独占（他の事業者の事業活動を支配することによるものに限る）で，当該他の事業者（被支配事業者）が供給する商品または役務（以下「商品」と略記する）について，商品の対価に係るもの（7条の2第2項1号），(イ)供給量，(ロ)市場占有率，(ハ)取引の相手方のいずれかを実質的に制限することによりその対価に影響することとなるもの（同項2号），のいずれかに該当するものをした場合である。

　課徴金額は不当な取引制限の課徴金に係る7条の2第1項が準用されるが，①当該事業者が被支配事業者に供給した当該商品（当該被支配事業者が当該行為に係る一定の取引分野において当該商品を供給するために必要な商品を含む。以下「2項①」という）および②当該一定の取引分野において当該事業者が供給した当該商品（当該被支配事業者に供給したものを除く）の売上額（以下「2項②」という）の10％（小売業は3％，卸売業は2％）へと読みかえられている。

　したがって，対象行為は，支配型私的独占の一部であり，さらに「供給」額に限られ，購入額は対象外である。

(2) 排除型私的独占

　課徴金対象行為は，排除型私的独占のすべてである。当該行為が支配型私的独占として課徴金が課される行為は除かれる（7条の2第4項第1かっこ書）。支配型私的独占の課徴金のほうが高額だからである。

　課徴金は，①当該行為に係る一定の取引分野において当該事業者が供給した商品（当該一定の取引分野において商品を供給する他の事業者に供給したものを除く。以下「4項①」という）および②当該一定の取引分野において当該商品を供給する他の事業者に当該事業者が供給した当該商品（当該一定の取引分野において当該商品を供給する当該他の事業者が当該商品を供給するために必要な商品を含む）の売上額（以下「4項②」という）の6％（小売業は2％，卸売業は1％）である（7条の

Ⅳ　エンフォースメント　　189

2第4項)。

　対象行為は，排除型私的独占のすべてであるが，支配型私的独占と同様に，「供給」額に限られる。対象期間は，不当な取引制限と同様に，違反行為終了日から遡って3年間である（同項第2かっこ書）。

　支配型私的独占のほうが課徴金が高額であるのは，入札談合において主導的な役割を果たした事業者を支配型私的独占として規制した事例を参考に支配型私的独占の課徴金制度が設計された[29]ために（Ⅲ4），不当な取引制限の課徴金額に合わせたのである。これに対し，排除型私的独占はハードコア・カルテルほど違法性が明確でなく，社会的非難も大きくないといえる。

　ある売上額に対する課徴金が競合する場合には，2項①，2項②，4項②，4項①の順で優先される（7条の2第4項第1かっこ書・2項第5かっこ書・4項第3かっこ書）。

Column ⑲　供給を受ける行為と課徴金

　課徴金の対象となる商品・役務は「当該事業者が……供給した」（7条の2第2項），「当該事業者が供給した」（同条4項）ものに限られ，供給を受ける行為，すなわち需要者が行う私的独占は課徴金対象行為ではない。この点は，その後に立法された不公正な取引方法に関する共同の取引拒絶（2条9項1号）でも同様である。排除型私的独占のうち「供給を受ける」行為を除いた理由について，立案担当者の解説は，「法的措置を採られた事例がない」（藤井宣明＝稲熊克紀編著『逐条解説　平成21年改正独占禁止法』（商事法務，2009年）12頁）とする。しかし，「供給を受ける」行為が排除型私的独占とされた事例は存在する。公取委審判審決昭和31・7・28審決集8巻12頁（雪印事件）である。8条1号に係る民事訴訟では日本遊戯銃協同組合事件（第2章Ⅳ2⑵）もある。おそらくは，供給を受ける行為について法的措置をとられた先例のない支配型私的独占において供給を受ける行為が課徴金対象行為からまず除かれ（2005（平成17）改正），それと平仄を合わせるために，2009（平成21）年改正において，排除型私的独占，さらに不公正な取引方法のうちの共同の供給拒絶についても供給を受ける行為が課徴金対象行為から除かれたと推測される。しかし，供給者の行う私的独占と需要者が行う私的独占において課徴金が課されるか否かを変える合理的な根拠は考えにくく，改正すべきであろう。

---

29)　Ⅲ4。そのため，前述⑴のように，行為類型が限定され，「対価に係る」，「対価に影響することとなる」という要件が置かれている。

190　第4章　私的独占

(3) 具 体 例

これまでに見た事例が，課徴金制度の導入された現在行われたとすれば，課徴金はどうなるだろうか。

【設例48】はどうか。B社が顧客から徴収した加入金と月額聴取料すべての売上額（4項②）の6％が課徴金となろう。B社が無料等にしたのはC社の顧客のみであったが，一定の取引分野は「わが国における業務店向け音楽放送の取引分野」であるから，従来の月額聴取料を徴収しているB社の顧客からのそれも課徴金の対象になるのである[30]。

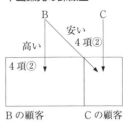

Figure 16 差別対価・不当廉売の課徴金

以下では，自分で図を書くとわかりやすいであろう。【設例50】では，F社については，被支配事業者である2次販売業者に供給した売上額（2項①）が課徴金となり，またF社は卸売業であるから，その2％となる。F社が医療機関に直接供給していれば一定の取引分野への供給の売上額（2項②）としても課徴金が課される。F社は製造業者からは供給を受けているが，供給を受けた金額は私的独占の課徴金の対象外である。F社は製造業，販売業への新規参入者を排除しているが，それらには供給（4項②）していない。また2次販売業者への供給の売上額（4項②）については，上述のように支配型私的独占の課徴金（2項①）が適用される（7条の2第4項第1かっこ書）。

E協会は当該商品を供給していない。しかし，E協会が行う検査が医療用食品を供給するために「必要な……役務」だと解することができるならば，被支配事業者G社から得た検定料（2項①）の10％が課徴金になる。では，F社に対する検査料はどうか。F社は一定の取引分野に供給しているから，E協会のF社に対する検査が排除型私的独占における一定の取引分野に供給するために「必要な……役務」と解することができるならばF社から得た検定料（4項②）の6％も課徴金になる。

---

[30] 不公正な取引方法による規制対象である差別対価と不当廉売にも課徴金制度があるが（20条の3・20条の4，ただし，10年以内に繰り返した場合に限る），本事案を差別対価や不当廉売と構成すると，なぜかB社の顧客から徴収した月額聴取料は課徴金の対象にならない。この点は，不公正な取引方法で見ることにしよう（第5章Ⅴ6）。

Ⅳ　エンフォースメント　191

【設例49】やⅢ5はどうか。これらは【設例50】ほど複雑ではない。【設例49】では，Dが放送事業者から徴収した使用料の6％（4項①）が課徴金になろう。Dは，音楽著作権者から委託手数料をも徴収していると考えられるが，これは4項①，4項②のいずれにも該当しそうにない。Ⅲ5の間接支配の事例（東京高判昭和32・12・25）では，甲は醤油を卸売業者に販売し，卸売業者が小売業者に販売し，甲は小売業者の販売価格を拘束している。（直接の）被支配事業者は小売業者になるが，甲は小売業者に直接には販売していないので，2項①はない。また，甲は（間接の）被支配事業者に販売していない。とすれば，甲には課徴金が課されないようにも見える。ところが，判決は，一定の取引分野を「東京都内におけるしょう油の取引分野」とし，小売，卸取引等をあわせて1つの取引分野としている。とすれば，甲が卸売業者に販売した醤油の売上額の10％が課徴金（2項②）となろう[31]。

---

31) 本件や【設例50】のように，公取委は，私的独占規制に課徴金制度が導入される前には，私的独占の市場画定において，製造業から小売業まで取引段階の全体を通じて1つの一定の取引分野を画定してきた。公取委が当時この方法をとったために，本文のように2項②，4項①として課徴金を課しうることになった。課徴金制度導入後の現在は，どのように市場画定するかがとくに重要となる。

192　第4章　私的独占

第5章

不公正な取引方法

　本章では独禁法が規制する第4の行為類型である不公正な取引方法を取り扱う。2009（平成21）年独禁法改正により，不公正な取引方法を定義する2条9項が大きく改正された。これまでに出された排除措置命令等では，条文番号と内容が現在と異なっているので注意をしたい。まず，不公正な取引方法の規制の全体像を確認しよう。

I　概　　要

1　2条9項

⑴　法定の不公正な取引方法

　2条9項は不公正な取引方法を「次の各号のいずれかに該当する行為をいう」とし，1号から6号を掲げ，19条は，「事業者は，不公正な取引方法を用いてはならない」とする。1号から5号に列挙された行為は法定の不公正な取引方法と呼ばれ，それは共同の供給拒絶（1号），差別対価（2号），不当廉売（3号），再販売価格の拘束（4号），優越的地位の濫用（5号）の5つからなる（Table 2 を参照）。

　2009（平成21）年改正までは，法定の不公正な取引方法はなく，次に見る2条9項6号イ〜ヘ（公取委の指定による「不公正な取引方法」）とほぼ同じ規定が2条9項1号〜6号として掲げられていた。2009（平成21）年改正により，この規定に基づき公取委により指定されていた行為類型のうちの5つの行為類型が

I　概　　要　　193

現行の1号から5号として独禁法本文に置かれ，法定の不公正な取引方法になった。その理由は，不公正な取引方法のうちこの5つの行為類型が課徴金の対象行為となった（独禁20条の2〜20条の6）ためである。

(2) 公取委の指定による不公正な取引方法

2条9項6号は，不公正な取引方法とは，「前各号に掲げるもののほか，次のいずれかに該当する行為であって，公正な競争を阻害するおそれがあるもののうち，公正取引委員会が指定するもの」とし，イからヘ（Table 3参照）を掲げる。つまり，(a)各号（イ〜ヘ）のいずれかに該当する行為であって，(b)公正な競争を阻害するおそれがあるもののうち，(c)公取委が指定するものである。

公取委の指定には，2種類があり，(ⅰ)特殊指定（事業分野を限定して指定するもので，現在，大規模小売業，特定荷主の運送・保管委託，新聞業の3つがある），(ⅱ)一般指定（事業分野を限定しないで指定するもの）である。(ⅱ)は，「六法」では「不公正な取引方法」（昭和57年公取委告示第15号）として掲載され，全15項からなる。

(3) 条文の読み方と公正競争阻害性

一般指定と2条9項1号から5号（法定の不公正な取引方法）を見よう。これらには，いずれの行為についても「不当に」，「正当な理由がないのに」，「正常な商慣習に照らして不当」のいずれかの文言が1つ入っている。「不当に」，「不当」や「正当な理由」は抽象的な要件であり，様々な意味が含まれそうである。しかし，その意味は狭いものと解されている。すなわち，一般指定にいうこれらは（また次に述べる理由から同項1号から5号についても），「公正な競争を阻害するおそれ」（(2)の(b)）を意味するというのが，通説・判例[1]である。「公正な競争を阻害するおそれ」は，「公正競争阻害性」とも呼ばれる。公正競争阻害性という場合には，公正競争を実際に阻害していなくても「おそれ」（蓋然性）があれば足りる。したがって，一般指定の解釈において公正競争阻害性（公正な競争を阻害するおそれ）の有無の判断が行われる。

---

1) 最判昭和50・7・10民集29巻6号888頁（第一次育児用粉ミルク（和光堂）事件）など。

2条9項1号から5号にも，「正当な理由がないのに」，「不当に」，「不当」という文言はあるものの，同項6号のようにそれらが「公正な競争を阻害するおそれ」を意味することを示す明文の規定はない。しかし，1号から5号についても，もともと一般指定にあった要件がそのまま独禁法2条9項に置かれたにすぎないという立法の経緯および独禁法1条の独禁法の目的規定の趣旨（序章Ⅲ，第2章Ⅱ4，第5章Ⅸ4）から，一般指定と同様に解されると考えられる。

　では，一般指定や1号から5号は，公正競争阻害性をなぜ3つの文言に書き分けているのだろうか。(ア)「正当な理由がないのに」という文言が入っている類型では，当該規定の他の要件をみたせば原則として公正競争阻害性があり不公正な取引方法に該当する（事実上推認される）。つまり，「正当な理由」とは，例外的に公正競争阻害性が認められない特段の事情を意味する。正当な理由がある，すなわち公正競争阻害性がないというためには当該行為の行為者が事実上公正競争阻害性がないことを立証しなければならない。これに対し，(イ)「不当に」「正常な商慣習に照らして不当」という文言が入っている類型では，公正競争阻害性について事実上の推認がなされないために，他の要件をみたしても，公取委や原告は不当である，すなわち公正競争阻害性があることを個別に立証しなければならないと解される。もちろん(ア)も，法的な意味で証明責任の転換ではなく，事実上の推定則にすぎず，また争点形成責任が生じるといわれることもある。

(4)　公正競争阻害性の3類型

　公正競争阻害性には，3類型または3つのタイプがあるとされる[2]。①競争の減殺（自由競争減殺），②競争手段の不公正，③自由競争の基盤の侵害である。

　①については，様々な説明がなされる。本書では次のように説明しよう[3]。①は，競争の実質的制限に至らない程度の競争の制限効果または減殺効果をもたらすこと，いわば競争の実質的制限の小型版であり，競争の実質的制限より

---

2)　一般指定作成の基礎となった「不公正な取引方法に関する基本的な考え方」（独占禁止法研究会報告書）（田中寿編著『不公正な取引方法』〔別冊 NBL 9号，1982年〕所収）。

3)　同様の説明に，川濵昇ほか『ベーシック経済法〔第4版〕』（有斐閣，2014年）175-177頁〔泉水文雄〕，金井貴嗣ほか編著『独占禁止法〔第6版〕』（弘文堂，2018年）265頁〔川濵昇〕。詳しい内容は，各論で見る。

Ⅰ　概　要　　195

Table 2　法定の不公正な取引方法

	号	行　為	公正競争阻害性	3　類　型
2条9項	1	共同の供給拒絶	正当な理由がないのに	自由競争減殺
	2	差別対価	不当に	自由競争減殺
	3	不当廉売	正当な理由がないのに	自由競争減殺
	4	再販売価格の拘束	正当な理由がないのに	自由競争減殺，価格設定の自由の侵害？
	5	優越的地位の濫用	正常な商慣習に照らして不当に	自由競争の基盤の侵害

広い範囲で認められる。競争の実質的制限とは，(a)「市場支配力」の(b)「形成，維持，強化」であった。この2つのかっこのいずれかは小さくてもよいこととなる。小さくてもよいということは，(a)(b)のいずれか一方は成立する必要があるが，他方は小さくてもよいという意味と解そう。したがって，①が認められる場合は2通りあることになる。(i)「市場支配力」を形成，維持，強化するとまではいえなくても市場支配力の行使を促進することでよい（市場支配力の行使の促進）。また(ii)市場支配力よりは低い程度の力，またはその前段階の（萌芽的な）力を「形成，維持，強化」することであってもよい（小さい力の形成，維持ないし強化）。

さらに，これは，2つの方法によりなしうるとされる。競争を回避する場合（競争回避）と，競争または競争者を排除する場合（競争〔者〕排除）である。また，これらは「おそれ」（蓋然性）で足りる（Ⅰ1(5)）。2条9項1号・2号・3号・4号，一般指定1項・2項・4項・5項・6項・11項・12項等が①に該当する（以下，Table 2，Table 3 を参照）。

②は，競争手段の不公正であり，一般指定8項（ぎまん的顧客誘引）・9項（不当な利益による顧客誘引）等がこれに該当する。②はこれまでに出てこなかった新しいタイプの規制であり，良質廉価な商品を供給するという競争（能率競争）を阻害することを問題にする。たとえば，事業者が消費者を誤認させて顧客を獲得しようとする表示（不当表示）をするとしよう。事業者がこのような表示をして自己との取引を誘引しても，市場全体の産出量や価格（市場の競争機能）への影響は直ちには生じないか，わずかであるのが一般的である。しかし，市場全体への影響とは無関係に，自己より良質廉価な商品・役務を提供する競争

Table 3　一 般 指 定

2条9項6号	一般指定	行　　為	公正競争阻害性	3 類 型
イ	1	共同の供給拒絶（2条9項1号に該当しない行為）	正当な理由がないのに	自由競争減殺
イ	2	その他の供給拒絶	不当に	自由競争減殺
イ	3	差別対価（2条9項2号に該当しない行為）	不当に	自由競争減殺
イ	4	取引条件等の差別取扱い	不当に	自由競争減殺
イ	5	事業者団体による差別取扱い等	不当に	自由競争減殺
ロ	6	その他の不当廉売（2条9項3号に該当しない行為）	不当に	自由競争減殺
ロ	7	不当高価購入	不当に	自由競争減殺
ハ	8	ぎまん的顧客誘引	不当に	競争手段の不公正
ハ	9	不当な利益による顧客誘引	正常な商慣習に照らして不当な	競争手段の不公正
ハ	10	抱き合わせ販売等	不当に	自由競争減殺，競争手段の不公正
ニ	11	排他条件付取引	不当に	自由競争減殺
ニ	12	拘束条件付取引	不当に	自由競争減殺
ホ	13	取引相手方の役員選任への不当干渉	正常な商慣習に照らして不当に	自由競争の基盤の侵害
ヘ	14	競争者に対する取引妨害	不当に	自由競争減殺，競争手段の不公正
ヘ	15	競争会社に対する内部干渉	不当に	競争手段の不公正

相手と消費者との取引を妨げるそのような競争方法自体を不当だと非難するのである。典型は，一般指定8項を受けた独禁法の特例法であった景品表示法の不当表示規制（景表5条）である。ただし，2009（平成21）年の消費者庁設置に伴い，景品表示法は消費者庁に全面移管し，目的規定も改正され，独禁法との関係は切り離された（もっとも，公取委は現在も消費者庁長官の委任を受けて調査を行う〔景表33条2項〕）。

　③は，自由競争の基盤の侵害であり，優越的地位の濫用（2条9項5号，一般指定13項）に固有な公正競争阻害性である。詳しくは2条9項5号，一般指定13項の箇所で述べる（XI）。

Ⅰ　概　　要　　197

(5) お そ れ

公正競争阻害性は，公正な競争を阻害する「おそれ」で足りる。「おそれ」
は「蓋然性」を意味する。

Column ⑳ 消費者保護と競争政策 ◆━◇━◆━◇━◆━◇━◆━◇━◆━◇━◆━◇━◆━◇━◆━◇━◆

　独禁法には，一般指定8項（ぎまん的顧客誘引）・9項（不当な利益による顧客誘引）
の規制がある。また，公取委は，不当表示などの景品表示法の執行を消費者庁等と分
担して行っている。消費者契約法などによる消費者保護が消費者がかわいそうだから
助けようという弱者保護政策であるとすれば，独禁法はこのような政策も担っている
のだろうか。この点は理解が分かれはするが，少なくとも競争政策によってもこれら
は説明ができる。消費者取引等においては，事業者と消費者や弱者との間に情報の非
対称性がある。そこで，消費者を保護する法律について情報の非対称性を是正し効率
的な（望ましい）取引を復活させるなどの競争法的な機能に着目し競争法により説明
することが現在では広く行われている。

　たとえば，悪徳弁護士が放置されていると，消費者はだれが悪徳弁護士か分からな
いので暴利を貪られないかと弁護士一般に不安を抱き，消費者は法律事務所を訪問す
ることを躊躇するであろう。弁護士も自己が悪徳弁護士でないことを証明することは
簡単ではない。暴利行為を法で禁止したり，弁護士会が自主規制によって悪徳弁護士
を懲戒処分にすることにより，消費者は安心して弁護士事務所を訪問することができ
る。これにより消費者にとっても，弁護士にとっても好ましい弁護士サービスが提供
できるようになり，その市場が形成されたり，すでにある市場での取引や競争が促進
されるのである。

◇━◆━◇━◆━◇━◆━◇━◆━◇━◆━◇━◆━◇━◆━◇━◆━◇━◆━◇━◆━◇━◆━◇━◆━◇━◆

2　エンフォースメント

(1) 排除措置命令

　公取委は，不公正な取引方法を用いた事業者に対して排除措置命令（20条）
を出す。20条1項は「当該行為の差止め，契約条項の削除その他当該行為を
排除するために必要な措置を命ずることができる」とし，既往の違反行為につ
いては，私的独占と不当な取引制限に係る7条2項を準用している（20条2
項）。

198　第5章　不公正な取引方法

(2) 課徴金納付命令

2条9項1号から5号に置かれた5つの行為について課徴金が課されるのは，立案担当者によれば次の理由による。支配型私的独占と排除型私的独占には課徴金が課されることから，これらの予防規制に位置づけられる行為にはある程度の抑止効果が期待できる。そこで，①私的独占の予防規制と位置づけられないもの，および②違法性が明確であるもの（あるいは要件を限定することにより違法性を明確にできるもの）に限定して課徴金を課すこととした。①は優越的地位の濫用（5号）であり，②は共同の供給拒絶（1号），差別対価（2号），不当廉売（3号），再販売価格の拘束（4号）である。②のうち差別対価以外は「正当な理由がないのに」と規定され違法性が比較的明確であるのに対し，差別対価は「不当に」と規定されてはいるが，それは不当廉売と密接な関係があるとともに，抑止力を強化すべきとの立法上の要請が強いからであると説明されている[4]。ただし，②については，事業活動を過度に萎縮させないよう，違反行為が繰り返された場合にのみ課徴金が課される。

すなわち，共同の供給拒絶（20条の2），差別対価（20条の3），不当廉売（20条の4），再販売価格の拘束（20条の5）については，①課徴金額は，違反行為の対象商品・役務の売上額（供給した売上額。購入額は含まない）の3％（小売業は2％，卸売業は1％）であり，②10年以内に同じ行為を繰り返した場合（調査開始日から遡って10年以内に当該法定不公正な取引方法について排除措置命令または課徴金納付命令を受けた場合）にしか課徴金は課されない。

優越的地位の濫用（20条の6）では，(i)課徴金額は，売上額と購入額を含み，かつ当該商品・役務に限定されない取引額全体の1％であり，(ii)1回目から課徴金が課せられる。(i)は，違反行為の対象商品・役務ではなく，取引額全体の合計額であるので，1％とはいえ，高額になる傾向がある。

なお，TPP（環太平洋戦略的経済連携協定）により独禁法に確約制度（commitment，公取委と事業者との間で，公取委が違反行為を認定することなく，事業者が是正措置等の約束をすることで審査を終了する方法）を導入する法律が制定されている

---

4) 藤井宣明＝稲熊克紀編著『逐条解説 平成21年改正独占禁止法』（商事法務，2009年）15-16頁。「立法上の要請」については，泉水文雄「独禁法における課徴金制度の機能，問題点，法改正のあり方」国民経済雑誌213巻1号（2016年）15頁。

（第1章Ⅴ3）。確約制度が施行されれば，私的独占や優越的地位の濫用の事件の多くが，課徴金が課されることなく，確約により終了することが予想される。

(3) 私人による差止請求

(ア) **24 条**　独禁法24条は，不公正な取引方法によって「その利益を侵害され，又は侵害されるおそれがある者は，これにより著しい損害を生じ，又は生ずるおそれがあるときは，その利益を侵害する事業者若しくは事業者団体又は侵害するおそれがある事業者若しくは事業者団体に対し，その侵害の停止又は予防を請求することができる」とする。

独禁法24条は2000（平成12）年改正により新設されたものであり，長い間差止めが認められた例がなかったが，仮処分事件で[5]，さらに本案訴訟でも神鉄タクシー事件[6]で認められた。

独禁法は，不公正な取引方法についてのみ私人による差止請求を認めるが，私的独占の排除行為を不公正な取引方法と構成することで，多くの私的独占事件も24条の対象とできよう。

(イ) **著しい損害**　差止めを請求できるのは，「その利益を侵害され，又は侵害されるおそれがある者」であり，「著しい損害を生じ，又は生ずるおそれがある」こと（以下「著しい損害」という）が必要である。「著しい損害」については，東京高裁[7]は，「一般に差止請求を認容するには損害賠償請求を認容する場合よりも高度の違法性を要するとされていることを踏まえつつ，不正競争防止法等他の法律に基づく差止請求権との均衡や過度に厳格な要件を課した場合は差止請求の制度の利用価値が減殺されることにも留意しつつ定められたものであって，例えば，当該事業者が市場から排除されるおそれがある場合や新規参入が阻止されている場合等独占禁止法違反行為によって回復し難い損害が生ずる場合や，金銭賠償では救済として不十分な場合等がこの要件に該当するものと解される」とした。これに対し，大阪高裁は，競争者に対する取引妨

---

5)　東京地決平成23・3・30判例集未登載（ドライアイス仮処分事件）。

6)　大阪高判平成26・10・31判時2249号38頁（神鉄タクシー事件）。

7)　東京高判平成19・11・28審決集54巻699頁（ヤマト運輸対日本郵政公社事件）。

害（一般指定14項）について，タクシー事業者が「物理的妨害」とされる行為（タクシーの後部扉の横に座り込んだり，タクシーの前に立ちはだかる行為）によりタクシー待機場所において個人タクシー事業者がタクシー利用者と旅客自動車運送契約を締結する機会をほぼ完全に奪った事例において，「高度の違法性」に言及することなく，「これは，公正かつ自由な競争を促進するという独禁法の目的ないし理念を真っ向から否定するもの」とし，「損害の内容，程度，独禁法違反行為の態様等を総合勘案すると」著しい損害があるとしている（前掲神鉄タクシー事件）。そのほか，前掲ドライアイス仮処分事件，路線バス事件地裁判決[8]でも，「高度の違法性」に言及することなく，「著しい損害」を認めている。大阪高裁の「損害の内容，程度，独禁法違反行為の態様等を総合勘案する」という基準は，「著しい損害」の要件について，自由競争減殺型の不公正な取引方法でも利用できる基準であるとする理解と，本件は競争者に対する取引妨害の事例であり，公正競争阻害性が競争手段の不公正にあり，その中でも物理的妨害でかつ組織的行動であるという行為の悪性から，取引妨害該当性と同様の判断で足りると判断したという理解の両方がありうる。

　　(ｳ)　**作為請求**　　24条が求める措置の内容は，「侵害の停止又は予防」である。たとえば取引拒絶（一般指定2項）を差し止めるという作為請求はできるかが問題になる。24条は作為義務を課すことを予定していないとする判決[9]もあったが，最近，「不作為による損害を停止又は予防するための作為を含むと解するのが相当」とし，請求に係る行為の内容は強制執行が可能な程度に特定されているとする判決[10]が出ている。

Ⅱ　共同の取引拒絶

1　2条9項1号，一般指定1項

　取引拒絶には，共同の取引拒絶と単独の取引拒絶があり，それぞれ直接のそ

---

8)　宇都宮地大田原支判平成23・11・8審決集58巻（第2分冊）248頁（控訴審で，行為は終了している等から，著しい損害がないとして取り消し）。
9)　東京地判平成16・4・15判時1872号69頁（三光丸事件）。
10)　東京地判平成26・6・19審決集61巻243頁（ソフトバンク・NTT光ファイバ1分岐単位接続請求事件）。

れ，間接のそれがある。したがって，4種類の取引拒絶があることになる。ここでは，共同の取引拒絶，つまり直接および間接の共同の取引拒絶を取り上げる。

　2条9項1号は，「正当な理由がないのに，競争者と共同して，次のいずれかに該当する行為をすること」を不公正な取引方法とし，「ある事業者に対し，供給を拒絶し，又は供給に係る商品若しくは役務の数量若しくは内容を制限すること」（同号イ），「他の事業者に，ある事業者に対する供給を拒絶させ，又は供給に係る商品若しくは役務の数量若しくは内容を制限させること」（同号ロ）とする。イは直接の共同供給拒絶，ロは間接の共同供給拒絶である（本書では，一般的に「取引拒絶」という表現を用いるが，もっぱら2条9項1号のそれを指す場合には，以下の理由から，「供給拒絶」という）。

　一般指定1項は，「正当な理由がないのに，自己と競争関係にある他の事業者（以下「競争者」という。）と共同して，次の各号のいずれかに掲げる行為をすること」とし，「ある事業者から商品若しくは役務の供給を受けることを拒絶し，又は供給を受ける商品若しくは役務の数量若しくは内容を制限すること」（1号），「他の事業者に，ある事業者から商品若しくは役務の供給を受けることを拒絶させ，又は供給を受ける商品若しくは役務の数量若しくは内容を制限させること」（2号）を不公正な取引方法とする。

　2条9項1号と一般指定1項の要件は相当部分が共通している。実質的に異なるのは，2条9項1号が「供給を拒絶」とし，一般指定1項が「供給を受けることを拒絶」とする点である。前者に課徴金が課され，後者には課されないとされたためである。しかしながら，共同で供給を拒絶することに課徴金が課され，共同で供給を受けることの拒絶には課徴金が課されないことに実質的な理由があるかは立法政策的には疑問である[11]。なお，「拒絶」のほか，取引はするが「数量若しくは内容〔の〕制限」も取引拒絶に含まれる点にも注意したい。

2 行為要件

【設例51】

小売業者A，B，Cが共同で，メーカーD，E，Fに安売り小売業者Gとの取引の停止を要請し，この要請を受けたD，Eは共同して，Fは単独で，Gとの取引を停止した（Figure 17 参照）。

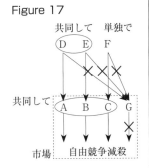

Figure 17

【設例52】

事業者団体Yはエアーソフトガンと弾丸（BB弾）の威力について，安全性に関する自主基準を設け実施した。Yは，その自主基準をみたさない製品を製造販売するアウトサイダーXの製品について，その仕入れ販売を中止するよう小売店に対し要請することを問屋に要請し，この要請を受けた相当数の問屋は小売店に取引停止を要請し，相当多数の小売店がX製品の取引を中止した（Figure 18 参照）。

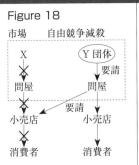

Figure 18

2条9項1号と一般指定1項は，いずれも「正当な理由がないのに」としている。Ⅰで見たように，これは公正競争阻害性を意味し，かつ特段の事情がない限り公正競争阻害性が事実上推認される。

「競争者と」「共同して」が要件である。「共同して」とは，不当な取引制限（2条6項）にいう「共同して」と同じく「意思の連絡」を意味する[12]。競争者は潜在的な競争者でもよいとされる。

---
11) 私的独占において，供給を受けることに課徴金が課されないことと平仄を合わせたものと考えられるが（第4章Ⅳ2），私的独占の制度設計も疑問である（*Column* ⑲）。

なお，2条9項1号と一般指定1項の要件をみたさない共同の取引拒絶も（たとえば，【設例51】に述べるFの行為），次のⅢで取り上げる一般指定2項で問題になるため，注意が必要である。

【設例51】では，D，Eの行為は，2条9項1号イに該当する。Fの行為は，Ⅲで見るように一般指定2項前段の行為要件をみたす[13]。A，B，Cの行為は，D，E，Fに供給拒絶をさせているので，2条9項1号ロに該当する。

【設例52】は，非ハードコア・カルテル（第2章Ⅳ2(2)）で取り上げた日本遊戯銃協同組合事件[14]を修正したものである。小売店がXの製品の販売（供給）を停止したのであれば，問屋の行為は2条9項1号イに該当し，Xの製品の供給を受けることを停止したのであれば一般指定1項1号に該当する。Yは，不公正な取引方法に該当する行為をさせているので，8条5号（さらに1号）に該当する。仮に，Yではなく，Yの構成員である遊戯銃メーカーが共同して同様の行為を行ったのであれば，2条9項1号ロ（供給の拒絶）または一般指定1項2号（供給を受けることを拒絶させる）に該当する。

3 効果要件，公正競争阻害性，正当な理由

取引拒絶の公正競争阻害性が自由競争減殺にあることは異論がない。【設例51】では，川下市場においてGが取引拒絶されることにより，自由競争が減殺され，【設例52】では，川上市場においてXが取引拒絶されることによりエアーソフトガンとBB弾の問屋への販売市場または製造業者から小売店という一連の取引の市場において自由競争が減殺される。ただし，「正当な理由がないのに」とされているために，自由競争減殺は事実上推認され，これを個別に立証する必要はない。

共同の取引拒絶はなぜ「正当な理由がないのに」とされているのか。Ⅲで見るように，事業者は誰と取引するか，どのような条件で取引するかは基本的に自由である（取引先選択の自由）。しかし，事業者が，単独ではなく，競争者と

---

12) 東京高判平成22・1・29審決集56巻（第2分冊）498頁（着うた事件）。意思の連絡については，第2章Ⅰ。
13) ただし，2項は「不当に」とするので，Fについては公正競争阻害性があるとは限らない。
14) 東京地判平成9・4・9判時1629号70頁。

204　第5章　不公正な取引方法

共同して取引拒絶するならば，通常，競争者が排除され，市場価格等の市場の競争機能へ何らかの影響（自由競争減殺）があると推認されると考えるのである。

　では，正当な理由とは何であろうか。

　第1に考えられるのは，正当な理由とは公正競争阻害性がないことを意味するのであるから，例外的に市場における競争への悪影響がなく自由競争を減殺しないことである。たとえば，多数の競争者がいる市場において小さな2つの事業者のみが共同で取引拒絶する場合などが考えられる。しかし，5で見るように，競争者を排除する以外に経済合理性が考えられない共同の取引拒絶（ハードコア・カルテルのような共同の取引拒絶。5では「あからさまな共同の取引拒絶」という）については，そのような行為が行われるならば，特段の事情がない限り，自由競争の減殺効果があると推認できると考えられる。一方，あからさまな共同の取引拒絶でないもの（あからさまでない共同の取引拒絶。いわば非ハードコアの共同の取引拒絶）で，かつジョイントベンチャーのように，市場の大多数のものが参加することが想定されないものは，自由競争減殺がないことが多い（そのように推認される）であろう。

　第2に考えられるのは，第1の最後で述べた「あからさまでない共同の取引拒絶」である。競争促進目的や社会公共目的のための共同の取引拒絶は，内容が合理的で手段が相当であるものは，そのような事情が考慮されよう。たとえば，弁護士会の懲戒規程，放送局が設定するテレビ広告の倫理綱領などが考えられる。第2章Ⅳ2(2)で検討し，【設例52】のモデルとなった日本遊戯銃協同組合事件の東京地裁判決では，安全性という社会公共目的を取り上げ，この正当な理由について，目的の合理性，内容の合理性，手段の相当性という基準を提示していた。第2章Ⅳ2で確認した社会公共目的の考え方はここでは繰り返さないが，同様のことがいえる[15]。

　第3に，取引相手が破産しそうだとか，在庫が不足しており供給できないなどの理由はどうか。単独の直接の取引拒絶では，このような事情があれば取引拒絶は許容されよう。しかし，このような場合に取引をやめるかどうかは個々

---

15)　現8条5号の事案であるが，手形交換所による取引停止処分を手形制度の信用維持という目的から，公正競争阻害性がないとしたものに，東京高判昭和58・11・17金判690号4頁（東京手形交換所事件）（手段が合理的に必要な範囲でないという学説の批判もある）。

Ⅱ　共同の取引拒絶　　205

の事業者が自分で判断して決めればよいことであり，競争者が共同で行う必要
性はないため，通常，たとえば手段が相当ではなく（あるいは，より競争制限的
でない代替的方法があり），正当な理由には該当しないとされよう。

4　課　徴　金

公取委は，課徴金納付命令（20条の2）を出す。調査開始日から遡って10年
以内に共同の供給拒絶をして排除措置命令を受けている等の場合に，①直接の
共同供給拒絶の場合には，違反行為者が被拒絶事業者の競争者へ供給した商
品・役務の売上額の，②間接の共同供給拒絶の場合には，(ア)違反行為者が（直
接の）拒絶事業者へ供給した商品・役務の売上額の，(イ)違反行為者が被拒絶事
業者の競争者へ供給した商品・役務の売上額の，(ウ)拒絶事業者が違反行為者へ
供給した商品・役務の売上額の，原則3％（小売業は2％，卸売業は1％）の課徴
金が課される。

これは非常に複雑である。結論だけ述べれば，**【設例51】**では，D，Eには
①の（D，EがA，B，Cへ供給した商品・役務の），A，B，Cには②(ウ)の（D，
EがA，B，Cへ供給した商品・役務の）売上額が課徴金として課される。**【設
例52】**を修正し，遊戯銃メーカーが共同で間接の共同取引拒絶を行ったとす
れば，②(ア)の（遊戯銃メーカーが問屋へ供給した商品・役務の）売上額が課徴金の
対象となる。

5　具　体　例

(1)　私的独占，不当な取引制限

(ア)　**特許プール**　　共同の取引拒絶は，私的独占と不当な取引制限でも規
制される。共同の取引拒絶がなされれば，行為要件については，通常，結合・
通謀による事業活動の排除（2条5項），共同して，相互拘束（同条6項）が成立
するから，当該行為により効果要件としての競争の実質的制限（同条5項・6
項）が生じるならば排除型私的独占または不当な取引制限が成立し，効果が自
由競争の減殺にとどまるならば不公正な取引方法となる。

206　第5章　不公正な取引方法

【設例 53】 ㊾

> ぱちんこ機の製造販売業者 10 社は，国内のぱちんこ機のほとんどを供給している。10 社はぱちんこ機製造の特許権，実用新案権を所有し，通常実施権の管理運営業務を（10 社が株式の過半数を所有し，取締役の相当数を占めている）H 社に委託している。H 社は 10 社を含む 19 社に実施許諾（ライセンス）を行っているが，わが国におけるぱちんこ機の製造販売分野（市場）への新規参入の動きが生じたので，10 社と H 社は，新規参入者には実施許諾を行わないこととし，参入を排除してきた。

【設例 53】 では，10 社と H 社が結合・通謀して，実施許諾を拒絶することによって，ぱちんこ機を製造しようとする者の事業活動を排除し，わが国におけるぱちんこ機の製造販売分野における競争を実質的に制限した（市場支配力を維持，強化した）といえる。これは 2 条 9 項 1 号にも該当するが，自由競争減殺にとどまらず，競争を実質的に制限したといえるので，本件のモデルとなった事案では，私的独占とされている[16]。なお，10 社と H 社の行為を共同して，相互拘束すると構成すれば，それにより競争を実質的に制限したので，不当な取引制限に該当するともいえる。仮に現在この行為がなされたとすれば，私的独占では 10 社のぱちんこ機の売上額の 6％が，また H 社の徴収する実施料が「当該商品……を供給するために必要な……役務」といえるならば H 社の実施料の 6％も課徴金となる（7 条の 2 第 4 項）[17]。本件を不当な取引制限として課徴金 10％を課せるかは，「取引の相手方」「を実質的に制限することによりその対価に影響することとなる」（同条 1 項 2 号ハ）[18] の要件をみたすかが問題になる。

　(イ)　**「あからさまな共同の取引拒絶」と「あからさまでない共同の取引拒絶」**　**【設例 51】** は私的独占や不当な取引制限にあたるだろうか。

　公取委は流通・取引慣行ガイドラインにおいて，共同の取引拒絶（「共同ボイコット」と呼んでいる）がいかなる場合に不当な取引制限に該当するかを明らかにしている（第 2 部第 2）。

---

16)　公取委勧告審決平成 9・8・6 審決集 44 巻 238 頁（ぱちんこ機製造特許プール事件）。

17)　第 4 章Ⅳ 2 参照。

18)　第 2 章Ⅴ 3，4 参照。

　　　　　　　　　　　　　　　Ⅱ　共同の取引拒絶　　207

まず，製造業者と販売業者との間でなされる共同の取引拒絶（たとえば，【設例51】におけるＡ，Ｂ，ＣとＦとの間の行為）であっても，「相互拘束」は，「行為者全てに同一である必要はなく，行為者のそれぞれの事業活動を制約するものであって，特定の事業者を排除する等共通の目的の達成に向けられたものであれば足りる」とする（第2部第2の3(1)(注2)）[19]。

　そして，「共同ボイコットによって，例えば，次のような状況となる場合には，市場における競争が実質的に制限されると認められる。①価格・品質面で優れた商品を製造し，又は販売する事業者が市場に参入することが著しく困難となる場合又は市場から排除されることとなる場合，②革新的な販売方法をとる事業者などが市場に参入することが著しく困難となる場合又は市場から排除されることとなる場合」（③～⑤は省略）とする。この点で，①②等は限定し過ぎであるという批判があり，そのうえで，競争の実質的制限には，これまでに見た市場支配力の形成，維持，強化のほか，「市場の開放性」を妨げるタイプの競争の実質的制限があるとし，前者を「統合型市場支配」，後者を「閉鎖型市場支配」と呼ぶ有力な見解[20]がある。

　しかし，競争者を排除する以外に経済合理性のない共同の取引拒絶（本書ではこれを「あからさまな共同の取引拒絶」と呼ぶ），いわばハードコア型の共同の取引拒絶については，不当な取引制限におけるハードコア・カルテルの考え方[21]と同様に，共同の取引拒絶が行われれば，①の競争の実質的制限が生じることを事実上推認してよいであろう。そのようにいえるのであれば，経験則による推認ルールを用いることにより，流通・取引慣行ガイドラインの①②等のように被拒絶者を限定する必要はない。一方，競争促進目的や社会公共目的による共同の取引拒絶については「市場の開放性」を妨げるからただちに競争の実質的制限があるとするのは適切でないであろう。このように考えれば，有力説のいうような別のタイプの競争の実質的制限を認める必要はないといえよう。

---

19)　この点は，垂直的制限行為が不当な取引制限の相互拘束の要件をみたすかに関して，第2章Ⅱ8(3)で確認した。

20)　今村成和『独占禁止法入門〔第4版〕』（有斐閣，1993年）14-16頁，根岸哲「共同ボイコットと不当な取引制限」正田彬教授還暦記念論文集『国際化時代の独占禁止法の課題』（日本評論社，1993年）431頁以下。

21)　第2章Ⅱ，Ⅲ。

(2) 不公正な取引方法

【設例 54】 (54)

20 社は，N 市を中心とする交通圏（以下「N 交通圏」という）においてタクシー事業を営み，この 20 社等を株主とする Y 社は N 交通圏において共通乗車券事業を営んでいる。共通乗車券は，乗客が券面に運賃を記載してタクシー事業者に手交することにより複数のタクシーから選択して乗車できる乗車券であり，共通乗車券事業は共通乗車券を発行し，共通乗車券の使用に係る契約を締結した官公庁，企業等からタクシー事業者に代わって金銭を回収するものである。X_1，X_2，X_3 の 3 社は低額のタクシー運賃でタクシー事業を営んでいる。20 社は，交通乗車券を使用する客が 3 社に奪われないようにするために，Y 社を解散し，新たな共通乗車券事業の会社 Z_1，Z_2，Z_3 を設立した。20 社は 3 つのグループに分かれてそれぞれ Z_1，Z_2，Z_3 の株主となり，Z_1 ～ Z_3 の 3 社の発行する共通乗車券は 20 社がいずれも利用できるとするとともに，X_1 ～ X_3 の 3 社との間では共通乗車券に係る契約を締結させないこととした。X_1，X_2 は契約してもらえないことが明確であるために契約の申込みをしておらず，X_3 は契約の申込みをしたが，回答を留保され，契約の締結に至っていない。

【設例 54】のモデルになった事案[22)]では，20 社が，共同して，X_1 ～ X_3 の N 交通圏における共通乗車券に係る契約を拒絶させることが，旧一般指定 1 項 2 号（現独禁法 2 条 9 項 1 号ロ）に該当するとされた。本件の事実からは正当な理由もなさそうである。では，本件は，不当な取引制限や私的独占に該当しないのだろうか。一定の取引分野を「N 交通圏におけるタクシー事業」とするならば，X_1 ～ X_3 3 社が共通乗車券を利用できないことによって，この一定の取引分野において市場支配力が形成，維持，強化できるかが問題になる。**【設例 54】**記載の事実からははっきりしないが，X_1 ～ X_3 3 社は共通乗車券が利用できなくても，低額運賃で運行することによって顧客を十分に獲得でき事業に支障がないとするならば，本件があからさまな共同の取引拒絶だとしても，「N 交通圏におけるタクシー事業」における競争の実質的制限はないことになろう。一方，共通乗車券を利用する官公庁，企業等の顧客は，タクシー事業者にとってきわめて魅力的であり，それらの顧客が獲得できなくなることによっ

22) 公取委排除措置命令平成 19・6・25 審決集 54 巻 485 頁（新潟タクシー共通乗車券事件）。

て事業活動が困難になるならば，低額運賃を提供する $X_1 \sim X_3$ 3 社の事業活動の排除により競争を実質的に制限するといえる。公取委は，あからさまな共同の取引拒絶とはいえ，そこまではいえないと判断したのであろう。

　なお，X_1, X_2 は契約の申込みをしておらず，X_3 は契約の申込みをしたが，回答を留保されている。2 条 9 項 1 号ロは「拒絶させ」，「制限させる」とする。拒絶や制限は，このように法律上のそれに限らず，事実上の拒絶でもよいと考えられる。

　そのほかに，レコード会社 5 社が，共同出資した着うた提供業者に着うた配信業務を業務委託し，他の着うた提供業者に対して着うた提供に必要な原盤権（著作権法 96 条から 97 条の 3 に置かれている著作隣接権）の利用許諾を拒絶する行為が，旧一般指定 1 項 1 号（現 2 条 9 項 1 号イ）に該当するとした事例[23]がある。ここでも，当時の携帯電話で利用する着うたという一定の取引分野が画定でき，そこで市場支配力を形成，維持，強化できたといえるならば，不当な取引制限や私的独占とされたであろう。本件では，隣接市場や川下市場からの競争圧力からこの一定の取引分野で市場支配力を形成，維持，強化できるといえなかったのか，他のインターネット上の音楽配信等のより広い一定の取引分野が成立し，そこでは市場支配力を形成，維持，強化できるとはいえなかったのであろう[24]。

Ⅲ　単独の取引拒絶

1　一般指定 2 項

　2 条 9 項 1 号および一般指定 1 項による共同の取引拒絶を除く取引拒絶は，一般指定 2 項に「その他の取引拒絶」として定義されている。一般指定 2 項は，2 条 9 項 6 号イ「不当に他の事業者を差別的に取り扱うこと」に該当する行為として，指定されている。取引拒絶は，取引しないという差別的取扱いのいわば究極形態であるという考え方による。

---

23)　前掲注 12)東京高判平成 22・1・29（着うた事件）。
24)　そのほかに，公取委勧告審決平成 12・10・31 審決集 47 巻 317 頁（ロックマン工法事件）（現行法では，2 条 9 項 1 号イ，一般指定 2 項前段）。

210　　第 5 章　不公正な取引方法

一般指定 2 項は，「不当に，ある事業者に対し取引を拒絶し若しくは取引に係る商品若しくは役務の数量若しくは内容を制限し，又は他の事業者にこれらに該当する行為をさせること」とする。

前段は直接の取引拒絶，後段は間接の取引拒絶であり，「不当に」とされているから，公正競争阻害性は事実上推認されず，公取委または民事訴訟の原告は，個別事案において「不当」であること，すなわち公正競争阻害性があることを立証しなければならない。この公正競争阻害性も，共同の取引拒絶と同様に，自由競争減殺にあることに異論はない。

なお，一般指定 2 項の取引拒絶の典型は，ここで説明する「単独の取引拒絶」であるが，共同の取引拒絶で，2 条 9 項 1 号および一般指定 1 項の要件をみたさないものも，2 項により規制されることに注意したい。ここでは，このうち単独の取引拒絶，とりわけ単独の直接取引拒絶という難しい問題を中心に検討しよう。

【設例 55】　　　　　　　　　　　　　　　　　　　　　　　　　(55)

A 社は，画期的な移動手段である「どこでもドア」を開発し，製造販売している。設置が容易であり，安価でもある「どこでもドア」は広く普及し，従来の移動手段である鉄道，自動車，航空機はほぼ市場から駆逐された。A 社は「どこでもドア」の製造に必須である技術 α の特許権とノウハウを持つために，新規参入が生じる見込みはない。「どこでもドア」に新規参入し，「どこでもドア」を製造販売したい B 社は，A 社に対して，技術 α の特許権とノウハウの実施許諾（ライセンス）を求めたが，A 社は拒否または B 社が到底支払えない高額の対価の支払を求めた。

【設例 56】　　　　　　　　　　　　　　　　　　　　　　　　　(56)

青果物用段ボール箱は，主として，段ボール製造会社（C 全国農業協同組合連合会の指定メーカー）から C へ，C から C の構成員である農業協同組合（単協）へ，単協から単協の組合員へと供給されている。C は，これ以外のルート（系列外ルート）で組合員に同段ボール箱を供給させないようにしている。指定メーカーである D 社は，系列外ルートで組合員に同段ボール箱を低価格で販売していたが，C は系列外ルートでの販売をしないように求め，D 社はこれを確約した。一方，E 社は，系列外ルートで販売するための工場を建設し，段ボール箱の製造を開始したところ，C はこれをやめさせるために，指定メーカーに対

Ⅲ　単独の取引拒絶　211

して青果物用段ボール箱向け段ボールシートをE社に供給しないように要請し，数社の指定メーカーはE社への同段ボールシートの供給を停止した。

(57) 【設例57】

多くの家庭用電化製品において販売額1位を占めるメーカーF社は，その出資する販売会社および卸売業者を通じて小売業者に家電を供給していたところ，当該販売会社と継続的な取引契約を締結していない小売店がF社製家電の安売りを行う事例が多く見られ，取引先小売店から苦情を受けた。F社は，当該家電の流通経路を調査し，当該安売り小売店に直接または間接にF社製家電を販売していた卸売業者に当該安売り小売店に販売しないようにさせた。

2 単独の間接取引拒絶

同じく「単独の取引拒絶」といっても，【設例55】と【設例56】，【設例57】ではずいぶん異なる。

一方，単独の取引拒絶で，「不当に」（公正競争阻害性）の判断が難しいのは，【設例55】のような単独の直接取引拒絶である。【設例55】は，私的独占で取り上げた【設例47】[25)]を一部改変したものであり，4(4)以下で見るように様々な考え方がある。

他方，【設例56】は単独の間接取引拒絶である。間接の取引拒絶は，相手方に一定の行為をさせるという点において相手方の取引先選択の自由に制約を加える行為であるから，取引先選択の自由が尊重される単独の直接取引拒絶とは事情が異なる[26)]。間接の取引拒絶は，この点で排他条件付取引（一般指定11項），拘束条件付取引（同12項）と共通し，これらと共通の考え方を用いて，「不当に」つまり公正競争阻害性を判断することができる（*Column ㉘*で詳しく述べる）。【設例56】では，CによるD社に対する行為は拘束条件付取引に該当し[27)]，E社に対する行為は単独の間接取引拒絶に該当する。しかし，CのD社，E社に対する行為は，系列外の段ボール箱の販売を禁止し，段ボール箱の供給市場における自由競争を減殺する点では，今後見る排他条件付取引（Ⅷ）

---

25) 第4章Ⅰ2。

26) 金井ほか編著『独占禁止法〔第5版〕』285頁も参照。

27) 公取委勧告審決平成2・2・20審決集36巻53頁（全国農業協同組合連合会事件）参照。

212　第5章　不公正な取引方法

や拘束条件付取引（X4(2)）の公正競争阻害性の考え方と基本的に変わりはなく，当該取引拒絶により，自由競争減殺（市場閉鎖効果，価格維持効果）が生じれば，独禁法に違反する。

【設例57】も，単独の間接取引拒絶である。これは，安売りをしている小売店に対する単独の間接取引拒絶により家電小売市場において価格を維持するという自由競争減殺が生じ，一般指定2項に該当すると考えられる[28]。ここでも，拘束条件付取引で問題になる自由競争減殺と同様の問題が生じているといえる。流通・取引慣行ガイドラインは，「安売り業者への販売禁止」において，「事業者が市場の状況に応じて自己の販売価格を自主的に決定するという事業者の事業活動において最も基本的な事項に関与する行為であるため，……『再販売価格維持行為』において述べた考え方に準じて，通常，価格競争を阻害するおそれがあり，原則として不公正な取引方法に該当し，違法となる」とし（第1部第2の4(4)），再販売価格の拘束（2条9項4号）に準ずる行為であり，原則違法となるとしている。このような単独の間接取引拒絶は，排他条件付取引や拘束条件付取引等において見ることにしよう。

3　単独の直接取引拒絶——流通・取引慣行ガイドラインに示される「例」

(1)　流通・取引慣行ガイドラインの考え方

単独の直接取引拒絶は，契約の自由，取引先選択の自由の関係から，例外的な場合においてのみ問題になると解される。一般指定2項は，公正競争阻害性を「不当に」とするから，例外的に「不当に」，つまり公正競争阻害性があるとされるのはいかなる場合かが問題になる。

このように，単独の直接取引がどのような場合に独禁法に違反するかについて公取委が明らかにしたものに，すでに取り上げた流通・取引慣行ガイドラインがある。同ガイドラインを確認するだけでは，単独の直接取引拒絶規制の正確な射程や限界を明らかにすることはできないが，その典型例がどのようなものかはわかる。

流通・取引慣行ガイドラインは，単独の直接取引拒絶に関する考え方と，例

---

28)　モデルは，公取委勧告審決平成13・7・27審決集48巻187頁（松下電器産業事件）である。

を掲げている。

　まず，同ガイドラインは，「事業者がどの事業者と取引するかは，基本的には事業者の取引先選択の自由の問題である。事業者が，価格，品質，サービス等の要因を考慮して，独自の判断によって，ある事業者と取引しないこととしても，基本的には独占禁止法上問題となるものではない」と原則を述べる。

　同ガイドラインは，続けて，「例外的に，独占禁止法上違法な行為の実効を確保するための手段として取引を拒絶する場合には違法となり，また，競争者を市場から排除するなどの独占禁止法上不当な目的を達成するための手段として取引を拒絶する場合には独占禁止法上問題となる」とする。

　以下，「独占禁止法上違法な行為の実効を確保するための手段として取引を拒絶する場合」を(a)，「競争者を市場から排除するなどの独占禁止法上不当な目的を達成するための手段として取引を拒絶する場合」を(b)としよう。

　同ガイドラインは，(a)について「事業者が，独占禁止法上違法な行為の実効を確保するための手段として，例えば次の①のような行為を行うことは，不公正な取引方法に該当し，違法となる（一般指定2項……）」，(b)について「市場における有力な事業者が，競争者を市場から排除するなどの独占禁止法上不当な目的を達成するための手段として，例えば次の②～③のような行為を行い，これによって取引を拒絶される事業者の通常の事業活動が困難となるおそれがある場合には，当該行為は不公正な取引方法に該当し，違法となる（一般指定2項）」とする（以上，同ガイドライン第2部第3の1，2）。(b)では，「市場における有力な事業者が」と行為主体が限定されていることにも注意しよう。

(2) 3つの「例」

　(a)①は，「市場における有力なメーカーが，流通業者に対し，自己の競争者と取引しないようにさせることによって，競争者の取引の機会が減少し，他に代わり得る取引先を容易に見いだすことができなくなるようにするとともに，その実効性を確保するため，これに従わない販売業者との取引を拒絶すること（一般指定11項（排他条件付取引）にも該当する。）」，(b)②は「市場における有力な原材料メーカーが，自己の供給する原材料の一部の品種を完成品メーカーが自ら製造することを阻止するため，当該完成品メーカーに対し従来供給

していた主要な原材料の供給を停止すること」，(b)③は「市場における有力な
原材料メーカーが，自己の供給する原材料を用いて完成品を製造する自己と密
接な関係にある事業者の競争者を当該完成品の市場から排除するために，当該
競争者に対し従来供給していた原材料の供給を停止すること」である（同上）。

(3) 有力な事業者

(a)①，(b)②，(b)③はいずれも，行為主体を「有力なメーカー」としている。
同ガイドラインは，「『市場における有力な事業者』と認められるかどうかにつ
いては，当該市場（制限の対象となる商品と機能・効用が同様であり，地理的
条件，取引先との関係等から相互に競争関係にある商品の市場をいい，基本的
には，需要者にとっての代替性という観点から判断されるが，必要に応じて供
給者にとっての代替性という観点も考慮される。）におけるシェアが20％を超
えることが一応の目安となる」とする。同ガイドラインは，しかし，「この目
安を超えたのみで，その事業者の行為が違法とされるものではなく，当該行為
によって『市場閉鎖効果が生じる場合』又は『価格維持効果が生じる場合』に
違法となる。市場におけるシェアが20％以下である事業者や新規参入者がこ
れらの行為を行う場合には，通常，公正な競争を阻害するおそれはなく，違法
とはならない」としている（第1部3(4)，第2部第3の2（注5））。

4 流通・取引慣行ガイドラインをどう理解するか

(1) ま と め

3のとおり流通・取引慣行ガイドラインは，「不当」とされるのは，(a)(b)と
し，(a)の例は①，(b)の例は②③とする。また，「有力な事業者」は，シェア
20％超とするが，その意味は，それをみたさなければ通常問題にならないとい
う「セーフハーバー」（安全港）の意味だとする。実際に，有力な事業者か否か
が問題になった事例で知られているのは，シェア約28％・1位の事例[29]程度し
かなく，同ガイドラインの基準を少し超えただけで有力な事業者とされること
はないと考えられる。

---

29) 東京高判昭和59・2・17行集35巻2号144頁（東洋精米機事件）。

Ⅲ　単独の取引拒絶　215

以下では，まず(a)(b)の射程を確認し，それらに含まれないものにはどのようなものがあるかを確認しよう。

(2) 「独占禁止法上違法な行為の実効を確保するための手段として取引を拒絶する場合」((a))

【設例56】においては，Cが，D社に対して系列外ルートで販売しないように要請している。仮にD社が要請に応じず，それゆえCはD社との取引を停止したとしよう。D社への要請は排他条件付取引または拘束条件付取引に該当し，D社との取引の停止（単独の直接取引拒絶）は，流通・取引慣行ガイドラインの①（Ⅲ3(2)）にいう排他条件付取引等の実効性確保手段として行われたといえる。

---

⑤⑧　**【設例58】**

> 　化粧品メーカーG社は，小売店に対してG社の化粧品の小売価格を定めこれを守らせていたが，小売店Hはこれを守らず安売りを続けたため，G社は契約を解除し出荷を停止した。

【設例58】でのG社の行為は，まだ学習していないが，再販売価格の拘束（2条9項4号イ）に該当し，その実効性確保手段として単独の直接取引拒絶がなされたといえる（上記(a)）。

　これらは，独禁法違反行為の実効性確保手段であるから，それが「不当」だといいやすい[30]。ここでの「不当」性，つまり公正競争阻害性は，それぞれの独禁法違反行為（排他条件付取引，再販売価格の拘束）のそれとなろう。

　もっとも，たとえば，**【設例58】**が再販売価格の拘束の実効性確保手段であるのであれば，実効性確保手段も2条9項4号イに該当するとすれば足り，あえて一般指定2項を持ち出す必要はないのではないかという疑問が出されよう。しかし，Hは，再販売価格の拘束に違反しG社によりすでに契約が解除されているとすれば，独禁法24条により差止請求（Ⅰ2(3)）をしても，G社は再販売価格の拘束の停止を求められるだけであり，Hは救済されない。Hにとって

---

30) 　そのほか，価格カルテル等の不当な取引制限を行っており，その実効性確保手段としてカルテルを行わない事業者との取引を取引先が拒絶するような例もありうる。

216　第5章　不公正な取引方法

は，一般指定2項違反を根拠に契約解除の差止請求をすることができるということに意義があるといえる[31]。

(3) 有力な事業者が「競争者を市場から排除するなどの独占禁止法上不当な目的を達成するための手段として取引を拒絶する場合」((b))

【設例59】

I社は，原材料の供給業者であるが，取引先の完成品製造業者J社が原料の一部を自ら製造しようとしたため，これを阻止しようとして従来供給していた主要な原材料の供給を停止した。

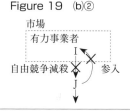

Figure 19　(b)②

【設例59】は，流通・取引慣行ガイドラインのいう(b)②（Ⅲ3(2)）である。拒絶する事業者がいる市場（②）において自由競争減殺が生じる。実は，【設例59】は，第4章で見た私的独占に係る東洋製罐事件（公取委勧告審決昭和47・9・18審決集19巻87頁）の缶詰業者に対する拘束と同じ事例である。自由競争減殺の程度が大きくなれば競争の実質的制限（市場支配力の形成，維持，強化）にも至り，私的独占にもあたるのである。

また，(b)では，拒絶する事業者のいる市場の川上市場または川下市場においても自由競争減殺が生じる。Figure 20に示されるように，流通・取引慣行ガイドラインの(b)③は，川下市場（完成品市場）においてYの競争者aを排除することにより，Yの子会社Y₁が市場支配力またはより小さい力（Ⅰ1(4)）を形成，維持し，自由競争減殺が生じる例である。

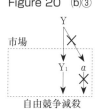

Figure 20　(b)③

雪印事件[32]において，農林中央金庫が，自己と密接な関係を有する事業者（乳業会社）の競争者と取引する酪農家への融資を拒絶した行為がこれに該当するともされる。た

---

31) 作為請求ができるかについては，Ⅰ2(3)(ウ)（東京地判平成26・6・19審決集61巻243頁は肯定）。
32) 公取委審判審決昭和31・7・28審決集8巻12頁。

Ⅲ　単独の取引拒絶　217

だし，これは実質的には拘束条件付取引の実効性確保手段（(a)）ともいえそうである。

Column ㉑　シェアとセーフハーバー基準，排除型私的独占の優先審査基準

　ある行為が不公正な取引方法と私的独占の排除行為のいずれにも該当する場合に，不公正な取引方法と私的独占のいずれを検討すべきか。競争制限等が問題となる市場における事業者のシェアは，適用すべき規定の候補を選択する手がかりとなる。次のようにシェアによる一応の目安を確認することができる。
(i)　シェア20％以下：有力事業者該当性ではセーフハーバー基準をみたし，独禁法の問題はない（Ⅲ3(3)）。
(ii)　シェア20％〜30％：有力事業者に該当する可能性がある（東洋精米機事件審決は28％で有力事業者性を肯定し，東京高裁[33]は公取委の主張する「28％」には実質的証拠がないとした）。
(iii)　シェア30％〜50％：自由競争減殺とともに，市場支配力があるとして私的独占にあたる可能性がある（企業結合規制では蓋然性で足りるので，問題になりうる。排除型私的独占ガイドラインで優先審査は受けないが，該当可能性は排除されてない）。
(iv)　シェア50％超：排除型私的独占において優先的に審査される（排除型私的独占ガイドライン第1，第4章Ⅰ3）。

(4)　(b)③の射程とは──新規取引の拒絶？

⑥⓪【設例60】

　K社は電力会社であり，市内の電力の供給においてシェア100％を占め，電力の供給に関連するサービスを提供するために全顧客をカバーする光ファイバ網を敷設している。現在普及しつつある光ファイバによるインターネット接続サービス（FTTHサービス）を提供するためには，事業者は光ファイバ網を利用することが必要である。K社は自己で，および自己の子会社を通じてFTTHサービス事業の提供を開始している。FTTHサービスに参入しようとしている唯一の事業者L社はK社の光ファイバ網に接続したいが，K社はL社の利用を拒否している。K社の光ファイバ網の利用を強制

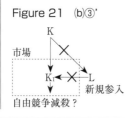

Figure 21　(b)③'

市場
自由競争減殺？
新規参入

---

33) 公取委審判審決昭和56・7・1審決集28巻38頁，前掲注29)東京高判昭和59・2・17，Ⅷ4。

> する法律（事業法）はない。なお，ケーブルテレビ等によるインターネット接続
> サービスは存在せず，NTT 東日本や NTT 西日本は光ファイバ網を保有してい
> ないと仮定する。

　【設例 60】は，(b)③の射程に入るであろうか。【設例 60】の設定を変更し，
K 社が L 社以外の多数の事業者に光ファイバ網を利用させて，FTTH サービ
ス市場において活発な競争が起こっており，L 社に対してのみ接続を拒否した
とすれば（(b)③' とする），自由競争減殺があるのかが問題になりそうである。
もっとも，その場合には，K 社は L 社にも接続させて料金を徴収したほうが
利益になるから，通常，そのような接続拒否はしないであろう。

　これに対し【設例 60】では，L 社は K 社から光ファイバ網の利用を拒否さ
れたため FTTH サービス事業を行うことができない。そして，参入を試みて
いる唯一の事業者 L 社を阻止できれば K 社やその子会社 K₁ が FTTH サービ
ス事業において市場支配力を得そうである。そうであれば，拒絶された取引相
手の市場（FTTH サービスまたはブロードバンドインターネット接続市場）において
L 社という競争圧力がなくなることで，安くなったはずのインターネット接続
料金やプロバイダー料金が高止まりし，自由競争が減殺され，(b)③に含まれる
といえそうである。

　しかし，【設例 60】は流通・取引慣行ガイドラインの(b)③（Ⅲ 3 (2)）に本当
に含まれるのか疑問もある。ガイドラインの(b)③は「市場における有力な原材
料メーカーが」，「自己と密接な関係にある事業者の競争者」を当該完成品の市
場から排除するために，当該競争者に対し「従来供給していた原材料の供給を
停止すること」とする。たしかに，K 社や K 社の子会社 K₁ にとって，L 社は
競争者である。しかし L 社は FTTH サービス事業において，まだ参入してお
らず，「従来供給していた……供給を停止」されたわけではない。

　「従来供給していた……供給を停止」したのであれば，従来円満に行われて
いた取引を合理的理由なく拒絶した事実から，通常，競争者を排除する目的や
そのような効果を事実上推認できるであろう。また，もし K 社が特定の事業
者に対してのみ取引を拒絶しまたは不利な条件を付ければ，差別対価（2 条 9
項 2 号等）が問題になりうる。しかし，本件はそのような場合ではない。取引

Ⅲ　単独の取引拒絶　　219

を開始する際に，取引を拒絶することは，取引先選択の自由から一般に許容されるように思われる。事業者には，通常，競争者を助ける義務はない。また，K社が国の補助金を得て光ファイバ網を設置したのであれば，L社のアクセスを強制することに理由があるかもしれないが，K社は自己の費用とリスクで設置している。そのような施設を設置すれば，競争者に使わせなければならなくなるのであれば，民間の事業者はそのような費用やリスクを負担する投資をしなくなるのではなかろうか。【設例60】が「不当に」か，(b)にいう「独占禁止法上不当な目的を達成するための手段として」に該当し一般指定2項に違反するかどうかは議論があるが，このように少なくとも流通・取引慣行ガイドラインの(b)③と区別して検討することには意義があろう。

さて，ここで，【設例55】の「どこでもドア」に戻ろう。【設例55】において，A社は，市場支配力を有しており，ライセンス拒絶により，新規参入が阻止され，高い価格が設定される。A社は，独禁法上，B社にライセンスをしなければならないのか。これは，次の発展問題で検討しよう。

5　発　展　問　題

(1)　エッセンシャル・ファシリティ理論

　(ア)　**事業法による規制**　　鉄道，電力，ガス，電気通信などに係る事業法には，事業者は消費者から契約の申込みをされると原則として承諾を拒否できないという規制がある（電通事25条等）。競争者が契約の締結を申し込んだ場合にも，事業法によって類似の規制がなされることがある。たとえば，電気通信事業者は，他の電気通信事業者から，電気通信回線設備との接続の請求を受けたときは，原則としてこれに応じる義務がある（接続応諾義務，電通事32条）。さらに接続協議において強い交渉力を有する事業者に対する「非対称規制」として，接続料や接続条件の約款化等も義務づけている（指定電気通信設備制度，同法33条〔第1種指定電気通信設備制度（固定系）〕・34条〔第2種指定電気通信設備制度（移動系）〕）。これは，設備の不可欠性（ボトルネック性）（33条），電波の有限希少性により新規参入が困難な寡占的な市場において，相対的に多数のシェアを占める者が有する接続協議における強い交渉力・優位性（34条）が規制の根拠とされる[34]。

220　　第5章　不公正な取引方法

(イ)　**独禁法による規制？**　　事業法上はこのように取引に応じる義務がない場合に，独禁法上の単独の直接取引拒絶規制によってどこまで事業者に契約の締結を強制できるのか。**【設例55】**の「どこでもドア」の特許権やノウハウのライセンス拒絶は「不当」か。

　エッセンシャル・ファシリティ理論と呼ばれる考え方がある。この理論では，一般に，①それへのアクセスなしでは利用市場において競争ができず，②その事業者が独自に構築することが著しく困難な施設（エッセンシャル・ファシリティ）を排他的に保有する事業者が，③アクセスを提供できるのに，④合理的な理由なく，競争者によるアクセスを拒否することを競争法（独禁法）違反とする。鉄道のジャンクションや川にかかった橋などが最初にエッセンシャル・ファシリティとして問題にされたというこの理論の沿革のために「ファシリティ（設備）」という単語を含んでいるが，現在では「エッセンシャル・ファシリティ」は，物理的な施設に限らず，知的財産，インターネット上のサービスを提供するプラットフォーム（検索サービス，SNSなど）なども含まれる。この理論は米国で発達したが，現在の米国の最高裁判決はこの理論には消極的であり，「否定も肯定もしない」という立場をとる[35]。一方，EUでは，取引拒絶により新しい商品の提供がなされなくなるという要件を付加したうえで，この理論を使ったいくつかの判決・決定が出ている。

　わが国においてエッセンシャル・ファシリティ理論が適用された事例はない。エッセンシャル・ファシリティ理論をどう考えるかは，自由競争減殺についてどのように理解するかでも変わりうる。エッセンシャル・ファシリティは多数の事業者に提供されており，それを用いた商品・役務を供給する川下市場で競争が活発であれば，ある事業者が提供を拒否されたとしても自由競争減殺がないかもしれない[36]。さらに，**【設例60】**は社会全体の競争の共通の基盤をなす設備（インフラストラクチャー）が不可欠（ボトルネック）となっている側面のある事案であるが，一般の施設（たとえば民間事業者の宅配便集配システム）や**【設**

---

34)　たとえば，総務省総合通信基盤局料金サービス課「電気通信設備の接続に関する現状と課題」（2014年）。

35)　Verizon Communications Inc. v. Law Offices of Curtis V. Trinko, LLP, 540 U.S. 398（2004）.

36)　もっとも，そのような場合に，（競争者と同様の条件で対価を支払う用意のある）特定の新規参入者にのみ利用させないことは，通常ありそうにない。

Ⅲ　単独の取引拒絶　　221

【例55】の「どこでもドア」のように知的財産権[37]へのアクセス強制がどの範囲で違法となるかは，別の考慮がありうる。より根本的には，広範な取引義務を課すことが競争状態の改善につながることをどの程度重視するのか，逆に取引先選択の自由は尊重されるべきであり，広範な取引義務を課すとそのような施設等を自ら作ったり発明をしたりするという競争を行うインセンティブが損なわれることをどの程度重視するのかという問題がある。さらに，アクセスを認めてもアクセス料金を高く設定しすぎれば，取引拒絶と同じである。ファシリティへの投資を促すに十分な料金でなければならないだろう。独禁法が介入するとしても，アクセス料金の算定は公取委や裁判所には難しいことが多い。

(2) NTT 東日本私的独占事件

⑥1 【設例 61】

M 社は，東日本地区を業務区域とする電気通信事業者であり，戸建て住宅向けの FTTH サービスを自ら提供している。M 社は，他の電気通信事業者から取得すべき接続料金を最低でも月額 6328 円として総務大臣に認可されている。一方，M 社は，エンドユーザー料金を月額 5800 円とし，その後 4500 円に引き下げて総務大臣に届け出て認可を得た。公取委は M 社のエンドユーザー料金が K 社の接続料金を下回っており，他の電気通信事業者の新規参入を阻害しているとして排除型私的独占に該当するとした。

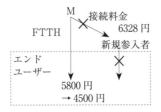

Figure 22　FTTH サービスの私的独占

【設例 61】のモデルとなったのは NTT 東日本私的独占事件[38]であり，最高裁は，公取委の判断を支持した。判決は，「本件行為の単独かつ一方的な取引拒絶ないし廉売としての側面が」2 条 5 項の排除行為の要件をみたすかを検討している。Figure 22 を見よう。競争者（新規参入者）は接続料金にサービス

---

37) 通常，事業者が自己の費用とリスクで得ている。特許には特許期間（出願の日から原則 20 年〔特許 67 条 1 項〕）があり，期間をすぎればだれでも自由に当該技術を利用できる。
38) 最判平成 22・12・17 民集 64 巻 8 号 2067 頁。

222　第 5 章　不公正な取引方法

提供に要する費用を加えてエンドユーザー料金を設定するので，「接続料金＞エンドユーザー料金[39]」が成立するならば，競争者（下記のように最高裁判決は「競業者」と呼んでいる）は競争ができない。つまり，本件行為は，接続料金6328円が高すぎて競争者が取引できないという取引拒絶の面と，エンドユーザー料金5800円・4500円が安すぎて競争者が競争できないという不当廉売（2条9項3号）の両面がある。もっとも，調査官解説によれば最高裁は，「単独かつ一方的な取引拒絶ないし廉売」としつつも，「単独かつ一方的な取引拒絶」，つまり単独の直接取引拒絶の問題と捉えているようであり[40]，以下に見るように最高裁が示す考慮要素も排除型私的独占ガイドラインの取引拒絶のそれと共通する。

　最高裁は，排除行為該当性（「人為性」）の考慮要素について，(i)競業者（FTTHサービス市場における競業者をいい，潜在的なものを含む。以下同じ）がFTTHサービス市場においてM社に代わりうる接続先を確保することの難易，(ii)FTTHサービスの特性，(iii)本件行為の態様，(iv)M社および競業者のFTTHサービス市場における地位および競争条件の差異，(v)本件排除行為の継続期間等の諸要素を総合的に考慮して判断すべきものと解されるとする。本件では具体的には，(i)接続に要する設備が整っているのはM社に限られること，(ii)FTTHサービスは事業規模により効率が高まり，契約を締結すると契約変更が難しいというM社に有利な特性，(iii)実質的に芯線直結方式をとるM社のエンドユーザー料金が競業者への接続料金を下回り，いかに効率的なFTTHサービス事業を営んだとしても，M社と同額以下のエンドユーザー料金で提供しようとすれば競業者は必ず損失が生じること，しかもM社が種々の行政的規制を実質的に免れていたこと，(iv)(a)M社はエンドユーザー料金が接続料金を下回っても実質的影響はなく，(b)ダークファイバ（利用されていない光ファイバ）の所在等の情報を事実上独占していること等から，競業者との間にFTTHサービス市場における地位および競争条件に相当の格差が存在すること，(v)その市場が急速に拡大しつつあったと推測され，本件行為期間（1年

---

39)　このような料金設定は「マージン・スクイーズ」と呼ばれることがある。
40)　岡田幸人・最判解民事篇平成22年度（下）795頁，817頁（基本的には排除型私的独占ガイドラインを参考に「本件行為が違法な取引拒絶としての排除行為に当たるか否か」という見地から判断しているものと推察される）。

10か月）は相応に有意な長さのある期間であることをあげている。

最高裁は，いわゆる総合考慮によって排除行為該当性を判断している。さらに，排除行為により競争の実質的制限が生じたとする。

排除型私的独占ガイドラインも，「供給拒絶・差別的取扱い」の「判断要素」として，㋐川上市場および川下市場全体の状況，㋑川上市場における行為者およびその競争者の地位，㋒川下市場における供給先事業者の地位，㋓行為の期間，㋔行為の態様を掲げており（第2の5⑵），上記の調査官解説（前掲注40））もこれを引用している。

本件に対しては，様々な評価が考えられる。

第1は，【設例60】や【設例55】の「どこでもドア」の事例を含めて，(ⅰ)～(ⅴ)の5つの要素を総合考慮するという理解である。この理解では，従来取引していなかったことや，取引先選択の自由，違法とすることが投資インセンティブに与える影響等はこの総合考慮の一要素にすぎないといえよう。最高裁はこの説をとったと考えられる。なお，【設例61】は【設例60】とほぼ同じ事案であり，従来取引をしていなかった事案において取引拒絶を違法とした事例に該当することに注意しよう。

第2は，わが国でもエッセンシャル・ファシリティ理論は妥当するのであり，本件はエッセンシャル・ファシリティ理論によっても独禁法違反と判断できる事例であるという理解がある。

第3は，（第1説によるにしても）本件では，M社は電気通信事業法により接続義務を負っており（この点では【設例60】と異なる），その接続義務に違反したことや，さらに総務省は，M社のような第1種指定電気通信設備を設置する電気通信事業者の設定するエンドユーザー料金が接続料金を下回る逆ざやが生じないように行政指導をしていたという事業法上の規制があった事実が，何らかの形で結論に影響したという理解である。最高裁も，この事実を(ⅲ)において考慮している。この理解では，事業法上の接続義務も行政指導もない【設例60】や【設例55】では異なる考え方がとられうる。

【設例60】や【設例55】の「どこでもドア」は，第2説では違法な取引拒絶とされやすく，第3説では違法な取引拒絶とされにくいであろう。筆者は，第3説に近い立場で評釈を書いたことがあるが[41]，いずれにせよ，単独の直接

224　　第5章　不公正な取引方法

取引拒絶は，どのように考えるかによって，様々な考え方がある難しい問題であることがわかるだろう[42]。

(3) 既存取引の拒絶——アスペン法理

【設例 62】 (62)

> N社は3つの山にスキー場をもち，O社はN社のスキー場に隣接する1つの山にスキー場をもつ。N社・O社は4つの山に共通のリフト券を共同で発行していた。両者のとり分はリフトの使用状況に応じ3対1であった。N社はとり分を4対1にすることを求めたが，O社が拒否したためN社は共通リフト券の販売をやめてしまった。O社はN社の行為は独禁法に違反する単独の直接取引拒絶だとしてN社を裁判所に提訴した。

競争相手（ライバル）と共同行為（共同販売，共同購入など）を行うことを拒絶する行為は，どのように評価すべきだろうか。【設例 62】はアスペン・スキー場事件判決[43]という現在も賛否が分かれている有名な米国の最高裁判決をモデルとしており，同事件で連邦最高裁は独禁法違反を認めた。しかし実はN社の言い分にも理由がある。N社・O社が別々にリフト券を発行していれば，スキー客には3つの山をもつN社のスキー場のほうがはるかに魅力的で，O社を選ぶスキー客はほとんどいないだろう。共通リフト券だからこそ3対1の利用率でO社のスキー場も利用されたのである。では，連邦最高裁はなぜN社の言い分を認めなかったのか。共通リフト券を発行することで，N社・O社が別々にリフト券を発行する場合より全体として多くの利用客がやってきて，N社の収入も多くなる。にもかかわらず，N社が合理的な理由がなく（単独でリフト券を発行するとN社の利用客が減り，配分が3対1の場合よりも減る）共通リフト券をやめたのはO社を排除し，さらにその後O社のスキー場を取得しスキー場を独り占めしようという意図によったと推認するほかないと裁判所は考

---

41) 泉水文雄・公正取引 726 号（2011 年）74 頁。
42) 標準規格必須特許権者による権利行使（特許法に基づく差止請求）がどのような場合に独禁法に違反するのか（公取委『「知的財産の利用に関する独占禁止法上の指針」の一部改正について」〔2016 年〕）も同様の問題である。知的財産と独禁法に係る第 7 章 IV で取り上げている。
43) Aspen Skiing Co. v. Aspen Highlands Skiing Corp., 472 U.S. 585（1985）.

Ⅲ　単独の取引拒絶　　225

えたのだろう（経済的有意味性テスト〔第4章II 1(3)〕）。

本判決については，判決の射程につき議論がある。本件の事案と違って，もともとN社・O社が別々にリフト券を販売していたとして，取引を開始する場合，つまりO社がN社に共通リフト券の販売を求めN社が拒否した場合はどうか。本判決の射程について慎重に考える見解は，射程を既存の契約を拒否した場合だけに限定し，新規取引の拒絶には本判決は妥当しないとする。また，3対1か，4対1かといった事業者間の利益分配に結果として介入することになるような規制を行うのが妥当かといったことも問題になっている。

IV 不当廉売

1 はじめに

ここでは不当廉売を取り上げよう。不公正な取引方法を定義する2条9項は，不当廉売（同項3号）の前に差別対価（同項2号）を置く。公取委の指定による不公正な取引方法を定義する2条9項6号も，「不当に他の事業者を差別的に取り扱うこと」（同号イ），「不当な対価をもって取引すること」（同号ロ）とし，一般指定は，イを受けて3項から5項に差別的取扱いに係る一連の規定を置き，ロを受けて6項（不当廉売），7項（不当高価購入）を置く。したがって，本来は先に差別対価を取り上げるべきことになる。しかし差別対価には，単独の取引拒絶（直接の拒絶だけでなく，間接の取引拒絶として拘束条件付取引〔一般指定12項〕等と共通するものを含む）と不当廉売の両面がある。そのため，まず不当廉売を学習しその後に差別対価を学習するのが効率的であるからである。

2 2条9項3号と一般指定6項

(1) 条　文

不当廉売には，法定の不当廉売と公取委の指定による不当廉売がある。

2条9項3号は，法定の不当廉売を，「正当な理由がないのに，商品又は役務をその供給に要する費用を著しく下回る対価で継続して供給することであって，他の事業者の事業活動を困難にさせるおそれがあるもの」と定義し，一般指定6項は，公取委の指定による不当廉売を，「法第2条第9項第3号に該当

する行為のほか，不当に商品又は役務を低い対価で供給し，他の事業者の事業活動を困難にさせるおそれがあること」と定義する。

　法定の不当廉売の要件は，①正当な理由がないのに，②商品または役務をその供給に要する費用を著しく下回る対価で（以下「費用・対価要件」ともいう），③継続して供給し（以下「継続性」ともいう），④他の事業者の事業活動を困難にさせるおそれ（以下「事業活動困難化」ともいう）があることである。②③④の要件をみたせば，原則として違法，すなわち公正競争阻害性があると事実上推認される。

　法定の不当廉売を 10 年以内に繰り返した場合（調査開始日から遡って 10 年以内に不当廉売について排除措置命令等を受けた場合）には課徴金が課される（20 条の 4）。違反行為者が不当廉売の対象である当該商品または役務を供給した売上額の原則 3％（小売業は 2％，卸売業は 1％。違反行為終了日から遡って 3 年以内に限る）が課徴金となる。

　公取委の指定による不当廉売は，法定の不当廉売でないもので，①不当に商品または役務を低い対価で供給し，②他の事業者の事業活動を困難にさせるおそれがあることである。「不当に」とするので，公正競争阻害性があるときにのみ違法となる。

⑵　2条9項3号

　まず，2 条 9 項 3 号の要件を見よう。

　㋐　**正当な理由がないのに**　　「正当な理由」は，公正競争阻害性を意味し，他の要件をみたせば事実上公正競争阻害性が推認される。不当廉売の公正競争阻害性が自由競争減殺であることには異論がない。

　「不当廉売に関する独占禁止法上の考え方」（以下「不当廉売ガイドライン」という）も，「廉売を正当化する特段の事情があれば，公正な競争を阻害するおそれがあるものとはいえず，不当廉売とはならない」とし，「例えば，需給関係から廉売対象商品の販売価格が低落している場合，廉売対象商品の原材料の再調達価格が取得原価より低くなっている場合において，商品や原材料の市況に対応して低い価格を設定したとき，商品の価格を決定した後に原材料を調達する取引において，想定しがたい原材料価格の高騰により結果として供給に要

Ⅳ　不　当　廉　売　　227

する費用を著しく下回ることとなったとき」をあげる（3⑶）[44]。

　すなわち，生鮮商品などで急速な品質低下のおそれがある場合，季節商品で季節が過ぎた場合，陳腐化した商品などがこれにあたる。

　また，新規参入の場合にも，新規参入者は顧客を獲得するうえで価格を引き下げるしか競争の手段がなく，また新規参入者は自由競争を減殺するような市場への影響力も持たないことが多かろう。

　これらの場合は，当該行為によって，通常は自由競争を減殺しない。

　ただし，これらの場合につねに正当な理由となるのではなく，具体的な事実関係を確認して判断することとなる[45]。

　また，不当廉売にあたるには価格が「市場価格を下回る」[46]ことが必要と考えられる。ただし，実際の事案では市場価格がいくらなのかは分からないのが一般的である。季節商品，陳腐化も商品の価値が下がったために，（供給に要する費用を下回ってはいるが）市場価格で販売しているにすぎないと説明できることが多かろう。

　(イ)　供給に要する費用を著しく下回る対価

⑥③　【設例63】

　　精密機器である製品甲の販売店Ａは，店舗を借りて３人の従業員を雇って営業をしている。店舗と雇用の維持費に月あたり400万円がかかる。Ａは，仕入価格50万円の製品甲を70万円で販売して，月に20台売れており，赤字にも黒字にもなっていない（400−(70−50)×20）。しかし，製品甲を使用した完成品の需要が減少し，製品甲が売れなくなった。Ａは価格を引き下げ，60万円で販売したところ，同じ台数売れた。Ａはこれにより月あたり200万円（400−(60−50)×20）の赤字を出していることから，Ａと競争関係にあるＢは，Ａが製品甲を60万円で販売することは，「供給に要する費用を著しく下回る対価」での販売を継続するものであり，このＡの廉売行為によりＢの売上額が減少し，Ｂの事業活動が困難になっているから，不当廉売に該当すると主張している。

---

44)　排除型私的独占ガイドラインも類似の記述をする（第2の2⑴注9）。
45)　東京高決昭和50・4・30高民集28巻2号174頁（中部読売新聞社事件）は，新規参入の事案であるが，全国紙（読売新聞）が東海三県に新規参入した事案であり，不当廉売に該当するとしている。
46)　前掲注45)東京高決昭和50・4・30も「単に市場価格を下回るというのではなく」とする。

228　第5章　不公正な取引方法

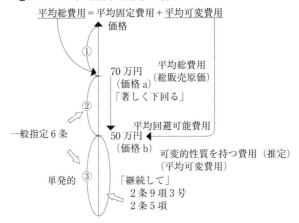

Figure 23　不当廉売の費用と対価

　「供給に要する費用を著しく下回る対価」とは何か，「供給に要する費用」とは何か，「著しく下回る」対価とは何か。

　「費用」には，「固定費用」と「可変費用」という区別がある。販売店舗の設備費や雇用の維持費は，商品が売れようと売れまいとかかる費用であり，「固定費用」と呼ばれる。Aは製品甲の注文を受けて仕入れているとすれば，製品甲の仕入価格（費用）は販売しなければかからない費用であり，販売すればするほど多くかかる費用である。これを「可変費用」という（「変動費」とも呼ばれる）。製造業では計算が複雑になるので，流通業である【設例63】で考えよう。

　Figure 23を見よう。製品甲1台あたりに要する費用を「平均固定費用」（【設例63】では20万円〔400÷20〕）と「平均可変費用」（【設例63】では〔50万円〕）と呼び，両者を合算した費用を「平均総費用」（総販売原価）（【設例63】では70万円〔20万円＋50万円〕）と呼ぶ。「供給に要する費用」は，供給に要するすべての費用と考えられ，「平均総費用」，すなわち「総販売原価」と解されている。

　では，「供給に要する費用」を「著しく下回る」対価とは何だろうか。

Ⅳ　不当廉売　　229

(64) 【設例 64】

> 【設例 63】において A が
> (i) 1 台あたり 80 万円（平均総費用を超える対価）で販売した。
> (ii) 商品の需要が落ち込んで，60 万円（平均総費用より低く平均可変費用より高い対価）でしか販売できなくなったので，60 万円で販売した。
> (iii) さらに価格を下げ 45 万円（平均可変費用を下回る対価）で販売した。

　(i)の場合には販売すればするほど A の利益が増えるので A は販売するのが合理的である。

　(ii)の場合，「供給に要する費用」を下回り赤字が生じる。A は製品甲の販売をやめるべきであろうか。しかし，1 台も販売できなくても固定費用が必ずかかるのに対し，1 台を 60 万円で販売すれば，販売しない場合に比べて 1 台あたり 10 万円（＝60 万円−50 万円）の利益が発生し，販売しなくても 400 万円支出しなければならない固定費用の支払にこれを当てれば，固定費の支出が 390 万円に減少する。したがって，A は販売するのが合理的である[47]。

　これに対し，(iii)の場合には，1 台販売するたびに 5 万円の損失が新たに発生する。(iii)の場合は販売すれば損失がどんどん増えるから，販売することは合理的でない。(iii)の場合にも A が販売しているとすれば，競争者は A と「同等又はそれ以上に効率的な事業者」（以下「同等に効率的な事業者」ともいう）[48]であったとしても市場から撤退せざるを得ないのであり，競争者を市場から排除し，競争者がいなくなったあとで価格を引き上げるなどの不当な目的により廉売をしているとしか考えにくい。「供給に要する費用を著しく下回る対価」とは，平均可変費用を下回る対価と解することが同等に効率的な事業者基準と整合的である。平均可変費用は，販売しなければ負担しないですむ費用という意味で「回避可能費用」という概念にも近い[49]。

　不当廉売ガイドラインも，このような考え方に立ち，「例えば，商品の価格

---

47) 長い目で見れば，A は，固定費用の負担を逃れるために，製品甲の市場から退出するのが合理的ではある。しかし，店舗の賃貸借契約はすぐに解除できず，また従業員も簡単には解雇できないであろう。

48) 第 4 章 II 1。

49) 違いは，「回避可能費用」はその定義によっては固定費用の一部を含む点にある。

230　第 5 章　不公正な取引方法

が『供給に要する費用』，すなわち総販売原価……を下回っていても，供給を継続した方が当該商品の供給に係る損失が小さくなるときは，当該価格で供給することは合理的である。このような観点から，価格・費用基準は，廉売行為者にとって明らかに経済合理性のない価格設定であるかを判断することができるものとすることが適切である。この点，商品の供給が増大するにつれ損失が拡大するような価格設定行動は，特段の事情がない限り，経済合理性のないものであるということができる。したがって，価格設定についての経済合理性の有無は，廉売の対象となった商品……を供給することによって発生する費用と価格との比較により判断することが適当である」(3(1)ア(ウ)) としている。そして，「経済合理性があるかどうかについては，概念的には，設定された価格が平均回避可能費用（廉売行為者が廉売対象商品の追加供給をやめた場合に生じなくなる廉売対象商品固有の固定費用及び可変費用を合算した費用を追加供給量で除することによって得られる廉売対象商品一単位当たりの費用をいう。）を回収することができるかどうかによって判断される」(3(1)ア(ウ)注3) とし，「実務上は，これに相当するものとして，後記(エ)に示した考え方を用いる」(3(1)ア(ウ)注3) とする。

　さらに不当廉売ガイドラインは，「総販売原価を著しく下回る価格であるかどうかは，廉売対象商品を供給することによって発生する費用を下回る収入しか得られないような価格であるかどうかという観点から，事案に即して算定される」(3(1)ア(エ)) とし，「供給に要する費用には，廉売対象商品を供給しなければ発生しない費用（……『可変的性質を持つ費用』……）とそれ以外の費用とがある。可変的性質を持つ費用でさえ回収できないような低い価格を設定すれば，廉売対象商品の供給が増大するにつれ損失が拡大する。したがって，可変的性質を持つ費用を下回る価格は，『供給に要する費用を著しく下回る対価』であると推定される」，「可変的性質を持つ費用以上の価格……での供給は，法定不当廉売に該当することはない」(3(1)ア(エ)a) とする。

　以上について Figure 23 で確認しよう。「供給に要する費用」は「総販売原価」（以下この価格を「価格a」ともいう）であり，「著しく下回る」対価は，「平均回避可能費用」を回収できるかが基準になり，「可変的性質を持つ費用」（以下この価格を「価格b」ともいう）を下回る対価では価格aを「著しく下回る」

対価であると推定される。

　(ウ)　**継続して（継続性）**　　不当廉売ガイドラインは，「相当期間にわたって繰り返して廉売を行い，又は廉売を行っている事業者の営業方針等から客観的にそれが予測されることであるが，毎日継続して行われることを必ずしも要しない。例えば，毎週末等の日を定めて行う廉売であっても」継続性の要件をみたす場合があるとする（3 (1)イ）。また，相当期間がどの程度かは一概にいえないが，ガソリンの不当廉売の事案（後述Ⅳ 4 (1)）では 30 日間，37 日間等であった。

　(エ)　**他の事業者の事業活動を困難にさせるおそれ**　　不当廉売ガイドラインは，「他の事業者」とは，通常，競争関係にある者を指すが，競争関係にない者が含まれる場合もありうるとする。また，「おそれ」で足りるので，現に事業活動が困難になることは必要なく，諸般の状況からそのような結果が招来される具体的な可能性が認められる場合でよい。

　「他の事業者」は，廉売を行う事業者と「同等に効率的な事業者」であることが必要か，「効率において劣る事業者」でもよいかについては，公取委は前者とするようである[50]（後述Ⅳ 4 (3)も参照）。

Column ㉒　略奪的価格設定

　2 条 9 項 3 号の不当廉売の典型は，略奪的価格設定（predatory pricing）と呼ばれるものである。これは 2 段階の行為からなる（Figure 24 参照）。第 1 段階では，コストを下回る価格で継続的に販売して，耐えられなくなった競争者を市場から排除する（廉売により市場支配力等を形成等する）。第 2 段階では，競争者がいなくなったあと

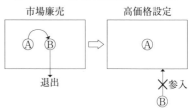

Figure 24　略奪的価格設定の仕組み

（第 1 段階の行為により形成した市場支配力等を行使して）独占的価格を設定して第 1 段階の行為により生じた赤字を回収するとともにさらなる利益をあげる（埋め合わせ〔recoupment〕と呼ばれ，米国では要件とされる。第 2 段階で新規参入が起こると価格を

---

[50]　公取委「『不当廉売に関する独占禁止法上の考え方』改定案等に対する意見の概要とこれに対する考え方」（2009 年）18 頁。

引き上げられないので，参入障壁の高い市場等でなければ通常うまくいかない）。ただし，これは典型例であり，後述のように，埋め合わせ等は２条９項３号の要件になく（EU競争法でも要件ではないが，EU競争法では行為主体が市場支配的事業者に限定されている），また略奪的価格設定以外の場面においても規制される。本節では，まず典型例として略奪的価格設定を想定しながら２条９項３号の要件を検討し，そのあとで他の廉売行為を検討している。

∞∞∞

(3) 一般指定６項

一般指定６項にいう不当廉売は，(ア)不当に商品または役務を低い対価で供給し，(イ)他の事業者の事業活動を困難にさせるおそれがあるという要件であった。(イ)は法定の不当廉売の④と共通する要件である（2(1)）。では，「低い対価」（あるいは「不当に……低い対価」）とは何であろうか。

「低い対価」には２種類あると解される。Figure 23 を見よう。１つは，価格ｂを上回り，価格ａを下回る価格である（Figure 23 の②）。もう１つは，価格ｂを下回る価格であり，かつ２条９項３号の継続性の要件をみたさない（単発的な）場合である（同③）。

不当廉売ガイドラインも，「法定不当廉売の要件である価格・費用基準及び継続性のいずれか又は両方を満たさない場合，すなわち，廉売行為者が可変的性質を持つ費用以上の価格（総販売原価を下回ることが前提）で供給する場合や，可変的性質を持つ費用を下回る価格で単発的に供給する場合であっても」(4(1)) 不当廉売として規制されるとする。一般指定６項では「不当に」が要件となっているために，公正競争阻害性，つまり自由競争減殺が生じなければならない。不当廉売ガイドラインは，「廉売対象商品の特性，廉売行為者の意図・目的，廉売の効果，市場全体の状況等からみて，公正な競争秩序に悪影響を与えるときは，不公正な取引方法第６項の規定に該当し，不当廉売として規制される」(4(1)) としている。

価格ａを上回る価格（Figure 23 の①）の設定が，「低い対価」に該当するかについては，不当廉売ガイドラインは上記のようにこれを否定する。【設例 64】の(i)で確認したように，Ａは価格ａ以上の対価で販売することにより利益を得るので，経済合理的な行為であり，また「同等に効率的な事業者」を

排除しないからと考えられる。東京高裁も，5⑵で見るように，同等に効率的な事業者基準に言及し，一般指定6項では総販売原価を下回ることが必要だとしている。これに対しては，たとえば，価格カルテルや協調的な価格設定がされている場合にカルテル破りをする競争者に対する制裁として低価格設定をすることがあり，その際には価格aを上回る価格設定でも有効であるから，自由競争を減殺する場合があり，また独占市場や寡占市場では「効率において劣る事業者」であっても市場に存続させることが競争確保に繋がる場合があるから，この場合にも規制する余地を残すべきだという有力な見解もある。

一般指定6項または旧一般指定6項後段により法的措置がとられた事件は1件（後述4⑴㈣）であり，その他はすべて警告，注意事件である。

3 「商品を供給しなければ発生しない費用を下回る対価設定」

排除型私的独占ガイドラインは，「商品を供給しなければ発生しない費用を下回る対価設定」として不当廉売を取り上げている（第2の2）。「不当廉売」としないのは，回避可能費用を下回る対価（Figure 23の③）の設定すなわち「商品を供給しなければ発生しない費用を下回る対価設定」による不当廉売のみを排除行為とし，一般指定6項の不当廉売は排除行為としないことを明示するためと考えられる。

排除型私的独占ガイドラインは，「一般に，商品を供給しなければ発生しない費用さえ回収できないような対価を設定すれば，その商品の供給が増大するにつれ損失が拡大することとなるため，このような行為は，特段の事情がない限り，経済合理性のないものである」，「このような対価を設定することによって競争者の顧客を獲得することは，企業努力又は正常な競争過程を反映せず，自らと同等又はそれ以上に効率的な事業者の事業活動を困難にさせ，競争に悪影響を及ぼす場合がある。このように，ある商品について，その商品を供給しなければ発生しない費用を下回る対価を設定する行為は，排除行為に該当し得る」とする（第2の2⑴）。「商品を供給しなければ発生しない費用」となるかについて，用語や説明にやや違いがあるものの，「平均回避可能費用」概念（第2の2⑴注8）等が用いられており，不公正な取引方法で説明した内容と基本的に同じと考えてよい。

排除型私的独占に該当するためには，この排除行為により，自由競争減殺に
とどまらず，公共の利益に反して一定の取引分野における競争を実質的に制限
すること（市場支配力の形成，維持，強化）が必要となる。排除型私的独占は課
徴金の対象となる（7条の2第4項）。

4 事　　例

(1)　ガソリンの不当廉売

(ア)　2条9項3号

【設例65】 ⑥⑤

　　CとDは普通揮発油（ガソリン）の小売業を営んでいる。Cは栃木県甲市に
　3給油所を運営し，甲市でのシェアは29%・1位，Dも甲市に3給油所を運
　営し，甲市でのシェアは12%・3位である。CとDは互いに普通揮発油の販
　売価格の引下げを繰り返していたところ，Cは，3給油所において，37日間，
　Dも3給油所において36日間，それぞれその仕入価格（運送費を含む）を1
　リットルあたり最大で10円以上下回る価格で販売した。この行為により，C
　およびDの販売シェアは増加し，Cは販売数量において1位の地位を維持し，
　Dは2位の地位を占めるに至った。ほとんどの競争事業者はこの行為に対抗で
　きず，販売シェアが減少した。

　　【設例65】では，普通揮発油の仕入価格（運送費を含む）は，可変的性質を
持つ費用ということができ，Cはそれを下回る価格で37日間販売し，それに
より他の普通揮発油の小売業者の事業活動が困難になっている。2条9項3号
は「正当な理由がないのに」として公正競争阻害性が推認されるが，1位の地
位が維持されており，自由競争減殺もありそうである。Dも，同様にいえ，3
位から2位になり，自由競争減殺もありそうである。本件のモデルとした事案
でも不当廉売に該当するとしている[51]。

　　(イ)　**一般指定6項**　　濱口石油事件[52]では，和歌山県の南紀田辺店におい
て，普通揮発油を，仕入価格（運送費を含む）に人件費等の販売経費（普通揮発

---

51)　公取委排除措置命令平成19・11・27審決集54巻502頁（シンエネコーポレーション事件），
　　504頁（東日本宇佐美事件）。
52)　公取委排除措置命令平成18・5・16審決集53巻867頁。

Ⅳ　不当廉売　　235

油の販売に係る経費をいう）を加えた価格を下回る価格で106日間，また，その
うち仕入価格を下回る価格で80日間，白浜空港線店において，前者を43日間，
後者を30日間それぞれ販売するなどし，田辺地区に給油所を設置する他の石
油製品小売業者の事業活動を困難にさせるおそれを生じさせたことが認められ
たとし，旧一般指定6項前段（現独禁2条9項3号）とともに，旧一般指定6項
後段（現一般指定6項）にも該当するとしている。

(2)　市場画定，他の政策目的

<u>66</u>　【設例66】

> Eは東京都内でと畜場（食肉処理場）を設置し，と殺解体業を営む民間事業者
> であり，東京都23区内の大規模と畜場には，東京都（F）が設置すると畜場と
> 2つがある。Fは，物価抑制策等から，継続して原価を著しく下回ると場料を徴
> 収し赤字を生じ，Fの一般会計から補填を受けていた。Eは，Fのと場料が不当
> 廉売に該当するとして不法行為による損害賠償請求訴訟を提起した。

【設例66】のモデルとなった事案では，東京地裁は請求を認容したが，東京
高裁は請求を棄却し，最高裁もこれを支持した。対価，事業活動困難化の要件
をみたしているように見えるが，なぜ違法でないとしたのか。最高裁[53]は，公
営企業の政策目的（物価抑制策）から廉売行為に出ただけでは公正競争阻害性
を欠くということができないのは独禁法19条の趣旨から明らかとし，さらに
この意図・目的，と畜場の競争関係の実態，ことに競争の地理的範囲，競争事
業者の認可額の実情，と畜場市場の状況，Eの実徴収額が認可額を下回った事
情等を総合考慮すれば，公正な競争を阻害するものではないとした。競争関係
の実態，地理的範囲等については，と畜場は首都圏を含む関東・東北1都11
県の59事業者があり，E，Fはこれらと競争関係に立ち，47事業者がEのと
場料の実徴収額より低い認可額であり，半分近くが民間業者であるから，Fは
他の競争者との関係からそうせざるを得なかったこと，近年生産地に近いと畜
場のシェアが増加しEのような消費地型の単独と畜場のシェアは衰退傾向に

---

53)　最判平成元・12・14民集43巻12号2078頁（都営芝浦と畜場事件）。

236　　第5章　不公正な取引方法

あることを指摘している。東京都23区という地理的市場でなく，関東・東北1都11県という市場が画定され，そこでは市場価格を下回っていないこと等が理由とされたと考えられる。

(3) 事業活動困難化と自由競争減殺

【設例67】 ⑰

> 　千葉県G市のH地区（以下「本件商圏」という）には，I，Jほか1店舗の食料品小売店がある。本件商圏で牛乳を販売するのは，これら3店舗のほかに，十数店の牛乳専売店（多くが個人経営）がある。Iは，生鮮食品の販売価格を引き下げ来店客数・店舗全体の売上高の増加を図ることとした。Jは，1リットル入り牛乳（以下「牛乳」という）1本178円の価格を160円とした。Iはこれに対抗し178円から158円に引き下げた。その後，Jが155円に引き下げた。以降，交互に販売価格の引下げを繰り返し，それぞれ顧客1人につき1本目は100円，2本目から150円とした。牛乳の仕入価格は，Iが155円，Jが157円であった。

　【設例67】は，マルエツ・ハローマート事件[54]をモデルにしている。ここでは，IとJは，仕入価格を下回る価格，すなわち供給に要する費用を著しく下回る対価で，継続して牛乳を供給している。また，公取委は，牛乳専売店を競争上極めて不利な状況に置き，牛乳専売店の事業活動を困難にするおそれがあるとしている。そうすると，**【設例67】**が法定の不当廉売に該当するのは明らかなようにも見える。

　しかし，**【設例67】**は，*Column ㉒*で取り上げた不当廉売の典型である略奪的価格設定ではない。IとJの廉売行為によって競争者が市場から排除され牛乳の価格が高くなるとは考えにくいからである。つまり，I，Jとほか1店舗との間で今後も牛乳に係る競争は維持されるはずであるから，本件商圏（市場）における牛乳販売に係る自由競争は減殺されないように思われる。もちろん牛乳専売店は事業活動が困難になる。学説には，2条9項3号の事業活動困難化の要件をみたせば公正競争阻害性，すなわち自由競争減殺の要件がみたさ

---

54)　公取委勧告審決昭和57・5・28審決集29巻13頁，18頁。

Ⅳ　不当廉売　237

れるとするものがある。たしかに，すでに見たように，「供給に要する費用を著しく下回る対価」については同等に効率的な事業者が対抗できない対価の基準が採用され，事業活動の困難化の要件にいう事業者も同等に効率的な事業者であるとされる（Ⅳ2(2)(ア)(エ)）。しかし，実際には効率が劣る事業者しか排除されないことや，それにより自由競争が減殺されないということがありうる[55]。本件もそのような事案であった可能性がある。

　もっとも，本件の事実関係は不明であるが，次のような理解もありうる。たとえば，牛乳専売店は，牛乳を宅配するというⅠ，Ｊの行わないサービスを行っており，そのようなサービスの市場が独立に存在し，その市場が縮小し消滅するという自由競争減殺があるという理解もありうる。これに対しては，たとえば，牛乳専売店の事業活動が困難になるおそれが生じているとしても，その原因は牛乳の宅配という販売方法への需要の減少にあり，本件行為との間に因果関係がないのではないかといった議論もありえよう。

(4) 対抗廉売と正当な理由？

　福井県の4市において給油所を運営する石油製品小売業者Ｋが，レギュラーガソリンを，自らまたは子会社が運営する13給油所において，一定期間，その供給に要する費用を著しく下回る対価で継続して供給し，周辺地域に所在する他の石油製品小売業者の事業活動を困難にさせるおそれを生じさせた疑いがあり，2条9項3号に該当するおそれがあるとし，公取委が行政指導である「警告」を行った[56]。本件ではなぜ法的措置がとられなかったのだろうか。本件の審査官解説[57]によれば，Ｋは石油元売系列の首位の事業者で，競合店を営む事業者はプライベートブランド系の事業者等である。プライベートブランド系事業者の値下げを契機に一方が値下げし他が追随する対抗廉売が生じた。そして，Ｋと他の競合店が互いに牽制して価格を据え置いている期間に仕入

---

55) 前述（4(1)）のガソリンの不当廉売事件でも，少なくとも2つの競争者が市場に残る場合があるが，そのような場合には市場が寡占的になり，自由競争が減殺される危険があるという状況とは異なる。

56) 公取委「福井県の4市において給油所を運営する石油製品小売業者に対する警告等について」（2013年）。

57) 佐久間正哉＝山中義道・公正取引750号（2013年）69頁。

価格が上昇し，仕入価格の高かった元売系列のＫに原価割れが生じたが，仕入価格の低いプライベートブランド系事業者は仕入価格を下回らなかった。審査官解説は，対抗廉売が行われている場合において，一部に仕入価格が高いために仕入原価割れを生じている事業者がいるとしても，当該事業者のみを法的措置の対象とすることは一般的には困難とする。Ｋの行為と他の事業者の事業活動の困難化との間に因果関係がないのか，このような状況でのＫの対抗廉売行為には「正当な理由」があるのか，これを法解釈としてどの要件の問題とするかは興味深い。

5 発 展 問 題

(1) 「対価」の計算方法

林野庁地方森林管理局が競争入札により発注した衛星携帯電話の端末について，当該端末を１円で落札した行為について，独禁法違反の事実が認められなかったとして審査を終了した事案がある[58]。本件は，入札の対象は当該端末であり，林野庁地方森林管理局は，通信サービスについて，端末の調達とは別に調達することとしていたが，入札仕様書上の調達対象を示す箇所に，端末を落札した電気通信事業者が提供する通信サービスを林野庁地方森林管理局が利用することを示す記載があった事案である。

コンピュータシステムの開発などでは，最初の取引におけるシステム開発費用は高額になるが，その後に契約できると期待される取引における開発費用は既存のシステムの修正等ですみ，その後の取引を含めた費用は安くてすむ。また，政府や地方公共団体との間でいったん取引ができれば，その後他の地方公共団体等における類似のシステムの入札で多数落札できると期待できることがある。公共入札において，１円入札などの低価格入札が起こる一因である。このような場合に，最初のシステムの入札が不当廉売に該当するか否かを判断する際における「供給に要する費用を著しく下回る」「対価」（２条９項３号），「低い対価」（一般指定６項）は最初の取引の対価に限るのか，その後期待される取引の対価を含めることができるのか。この点について，公取委は，最初の取引

---

58) 公取委「林野庁地方森林管理局発注の衛星携帯電話端末の安値入札に係る独占禁止法違反被疑事件の処理について」（2013 年）。

の対価に限るという立場をとる[59]。林野庁地方森林管理局の事案でも，仮に上記の記載がなく，端末を落札した電気通信事業者が提供する通信サービスを林野庁地方森林管理局が利用することが強く「期待」できるという程度では対価に算定しないというのが公取委の立場のようである。

(2) 総販売原価と複数事業

東京高判平成 19・11・28 審決集 54 巻 699 頁（ヤマト運輸対日本郵政公社事件）では，ヤマト運輸（L）が，旧日本郵政公社（M）の一般小包郵便物「ゆうパック」サービスが旧一般指定 6 項後段（現一般指定 6 項）に該当するとして独禁法24 条による差止請求を提起した。M は，郵便事業，郵便貯蓄事業，簡易保険事業を行っており，「供給に要する費用」の算定に関し，事業者が複数の事業を営む場合の共通費用の割り振りの方法が争点になった。「供給に要する費用」（総販売原価）の計算における共通固定費用の扱いである。M の郵便局舎・郵便集配車両の費用や人件費は，ゆうパックなどの競争分野と独占分野である通常郵便業務，郵便貯蓄事業，簡易保険事業に共通して利用されており，これらの固定費用をどう配分するかという問題である。L は，競争分野（ゆうパック事業）のみを単独で行う際に必要とする費用を算定する方法（スタンドアローンコスト方式）を主張した。M は，共通固定費用はそれぞれの業務に利用する作業時間，専有面積，体積等に応じた配分比により費用配賦すべき（共通費用配賦方式）等を主張した。ゆうパック事業を単独で行うには既存の設備費用や人件費の相当部分を利用しなければならないであろうから，スタンドアローンコスト方式の方が費用が高くなる。なお，独占領域の事業のみを単独で行う際に必要とする費用を計算し，競争分野（ゆうパック事業）を行う場合に追加的に要する費用のみをこの費用とする方法（増分費用方式）も考えられ，この場合には，既存の郵便局舎・郵便集配車両や人の多くが費用に含まれなくなり，費用は 3 つの計

---

[59] 公取委「松下電器産業株式会社に対する警告等について」（2004 年），同「ヤフー株式会社及びシンワアートオークション株式会社に対する警告について」（2005 年）等。もっとも，法的措置をとる例はほとんどなく，継続性の要件をみたさない等の事情から，警告で終わっている。そのほか，入札において設計業務の低価格入札が多いといわれている。これは，費用のほとんどが固定費用（人件費等）で，可変費用はわずかである（Figure 23 の価格 b が限りなく下にある）設計事務所では，仕事をとり少しでも収入を得て固定費用を回収する方がよいと判断するためであろう。

算方法で最も低くなる。

　東京高裁は,「『供給に要する費用』を上回る対価で供給している場合には,当該事業者の効率性を反映した対価として経済合理性を有し,効率性向上による競争を促進するものといえるから,このようなものまで一般指定6項後段〔現一般指定6項〕の『不当に……低い対価』に含ませることは同項を設けた趣旨に沿わ」ないとし,2(3)で見たように,一般指定6項の不当廉売においても,総販売原価を下回ることが必要だとした。東京高裁は,そのうえで,「一般指定6項の適用に際しても,共通費用の割り振りについては,一般的に共通費用配賦方式により,共通費用を複数の事業に配賦して各事業の費用を算定することが合理的である」とした。

(3) バンドル・ディスカウント

　2016年4月に電力の小売が全面自由化された。たとえば,N社の提供する電力 α と,O社の提供する電気通信サービス β (たとえば携帯電話サービス)を同時に契約するならば,顧客の負担する全体の料金($\alpha + \beta$)や α (または β)の料金を一定金額割り引くというキャンペーンが見られる。これはバンドル・ディスカウントとかバンドル・リベートといわれる。この場合に,いくらまで割引できるのか。バンドル・ディスカウントは,後に取り上げる抱き合わせ販売等(一般指定10項,Ⅶ)や排他条件付取引(同11項,Ⅷ)等という面と,廉売という面の両面がある。近時,これが違法となるには不当廉売の基準をみたす必要があるか否か,その不当廉売の判断基準は何かが諸外国で議論になっている。

　不当廉売の判断基準については,まず商品ごとに不当廉売の基準をみたしているかを分析できれば問題ない。しかし,実際にはどの部分が α の料金で,どの部分が β の料金か分からないから,このような分析は困難となる。そこでEUや米国で有力な見解は, α と β を合わせた割引料金すべてを1つの商品,たとえば α の割引と見て,その α の料金が α の費用との対比で不当廉売の基準をみたすかどうかを見る,すなわち,割引分すべてを α にまとめてしまい(逆に, β について見るならば β にまとめる),その費用と対価の関係を見るという立場である。ただし,競争者が α と β をバンドルできるという場合は,バンドル

された商品全体で費用と価格を見る。

　この基準をあてはめて独禁法上問題ないとされる事案では，不当廉売に該当しないことが確実であるという意味で，セーフハーバー基準として有効であろう。しかし，これを違法判断基準とし，さらにバンドルされる商品にたとえば自由化されるガスが加わり3つや4つに増えるならばこの基準を容易にみたすことになり，過剰規制になるという問題もある。

V　差別対価

　差別対価規制は，条文は単純であるが，いくつかの類型があり，それぞれ，すでに学んだ取引拒絶，不当廉売，まだ学んでいない排他条件付取引等の判断基準が用いられるため，きわめて複雑である。2の【設例68】以降の事例を検討しながら，その内容を整理していこう。6のTable 4において規制全体の見取図を示している。

1　差別対価の定義，分類

(1)　2条9項2号と一般指定3項等

　2条9項2号は，法定の差別対価を「不当に，地域又は相手方により差別的な対価をもって，商品又は役務を継続して供給することであって，他の事業者の事業活動を困難にさせるおそれがあるもの」と定義する。一般指定では，法2条9項6号イ「不当に他の事業者を差別的に取り扱うこと」を受けて，差別取扱いに関する3項から5項を置く。すなわち，一般指定3項は，差別対価について，「〔法〕第2条第9項第2号に該当する行為のほか，不当に，地域又は相手方により差別的な対価をもって，商品若しくは役務を供給し，又はこれらの供給を受けること」とし，4項は取引条件等の差別取扱い，5項は事業者団体における差別取扱い等を規定している。

　2条9項2号該当行為は，法定の不公正な取引方法であるから，調査開始日から遡って10年以内に繰り返した場合に課徴金の対象となる（20条の3）（6参照）。

　これらの規定の関係を見よう。

242　第5章　不公正な取引方法

まず，法定の差別対価は「対価」に係る差別を対象とし，対価以外の取引条件の差別は一般指定4項・5項の対象となる。

　差別「対価」は，法定の差別対価と一般指定3項で規制される。法定の差別対価（「〔法〕第2条第9項第2号に該当する行為」〔一般指定3項〕）に該当しない差別対価，すなわち一般指定3項該当行為はどのようなものか。2条9項2号にあり一般指定3項にない（①③）または異なる（②）要件は，①「継続して」，②「商品又は役務を……供給すること」，③「他の事業者の事業活動を困難にさせるおそれ」である。ところで，「不当に」とは公正競争阻害性を意味し，差別対価の公正競争阻害性は自由競争減殺であることに異論はない。とすれば，一般指定3項の「不当に」の要件をみたす場合には，通常，「他の事業者の事業活動を困難にさせるおそれ」があり，また単発的な行為（「継続して」の要件をみたさない行為）により自由競争減殺が生じることも通常はないであろう。そうであるとすれば，①③の要件の有無は両規定の適用範囲にほとんど影響しないと考えられる。とすれば，②「商品又は役務を……供給すること」でないもの，つまり，「供給を受ける」行為による差別対価が一般指定3項の適用対象となる。「供給を受ける」行為が法定の不公正な取引方法の対象外であることは，2条9項1号（共同の供給拒絶）[60]および私的独占に共通する。しかし，Ⅱ1およびColumn ⑲で述べたとおり，供給する行為か供給を受ける行為かで課徴金の対象行為を区別する実質的な理由はなさそうであり，立法としては疑問がもたれる。

(2)　差別取扱いの分類

　差別取扱いはいくつかの方法で分類ができる。

　第1は，価格と価格以外の取引条件等の差別である。(1)で見たように，2条9項2号，一般指定3項と一般指定4項・5項はこの視点から書き分けられており，後者（および前者のうち供給を受ける行為）は課徴金対象外である。法的措置がとられた事件の多くは差別対価に関するものである。第2は，地域による差別[61]と相手方による差別[62]である。条文上両者は区別されているが（一般指

60）　Ⅱ1。

定3項），区別する実益は乏しい。第1，第2の区別は以下で見る問題に影響しないので，以下では，相手方による差別対価を中心に検討する。第3は，取引拒絶類似型，不当廉売型，買い手段階の差別対価である。これは学説上の分類ではあるが，差別対価の公正競争阻害性を検討する上では重要であるので，3～5で詳しく見る。

2 2条9項2号，一般指定3項

(1) 差別対価はどのような場合に違法なのか

(ア) **同一事業者，同一商品**　差別対価は，地域または相手方により対価を変える行為である。要件には明示されてないが，商品または役務（以下「商品」という）を供給する事業者が異なれば設定される対価が異なるのは当然であるし，同一の事業者が供給しても供給する商品が異なれば設定される対価が異なるのも当然である。したがって，「（実質的に）同一の事業者が（実質的に）同一の商品について」地域または相手方により対価を変える行為のみが2条9項2号等の対象となる。

(イ) **需要と供給**　「同一の事業者が同一の商品について」地域または相手方により対価を変えても，通常は「不当」とはならない。Figure 25 を見よう。A県の北部は寒冷で南部は温暖な土地である。全県で灯油を販売するある小売業者が，灯油を北部では高い価格（P_1）で，南部では安い価格（P_2）で販売しているとしよう。北部では灯油が高くても買わざるを得ない者が多い（需要が多い〔D_1〕），南部では高ければ買う者が少ない（需要が少ない〔D_2〕）とするならば，需給関係から「$P_1 > P_2$」となる。ある商品に高い評価をする（支払意欲が高い）人に高く売り，低い評価しかしない（支払意欲が低い）人に安く売らざるを得ないのは，競争そのものといえる。高くても買わざるを得ない人の足元を見て高く販売したという批判は基本的に独禁法はしないのである[63]。

---

61)　東京高決昭和32・3・18行集8巻3号443頁（第二次北国新聞社事件），東京高判平成17・4・27審決集52巻789頁（ザ・トーカイ事件，違反事実なし）。

62)　公取委勧告審決平成12・2・2審決集46巻394頁（オートグラス東日本事件），公取委勧告審決昭和55・2・7審決集26巻85頁（東洋リノリューム事件），東京高判平成17・5・31審決集52巻818頁（日本瓦斯事件，違反事実なし）等。

244　第5章　不公正な取引方法

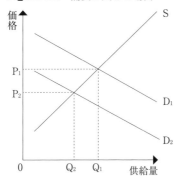
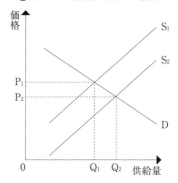

次に Figure 26 を見よう。A県の南部で製造される食品甲は，冷蔵輸送が必要であり輸送費用が高いとしよう。甲の製造販売事業者が，南部では輸送費用が安く（S_2）安い価格（P_2）を設定し，運送費用のかかる（S_1）北部では高い価格（P_1）を設定している。この場合は，供給費用が異なるために「$P_1>P_2$」となる。県北部の住民は，遠隔地に住んでいると足元を見られて高い価格が設定されていると不満を感じるかもしれないが，それは市場による自由な競争の結果であり，やはりやむを得ない。

このように，需要や供給費用が異なることによる差別対価は公正かつ自由な競争（法1条）の結果であり，通常「不当」でない，あるいは正当な理由があるといえる。メーカーが，小規模な小売業と大量購入する量販店とで，費用の違い（規模の経済）により卸売価格を変えることも同様といえよう（後述の【設例73】も参照）。なお，反対に，費用が異なるのに卸売価格を変えない（同一価格にする）ことは「差別的な対価」（2条9項2号）に該当しないと解されている。

では，正当な理由がないのに，同じ事業者が同じ商品について取引の相手方または地域によって価格を変えることは独禁法に違反するのか。どういう場合に差別対価が「不当に」に該当する，すなわち自由競争が減殺されるのか。

---

63) 電車の学割や，映画館における学割・シルバー割も，需要の違い（学生や年金生活者は，所得者等に比べて，高いならば当該役務の提供を受けない者が増える）等によって説明できよう。

Ⅴ 差別対価 245

(2) 公正競争阻害性の発生の仕方による分類

(ア) 取引拒絶類似型差別対価　　取引拒絶は，取引しないという差別の究極形態ともいえる。そのため，一般指定は，取引拒絶（1項・2項）も差別取扱い（3項〜5項）も2条9項6号イ（不当に他の事業者を差別的に取り扱うこと）を根拠としている。したがって，取引の拒絶まではしないが，相手方に対して対価を引き上げるなど取引条件を不利にすることもⅢで学習した取引拒絶と同様の効果をもたらす。このような差別対価を「取引拒絶類似型差別対価」と呼ぼう。

(イ) 不当廉売型（略奪型）差別対価　　差別対価をする事業者を「売り手」，その相手方を「買い手」としよう。売り手が，競争者の取引相手（買い手）に対してのみ安い価格を設定し，売り手の競争者を市場から排除することがある（以下「不当廉売型」という）。これはⅣで学習した不当廉売に似ており，とりわけ安い価格が違法な不当廉売（2条9項3号，一般指定6項）の基準をみたせば，不当廉売としても規制される。次の(ウ)との対比で，「売り手段階の差別対価」とも呼ばれる。

(ウ) 買い手段階の差別対価　　売り手のいる市場では差別対価による被害（損害）を受ける者がおらず，買い手のいる市場にのみ被害（損害）を受ける者がいる種類の差別対価がある（以下「買い手段階の差別対価」という）。(ア)(イ)に該当することなく，(ウ)によってのみ自由競争が減殺される場合があるとすれば，この類型となる[64]。

(エ) 不当廉売ガイドライン　　結論を先取りすれば，過去に法的措置がとられたり違法とされたりした事例は，取引拒絶類似型と不当廉売型に限られる。買い手段階の差別対価に係る法的措置事例はない。ただし，行政指導である警告や注意事件は相当数ある。

Ⅳで見た不当廉売ガイドラインは，「5 廉売問題に関連するその他の規制」として，差別対価等を取り上げ，次のように述べる。①「例えば，有力な事業者が，競争者を排除するため，当該競争者と競合する販売地域又は顧客に限っ

---

64)　私的独占の排除行為について，(1)略奪，(2)ライバルの費用引上げの分類があるとした（第4章Ⅱ1(3)）。この分類では，不当廉売型は(1)，取引拒絶類似型と買い手段階の差別対価は(2)である。そのため，不当廉売型は「略奪型」ということもある。

246　第5章　不公正な取引方法

て廉売を行い，公正な競争秩序に悪影響を与える場合は，独占禁止法上問題となる」，②「また，有力な事業者が同一の商品について，取引価格やその他の取引条件等について，合理的な理由なく差別的な取扱いをし，差別を受ける相手方の競争機能に直接かつ重大な影響を及ぼすことにより公正な競争秩序に悪影響を与える場合にも，独占禁止法上問題となる」とする（5(1)イ(ア)）。①は不当廉売型，②は買い手段階の差別対価について述べている。なお，ガイドラインは「廉売問題に関連するその他の規制」として差別対価に言及するために，取引拒絶類似型には明示的には言及していない。

　不当廉売ガイドラインは，どのような場合に差別対価等に該当するかについては，①②を区別することなく，「個別具体的な事案において，行為者の意図・目的，取引価格・取引条件の格差の程度，供給に要する費用と価格との関係，行為者及び競争者の市場における地位，取引の相手方の状況，商品の特性，取引形態等を総合的に勘案し，市場における競争秩序に与える影響を勘案した上で判断される」とする[65]。

　このうち，取引拒絶類似型差別対価（3）は，取引拒絶および関連する規制（一般指定11項・12項）の説明でほぼ尽きる。また，買い手段階の差別対価については先例がほとんどない。したがって，以下では，不当廉売型を中心にしつつ（4），買い手段階の差別対価についても見ていこう（5）。

【設例68】 (68)

　化粧品メーカーBは，小売店に対してBの化粧品の小売価格を定めこれを守らせていたが，小売店Cはこれを守らず安売りを続けたため，Bは小売店Cに対してのみ卸売価格を引き上げた。

【設例69】 (69)

　Dは，国産自動車向け補修用ガラスの卸売業を営み，国内シェア1位であるが，輸入品が大口需要者に対して格安の価格で販売されるようになった。Dは輸入品の流通の活発化を抑制するために，積極的に輸入品を取り扱う取引先ガラス商に対して，卸売価格を引き上げ，配送回数を減らした。その結果，輸入品を取り扱うガラス商の増加が抑制された。

---

65) 公取委は，酒類，ガソリン等，家庭用電気製品について同様のガイドラインを出している。

⑦0 **【設例 70】**

　　E 県の一般新聞においてシェア 70%である有力地方新聞社 F は，隣接する G 県に進出し，地方版以外の一般記事が F 新聞と同じである F' 新聞を発行するようになった。F 新聞および G 県の地方新聞 H 新聞は月極めで 3800 円であるが，F' 新聞は 2900 円とした。H 新聞は顧客数が少なく，この地域でしか販売していないため 2900 円では販売できず，顧客を大量に失いつつある。

⑦1 **【設例 71】**

　　【設例 70】で H 新聞は定期講読のほか新聞広告の収入に大きく依存している。F は，H 新聞と F' 新聞の両方に広告を掲載する広告主に対して，F' 新聞のみに広告を掲載すれば 1 頁あたり 50 万円，H 新聞にも掲載すれば 100 万円とした。その結果，H 新聞は発行部数の多い F' 新聞に広告主を奪われ，倒産しそうになっている。

⑦2 **【設例 72】**

　　I は，関東一円で LP ガス（ガスボンベを宅配方式で需要者に個別配達するもの）を販売しており，新規顧客には 10m³ あたり 3505 円から 4404 円，従前からの顧客には 5000 円台で販売している。J ら（79 社）は，LP ガスを販売する中小事業者であり，販売エリアは神奈川県全域，東京都，埼玉県と千葉県の一部である。J らは，I の行為は差別対価に該当するとして独禁法 24 条により差止請求訴訟を提起した。

⑦3 **【設例 73】**

　　K は酒類の販売店であるが，近隣に酒類の量販店 L ができた。K はビール 1 ケース 4000 円で売って採算ぎりぎり（仕入価格 3800 円）であるが，量販店 L は 3500 円で売っており，K の売上げが激減している。K が調査すると，L の仕入価格は約 3300 円であった。そこで K は L に対し不当廉売，仕入価格を差別しているビールメーカー M に対し差別対価として差止請求訴訟を提起した。

3　取引拒絶類似型差別対価

　すでに見たように[66]，取引拒絶には，共同のそれと単独のそれ，直接のそれと間接のそれがある。したがって，差別対価を単独行為だけ取り出しても，単

248　　第 5 章　不公正な取引方法

独の間接取引拒絶類似型と単独の直接取引拒絶類似型がある。単独の間接取引拒絶類似型の「不当」性，つまり公正競争阻害性の現れ方は，排他条件付取引（一般指定11項），拘束条件付取引（同12項）に共通する[67]。

単独の直接取引拒絶類似型は2つあり，(a)「独占禁止法上違法な行為の実効を確保するための手段として」の差別対価と(b)「競争者を市場から排除するなどの独占禁止法上不当な目的を達成するための手段として」の差別対価[68]があることになる[69]。【設例68】は，単独の直接取引拒絶で取り上げた【設例58】[70]を差別対価の設例に変更したものであり，(a)の差別対価である。【設例59】も，(b)の差別対価に変更できる。残る【設例69】から【設例73】はどうか。【設例69】から【設例72】は売り手の競争者を市場から排除しそうであり，ひとまず売り手段階の差別対価と分類できそうである。【設例73】ではMが差別をしており，Mの競争者への影響はなさそうであり，Mの買い手のみが被害を受けていそうであるから，買い手段階の差別対価と分類できる。ただし，これらには(a)の側面をもつものもある。

つまり【設例69】は，輸入品を取り扱う取引先ガラス商に対して卸売価格を引き上げ，配送回数を減らす行為により，競争者の商品（輸入品）を取り扱わないようにさせており，排他条件付取引または拘束条件付取引に該当する行為であり，間接の単独取引拒絶型（排他条件付取引等）の差別対価といえる[71]。【設例69】に類似する私的独占事件として，医療用アンプル生地管の販売業者（国内シェア100%のメーカーからの供給を西日本地区で一手に引き受けている事業者）が，輸入生地管を取り扱う取引先に対して，値引きの廃止，価格引上げ，現金決済等への変更をしたことが排除行為とされ，西日本地区における生地管の供給分野における競争を実質的に制限したとする事案がある[72]。これは間接の単独取引拒絶型の差別対価が排除型私的独占に該当するとされた事例である。そ

---

66)　Ⅱ，Ⅲ。
67)　Ⅲ2参照。
68)　前掲注62)公取委勧告審決昭和55・2・7（東洋リノリューム事件）は，価格維持のために行われている。
69)　Ⅲ3。
70)　Ⅲ4(2)。
71)　モデルは前掲注62)公取委勧告審決平成12・2・2（オートグラス東日本事件）である。
72)　公取委審判審決平成18・6・5審決集53巻195頁（ニプロ事件）。

V　差別対価　　249

のほかに【設例71】も(a)と構成できよう（4(3)）。

4　不当廉売型差別対価

(1)　費用・対価基準？

【設例70】では，FがE県とG県の顧客で対価を差別している。もっとも，新聞題字が異なり，一般記事は同じであるものの地方版の記事が異なるF新聞とF'新聞とが同一のものか否かが問題になる。モデルとした事件では実質的に同一のものとされた[73]。本件では，Fの廉売行為によりH新聞の事業活動が困難になるおそれがありそうである。これはⅣで取り上げた不当廉売とよく似ている。このような差別対価（不当廉売型）では，条文に明文の要件はないものの，不当廉売の費用・対価基準をみたす必要があるのかが論点になっている。一般に不当な廉売行為と競争そのものとの区別は難しく，廉売行為に対する規制は過剰規制となる危険がある。そこで，正常な競争行為と違法な差別対価との区別をする基準として，不当廉売規制と同様の基準によるべきではないかと主張され，支持を広げている。

【設例72】は，前掲東京高判平成17・5・31（日本瓦斯事件）をモデルにしている。判決は，差別対価に該当するためには総販売原価を下回ることが必要であるとし，本件では対価が総販売原価を下回っていないとして請求を退けた。判決は，その理由について，差別対価の公正競争阻害性について「同等に効率的な事業者」基準[74]により説明をしている。判決はまた，既存顧客と新規顧客との販売価格の差は，LPガス市場に競争原理が導入され，安値に移行する過程での，市場の競争状況の違いとコスト差（設備投資負担等）を反映するものと推認できるともした。

これに対して，同じくLPガスに係る差止請求訴訟において，前掲東京高判平成17・4・27（ザ・トーカイ事件）は，コスト割れ（総販売原価を基準とすると考えられる）に至らない低価格の場合にも不当な力の行使と認められるなど特段の事情が認められない限り公正競争阻害性がないとし，本件では特段の事情がないとした。

---

73)　前掲注61）東京高決昭和32・3・18（第二次北国新聞社事件）。
74)　Ⅳ2(2)(イ)。

250　第5章　不公正な取引方法

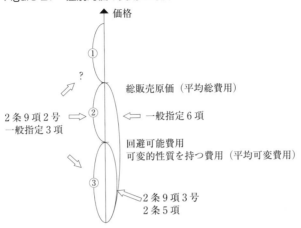

Figure 27　差別対価の費用と対価

　この論点を判示した2つの判決によれば，低い方の対価が総販売原価以上であれば，特段の事情による例外を認めるか否かに違いはあるものの，不当ではないというセーフハーバー基準が存在することになる。不当廉売に係るFigure 23を思い出しながらFigure 27を確認しよう。Figure 27では，低い方の対価が①であればセーフハーバーとなり，②③に該当する場合のみが規制対象となる。この点は，不当廉売規制（2条9項3号，一般指定6項）と同様の基準がとられることになる。

　さらに，法定の不当廉売（2条9項3号）と同様に，可変的性質を持つ費用（平均可変費用）を下回ることが必要か否かが問題になる。差別対価規制の対象をFigure 27の③に限定する立場である。この立場では，不当廉売型の差別対価規制は不当廉売規制に吸収され，差別対価規制には独自の意味がないことになる[75]。学説にそこまで求めるものがあるか否かは明らかでない。

　ところで，2条9項2号は公正競争阻害性を「正当な理由がないのに」でなく「不当に」と規定し，違法性が他の「3類型〔2条9項1号・3号・4号〕ほど明確ではない」にもかかわらず差別対価を法定の不公正な取引方法にするのは，立案担当者によれば，「不当廉売と差別対価は密接な関係にあり，ともに」

---

75)　米国競争法の差別対価規制（ロビンソン・パットマン法）はこの立場をとる。

「抑止力を強化すべきとの立法政策上の要請が強い」ためだと言う[76]。そうであれば，課徴金対象行為である 2 条 9 項 2 号の射程は，同項 3 号（法定の不当廉売規制）と「密接な関係」にある不当廉売型の差別対価に限られる（Figure 27 の②の対象である一般指定 6 項類似型や買い手段階の差別対価は含まれない）として Figure 27 の③に限定する解釈が考えられる。しかし，上記立案担当者は，すべての差別対価がこれに該当すると解しており，また 2 条 9 項 2 号の文言からはその解釈がおかしいとも言えそうにない（1 参照）。「立法政策上の要請」があったのは，【設例 73】等を含む差別対価全体についてであり，その要請に応じたと考えるしかない。

(2) 自由競争減殺の判断方法

　低い方の対価が Figure 27 の③に該当すれば 2 条 9 項 3 号の要件のうち費用・対価基準は同じになり[77]，継続性，他の事業者の事業活動困難化要件も共通するから，法定の不当廉売と同様に，原則違法となる。

　問題は，低い方の対価が可変的性質を持つ費用以上であり総販売原価を下回る場合（Figure 27 の②）に，いかなる判断基準により「不当」とされるのかである。この点は，不当廉売の規制（一般指定 6 項）においても法的措置事例が 1 件[78]しかなく，判断基準は明らかでない。ここで参考になるのは次の設例である。

⑦④ **【設例 74】**

　　N 社と O 社は，店舗等に有線音楽放送を提供しており，国内の業務店向け音楽放送事業の契約件数で，それぞれシェア約 68%（第 1 位），約 26%（第 2 位）である。両社は，契約期間を 2 年とし，加入金と月額聴取料を顧客から徴収している。N 社は，O 社から短期間で大量の顧客を奪い，事業を困難にし，O 社を N 社に統合することを企図し，O 社の顧客のみを対象にキャンペーンを実施した。キャンペーンでは，O 社の顧客に限って，加入金 3 万円を支払えば月額聴取料を 12 か月無料とし，さらに無料期間を最長 24 か月に延長した。この結果，1 年間で O 社のシェアは著しく減少（17%程度減）し，N 社，O 社そ

---

76)　藤井宣明 = 稲熊克紀編著『逐条解説 平成 21 年改正独占禁止法』（商事法務，2009 年）16 頁。
77)　Ⅳ 2 (2)(イ)。
78)　公取委排除措置命令平成 18・5・16 審決集 53 巻 867 頁（濱口石油事件）。

252　第 5 章　不公正な取引方法

れぞれ約 72%，約 20%となり，〇社の営業所は 128 箇所から 90 箇所に減少した。

【設例 74】は，排除型私的独占に係る【設例 48】[79]を再掲したものである。音楽放送事業で無料期間の 12 か月や 24 か月における総販売原価がいくらか，回避可能費用・可変的性質を持つ費用がいくらかを計算することは難しい。本件でも，公取委はこの費用についてはいっさい述べていない。本件では，加入金 3 万円のほかは 12 か月間，さらに 24 か月間もの間，月額聴取料が無料であるから，総販売原価は下回っているであろうし，回避可能費用・可変的性質を持つ費用も下回っているはずだという意見もあろう。しかし，設備を設置しさえすれば，追加的費用（回避可能費用・可変的性質を持つ費用）はほとんどかからない業種にも見える。そうであるとすると，仮に加入金 3 万円が設置コスト（固定費用）を上回るならば，総販売原価を上回っている（Figure 27 の①）可能性もある。本審決に対しては，(ⅰ)明示的には述べていないが対価・費用の基準を充足していることが前提として書かれているという評価がありうる。これに対し，(ⅱ)対価・費用基準をみたさなくても，本件のように競争者を「狙い撃ち」にする差別的な低価格を略奪型の差別行為の一類型と捉えているという評価もありうる。最後に，(ⅲ)不当廉売の費用・対価基準をみたさない場合でも，本件行為のような長期にわたる料金の割引は競争者を排除する目的以外には説明のできない行為であり，効率の上では変わりのない競争者を排除する略奪型の差別行為だという評価もありうる。

なお，公取委＝経産省「適正な電力取引についての指針」（2016〔平成 28〕年）も供給に要する費用（総販売原価）を下回らない料金を設定することは原則として独占禁止法上の問題とならないとセーフハーバー基準をおいていた（旧指針第二部 I 2(1)①イ i）。これに対し，2017（平成 29）年の指針の改正では，理由は明らかでないが，セーフハーバーに係る記述はなくなり，供給に要する費用を著しく下回る料金で供給する場合には，「独占禁止法上違法となるおそれがある（私的独占，差別対価，不当廉売等）」とし，また「自己の子会社等に対して

---

79) 第 4 章 II 2。

V 差別対価 253

のみ，不当に低い料金で電気を小売供給することにより，自己の子会社等を著しく有利に扱うことは，独占禁止法上違法となるおそれがある（私的独占，差別対価等）」としている（第二部 I 2(1)①イ ii）。

(3) ハイブリッド型差別対価

【設例71】はどの類型だろうか。【設例71】は，これまで見たように，G県の新聞発行市場においてH新聞を排除し自由競争を減殺する事案であり，不当廉売型の差別対価に見える。その場合は，50万円という広告料金が総販売原価を下回っている場合に初めて問題になる。しかし，実は本件行為は，広告主に対して自己とのみ取引をするように求めることにより競争者の取引先を奪い，競争者を市場から締め出す（市場閉鎖）行為として，Ⅷで取り上げる排他条件付取引（一般指定11項）やXで学ぶ拘束条件付取引にあたる（同12項）とも評価できる。すなわち取引拒絶類似型（間接の取引拒絶類似型）の差別対価である。そうであれば，広告料金が総販売原価を下回っていなくても「不当」（自由競争減殺が生じる）となりうる。この場合に公正競争阻害性をどう判断するかは，排他条件付取引や拘束条件付取引で見ることにしよう。

5　買い手段階の差別対価

【設例73】において，ビールメーカーの量販店への卸売価格が約3300円であれば量販店Lの行為は法定の不当廉売に該当しない。さらにそれが総販売原価を上回っていれば，一般指定6項の不当廉売にも，通常，不当廉売型の差別対価にも該当しない。そうすると，【設例73】は買い手段階の差別対価のみが問題になる。これは，取引の相手方を競争上著しく有利にしまたは不利にさせることにより相手方の市場（売り手の行為であれば川下市場）で自由競争減殺を生じさせるものである。

しかし，前述のとおり買い手段階の差別対価に係る法的措置事例や判例はなく，公正競争阻害性をどのように判断するのかについては十分な検討はされていない。酒類卸売業者3社が大手スーパーマーケット向けのビールの価格のみをその供給に要する費用を著しく下回る対価で継続して供給し，スーパーマーケットの周辺地域に所在する他の酒類小売業者の事業活動を困難にさせるおそ

れを生じさせている疑いがあるとし，警告が出された事例がある[80]。ここでは，3社は可変的性質を持つ費用を下回る対価で継続して供給していることから不当廉売（2条9項3号）にあたるおそれがあるとしているが，買い手段階の差別対価に近い行為ともいえよう。公取委は法的措置でない警告や，行政指導でもない注意によってこの規制を発動している。通常，売り手は川下市場で特定の事業者を市場から排除し自由競争を減殺させる誘引を持たないであろうし，対価の違いは需要や供給費用の違い，需要者の交渉力の格差[81]に基づくことが多かろう。単なる売り手の利益・買い手の不利益を問題にしているにすぎない可能性もある。差別対価の規制は，重要な競争手段である価格の決定に相当の制約を加えるものであり，自由競争減殺が本当に起こっているのか慎重に審査すべきであろう。

6　課　徴　金

　法定の差別対価については，事業者は，調査開始日から遡って10年以内に差別対価として排除措置命令等を受けている場合に，違反行為がなくなった日から遡って3年間において当該事業者が供給した売上額の原則3％（小売業は2％，卸売業は1％）について課徴金納付命令を受ける（20条の3）。ここでいう売上額は，低い対価による供給に係る売上額か（(i)），高い対価によるそれか（(ii)），両方か（(iii)）が問題になる。不当廉売型の差別対価については，不当廉売に対する課徴金と同様に(i)となりそうである。取引拒絶類似型や買い手段階のそれはどうか。

　立案担当者も，売上額について，不当廉売型（競争者排除型と呼んでいる）では(i)とするが，その他の差別対価（取引事業者排除型と呼んでいる）では「有利差別」（廉価な価格の設定による差別対価），「不利差別」（高価な〔不利な〕価格の設定による差別対価）という概念を持ち出して区別をし，「有利差別」では(i)，「不利差別」では(ii)とする[82]。この分類によれば，取引拒絶類似型は「不利差別」になろう。この場合，「不利差別」である取引拒絶類似型については（共同の）

---

80)　公取委「酒類卸売業者に対する警告等について」（2012年8月1日）。
81)　**【設例73】**もこのような事例かもしれない。
82)　藤井＝稲熊編著・前掲注76)84-85頁。

供給拒絶への課徴金（20条の2〔被拒絶事業者の競争者へ供給した売上額（(i)）〕[83]）
との比較からは，むしろ(i)となると解すべきように思われる。また，買い手段
階の差別対価は，「有利差別」か「不利差別」かは相対的な違いにすぎないこ
とが多いであろう。この点でも，この区別は説得的とは言いがたい。なお，前
述のように，立案担当者は不当廉売型（競争者排除型）では(i)とするが，通常，
この類型で競争を実質的に制限すれば排除型私的独占になるが，排除型私的独
占では(iii)となり，不公正な取引方法と私的独占で課徴金の対象となる売上額の
範囲が異なることになる[84]。

Table 4　差別対価規制の見取図

行為類型	行為の類似性	論点	設例
間接の取引拒絶類似型	一般指定2項・11項・12項等	一般指定11項等の規制の内容はⅧ，Ⅹ参照	【設例69】，【設例71】
直接の取引拒絶類似型（違法行為の実効性確保手段）	一般指定2項，他の不公正な取引方法の実効性確保手段	差止請求ではありうる（Ⅲ4(2)）	【設例68】
直接の取引拒絶類似型（不当な目的達成の手段）	一般指定2項等	その射程は？（Ⅲ4(3)(4)，5）	【設例59】を変更
不当廉売型（売り手段階の差別対価）	2条9項3号，一般指定6項	費用・対価基準を置くか，それは総販売原価か，可変的性質を持つ費用か	【設例70】，【設例71】，【設例72】，【設例73】，【設例74】
買い手段階の差別対価	川下市場での一般指定6項	法的措置事例はない。その判断基準は？	【設例73】

Ⅵ　不当な顧客誘引・取引強制

1　一般指定8項・9項

　過去には，不当な利益による顧客誘引とぎまん的顧客誘引の規制の「特例
法」として「不当景品類及び不当表示防止法」（以下「景品表示法」という）が制
定され，不当景品と不当表示を規制していた。しかし，景品表示法の2009（平

---

83)　Ⅱ4。
84)　第4章Ⅳ2(2)。排除型私的独占と法定の不公正な取引方法で課徴金の対象となる売上額が異な
　ることは，共同の供給拒絶でも生じている。

成21) 年改正によりその目的が「公正な競争〔の〕確保」から「一般消費者による自主的かつ合理的な選択」に変更され，公取委から新設された消費者庁に移管された。ただし，景品表示法の規制の内容に実質的な変更はなく，公取委も執行の委任を受ける（33条2項）。そこで，景品表示法については第8章で取り上げる。

一般指定8項・9項は，それぞれ，ぎまん的顧客誘引，不当な利益による顧客誘引を定義する。いずれも，2条9項6号ハ「不当に競争者の顧客を自己と取引するように誘引し，又は強制すること」（不当な顧客誘引・取引強制）を受けたものである。一般指定8項は，「自己の供給する商品又は役務の内容又は取引条件その他これらの取引に関する事項について，実際のもの又は競争者に係るものよりも著しく優良又は有利であると顧客に誤認させることにより，競争者の顧客を自己と取引するように不当に誘引すること」をぎまん的顧客誘引とし，一般指定9項は，「正常な商慣習に照らして不当な利益をもって，競争者の顧客を自己と取引するように誘引すること」を不当な利益による顧客誘引とする。

「不当に」,「正常な商慣習に照らして不当な」とあるので，公取委または民事訴訟の原告は，公正競争阻害性を個別に証明することが必要である。一般指定8項・9項の公正競争阻害性が競争手段の不公正さにあることに異論はない。「正常な商慣習」とは，単に現存する商慣習をいうのではなく，公正な競争秩序の観点から是認される「あるべき商慣習」をいうと解されている。

2　ぎまん的顧客誘引

(1)　規 制 対 象

ぎまん的顧客誘引の典型はマルチ商法，無限連鎖講や不当表示である。不当表示のうち消費者に対する不当表示は，実際には景品表示法の不当表示規制によっている。この点は，景品表示法が独禁法から切り離された現在も変わらない。したがって，①事業者に対する不当表示，②表示以外の方法によるぎまん的な顧客誘引が一般指定8項の対象となる。

①については，一般消費者向けのぎまん的顧客誘引は景品表示法の不当表示規制のほうが，要件が明確であり，みなし規定（措置命令，景表7条2項），推

VI　不当な顧客誘引・取引強制　　257

定規定（課徴金納付命令，8条3項）（両者をあわせて「不実証広告規制」）があるため使い勝手がよく，また課徴金制度（同8条），適格消費者団体による差止請求制度（同30条）もありエンフォースメントも強力である。事業者向けのぎまん的顧客誘引の例はフランチャイズ本店が加盟店を勧誘する際に，重要事項について虚偽または誇大な開示をし，または十分な開示をしないことがあげられる[85]。

　②には，マルチ商法に適用された事例などがある[86]。これらは，消費者保護のための法規制が整備されていき，次第にそれらの規制にとってかわられることが多くなっている。他の事例でも，別の法律に適切な規制がないために一般指定8項が用いられたが，その後立法的な手当てがなされ，現在は一般指定8項を使う必要がないものが多いのである。この傾向は，一般指定9項も同様である。弱者や消費者保護等を規制する一種の一般条項として利用されてきたといえよう。

(2) 公正競争阻害性

　取引相手を誤認させて顧客を獲得する行為は，市場全体の産出量や価格に対する悪影響（自由競争減殺）はないか，あってもわずかであるのが普通である。しかし，競争者が良質廉価な商品を供給するという顧客獲得の努力（競争）（「能率競争」といわれる）をしているのに，嘘をついて顧客を誘引することは，①顧客の適切な商品選択ないし意思決定を歪めるとともに，②競争者に能率競争をすることを難しくさせる。さらに，③十分な情報を持っていない（「情報の非対称性」がある）取引相手は，だまされることをおそれて本来は望んでいる取引を断念したり，社会的にも供給者にとっても望ましい取引がなされなくなったりする。たとえば，某高級ホテルで，神戸牛と称して，外国産の牛肉を出す例などが考えられる。このような行為が繰り返されると，神戸牛を出すレストランが顧客を奪われ，さらにはこのような行為が広く行われると消費者もだまされることをおそれて神戸牛と表示されているレストランには行かなくなるで

85）　公取委「フランチャイズ・システムに関する独占禁止法上の考え方について」（2002年）2(3)。
86）　公取委勧告審決昭和50・6・13審決集22巻11頁（ホリデイ・マジック事件）。そのほか，大阪地判平成3・3・11判時1401号81頁（ベルギーダイヤモンド事件）（一般指定9項も適用）。

258　　第5章　不公正な取引方法

あろう。このような行為を禁じることは，消費者等の保護になるとともに，能率競争という競争を促進することとなる。このような法規制は，消費者保護政策であるとともに，競争政策であることは，*Column ⑳*で確認をした。

3　不当な利益による顧客誘引

(1)　規 制 対 象

景品の提供は，景品表示法（4条）により形式基準による一律・厳格な規制がなされているために，景品以外の不当な利益による顧客誘引，たとえば景品表示法により要件とされる取引付随性のないもの，取引の直接の相手方でない者への提供が，実質的には一般指定9項の射程となる。この景品表示法との関係は2と同様である。

大手証券4社が，顧客などの資産の運用を行っていたところ，株価の大幅下落に伴い，顧客に損失が生じたことから，取引上重要な一部の顧客に対して損失補填（事後の損失補填）を行ったことを一般指定9項違反とした事例がある[87]。この際にも，本件が起こってまもなく，証券取引法（現在は金融商品取引法39条）で禁止されるようになり，規制が整備された。

小中学校の教科書を発行する9社について，その採択に関与する可能性のある教員等に対して，教科書検定申請後であるにもかかわらず，意見聴取の謝礼として，金銭等の提供，懇親会での酒類・料理等の提供，中元・歳暮の提供をしたことは，一般指定9項に違反するおそれがあるとし，行政指導である警告をしたという珍しい事例もある[88]。

(2)　公正競争阻害性

商品を販売する際に景品やおまけを付けることは広く行われている。競争の観点からは，自動車を販売する際にカーナビなどの付属品をおまけで付けることは，実質的には，自動車本体の値引きという価格競争そのものであろう。しかしながら，冷静な判断を期待できない子どもは，おまけを目当てに菓子を次々と買うかもしれない。競争者が良質廉価な商品を供給するという顧客獲得

---

87)　公取委勧告審決平成3・12・2審決集38巻134頁等（野村證券ほか3社事件）。
88)　公取委「義務教育諸学校で使用する教科書の発行者に対する警告等について」（2016年）。

の努力（競争）をしているのに，商品の価格に比べて高額の景品や懸賞を付けて消費者を勧誘することは，①顧客の適切な商品選択ないし意思決定を歪めるとともに，②競争者が良質廉価な商品を供給する能率競争をすることを困難にさせる。

しかし，経済的利益による勧誘行為は，競争そのものであることが多く，また顧客が十分に合理的で理性的な判断ができるのであれば，①，②の効果も通常は生じない。したがって，経済的利益による勧誘が公正競争阻害性を持ち「不当」となるのは，ぎまん的顧客誘引と異なり，例外的な場合に限られる。

Ⅶ 抱き合わせ販売等

1 一般指定10項

(1) 抱き合わせの要件

一般指定10項は抱き合わせ販売等（以下「抱き合わせ」という）を規定する。これも一般指定8項・9項と同様に，2条9項6号ハを受けたものである。10項は，「相手方に対し，不当に，商品又は役務の供給に併せて他の商品又は役務を自己又は自己の指定する事業者から購入させ，その他自己又は自己の指定する事業者と取引するように強制すること」とする。

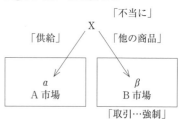

Figure 28　抱き合わせ

Figure 28を見よう。Xが，主たる商品（人気商品）αを欲しい者に，従たる商品（不人気商品）である「他の商品又は役務」（以下「他の商品」という）((2)) βを同時に購入させるなど取引を「強制」((3))することが抱き合わせである。「不当に」((4))とするので，公正競争阻害性を個別に立証することが必要である。抱き合わせ等の公正競争阻害性には，自由競争減殺と競争手段の不公正があると考えられる。

⑺⁵　【設例75】

　　Aは，駅前のレストランでランチを注文した。その際，ランチのセットメニ

ューに入っているサラダはいらないのでサラダを除いてその分安くしてくれといったが，拒否された。Aが通っているスポーツジムでは，プール，トレーニングジム，シャワー，サウナを合わせた料金を設定している。サウナを使わないAは，サウナのサービスを除き，その分安くしてくれといったが，拒否された。スマートフォンのカメラ機能を使用しないAは，カメラ機能が付いているためにスマートフォンが高額になっているのが不満である。Aは，これらはランチとサラダ，トレーニングジムとサウナ，スマートフォンとカメラの抱き合わせであり，いずれも独禁法に違反すると取引の相手方に抗議した。

【設例76】 ⑦⑥

　小売業者Bは，テレビゲーム機の人気ソフトであるドラゴンクエストⅣ（ドラクエⅣ）が発売されるのでこれを仕入れようとしたところ，卸売業者CはドラクエⅣを購入する場合には，在庫になっている不人気ソフト3本を同時に購入しなければ販売できないと主張した。

【設例77】 ⑦⑦

　Dはビルのオーナーであり，DのビルではエレベータメーカーE社製エレベータを設置している。E社の子会社E'社はE社製エレベータの部品を独占的に供給しており，E'社はE社製エレベータのユーザーの多くとの間で保守点検契約を締結している。E'社のエレベータの保守点検分野におけるシェアは3位である。Dは，保守料金の安い独立系保守業者Fと保守点検契約を締結している。ある日，Dのエレベータが故障し，部品の交換が必要になった。DがE'社に部品を注文したところ，E'社は「部品のみの販売はしない。部品の取替え，修理，調整工事を合わせて発注するのでなければ注文に応じない。部品の納期は3か月先になる」と回答した。

【設例78】 ⑦⑧

　G社（日本マイクロソフト社）は，表計算ソフト「エクセル」，ワープロソフト「ワード」，スケジュール管理ソフト「アウトルック」等を開発し，ライセンス供与している。平成5年頃から，日本では表計算ソフトでは「エクセル」が，ワープロソフトではH社の「一太郎」が，スケジュール管理ソフトではI社の「オーガナイザー」が1位であった。日本のパソコンメーカーは，これらのソフトをパソコン本体に搭載し販売している。G社は「ワード」のシェアを高めるため，パソコンメーカーに「エクセル」と「ワード」を搭載するライセンス契約を締結することを受け入れさせた。一部のパソコンメーカーは「エクセル」のみ搭載する契約を要請したが，G社は拒否した。その後，G社は，「アウトルッ

Ⅶ　抱き合わせ販売等　261

ク」についても「エクセル」と「ワード」とともに搭載する契約の締結を受け入れさせた。平成9年度には,「ワード」,「アウトルック」のシェアが1位となった。

(2) 二 商 品 性

抱き合わせの問題が生じるのは「他の商品」の要件をみたす場合のみである。すなわち,主たる商品にとって従たる商品は「他の商品」であること,主たる商品と従たる商品は「2つの商品」であること(以下「二商品性」ともいう)が必要である。1つの商品を一緒に販売するのは当然だからである。「他の商品」の要件をみたすか否かは,独立して取引の対象にされているか[89],それぞれで需要者が異なるか,需要者が単品で購入できるか等により判断される。靴の左右や【設例75】のランチのセットメニューは,通常,1つの商品とされよう。サウナも同様かもしれない。では,プールは利用するがトレーニングジムは利用しない顧客が,トレーニングジムとの抱き合わせだといってきた場合はどうか。多くのスポーツジムにおいてプールだけ,トレーニングジムだけの料金体系を設定していたり,トレーニングジムの役務だけを提供する事業者がいたりすれば,トレーニングジムは「他の商品」とされる可能性もある[90]。

【設例77】のモデルである事例では,エレベータの部品とその取換え調整工事とは「他の商品」であるとされた[91]。この判断が難しいものに,技術的統合とか技術的抱き合わせといわれるものがある。【設例78】のモデルであり長年争われた米国のマイクロソフト事件では,ウィンドウズ(OS)にブラウザ(インターネット閲覧ソフト)を組み込んだ場合にこの要件をみたすかが争点になり,米国マイクロソフト社はこの技術的抱き合わせにより消費者の便益が増大するから1つの商品であると主張したが,その消費者の利益の増大の事実が十分に特定されていないとして1つの商品ではないとされた[92]。排除型私的独占ガイ

---

89) 大阪高判平成5・7・30判時1479号21頁(東芝エレベータテクノス事件〔甲事件〕)。

90) その場合にも,本件が公正競争阻害性を持つかはさらに検討を要する(2(1)(ア))。

91) 前掲注89)大阪高判平成5・7・30。

92) United States v. Microsoft Corp., 253 F.3d 34 (D.C. Cir. 2001).

262 第5章 不公正な取引方法

ドラインは、「抱き合わせ」において技術的抱き合わせについて、「内容・機能に実質的な変更がもたらされる」かを判断基準とし、カメラ付携帯電話はこの基準から単一の商品であり、デジタルカメラは「他の商品」でないとする（第2の4(1)）。

(3) 強　　制

顧客が自発的に2つの商品を同時に購入することは抱き合わせには該当しない。「購入させ」その他取引するよう「強制」することが必要である。言い換えれば、主たる商品には「強制」ができるだけの力や地位がなければならない。ただし、顧客が従たる商品を購入したくないのに購入させられたのであれば、通常、このような力があるといえよう。「客観的にみて少なからぬ顧客が他の商品の購入を余儀なくされるかどうかによって決定される」とする審決[93]もある。

2つの商品がセットで販売されていても、顧客がそれぞれの商品を単品で購入できるオプションが提供されているならば、強制がないといえる。ただし、別々に購入した場合の商品の価格が抱き合わされた商品の価格より高いため、事実上選択肢としては提供されていない場合などは、形式的にオプションとなっていたとしても、なお強制がある。

(4) 不　当　に

「不当に」とあるので、公正競争阻害性の立証が必要である。この公正競争阻害性には、自由競争減殺と競争手段の不公正がある (2)。

なお、「不当に」については、抱き合わせを行う「正当な理由」があり、「不当」でないという主張もなされる。【設例77】のエレベータ部品とその取替え調整工事の抱き合わせも、技術力のない者が据え付けるとエレベータの運行が危険になり、安全が害されるかもしれない。もしそうならば安全性という正当な理由に基づく抱き合わせであることになり、不当ではないことになりそうである。もっとも、もし法的な資格のある者が取替え調整工事を行えば、独立系

---

93) 公取委審判審決平成4・2・28審決集38巻41頁（藤田屋事件）。

VII　抱き合わせ販売等　　263

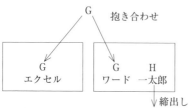

Figure 29 日本マイクロソフト事件

保守業者でも安全に据え付けられるというように、より競争制限的でない代替的方法がある場合があろう。そうであれば、安全性を理由に公正競争阻害性があることを否定することはできない。【設例77】のモデルである前掲大阪高判平成5・7・30は、エレベータについては建築基準法により定期検査が義務づけられており、独立系保守業者Fにも昇降機検査資格者がいたこと等から、エレベータの安全性に関する一定の資格・能力を有しているとし、E'社の取引方法には独禁法上の正当性や合理性はないとする。この点は、不当な取引制限において社会公共目的に関して説明した考え方[94]が基本的に妥当する。なお、この論点は「二商品性」とも重なり、この基準をみたす場合には、「他の商品」に該当しないことが多かろう。

2 公正競争阻害性

(1) 自由競争減殺

(ｱ) **従たる商品市場での自由競争減殺**　抱き合わせの公正競争阻害性として、まず自由競争減殺が考えられる。【設例75】は架空の事例であり、【設例76】から【設例78】は抱き合わせに関する主要な事例をモデルにしたものを古いものから順に並べている。その中で、【設例78】は自由競争減殺型の公正競争阻害性の例としてわかりやすいものである[95]。

Figure 29のように、【設例78】では、本件抱き合わせによって従たる商品の市場（ワープロソフト市場、スケジュール管理ソフト市場）において、競争者の商品に対する需要を減らすことによって、競争者の商品を従たる商品の市場から排除して（締出し）、この市場において市場支配力を形成等している。このように抱き合わせによって従たる商品市場において相当のシェアを獲得できれば、従たる商品市場で自由競争が減殺される。これは、Ⅷの排他条件付取引（一般

---

94) 第2章Ⅳ2。
95) 公取委勧告審決平成10・12・14審決集45巻153頁（日本マイクロソフト事件）。

指定11項）で見ることになる市場閉鎖（Ⅷ2(2)，4）やライバルの費用引上げ効果（Ⅷ2(3)）と同じ効果をもたらすものである。さらに，抱き合わせにより一定の取引分野において競争を実質的に制限する（市場支配力を形成，維持，強化する）といえるならば，排除型私的独占にも該当しよう[96]。

なお，【設例75】において，仮に「他の商品」といえたとしても，通常，当該抱き合わせにより自由競争減殺は生じないであろう。さらに，【設例75】を変更した事例（1(2)）のトレーニングジムとプールの抱き合わせについても，周辺のスポーツジム等でトレーニングジムのみの役務が相当提供されており，需要者が他のジムを選択できるのであれば，次の(2)はさておき，自由競争減殺は生じないであろう。

　(イ)　**主たる商品市場での市場支配力の維持**　主たる商品市場において市場支配力などの力を持っている場合に，その力を維持するために抱き合わせを行う場合がある。米国のマイクロソフト事件では，米国マイクロソフト社がコンピュータメーカーに対して，OS（Windows）の供給に際して自社製のインターネット閲覧ソフト（ブラウザ）のみを登載するように求めた。裁判所は，抱き合わせは(ア)の自由競争減殺に加えて，競合ブラウザに搭載されているアプリケーション・プログラミング・インターフェースが普及するとどのOSでも応用ソフトが利用できるようになり，米国マイクロソフト社のOSの独占が崩れるおそれがあり，それを避けるために当時シェア第1位の有力なブラウザであったNetscapeを排除するものであったとされた[97]。

(2)　競争手段の不公正（顧客の商品選択の自由の侵害）

　抱き合わせは，競争手段として不公正であることから公正競争阻害性を持ち不当だとされることもある。主たる商品を購入したいという顧客の意欲に乗じて従たる商品を購入させるという方法により競争をしていることが，不公正と評価される。このような競争手段が放置されれば，従たる商品について良質廉

---

96)　米国，欧州等の競争法では，このように，抱き合わせ販売により主たる商品市場における力を利用して（「テコ」として利用して）従たる商品の市場にその力を拡大し，反競争効果（自由競争減殺，市場閉鎖効果）を生じさせることにもっぱら着目して規制をする。

97)　前掲注92）United States v. Microsoft Corp.

Ⅶ　抱き合わせ販売等　　265

価な商品を供給するという能率競争を妨げられてしまい，公正な競争が阻害されると見る。顧客としては，どの事業者から商品を購入するかという選択の自由が侵害されているのであって，このことからしても不公正であるといえる。この観点から公正競争阻害性を認めるならば，従たる商品市場への影響が問題にされなかったり，問題にされるにしても比較的広く認定できたりすることになる。

3　事　　例

(1)　自由競争減殺

【設例78】が自由競争減殺により説明できることはすでに確認した。従たる商品の市場において競争が十分に機能していなければ[98]，抱き合わせることによって自由競争を減殺し，利益を得ることができるようになる。

公取委は，相談事例において，Y地域の農業協同組合（X協同組合）が機械 a と資材 β を共同購買事業を利用して購入することを補助金支給の条件とする事案について，(i)Y地域において機械 a ，資材 β を購入する者のほとんどがX協同組合の組合員であること，(ii)多くの組合員は，X協同組合から支給される補助金を利用して機械 a を購入していることから，Y地域における機械 a および資材 β の販売市場における競争者の取引の機会の減少につながるおそれがあり，独禁法上問題となりうるとする[99]。これも，自由競争減殺が生じる例といえそうである。

抱き合わせにより，自由競争減殺にとどまらず一定の取引分野における競争を実質的に制限するならば，排除型私的独占となる。私的独占の先例はまだないが，排除型私的独占ガイドラインは，「抱き合わせ」においてその判断要素を列挙し，「参考例」として，一般指定10項を適用した事例である日本マイクロソフト事件（【設例78】）と(2)で述べる東芝エレベータテクノス事件（【設例77】）をあげている（第2の4(3)アイ）。

---

98)　柳川隆ほか編『エコノリーガル・スタディーズのすすめ』（有斐閣，2014年）104-108頁［柳川］は，経済的な説明をわかりやすくしている。

99)　公取委『独占禁止法に関する相談事例集（平成27年度）』「13 農業協同組合による共同購買事業の利用強制」。

266　第5章　不公正な取引方法

(2) アフターマーケットと自由競争減殺

【設例77】では、部品の供給とその取替え、修理、調整工事の抱き合わせがなされている。これにより、取替え、修理、調整工事という従たる商品市場、さらに保守点検契約の市場において独立系保守業者を締め出すことができることから、相当程度の影響があるように見える。もっとも、モデルとなった事例[100]ではE'社はエレベータ保守点検分野で3位にすぎない。親会社であるE社もエレベータ業界で3位程度と推測される。すると、E'社の取替え調整工事や保守料金が高いのであれば、顧客は1位や2位のメーカーのエレベータを買えばよいし、E'社の取替え調整工事や保守料金に対して1位や2位のメーカーからの競争があるはずだからE'社も無茶はできないではないか、という疑問がもたれる。それに対しては、製品が販売された後は、ブランド（メーカー）ごとの取替え調整工事や保守市場という独立の市場が成立しうるという考え方がある。たとえば、エレベータを設置した後にしか取替え調整工事や保守料金が高いことがわからず（「情報の非対称性」がある[101]）、さらにわかった後には他のメーカーのエレベータに買い換えることが困難な場合（「転換コスト」が高い）、「ロックイン」と呼ばれる囲い込み現象が生じるならば、その市場を「アフターマーケット」として独立の市場と考えて、E'社がそれらの市場で競争を減殺したといえよう。排除型私的独占ガイドラインも、「アフターマーケット」で特定の補完的商品を購入させる行為も抱き合わせに含まれるとし（第2の4(1)注15）、本件を「参考例」としてあげている。

　もっとも、モデルとなった事件では、大阪高裁は、このような論点に触れることなく、「このような……抱き合わせ……は、買い手にその商品選択の自由を失わせ、事業者間の公正な能率競争を阻害するものであって、不当というべき」とし、顧客の商品選択の自由の侵害を問題にしているように見える。一方、判決は、「自己系列下の保守業者のみに部品供給をし、結果的に市場支配力を高めようとすることは許されない」とも述べており、自由競争減殺を認定して

---

100)　前掲注89)大阪高判平成5・7・30。
101)　エレベータの機種選定は、部品や保守料金の高低に関心のない建設会社が行い、オーナーは行わないかもしれないし、設置して初めて部品や取替え調整工事、保守料金がどうなるのかわかるかもしれない。

VII　抱き合わせ販売等　　267

いるようにも見える。

(3) 流通・取引慣行ガイドラインの「抱き合わせ販売」

2017（平成29）年に改訂された流通・取引慣行ガイドラインは，*Column* ㉔ のように，「抱き合わせ販売」の項目を新設した。そこでは，本文に自由競争減殺（市場閉鎖効果）型（有力事業者性も要件とする）を記載し，注に競争手段の不公正型を記載し，前者が主で，後者が補完的なものであることを明確にした。

4 発展問題

Column ㉓　市場支配力をテコにした利潤の拡大？　◦━◇━◦━◇━◦━◇━◦━◇━◦━◇━◦━◇━◦━◇━◦

J社は特殊な印刷機器甲（以下本 *Column* 中で「甲」という）の市場において市場支配力を持つ。一方，それに使用されるトナーは他の多くの印刷機器にも使用できる汎用品であり，多くのメー

	X	Y
甲利用の評価（支払意欲）	32.5万円	5.05万円
トナー数	50本	5本
トナーの市場価格	100円	100円

カーが生産し市場は競争的であり，市場価格は100円である。この事例において，Jは印刷機器とトナーを抱き合わせることで利潤を拡大できるだろうか。顧客Xは甲を高く評価し，32万円（32万5000 − 100×50）までならば支払ってよいと考えている（32万円（甲のみでは32.5万円）の支払意欲をもつという）。Jは，抱き合わせをしないで甲を32万円で販売することもできるし，トナーを抱き合わせて価格を設定することもできる。抱き合わせることでJの利潤は増えるだろうか。実はJの利潤は変わらない。なぜなら，抱き合わせた場合にもXの支払意欲は変わらないので，甲の価格は支払意欲からトナーの市場価格を引いた価格になり，本体の価格を引き下げざるを得ないからである。Xについては，抱き合わせがなければ甲の価格は32万円であるが，抱き合わせてトナーの料金を1本1000円に引き上げると，甲は27万円（32万 − 1000×50）でしか売れず，Jの利益は変わらない。

では，Jはなぜ抱き合わせをするのだろうか。Xは甲をよく利用し，甲に高い価値（支払意欲）を置くが，他の顧客Yは年賀状作成程度にしか甲を利用せず，甲に低い価値しか置かない。この場合，JがXから最大の利益を得るために甲を32万円で販売すると，Yにとって甲が高すぎてYは甲を買わない。しかしJが甲を販売する費用が5万円（5万500 − 100×5）を下回るならば，JはYに甲を販売することが利益になる。そこで，JはYに対して甲を2万円で販売し，トナー代金をたとえば1本あたり6000円とする。すると，JはYに対して実質的に5万円弱（2万 + 6000×5 − 100×5）

で販売できる。そして，Jは，Xに対しては，抱き合わせにより甲を実質的に32万円弱（2万＋6000×50－100×50）で販売できる。このような抱き合わせは，甲をよく利用し甲に高い価値を置く顧客には高い甲代金を設定し，利用の少ない顧客には低い代金を設定し，両者へ甲を異なる価格で売るのと同じである。つまり，甲とトナーのような関連した商品（補完財という）を抱き合わせることで，映画館の一般料金と学割・シルバー割のような価格差別[102]を行っているのである。これにより，Jのみならず X，Yの利益になり，社会全体の利益も増える可能性がある[103]。もっとも，市場価格100円のトナーを6000円で販売するのは不当だと非難する者がいることは予想される。

❖❖❖❖❖❖❖❖❖❖❖❖❖❖❖❖❖❖❖❖❖❖❖❖❖❖❖

(1) 競争手段の不公正？　自由競争減殺？

【設例76】のモデルである藤田屋事件審決[104]は，「不当とは，公正な競争を阻害するおそれがあることを意味する」としたうえで，「右公正な競争を阻害するおそれとは，当該抱き合わせ販売がなされることにより，買手は〔従たる商品〕の購入を強制され商品選択の自由が妨げられ，その結果，良質・廉価な商品を提供して顧客を獲得するという能率競争が侵害され，もって競争秩序に悪影響を及ぼすおそれのあることを指す」とし，「本件抱き合わせ販売は，ドラクエⅣが人気の高い商品であることから，その市場力を利用して価格・品質等によらず他のゲームソフトを抱き合わせて販売したものであり，買手の商品選択の自由を妨げ，卸売業者間の能率競争を侵害し競争手段として公正を欠く」とする。本審決は，競争手段の不公正と自由競争減殺の両面の公正競争阻害性をあげ，不当だとするように見える。

しかし，本件について，自由競争減殺があるのかどうか疑問がもたれる。なぜなら，抱き合わせによりCの在庫ソフトがすべて販売できるとは限らず，Cの在庫以外にも不人気ソフトが大量に存在していたと考えられ，本件抱き合わせによってCが不人気ソフト市場において相当のシェアを獲得し，不人気ソ

---

102)　Ⅴ2(1)および注63)。
103)　本体を安くし，補完財（消耗品等）を高く設定することには他の理由も考えられる。たとえば，携帯端末を安価で販売し普及させたうえで，その後の通信料金で損失を回収し利益を得ることがある（Ⅳ5(1)も参照）。
104)　前掲注93)公取委審判審決平成4・2・28。

フト市場全体の価格を引き上げることなどはできそうにないからである。排除型私的独占ガイドラインも，本件を「参考例」としてあげていない。では，Cはなぜ抱き合わせを行ったのだろうか。

　本件抱き合わせは，*Column ㉓*で見たのと同様に，人気ソフト（7000 円で販売されていると仮定する）に高い支払意欲のある（1 万円まで払ってよいと考えると仮定する）需要者に，不人気ソフト（7000 円で販売されているが，需要者の支払意欲は 4000 円までと仮定する）を抱き合わせることにより，人気ソフトの価格を 1万円に引き上げる（同時に，不人気ソフトの価格は 4000 円に引き下げる）という価格差別を行っていると考えられる[105]。メーカーが希望小売価格を 7000 円とし，卸売業者はこれ以上の価格では売りにくい場合や，政府の価格規制や違法な再販売価格の拘束（2 条 9 項 4 号）により価格が固定されているような場合，抱き合わせにより価格を引き上げることは C の利益となるのである（4⑵）。

　本件がそのような事案だとすると，本件では，何らかの事情で価格を引き上げられなかったのに抱き合わせにより人気ソフト（主たる商品）の市場支配力の行使を促進しており，そのような市場支配力の行使の促進も自由競争減殺だとする考え方がありうる。一方，本来 C は価格を自由に設定できるのだから問題ない[106]という考え方もありうる。いずれにせよ，本件に公正競争阻害性があるとすれば，2⑵で取り上げた競争手段の不公正（顧客の商品選択の自由の侵害），あるいは優越的地位の濫用（2 条 9 項 5 号）に近い行為[107]なのかもしれない。たしかに，XIで取り上げる優越的地位の濫用における購入強制（同号イ），従業員派遣要請（同号ロ）などは，抱き合わせとよく似た行為類型である。米国・EU 等の競争法は，抱き合わせについて自由競争減殺のみを問題にするが，日本の独禁法では，一般指定 10 項は，不当誘引，強制に係る 2 条 9 項 6 号ハに基づいて置かれており，抱き合わせの公正競争阻害性を自由競争減殺に限定して解釈する条文上の根拠はないといえる。

　もっとも，本件抱き合わせ行為が「不当に」に該当するとする際に，人気に

105）　柳川ほか編・前掲注 98）104 頁［柳川］。なお，本文では，計算しやすいように，1 対 1 の抱き合わせとした。

106）　実際，抱き合わせに応じた 25 社以外の「相当数」の取引先小売業者は J の抱き合わせ要請に応じていない。

107）　白石忠志『独占禁止法〔第 3 版〕』（有斐閣，2016 年）386 頁。

270　　第 5 章　不公正な取引方法

よる市場支配力（またはより小さい力（Ⅰ1(4)））を利用して行ったこと，組織的，計画的になされたこと，反復性，伝播性があり，さらに広い範囲で本件のような抱き合わせ販売が行われる契機となる危険性があること，従たる「商品市場における競争秩序に悪影響を及ぼすおそれがある」とすることから，その事実認定の妥当性の是非はともあれ，自由競争の減殺があったと判断したとも解しうる。

さらに，*Column ㉓*のような事例でも，トナー（アフターマーケット）の市場が独占や寡占になっているため競争が十分に機能していない場合には，3(2)で見たように，アフターマーケットでの自由競争減殺や競争の実質的制限が生じうる。公取委もそのような問題に関心を持っている[108]。

(2) 公的規制，カルテル，再販売価格の拘束等の回避手段

価格規制が行われているとき，抱き合わせにより市場支配力を形成等することができる場合がある。通信サービスを行う際に事業者が，加入者に対して，当該事業者から通信機器（モデムなど）を購入し設置することを義務づけるとしよう。通信サービスを購入するには機器の設置が必要であり，両者は1対1の関係にある補完財である。この場合，通信料金は総務省の認可制度になっていて独占価格をつけられないが（価格への公的規制がある），通信機器は自由に価格設定できるとする。この場合，この通信会社は，規制分野ではできない価格引上げを，非規制分野の商品（通信機器）を抱き合わせることによって，できるようになる。このような公的規制を回避する抱き合わせは，規制によって抑制されている市場支配力を解放する行為であり，自由競争減殺があるといえよう。

(1)で見たように，価格が固定されている場合，たとえば再販売価格の拘束の回避手段として抱き合わせが行われ，それにより市場での価格が引き上げられたのであれば，それにより自由競争減殺が生じているともいえよう。もっとも，再販売価格の拘束のような独禁法違反行為を自力救済する行為を自由競争減殺

---

108) 独禁法違反の可能性を検討し，結論として直ちに問題となるものではないとしたものに，公取委「キヤノン株式会社に対する独占禁止法違反被疑事件の処理について」（2004年），公取委『独占禁止法に関する相談事例集（平成16年度）』「8印刷機器のインクボトルへのICチップの搭載」。

があり「不当」だといってよいのかという問題もある。

(3) バンドル・ディスカウント再考

不当廉売において[109]，N 社の提供する電力 a と O 社の提供する電気通信サービス β を同時に契約するならば顧客の負担する全体の料金や a（または β）の料金を一定額割引するというキャンペーンの不当廉売としての考え方を紹介した。これはバンドル・ディスカウントといわれる。これには，不当廉売の面と抱き合わせや排他条件付取引（一般指定 11 項）の面がある。ディスカウントすることにより従たる商品 β（または a）の取引を「強制」していると解することができれば，抱き合わせとして β（または a。以下では，β のみ見る）の市場における自由競争減殺や競争手段の不公正を問題にすることとなる。この場合には，従たる商品 β の対価が不当廉売規制における費用・対価の基準を下回っている必要がないことになる。主たる商品を供給する事業者が有力な事業者であり，従たる商品 β の市場の供給者もたとえば有力事業者であり，いずれか（または双方）の市場で競争への悪影響が生じそうな事例では，抱き合わせの規制にも注意をすべきことになる。

Column ㉔ 流通・取引慣行ガイドラインの「抱き合わせ販売」

2017（平成 29）年の流通・取引慣行ガイドラインの改正において，「抱き合わせ販売」（第 1 部第 2 の 7）が新たに置かれ，公取委の考え方が明らかになった。本書の以上の説明とほぼ同じであるが，主要な部分を確認しよう。

ガイドラインは，抱き合わせ販売の公正競争阻害性について，7(2) の「独占禁止法上問題となる場合」で「ある商品（主たる商品）の市場における有力な事業者が，取引の相手方に対し，当該商品の供給に併せて他の商品（従たる商品）を購入させることによって，従たる商品の市場において市場閉鎖効果が生じる場合には（注 10），不公正な取引方法に該当し，違法となる（一般指定 10 項（抱き合わせ販売等））」とし「市場閉鎖効果が生じる場合」にあたるかどうかについては，ガイドラインの一般的な説明（第 1 部 3(1)(2)ア。4，X 1(2)で後出）を引用している。有力事業者性および市場閉鎖効果を要件とすることで，公正競争阻害性について他の市場閉鎖効果が問題となる行為類型と同様の考え方（4，X 1(2)で後出）によることを明らかにしたといえる。ただし，注において，「抱き合わせ販売は，顧客の選択の自由を妨げるおそれがあり，

---

109) Ⅳ5(3)。

272　第 5 章　不公正な取引方法

価格，品質，サービスを中心とする能率競争の観点から，競争手段として不当である場合にも，不公正な取引方法に該当し，違法となる。事業者による抱き合わせ販売が競争手段として不当であるか否かは，主たる商品の市場力や従たる商品の特性，抱き合わせの態様のほか，当該行為の対象とされる相手方の数，当該行為の反復，継続性，行為の伝播性等の行為の広がりを総合的に考慮する」とし（第1部第2の7(2)注10），競争手段の不公正も補完的には問題となることを明らかにしている。

そのほか，「他の商品」については，「組み合わされた商品がそれぞれ独自性を有し，独立して取引の対象とされているか否かという観点から判断される。具体的には，判断に当たって，それぞれの商品について，需要者が異なるか，内容・機能が異なるか（組み合わされた商品の内容・機能が抱き合わせ前のそれぞれの商品と比べて実質的に変わっているかを含む。），需要者が単品で購入することができるか（組み合わされた商品が通常一つの単位として販売又は使用されているかを含む。）等の点が総合的に考慮される」とし，「購入させること」にあたるか否かは，「ある商品の供給を受けるに際し客観的にみて少なからぬ顧客が他の商品の購入を余儀なくされるか否かによって判断される」とする。

また，市場閉鎖効果を判断する市場については，「ある商品を購入した後に必要となる補完的商品に係る市場（いわゆるアフターマーケット）において特定の商品を購入させる行為も，抱き合わせ販売に含まれる」とし，アフターマーケットを市場としうることを確認している。

Ⅷ　排他条件付取引

1　一般指定11項

一般指定11項は排他条件付取引を規定する。これは，2条9項6号ニ（「相手方の事業活動を不当に拘束する条件をもって取引すること」）を受けたものである。一般指定11項は，「不当に，相手方が競争者と取引しないことを条件として当該相手方と取引し，競争者の取引の機会を減少させるおそれがあること」とする。

「不当に」とあるので，公取委や原告は公正競争阻害性を個別に証明しなければならない。排他条件付取引の公正競争阻害性が自由競争減殺にあることは異論がない。

「相手方が競争者と取引しないことを条件として当該相手方と取引」するというのは，その事業者の「すべての競争者」と取引しないことを条件とするこ

とを意味する。特定の競争者や競争者の一部とのみ取引しないことを条件とする場合は，拘束条件付取引（一般指定 12 項）となる。ただし，Xの拘束条件付取引で見るように，「不当に」という要件は同じであるから，適用条文が異なるだけであり，どのような場合に違法かについて基本的な違いはない（7 (5)）。「条件として……取引」とは，実効性が確保されていることを意味し，IXで見る再販売価格の拘束（2 条 9 項 4 号）やXで見る拘束条件付取引（一般指定 12 項）にいう「拘束」と同義である（詳しくはIV 2 (2)）。

　排他条件付取引に該当するか否かは課される条件の実質を見て判断する。以下で見るように，専売店制，特約店，専門店など様々な名称のものがこれに該当するし，全量購入義務やリベートもこれに該当することがある（7 (2)(3)）。供給者が行う排他条件付取引を排他的供給契約，需要者が行うそれを排他的受入契約ともいう。以下では，供給者が行う排他条件付取引を前提に説明するが，需要者が行う場合にも，公正競争阻害性に関する考え方は変わらない。

2　公正競争阻害性

(1)　「不当に」

⑦⑨　**【設例 79】**

> 　A社は精米機等の製造業を営み，特約店を通じて米穀小売業者に供給している。A社は，小型精米機（3 馬力以上 50 馬力以下）において国内総販売高の約 28％を占め業界第 1 位である。A社は，特約店に対して，①A社製品と競合する他社製品を扱わないこと，②特約店は，特約店以外の販売業者にA社製品を販売しないことなどを内容とする特約店契約を締結する者にのみ，A社製品を販売すると告知した。A社は，全国の販売業者約 240 名のうち 79 名との間でこの特約店契約を締結し，これに基づき取引をしている。

【設例 79】では，メーカーが販売業者に対し，自己の商品のみを取り扱い，競争者の商品を取り扱わないという条件を付しており，排他条件付取引に該当する。

　「不当に」とあるように，排他条件付取引はそれ自体が違法であるのではない。メーカーが，店舗の内装・外装，販売用の情報・ノウハウの提供などによ

274　第 5 章　不公正な取引方法

り系列の小売店を支援し，流通を効率化したり競争を促進したりすることがありうる。競争品の取扱いを禁止すれば，このようなメーカーの努力に競争者がただ乗り（フリーライド）をすることを阻止できる（フリーライダー問題の解消）（Ⅷ6）。したがって，排他条件付取引は「不当」な場合，すなわち自由競争減殺が生じる場合にのみ独禁法により禁じられる。

(2) 市 場 閉 鎖

Figure 30 を見よう。排他条件付取引は，競争者の流通経路を閉鎖することによって自由競争を減殺する。これは，「市場閉鎖」と呼ばれる。つまり，排他条件付取引により競争者（B，C）が川下市場の取引相手（X，Y）を見つけることができない（締め出される〔顧客閉鎖〕[110]）としよう。Figure 30 では，B，C は X，Y と取引ができない。Z とは取引ができるが，Z の川下市場での生産能力が低いことなどから Z が購入できる量は少なく，Z との取引だけでは X，Y の購入量に相当するだけの供給ができないとする。その場合，B，C は川上市場だけでなく川下市場（販売市場）にも同時に参入しなければならなくなる。しかし B，C が自ら川上市場に参入し，かつ川下市場で販売ネットワークを自ら構築したり，新規の販売業者を募集・獲得することは通常困難である（埋没費用が高すぎ，参入できない）。そうすると，有力事業者 A は排他条件付取引によって顧客を締め出し（顧客閉鎖），川上市場において市場支配力の行使を促進したり，市場支配力の前段階の力を形成，維持，強化することにより，自由競争減殺を生じさせる。これは，垂直型企業結合において競争の実質的制限が生じる仕組み[111]と基本的に同じである。

Figure 31 は，川下市場の有力事業者 X が排他条件付取引を行う場合である。この場合も自由競争減殺が生じる仕組みは同じである。つまり，川下市場にいる Y，Z は A，B から供給を受けられなくなることによって（投入物閉鎖），川下市場において供給することが困難になり，川下市場で自由競争減殺が生じ

---

110) 垂直型企業結合で触れたように（第1章Ⅲ6⑵および注29）），公取委や欧州委員会は，この場合に，顧客の締出し（顧客閉鎖）が生じるとする。一方，その結果，競争者が排除され（閉鎖され）競争減殺が生じる市場は供給者が供給する市場（川上市場）である。この場合に，2つの異なる意味の閉鎖効果が生じているといえるが，本節では，とくに説明をしない場合は，市場（Figure 30 では，川上市場）で自由競争減殺が生じるという効果を市場閉鎖と呼ぶことにする。
111) 第1章Ⅲ6⑵。

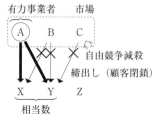
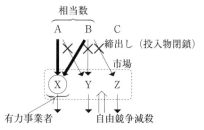

る。

(3) ライバルの費用引上げ

　市場閉鎖することは，競争者（ライバル）の費用を引き上げることを意味する。有力事業者が排他条件付取引を行うことによって競争者を市場から完全に締め出さなくても，その費用を引き上げることによって，競争者の競争能力を低下させることを通じて，有力事業者は価格を高く設定することができ（ライバルの費用引上げ[112]），自由競争を減殺する。たとえば，有力事業者が，排他条件付取引により最も優れた流通チャネルや優れた技術をもつ取引先を囲い込み，それらを競争者に使わせなくしたとしよう。そうすると，競争者はより高いコストの流通チャネルや劣る技術を使わなければならなくなる。ライバルの費用引上げに着目すれば，排他条件付取引は，競争者を締め出すという市場閉鎖だけでなく，より広範に自由競争を減殺する可能性がある。後述（4）の流通・取引慣行ガイドラインは，このような場合も含めて市場閉鎖と呼び，自由競争減殺を認めると考えられる。

3　東洋精米機事件東京高裁判決

　【設例79】の事案は東洋精米機事件において公取委審決[113]が認定した事実に基づいている。この審決取消訴訟において，東京高裁[114]は，「公正競争阻害

---

112) 第4章Ⅱ1(3)。
113) 公取委審判審決昭和56・7・1審決集28巻38頁。
114) 東京高判昭和59・2・17行集35巻2号144頁。

性の有無は，結局のところ，行為者のする排他条件付取引によって行為者と競争関係にある事業者の利用しうる流通経路がどの程度閉鎖的な状態におかれることとなるかによって決定されるべきであり，一般に一定の取引の分野において有力な立場にある事業者がその製品について販売業者の中の相当数の者との間で排他条件付取引を行う場合には，その取引には原則的に公正競争阻害性が認められるものとみて差し支えない」とする。判決は，続けて，「しかし，また，右のような場合であっても，一定の取引の分野の市場構造の特殊性等からして，すでに各販売業者が事実上特定の事業者の系列に組み込まれており，その事業者の製品だけしか取り扱わないという事態になっているなど特段の事情が認められる場合は，排他条件付取引に公正競争阻害性が認められないとされる余地が生ずる」とする。

4　市　場　閉　鎖

　東洋精米機事件の東京高裁は，①競争関係にある事業者の利用しうる流通経路がどの程度閉鎖的な状態におかれることとなるかによって決定されるべきであるとし，②(i)市場において「有力な立場にある事業者」が，(ii)「相当数の者」との間で排他条件付取引を行えば，原則的に，公正競争阻害性が認められるとし，排他条件付取引の公正競争阻害性とその主張立証ルールを明示した。

　ただし，東京高裁は，A社（東洋精米機製作所）が有力事業者であるとの公取委審決の認定について，実質的証拠（旧80条）がないとし[115]，また相当数についても実質的証拠がないとし[116]，審決を取り消している。

　この考え方は，1991（平成3）年に公表された流通・取引慣行ガイドラインに受け継がれ，その後2017（平成29）年になり若干の修正がなされた。現在の同ガイドラインは，「自己の競争者との取引等の制限」の項において，「市場における有力な事業者が，……取引先事業者に対し自己又は自己と密接な関係にある事業者……の競争者と取引しないよう拘束する条件を付けて取引する行為，取引先事業者に自己又は自己と密接な関係にある事業者の競争者との取引を拒

---

115)　有力事業者を判断するための小売業者向けの市場のシェア算定において，大型精米工場向けの販売高を控除していないことを理由とする。

116)　全国の販売業者数240名について証拠がないとする。

Ⅷ　排他条件付取引　　277

絶させる行為……を行うことにより，市場閉鎖効果が生じる場合には，当該行為は不公正な取引方法に該当し，違法となる（一般指定2項（その他の取引拒絶），11項（排他条件付取引）又は12項（拘束条件付取引））」（第1部第2の2）とする。

流通・取引慣行ガイドラインがいうように，このような行為は，単独の間接取引拒絶（一般指定2項），拘束条件付取引（一般指定12項）にも該当しうる。

流通・取引慣行ガイドラインは，有力な事業者については，「当該市場（……，基本的には，需要者にとっての代替性という観点から判断されるが，必要に応じて供給者にとっての代替性という観点も考慮される。）におけるシェアが20％を超えることが一応の目安となる」とする（第1部3(4)）。有力な事業者は，単独の直接取引拒絶[117]ですでに出てきた概念であり，東洋精米機事件東京高裁判決が，その概念を確立させたといえる。流通・取引慣行ガイドラインの2016（平成28）年5月改正は，有力な事業者のセーフハーバー基準を，シェア10％未満かつ4位以内から，上記のようにシェア20％以下に引き上げた[118]。

流通・取引慣行ガイドラインは，「市場閉鎖効果が生じる場合」とは，「非価格制限行為により，新規参入者や既存の競争者にとって，代替的な取引先を容易に確保することができなくなり，事業活動に要する費用が引き上げられる，新規参入や新商品開発等の意欲が損なわれるといった，新規参入者や既存の競争者が排除される又はこれらの取引機会が減少するような状態をもたらすおそれが生じる場合をいう」（第1部3(2)ア）とする。市場閉鎖効果について，ライバルの費用引上げ等（2(2)(3)）の考え方を採用しているといえる。「新商品開発等の意欲が損なわれる」は，非係争条項（X6）の市場閉鎖効果を念頭に置いている。

「垂直的制限行為に公正な競争を阻害するおそれがあるかどうかの判断に当たっては，具体的行為や取引の対象・地域・態様等に応じて，当該行為に係る取引及びそれにより影響を受ける範囲を検討した上で，次の事項を総合的に考慮して判断することとなる」とし，①ブランド間競争の状況（市場集中度，商品

---

117)　Ⅲ3(3)。
118)　セーフハーバーの意味は，Ⅲ4(1)，*Column ㉗*。

278　第5章　不公正な取引方法

特性，製品差別化の程度，流通経路，新規参入の難易性等），②ブランド内競争の状況（価格のバラツキの状況，当該商品を取り扱っている流通業者等の業態等），③垂直的制限行為を行う事業者の市場における地位（市場シェア，順位，ブランド力等），④垂直的制限行為の対象となる取引先事業者の事業活動に及ぼす影響（制限の程度・態様等），⑤垂直的制限行為の対象となる取引先事業者の数及び市場における地位を掲げている（第1部3⑴）。また，排除型私的独占ガイドラインは，「排他的取引」の判断要素として，(i)商品に係る市場全体の状況，(ii)行為者の市場における地位，(iii)競争者の市場における地位，(iv)行為の期間および相手方の数・シェア，(v)行為の態様をあげている（第2の3⑵）。

流通・取引慣行ガイドラインの②③や排除型私的独占ガイドラインの(ii)(iii)(iv)は，東京高裁のいう有力事業者性，「相当数の者」に対応する考慮要素といえよう。

5 並列実施・累積効果と市場閉鎖

東洋精米機事件において東京高裁は，傍論ではあるが，競争関係にある事業者が並列的に排他条件付取引を実施していれば，特段の事情があり，公正競争阻害性が認められない余地があるとする。それはなぜだろうか。東京高裁は，この場合，それぞれの系列の間での競争（「ブランド間競争」という）が活発になると考えたのかもしれない。

しかし，判決のこの部分に対しては学説の批判が強い。たとえばすべてのメーカーが排他条件付取引を実施していると，それぞれの事業者のシェアは小さく，単独では市場を閉鎖できない場合であっても，新規参入者は，顧客閉鎖により，代替的な流通経路が確保できないであろう。すると，排他条件付取引の並列的な実施は，むしろ，公正競争阻害性を生じやすいと考えられる。このような学説の批判を受けてか，判決後にできた流通・取引慣行ガイドラインは，「複数の事業者がそれぞれ並行的にこのような制限を行う場合には，一事業者のみが制限を行う場合と比べ市場全体として市場閉鎖効果が生じる可能性が高くなる」とし，学説と同じ見解を明らかにしている（第1部第2の2⑴イ）[119]。

---

119) 流通・取引慣行ガイドラインのそれぞれの事業者のシェア20%以下というセーフハーバー基準は，並列実施においては高すぎるという批判もありうる。

Ⅷ 排他条件付取引　279

6 正当な理由

　排他条件付取引は，フリーライダー問題の解消などを目的として採用されることがある（2(1)）。フリーライダー問題の解消により，メーカーと専売店との協力が促進されるならば，競争も促進されるかもしれない（競争を促進する効果）。フリーライダー問題の解消は自由競争減殺効果を否定する理由（「不当」でないとされる理由）となることがある。ただし，排他条件付取引に競争を阻害する効果（反競争効果）がある場合には，それを打ち消すに足る十分な競争を促進する効果を生じさせなければならないであろう。

　排他条件付取引について，流通・取引慣行ガイドラインは，「正当と認められる理由」がある場合として，(1)完成品メーカーが部品メーカーに原材料を支給して部品を製造させる場合，(2)同じく，ノウハウを供与して部品を製造させている場合で，ノウハウの秘密の保持，流用防止に必要と認められる場合を例示していた（第1部第2の2(1)ウ）。この場合，非ハードコア・カルテルで述べた社会公共目的に関する考え方[120]と基本的に同じ考え方になる。流通・取引慣行ガイドラインは，「垂直的制限行為」において，垂直的制限行為一般についての「競争促進効果」についての判断の方法・基準を示している。これについては，拘束条件付取引においてまとめて取り上げよう（Column ㉙）。

Column ㉕　単独の直接取引拒絶と排他条件付取引・単独の間接取引拒絶 ･⬦･⬦･⬦･⬦･⬦

　単独の直接取引拒絶（一般指定2項）[121]を思い出そう。有力事業者が単独の直接取引拒絶を行っても競争者の流通経路が閉鎖されることがある。単独の直接取引拒絶で見た「どこでもドア」に係る【設例55】では，自動車，鉄道，航空機などの競合する移動手段を提供する事業者は，流通経路が閉鎖され，市場から締め出される。このことと，排他条件付取引により流通経路が閉鎖され（顧客閉鎖）自由競争が減殺されることとは同じなのだろうか。

　「どこでもドア」が広く普及したとしても，旅行を楽しむために電車に乗るとか，健康のために自転車を使用する需要者はいるかもしれない。その場合に，「どこでもドア」を供給する事業者が顧客に対して，相手先（顧客）の取引先選択の自由に制約を加えて（Ⅲ2参照），すなわち電車や自転車を利用するならば「どこでもドア」を

---

120)　第2章Ⅳ2。
121)　Ⅲ。

280　第5章　不公正な取引方法

供給しないと条件を付け，それにより鉄道，自転車等を供給する事業者が市場から排除されれば，排他条件付取引の問題となる。しかし，自転車や電車を利用したいという顧客はほとんどなく，「どこでもドア」を提供すれば，自然に電車や自転車を供給する事業者が市場から消滅するのであれば，それは正常な競争の結果そのものといえよう。言い換えれば，「どこでもドア」がその効率性ゆえにもっている市場支配力を単に「行使」したにすぎないといえる。これに対し，排他条件付取引やⅦで取り上げた抱き合わせ販売等を課して競争者を締め出すことは，相手先の取引先選択の自由に制約を加えることにより競争者を締め出すもの，排除型私的独占の用語を借りれば，「正常な競争手段の範囲を逸脱するような人為性」（第4章Ⅱ1(2)）をもつ行為により競争者を締め出すものである。繰り返せば，ほとんどの需要者が「どこでもドア」を使いそのシェアが高くなり，独占になるのは，提供する商品・役務が優れているからであり，正常な競争により獲得した市場支配力の「行使」にすぎず，通常，非難されない，または私的独占にいう人為性がない行為である。一方，需要者に電車や自転車の利用を禁止して取引する行為は，市場支配力の単なる「行使」を超えて，独禁法上非難される行為（人為性ある行為）を手段として新たに市場支配力を形成したり，既存の市場支配力を維持，強化し，または他の市場に市場支配力を拡大する行為，そこまでいかなくても自由競争減殺を生じさせる行為である。これは単独の間接取引拒絶や抱き合わせ販売等でも同様である。

　流通・取引慣行ガイドラインは，単独の直接取引拒絶について，「独占禁止法上不当な目的を達成するための手段として取引を拒絶する場合」について市場閉鎖と同じ基準をおくようにも見えるため，一見すると，有力な事業者が単に取引を拒絶しても「不当に」の要件をみたしそうであるが，規制の射程を上記の意味での人為性がある場合などに限定しようとするのが，単独の直接取引拒絶の適用範囲を限定しようとする考え方[122]といえる。

7　事例と発展問題

(1)　排除型私的独占ガイドライン

　排他条件付取引により一定の取引分野における競争を実質的に制限するならば，排除型私的独占にも該当する。排除型私的独占ガイドラインは，「排他的取引」として取り上げている（第2の3）。しかし，そこでは総合考慮をするための判断要素を列挙するにとどめており，1の説明で足りよう。(2)以下では，

---

122)　Ⅲ。

Ⅷ　排他条件付取引　　281

排除型私的独占の事例も確認していこう。

(2) 全量購入義務

(80) 【設例80】

　カナダ所在のＢ社は，放射性同位元素甲（モリブデン99）の製造販売をしている。Ｂ社は世界での販売数量の大部分を占める。そのほか，世界第２位のＣ社等数社が甲を製造販売している。わが国において甲を購入しそれを原料として放射性医薬品乙を製造する事業者にＤ社，Ｅ社の２社がある。Ｂ社は甲を製造する原子炉の新規建設等が必要になり，その資金回収のため世界の主要な顧客との間で，甲の全量をＢ社から排他的に購入する旨の規定を含む長期間の契約（排他的購入契約）を締結することを決定し，Ｄ社，Ｅ社に対し10年間の同契約の締結を提案した。Ｄ社は非排他的なものとするよう繰り返し要請したが，Ｂ社は拒否した。取引条件が不利になるのをおそれたＤ社，Ｅ社は同契約を締結した。

　全量購入義務といわれる行為が排他条件付取引に該当する場合がある。**【設例80】**のモデルとなった事件[123]では，公取委は排除型私的独占に該当するとした。Ｄ社，Ｅ社はＢ社の要請を拒否することも可能ではある。しかし，Ｂ社は，世界中において甲の販売数量の大部分を占めており，Ｄ社，Ｅ社はＣ社等からの供給ではそのすべての需要量をまかなえず，排他的購入契約の要請に応じざるを得なかったと推測される。このような場合には，Ｂ社は事実上，排他条件付取引を行い，それにより競争者であるＣ社等の顧客を閉鎖し，Ｂ社のわが国における甲の取引分野における市場支配力を形成または維持，強化した（競争を実質的に制限した）といえる。

　つまり，2(2)で述べたとおり，全量購入義務を課す事業者が川上市場において競争者を締め出せるだけの顧客とこの契約を締結できれば，競争者の顧客閉鎖により，川上市場で市場閉鎖効果が生じる。さらに，この商品の製造・販売に規模の経済があるとすると，全量購入義務によって競争者は効率的に製造販売を行うことができる水準まで生産量を増やすことができず，費用が引き上げ

---

123) 公取委勧告審決平成10・9・3審決集45巻148頁（ノーディオン事件）。

282　第５章　不公正な取引方法

られ，その結果，全量購入義務を課した事業者は高い価格を設定できるように
なる（2(3)）。こうして，全量購入義務も自由競争を減殺したり，競争を実質
的に制限したりすることがある[124]。

　本件には，さらに，一定の取引分野の画定について，世界市場等として国境
を越えて画定できなかったのか，Ｂ社はわが国に支店や駐在員をおいていなか
ったのであるが，勧告書（現在であれば排除措置命令書）の送達はどのように行
うのかなどの問題もある。前者は，国境を越える市場画定の問題であり[125]，
後者は独禁法の国際適用における手続の問題である。手続の問題は，国際取引
に係る第６章において取り上げる。

(3) 累進的リベート，排他的リベート

【設例81】　　　　　　　　　　　　　　　　　　　　　　　　　　　81

　米国所在のＦ'社（米国インテル）が全額出資する日本法人Ｆ社は，Ｆ'社が製
造販売する，パソコンに搭載するＣＰＵ（中央処理装置）を輸入販売している。
米国所在のＧ'社（米国ＡＭＤ）の全額出資の日本法人Ｇ社もＦ社と同様の事業
を営んでいる。Ｆ社，Ｇ社ほか１社は，わが国においてＣＰＵを国内パソコン
メーカーに販売している。Ｆ社は，国内パソコンメーカーの製造販売するパソコ
ンに搭載するＣＰＵのうちＦ'社製ＣＰＵの占める割合（ＭＳＳ）を営業上の重要
な指標としている。ＣＰＵ国内総販売数量のうちＧ'社製ＣＰＵの占める割合が
2000（平成12）年から2002年にかけて約17％から約22％となった。Ｆ
社は，パソコンメーカーに(1)ＭＳＳを100％とすること，(2)ＭＳＳを90％と
し，競争事業者製ＣＰＵの割合を10％に抑えることその他の条件のいずれかを
条件として，Ｆ'社製ＣＰＵに係る割戻金または資金（ＭＤＦ）を提供することを
約束することにより，その製造販売するすべてもしくは大部分のパソコン等に競
争事業者製ＣＰＵを採用しないようにさせる行為をしている。これらにより，Ｇ
社ほか１社のＣＰＵの割合は，2002年の約24％から2003年には約11％
に減少した。2004年のＦ社のＣＰＵの割合は約89％であった。

---

124)　そのほか，一般指定11項とされたものに，公取委勧告審決昭和56・7・7審決集28巻56頁
　（大分県酪農業協同組合事件）。
125)　第１章Ⅱ3(2)。本件では，日本という地理的市場が画定できそうであり，また公取委は世界
　市場を画定するための十分な事実（世界におけるＢ社の行為や競争状況）を得ていなかったと推
　測される。

Ⅷ　排他条件付取引　　283

メーカーが流通業者に対してリベートを供与することがある。リベートは取引高に応じて価格を修正したり，流通業者の販売促進をしたりする機能をもつ。リベートは，価格の一要素として市場の実態にあった柔軟な価格形成を促進し，競争を促進するという面をもつといえる。しかし，リベートは自由競争を減殺する場合がある。累進的リベートとか排他的リベートといわれるものについてとくに問題になる。たとえば，流通業者の仕入高に応じて，年間 100 万円以上ならば仕入高の 2％，1000 万円以上ならば 5％，2000 万円以上ならば 10％というように，累進的なリベートを設定した場合，その累進率が著しくなると排他条件付取引の性格・効果をもちうる。【設例 81】のように，MSS が 90％以上の場合に初めてリベート（割戻金，資金）を提供すると，現在の MSS がたとえば 80％代後半であれば，強い競争者排除（締出し）効果をもつ。

　流通・取引慣行ガイドラインは，「競争品の取扱制限としての機能を持つリベート」において，「占有率リベート」（取引先事業者の一定期間における取引額全体に占める自社商品の取引額の割合や，取引先事業者の店舗に展示されている商品全体に占める自社商品の展示の割合（占有率）に応じたリベート供与），「著しく累進的なリベート」（例えば，数量リベートを供与するに当たり，一定期間の取引先事業者の仕入高についてランクを設け，ランク別に累進的な供与率を設定）をあげる。「競争品の取扱制限としての機能を持つリベート」か否かは，リベートの水準，リベートを供与する基準，リベートの累進度，リベートの遡及性等を総合的に考慮して判断する。流通・取引慣行ガイドラインは，これらのリベートは，同ガイドラインの「自己の競争者との取引の制限」の内容（Ⅷ 4）を引用しその考え方に従って違法性の有無が判断されるとしている。すなわち，「著しく累進的なリベート」であれば，「市場における有力な事業者がこのようなリベートを供与し，これによって取引先事業者の競争品の取扱いを制限することとなり，その結果，市場閉鎖効果が生じる場合には，不公正な取引方法に該当し，違法となる（一般指定 4 項，11 項又は 12 項）」のである（第 1 部第 3 の 2(2)イ）。競争者との取引をおよそしないよう拘束する働きかけをしていれば一般指定 11 項が，競争者との取引を部分的にしないようにさせていれば一般指定 12 項が適用される。取引条件に差別を設けているという側面に着目して，2 条 9 項 2 号，一般指定 3 項または一般指定 4 項を適用することもできる。

284　　第 5 章　不公正な取引方法

排除型私的独占ガイドラインは「排他的取引」の一類型として，「排他的リ
ベートの供与」を取り上げ，排他的取引と同様の機能を有するものとして，排
他的取引の判断要素に基づき，排除行為に該当するか否かが判断されるとする
(第2の3(3))。その際，(i)リベートの水準，(ii)リベートを供与する基準，(iii)リ
ベートの累進度，(iv)リベートの遡及性を考慮要素とする。(ii)リベートの供与の
水準では，取引先の達成可能な範囲内で高い水準に設定されている場合に，(iii)
リベートの累進度では，流通・取引慣行ガイドラインと同様に，取引数量等に
応じて累進的にリベートの水準が設定されている場合に，(iv)リベートの遡及性
では，取引数量等がリベートを供与する基準を超えた際に，リベートがそれま
での取引数量等の全体について供与される場合に，競争品の取扱いを制限する
効果が高くなるとする。これらのリベートは，行為者のシェアが高かったり，
その基準を超えそうな場合に，取引に顧客を強く誘引し競争者を排除する効果
が強いといえる。【設例81】のモデルとなった事件[126]では，リベート（割戻金，
資金）の提供が，競争事業者の事業活動の排除に該当するとし，これにより国
内パソコンメーカー向けのCPU販売分野における競争を実質的に制限し，排
除型私的独占に該当するとされた。本件は，(ii)のリベート供与の水準がMSS
90％以上と高く，MSS 90％以上でのみ供与するので，(iii)のリベートの累進性
がある。また審決は，割戻金は販売数量に一定金額を乗じるものとしており，
(iv)のリベートの遡及性もあるといえる。

(4) 長期契約による割引と違約金

公取委警告平成14・6・28（北海道電力事件）[127]では，北海道電力が契約期間
に応じて契約保証電力の基本料金を割り引く内容の「長期契約」を自由化対象
需要家との間で締結し，これらの需要家が新規参入者に契約を切り替えた場合
等の途中解約の際に，不当に高い清算金・違約金（基本料金の20％）を課すこ
ととしていた疑いがあるとして，私的独占で警告が出された。

長期契約する場合に，事業者は費用を節約できることがある。長期契約と短
期契約を提示し，長期契約を選択する顧客に対して，この費用節約部分を割り

---

126) 公取委勧告審決平成17・4・13審決集52巻341頁（インテル事件）。
127) 公取委『平成14年度年次報告』128頁，「公取委の動き」公正取引621号（2002年）96頁。

Ⅷ　排他条件付取引　　285

引くこと自体は，合理的ともいえる。違約金が0円であれば，競争者はより有利な条件を提示して競争ができるかもしれない。この場合，「競争者と取引しないことを条件として……取引」（一般指定11項）しているといえないかもしれない[128]。さらに，解約により契約期間が当初の契約より短くなったことにより発生した費用（費用の節約が実現できなかった金額）を違約金とするのは合理的かもしれない。さらに得べかりし利益を違約金ともできそうにも思われる。しかし，違約金の金額が高ければ競争者を排除する強い排他性が生じうる。割引も，(3)の累進的リベートのように割引の累進性，遡及性がある場合には排他性が強くなる。北海道電力事件のような事案では，長期契約自体が許されないのか，それは許されるが，割引額，違約金の金額やその設定方法いかんで問題が生じるのかについて，様々な検討ができよう[129]。

(5) 拘束条件付取引，二面市場

㉒ 【設例82】

Iは，大分県J町の地域内の農家を組合員とする農業協同組合である。Iは，「木の花ガルテン」(i)と称する農産物直売所（直売所）を日田市とその近隣に8店舗を運営している。iへの出荷希望者はIへの登録を要し，約3400名（大部分が非組合員）が登録している。iの出荷手数料は販売金額の22%である。Kは，「日田天領水の里元氣の駅」(k)と称する直売所を開設した。kの販売手数料は販売金額の15%である。iとkの直売所では，そこでしか買えない特産品がある。またいくつかの直売所はインターチェンジから続く国道沿いにあり顧客が多い。iはブランド力等からとくに集客力があり，重要な出荷先になっている。Iは，iの出荷登録者にiと競合する直売所に農産物を出荷させない方針をとっている。Iはkの開設に際し，①双方出荷登録者（40名程度）に対し，kに出荷しないよ

---

128) 電力の需要家は，通常，1事業者からしか電力を購入しないので，電力供給契約を締結すると需要者は他の競争者と取引しないことになるが，それが直ちに排他条件付取引の行為要件をみたすわけではない。

129) 携帯電話では長期契約（いわゆる2年縛り）を選択する顧客が多い。公取委「携帯電話市場における競争政策上の課題について」(2016年)は，長期契約と高い解除料金等が顧客を囲い込む効果の競争上の問題を取り上げ，契約期間のほか契約解除料等の不利益（スイッチングコスト）が少なく顧客が事業者を変更できれば競争阻害効果は少ないこと，長期契約による割引料金を提示し，中途解約が困難な程度に契約解除料を不当に高く設定する場合には問題になるおそれがあること等を指摘する（12-13頁）。公取委「携帯電話市場の競争政策上の課題について」(2018年)もいわゆる4年縛り等について，同様の指摘をする。

286 第5章 不公正な取引方法

うにさせること，②双方出荷登録者に対して，kに出荷した場合にはiへの出荷
を取りやめるよう申し入れることを基本方針とし，それを実行した。Kはkを
運営するために必要な量の農産物の確保が困難な状態になり，Kの運営に支障を
きたしている。

【設例82】では，好位置に店舗をもち，ブランド力があり重要な出荷先であ
る等から農家にとって有力事業者といってよいIが，出荷登録者に対して競争
者であるkに出荷しないことを条件として取引しており，それにより競争者
Kの投入物を閉鎖し，日田市とその近隣の直売所という市場から締め出し，
自由競争を減殺している（市場閉鎖）といえそうである。ただし，モデルにな
った事件[130]では，一般指定11項ではなく，12項（拘束条件付取引）に該当す
るとしている。Iはiの出荷登録者にiと競合する直売所に農産物を出荷させ
ない方針を有し，それを実行していたものの，本件で問題になった行為はk
への出荷停止であるので，「すべての競争者」(1) と取引しないことを条件と
したのではないことから，一般指定11項に該当せず，12項に該当すると考え
られる[131]。

本件の自由競争減殺は，上記のように直売所というKのいる市場で生じた
ほか，他の市場でも自由競争減殺が生じているかもしれない。直売所への農産
物の出荷者が支払う販売手数料はiが販売金額の22%，Kが15%である。本
件行為により，出荷者が直売所に農産物を供給する市場において，販売手数料
が上昇し，自由競争減殺が生じると捉えることもできる。

排他条件付取引において自由競争減殺が生じる仕組みは，垂直型企業結合に
おいて競争の実質的制限が生じる仕組みと基本的に同じであると説明した（2
(2)）。垂直型企業結合において，「㈱KADOKAWA及び㈱ドワンゴによる共同
株式移転」[132]で二面市場について取り上げたが，本件でも，直売所の市場と直

---

130)　公取委排除措置命令平成21・12・10審決集56巻（第2分冊）79頁（大分大山町農業協同組
　　　合事件）。
131)　一般指定11項に該当しそうな後述の二面市場に係る事案が，競争者に対する取引妨害（一般
　　　指定14項）に該当するとされたものについて，【設例95】（モデルは，公取委排除措置命令平成
　　　23・6・9審決集58巻（第1分冊）189頁〔ディー・エヌ・エー事件〕）。
132)　*Column ⑥*。

売所に農産物を供給する市場という2つの市場（二面市場）での競争が問題に
なる事案といえる。

IX　再販売価格の拘束

1　2条9項4号

2条9項4号は，再販売価格の拘束（一般に「再販」と呼ばれる）を定義する。
すなわち，「自己の供給する商品を購入する相手方に，正当な理由がないのに，
次のいずれかに掲げる拘束の条件を付けて，当該商品を供給すること」，「相手
方に対しその販売する当該商品の販売価格を定めてこれを維持させることその
他相手方の当該商品の販売価格の自由な決定を拘束すること」（同号イ），「相
手方の販売する当該商品を購入する事業者の当該商品の販売価格を定めて相手
方をして当該事業者にこれを維持させることその他相手方をして当該事業者の
当該商品の販売価格の自由な決定を拘束させること」（同号ロ）である。

2　行 為 要 件

(1)　2条9項4号イ・ロ

⑱⑱　**【設例83】**

> 　Figure 32 を見よう。Aは，農薬の製造販売業を営む者である。Aは，除草剤
> として知名度の高い甲を一手に輸入し，一次卸売業者（B）に販売している。B
> は，甲を直接また二次卸売業者（C）を通じて，ホームセンター（D₁，D₂）に
> 販売している。Aは，甲の希望小売価格を設定し，希望小売価格を下回る価格で
> 販売していると判明した場合，自らまたは取引先卸売業者を通じて，出荷停止を
> 示唆し小売価格を引き上げるよう要請するなどにより，D₁，D₂等に希望小売価
> 格で販売するようさせている。具体的には，①AがD₁に対して小売価格を拘
> 束し，②AがBをしてその取引先であるD₂に対して小売価格を拘束し，③A
> がBを通じてCをしてその取引先であるD₁に対して小売価格を拘束している。
> これらの行為により，ホームセンターのほとんどは，甲をAの希望小売価格ま
> たはこれを上回る小売価格で販売している。

2条9項4号イは取引先の価格の直接的な拘束，同号ロは取引先の価格の間

288　第5章　不公正な取引方法

接的な拘束について規定している。イは，メーカーや卸売業者が，その直接の取引先（「商品を購入する相手方」〔購入する相手方〕）である卸売業者や小売業者に対して，その再販売価格をいくらにするか「拘束」することである。Figure 32 の②を見よう。②は同号ロに該当する。すなわちロは，A が直接の取引先である B

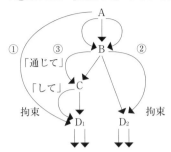

Figure 32 【設例 83】の３つの拘束行為

（「購入する相手方」）をしてその取引先である D_2（再販売先，「当該商品を購入する事業者」〔購入する事業者〕）の販売価格を「拘束させる」ことである。

【設例 83】のモデルとなった事案[133]では，どのような行為がなされたか排除措置命令に記載がないが，審査官解説[134]では①から③の拘束行為があったとされている。そして，①，②，③には現行法では２条９項４号のそれぞれイ，ロ，ロが適用されたとする。このうち，②が同号ロの行為要件をみたすことは，上記のように，明らかである。①，③はどうか。「購入する相手方」（同号柱書）には，直接に購入する相手方のほか，間接的に購入する相手方も含まれるか，さらに「購入する事業者」（同号ロ）には間接の購入者も含まれるかが問題になる。上記審査官解説が①はイに該当するというのは，「購入する相手方」には間接の購入者を含まれると解するのであろう。さらに，審査官解説が③はロに該当するというのは，同様に「購入する相手方」には間接の購入者も含まれると解するか（二次卸売業者 C が D_1 を拘束する），「購入する事業者」には間接の購入者が含まれると解する（一次卸売業者 B が D_1 を拘束する）のであろう。このような解釈によれば，直接の取引先（一次卸売業者）だけでなく二次卸売業者のような間接の取引先（購入する相手方）をして二次卸売業者の取引先（購入する事業者）を拘束する行為や，取引先をして取引先のさらにその先の購入者を拘束する行為も同号ロに含まれ，再々販，再々々販，再々々々販等もロの対象となることになる。２条９項４号が課徴金対象行為であることから過度の拡大解

---

133) 公取委排除措置命令平成 18・5・22 審決集 53 巻 869 頁（日産化学工業事件）。
134) 甲田健・公正取引 673 号（2006 年）68 頁，72 頁。

釈は避けるべきではあるが，「購入する相手方」や「購入する事業者」を直接のそれに限定すると同号の射程があまりに狭くなり[135]，適切でないであろう。

再販の典型は「定価」を付けそれを守らせることである。しかし，「販売価格の自由な決定〔の〕拘束」はこれに限らず，最低価格，最高価格や価格の引上げ率を拘束したり，希望小売価格からの値引き限度額を拘束したりすることもこれに含まれる。

販売する「当該商品」，「当該商品の販売価格」（2条9項4号イ・ロ）とされているので，メーカーが相手方に販売する商品と相手方が購入者に販売する商品とは同一の商品でなければならない。相手方が原料の供給を受けて加工する場合等はこれに該当しない。また，「商品」でない「役務」（サービス）の価格拘束も2条9項4号の対象外である。

ただし，これらの要件をみたさない場合にも，一般指定12項（拘束条件付取引）の行為要件をみたすので，これによることになる[136]。そして，同項は「不当に」を要件とするが，以下で見るように，公正競争阻害性の生じ方に変わりはないので，通常，「不当に」に該当するとされよう。

(2) 拘　束

⑧④ **【設例84】**

> Eは，友人Fから次のような質問を受けた。「①実際には商品に希望小売価格，推奨価格，標準価格などが付けられていることがある。これは違法なのか。②Eがもっている独禁法の教科書には定価が付いているではないか，また雑誌，音楽CDにも定価が付いているではないか，独禁法の本の出版社やレコード会社は違法行為をしているのか。③そのうえ，大学生協の書籍部では独禁法の本に定価が付いているにもかかわらず，なぜ割引販売をしているのか，生協が違法行為の自力救済行為をしているのか」と。

---

135) 諸外国でも再販についてこのように細かい行為要件を置く例はほとんどない。
136) 公取委勧告審決平成15・11・25審決集50巻389頁（20世紀フォックス事件）（映画配給会社と上映者との間の映画の配給契約において映画館の入場料を拘束），公取委勧告審決昭和40・9・13審決集13巻72頁（ヤクルト本社事件）（ヤクルト本社による加工業者への発酵乳の原液の販売においてヤクルトの小売価格等を拘束）。

290　　第5章　不公正な取引方法

【設例84】の①にいう希望小売価格，推奨価格，標準価格は，通常，「拘束」がないので，再販売価格の「拘束」には該当しない。ただし，名称が何であるかは問題ではなく，実際に「拘束」されているか否かにより判断される。

「拘束」について，最高裁[137]は，「その取引条件に従うことが契約上の義務として定められていることを要せず，それに従わない場合に経済上なんらかの不利益を伴うことにより現実にその実効性が確保されていれば足りる」とし，流通・取引慣行ガイドラインも，「事業者の何らかの人為的手段によって，流通業者が当該事業者の示した価格で販売することについての実効性が確保されていると認められるか」で判断するとし（第1部第1の2(3)），実効性が確保されているかが判断基準となる。典型例は，価格に関する指示に従わなければ供給を停止する（単独の取引拒絶をする）という手段を用いて一定の価格で販売させるようにする場合である。また，事業者の示した価格で販売しない場合に経済上の不利益を課したり，課すことを示唆することにより当該価格で販売するようにさせようとすることがある。その他，メーカーが小売業者に割引販売を行わないよう要請し，要請に従う小売店に販促用サンプルを提供する行為も，要請に従わなければサンプルは与えないという経済的不利益により実効性を確保することも，拘束に該当する[138]。

手芸手編み糸を製造販売する事業者Ｇがその小売価格を拘束した事案において，約150店舗をもつ大手スーパーマーケットＨ（イオン）が申入れに応じなかった。Ｇは，Ｈの約半数の店舗で糸をすべて買い上げるとともに，卸売業者にＨへの出荷を停止させた事案において，ＨがＧの要請に従っていないことをもって価格を実効性をもって維持していないと主張したが，東京高裁は，他の小売業者への「見せしめ」的効果をもつことが明らかであり，価格を実効性をもって維持させているとしている[139]。

(3) 真性の委託販売等

委託販売等については，一定の場合に再販の規制を受けない。流通・取引慣

---

137)　最判昭和50・7・10民集29巻6号888頁（第一次育児用粉ミルク（和光堂）事件）。
138)　公取委同意審決平成7・11・30審決集42巻97頁（資生堂再販事件）。
139)　東京高判平成23・4・22審決集58巻（第2分冊）1頁（ハマナカ毛糸事件）。

行ガイドラインは，事業者の直接の取引先事業者が単なる取次ぎとして機能し，実質的にみて当該事業者が販売していると認められる場合には，通常，違法とはならないとする。それには，①「委託販売の場合であって，受託者は，受託商品の保管，代金回収等についての善良な管理者としての注意義務の範囲を超えて商品が滅失・毀損した場合や商品が売れ残った場合の危険負担を負うことはないなど，当該取引が委託者の危険負担と計算において行われている場合」，②「メーカーと小売業者（又はユーザー）との間で直接価格について交渉し，納入価格が決定される取引において，卸売業者に対し，その価格で当該小売業者（又はユーザー）に納入するよう指示する場合であって，当該卸売業者が物流及び代金回収の責任を負い，その履行に対する手数料分を受け取ることとなっている場合など，実質的にみて当該メーカーが販売していると認められる場合」がある（第1部第1の2(7)①②）。①は「委託者の危険負担と計算」とし，一部でも受託者にこの機能がある場合には，再販に該当すると厳格に解する。これに対し，②の射程はそれほど厳格でなく，該当する場合がそれなりにありそうである。

3　公正競争阻害性

(85)　【設例85】

> Iは，W社製育児用粉ミルクの総販売元である。Iは，粉ミルクの販売にあたり，小売価格を指定し，小売業者について登録制をとり，指示小売価格を守らないときは登録を取り消し，後払金の算定につき不利益な扱いをとるなどの施策を決定し，実施している。

2条9項4号は「正当な理由がないのに」とするので，再販は原則として公正競争阻害性をもつものとされている。再販の公正競争阻害性は，自由競争減殺である点に異論はない。

【設例85】は，先に触れた最判昭和50・7・10をモデルにしたものである。この事案ではI（和光堂）は，育児用粉ミルクのシェアが約10％しかなかった。そこで，IはIのシェアを考慮しないのは誤りだと主張した。最高裁は，シェアのいかんにかかわりなく問題になるとした。ここでは，実は拘束の有無が争

292　第5章　不公正な取引方法

点になっているが，シェアのいかんにかかわりなく公正競争阻害性もあるとしたと考えられ，最高裁は再販価格の拘束を原則違法としたと考えられている。競争の最も重要な手段である価格を拘束する再販が競争に悪影響を与えるのは明らかといえそうである。

流通・取引慣行ガイドラインも，「再販売価格の拘束は，流通業者間の価格競争を減少・消滅させることになることから，通常，競争阻害効果が大きく，原則として公正な競争を阻害するおそれのある行為」として（第1部第1の2⑴），再販を原則違法とする立場を明らかにしている[140]。

もっとも，メーカーとしては，小売業者が活発に競争をしたほうが販売数が増え，結果としてメーカーの利益が増えそうであるのに，なぜ小売業者間の競争を制限するのか，また小売業者もなぜ拘束を受け入れるのか。再販により自由競争減殺が生じる仕組みは発展問題として7⑴でさらに考えてみよう。

4　正当な理由

先述の最判昭和50・7・10は，正当な理由は「専ら公正な競争秩序維持の見地からみた観念であって，当該拘束条件が相手方の事業活動における自由な競争を阻害するおそれがないことをいう」とし，これまでに見てきた理解を確認している。

正当な理由についても，不公正な取引方法においてこれまでに見たことが妥当する。これは，社会公共目的に関して確認した考え方[141]によるといってもよい。再販の事案では，先述したハマナカ毛糸事件においては，東京高裁は，この基準を直接に援用している。すなわち，Gは，本件再販の目的は，①中小企業の生き残りを図ること，②産業としての，文化としての手芸手編み業を維持することと主張したが，①は公正かつ自由な競争秩序維持の見地から見て正当性がないことは明らかで，国民経済の民主的で健全な発達の促進という独禁法の目的に沿うともいえないとし，②は一般的に見て保護に値する価値といえるが，それが一般消費者の利益を確保するという独禁法の目的と直接関係する

---

140)　原則違法とする事例は，すでにあげた事例のほか，公取委勧告審決平成10・7・28審決集45巻130頁（ナイキジャパン事件）。

141)　第2章Ⅳ2。

Ⅸ　再販売価格の拘束　　293

とはいえないうえ，目的達成の手段として必要かつ相当であるといえないとする。なお，再販において正当な理由が認められた例はない。

正当な理由に関して，流通・取引慣行ガイドラインの 2015（平成 27）年の改訂において，記載がなされるようになり，フリーライダー問題の解消が加えられた。発展問題として 7⑶において取り上げる。

5　適用除外

(1)　公取委の指定

再販の適用除外は 2 種類ある。23 条 1 項は，公取委の指定商品を適用除外とする。しかし，現在，同項に基づく適用除外は存在しない。

(2)　著作物再販

2 つ目の適用除外は，著作物に係る再販である。【設例 84】の(ⅱ)の問題はこれに関係する。23 条 4 項は，「著作物を発行する事業者又はその発行する物を販売する事業者が，その物の販売の相手方たる事業者とその物の再販売価格を決定し，これを維持するためにする正当な行為についても，第 1 項と同様とする」とする。【設例 84】にあげたように，書籍，雑誌，新聞，音楽用 CD に定価がついており，定価で販売されるのは，この規定があるためである。ただし，この再販は，一般消費者の利益を不当に害することとなる場合，および生産者の意に反してはできない（23 条 1 項ただし書）。とくに重要なのは，たとえば書籍の再販をするかどうかは出版社の自由であって，取次業者が出版社の意に反して再販の拘束をすれば原則に戻って違法となることである。

また，公取委は，23 条 4 項にいう「著作物」は書籍，雑誌，新聞，レコード盤，音楽用テープ，音楽用 CD の 6 品目のみであるとしている。この見解では，映画の DVD や音楽コンサートを録画した DVD，コンピュータ・プログラムなどは，著作権法上は著作物ではあるが，再販の対象外となる。そのような解釈をする根拠は，実質上は，①同項は，この適用除外が導入された 1953（昭和 28）年当時，すでに再販の慣行のあった商品についてその慣行を追認したにすぎないこと（音楽用テープ，音楽用 CD はレコード盤に代わるもの），文言上も，②同項は「発行」という文言を用いるが，これはコンピュータ・プログラ

294　第 5 章　不公正な取引方法

ムなどにはなじまず，また，③同項にいう著作物は著作権法上の著作物の「複
製物」を意味し，著作権法にいう著作物と同項にいう著作物は概念が異なるこ
とがあげられる。公取委審判審決平成 13・8・1[142] は，①③を理由として，
ゲームソフトは同項の対象外としている。

(3) 電子書籍の価格拘束

　電子書籍や音楽のインターネット配信における価格拘束はどうか。これらの
配信には，(i)需要者（読者）がインターネット配信業者（プラットフォーム）か
ら購入する場合（著作者や出版社〔出版社等〕はインターネット配信業者に送信可能
化権〔著作 2 条 1 項 9 号の 5〕の利用許諾を行う）と，(ii)需要者が出版社等から購
入する場合があるようである。

　(i)の場合にインターネット配信業者が，(ii)の場合に出版社等が需要者への販
売価格を決定（拘束）できることは，自己が販売する商品（役務）の価格を決
めるにすぎず，問題ない。では，①(i)の場合に，インターネット配信業者が需
要者に販売する価格について，出版社等が拘束する行為や，②(ii)の場合に，出
版社等が需要者に販売する価格について，インターネット配信業者が拘束する
行為はどうか。①は，著作物再販に係る 6 品目に該当しないのみならず，役務
（データへのアクセス許諾等）の価格の拘束であって商品の価格を拘束する再販で
さえないので（Ⅸ 2(1)），適用除外の対象外である。したがって，これらは拘
束条件付取引に該当しうる。②の場合にも拘束条件付取引になり得よう。なお，
公取委は，アマゾン・サービシズ・インターナショナル・インクが電子書籍配
信において出版社に自らの販売サイトで最も安い価格を設定する等させる条項
（最恵待遇（MFN）条項または価格等同等性条項といわれる）を課すことについて自
発的な措置を講じるとの報告を受けたことを公表した[143]。そこで，これらの
行為が競争に影響を与えることが懸念されるとしている。この点は，ほぼ同じ
事件について，拘束条件付取引（Ⅹ 5）で取り上げる。

---

142)　審決集 48 巻 3 頁（ソニー・コンピュータエンタテインメント事件）。
143)　公取委「アマゾン・サービシズ・インターナショナル・インクからの電子書籍関連契約に関す
　る報告について」（2017 年 8 月 15 日）。

⑷　適用除外の例外

消費生活協同組合，中小企業等協同組合のような消費者や中小零細業者の相互扶助組織に対しては，適用除外を認めて再販ができるとなるとこれらの組織の設立の趣旨が損なわれることから，独禁法の適用除外は受けないとされている（23条5項）。【設例84】の(ⅲ)にある大学生協などで書籍等が定価より安く売られるのはこの規定があるからである。

6　課　徴　金

再販は，10年以内に違反行為を繰り返した場合，売上額の原則として3％（小売業は2％，卸売業は1％）の課徴金が課される（20条の5）。売上額は，2条9項4号イの場合には，価格拘束を行った事業者が価格拘束の対象商品を販売した事業者（相手方〔B〕）に対する売上額であるが，同号ロの間接的な拘束が行われた場合にも，価格拘束を行った事業者が価格拘束の対象商品を直接に販売した事業者（B）に対する売上額となることに注意したい。

2009（平成21）年の再販への課徴金制度導入後に，排除措置命令が出された事案が出ている[144]。これらでは，命令を受けてから10年以内に再販を繰り返すと課徴金が課される。

7　発　展　問　題

⑴　公正競争阻害性（再論）再販はブランド間競争を制限しない？

自由競争減殺は，典型的には，たとえばメーカーが行う再販によってその商品の市場価格を引き上げられることを意味する。再販のような競争回避型の垂直的制限行為について，流通・取引慣行ガイドラインは自由競争減殺のこのような効果を「価格維持効果」と呼んでいる（第1部3⑵イ。その内容はⅩ1⑴および⑶を参照）。

【設例85】において，育児用粉ミルクのメーカーにはWのほかに3社（X，Y，Z）があるとしよう（Figure 33）。ⅠがW社製育児用粉ミルクの小売価格を拘束し，Wブランドの粉ミルクが他社製品より高くなると，消費者は他社製

144）　公取委排除措置命令平成28・6・15審決集63巻133頁（コールマンジャパン事件），公取委排除措置命令平成24・3・2審決集58巻（第1分冊）284頁（アディダスジャパン事件）。

品を買うかもしれない。再販はWブランドの粉ミルクの小売業者間の価格競争を消滅させ（競争回避），Wブランドの粉ミルクの価格を同じにするが（再販は「ブランド内競争」を制限する），他の3社（3ブランド）との間の価格競争が継続されるならば，再販によって市場全体の価格は影響

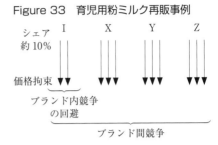

されない（再販自体は「ブランド間競争」を直接には制限しない）ようにも思える。

では，なぜ最高裁はシェアが低くても違法だとしたのだろうか。最高裁は，消費者は通常，粉ミルクのブランド（銘柄）を指定して購入すること，使用後に他のブランドに切り替えることは原則としてないこと，したがって販売業者は量の多寡にかかわらず特定銘柄を常備する必要があることという粉ミルクの商品特性を根拠としてあげている。

シェアが低い事業者が再販を行っても原則違法だというのは，再販が行われるのは，①消費者はそのブランドが他のブランドよりも多少高くても買うという現象（「製品差別化」といわれる）が起こっている場合，または②メーカー段階においてまたは小売（または流通）段階においてブランド間でカルテルまたは協調的関係があってブランド間競争がもともと少ない場合と考えられる。②の場合，さらに再販はメーカー段階では裏切りをしないとの確約（コミットメント）を与え，小売段階では裏切りを探知し，この協調関係等の維持・促進をもなしうる[145]。そのような市場で再販が行われれば市場価格も引き上げられるし，また価格を上げられる見込みがなければ価格の拘束はしないはずである。そうであるとすれば，現に再販が行われ，それが成功している事実から，価格引上げ効果（価格維持効果）を事実上推認してよいと考えられるのである。

最高裁は粉ミルクの商品特性として①を指摘しており，①の事案としてシェアのいかんにかかわらず原則として公正競争阻害性があるとしたと考えられる。しかし，実は，本件は，さらに，②の面もあった可能性がある。同時期に他の

---

145) Column ⑩⑪。

粉ミルクメーカーによる同様の再販が摘発されたからである[146]。

3で見たように，流通・取引慣行ガイドラインも，「再販売価格の拘束は，流通業者間の価格競争を減少・消滅させることになることから，通常，競争阻害効果が大きく，原則として公正な競争を阻害するおそれのある行為」とし，再販を原則違法としている。

(2) 価格維持効果

流通・取引慣行ガイドラインの2017（平成29）年改正では価格維持効果を定義し，「価格維持効果が生じる場合」とは，「非価格制限行為により，当該行為の相手方とその競争者間の競争が妨げられ，当該行為の相手方がその意思で価格をある程度自由に左右し，当該商品の価格を維持し又は引き上げることができるような状態をもたらすおそれが生じる場合をいう」としている。ここで価格維持効果というが，競争の実質的制限と同様に価格以外の要素，つまり「品質，数量，その他各般の条件を」ある程度自由に左右する等の場合も含むと考えられる。

(3) 正当な理由(1)──フリーライダー問題の解消

(ア) **仕組み** 正当な理由に関する発展問題として，フリーライダー問題の解消を取り上げよう。たとえば，タブレット型端末のメーカーJが次世代の新型タブレット型端末を開発し，その小売価格を拘束する場合を考えよう。Kは新型タブレット型端末に関心をもっているが，どのような商品かわからず，またどのようなアプリを使うことができ，どのような新しいことができるのかわからず，購入に躊躇している。Kのような消費者が相当数いれば，小売店（L等）は商品知識のある店員を置いて顧客に説明サービスを行うことになる。L等では説明サービスのためのコストが高くなり，その分商品の小売価格も高くせざるを得ない。Kとすれば Lを訪れて説明を受け，その後で店を出て，説明サービスは行わないがその分価格が安い小売店やインターネット販売業者

---

146) 公取委審判審決昭和43・10・11審決集15巻67頁（第一次育児用粉ミルク（明治商事）事件），同84頁（第一次育児用粉ミルク（森永商事）事件），同98頁（第一次育児用粉ミルク（和光堂）事件）。

（M等）から目当てのタブレット型端末を買ったほうが得になる。説明サービスを行うLからこれを見れば，M等はL等の説明サービスに「ただ乗り（フリーライド）」していることになる（Figure 34）。このフリーライドが相当数起こると，L等ではタブレット型端末が売れず，タブレット型端末販売市場から退出し，M等だけが残る

Figure 34　フリーライドの仕組み

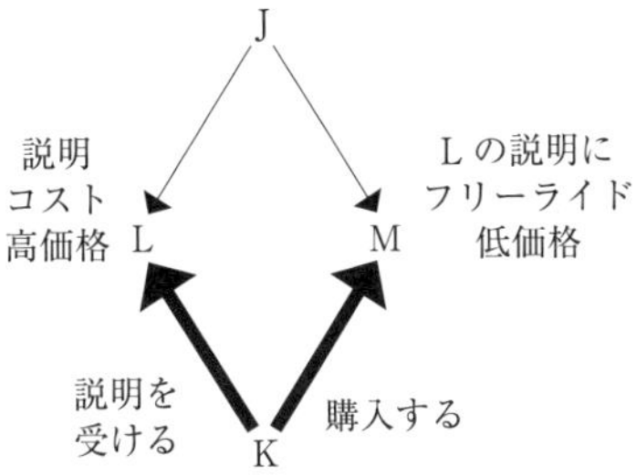

であろう。しかし話はこれでは終わらない。さらに，説明サービスを行う小売店がなくなり，タブレット型端末の購入者が激減し，最終的にはM等も市場から退出するかもしれない。メーカーにとっても，このようなフリーライドにより産出量（購入量）が減り，その結果メーカーの利益が減るのは困ったことである。そこで，L等に説明サービスを提供させるために，再販により，M等に対して，L等以上の価格で販売するよう拘束することが考えられる。

　しかしこの議論が成立する商品は，事前の説明が商品購入に不可欠であり，かつ購入後には顧客は小売店と接触する必要がない商品に限られる。Kに新型タブレット型端末に詳しい知人がいればはじめからM等で購入するであろう。タブレット型端末では，Kがそのような情報を得る手段をもたないのであれば，Kは多少高くても事後的にも説明サービスを行うL等から購入するであろう。また，事前・事後の説明サービスをする独立の事業者もいるだろう。そうだとすれば，フリーライダー問題が起こる商品が多いとは考えにくい。

　⑷　**流通・取引慣行ガイドライン**　　流通・取引慣行ガイドラインは，2015（平成27）年に改訂され，フリーライダー問題の解消が正当な理由になりうることを明らかにした。ただし，その射程を限定している。

　まず，垂直的制限行為一般については，「垂直的制限行為によって生じ得る競争促進効果」の「典型例」として，①消費者のもつ情報が不足しているため，需要を喚起するためには，流通業者による情報提供や販売促進活動が十分に行われる必要があり，かつ②消費者が，販売促進活動を実施していない流通業者から購入することによる購入費用節約の効果が大きい場合に，フリーライダー問題により購入に必要な情報が消費者に十分提供されなくなる結果，商品の供

給が十分になされなくなるような高度の蓋然性があるときに，地域の割当てなどがフリーライダー問題を解消するために有効となりうるとする。ただし，このような制限に競争促進効果があると認められるのは，情報を十分に有していない多数の新規顧客の利益につながり，当該制限がない場合に比べ購入量が増大することが期待できるなどの場合に限られるとする（第2部3(2)ア）。

次に，再販の「正当な理由」一般において，「メーカーによる自社商品の再販売価格の拘束によって実際に競争促進効果が生じてブランド間競争が促進され，それによって当該商品の需要が増大し，消費者の利益の増進が図られ，当該競争促進効果が，再販売価格の拘束以外のより競争阻害的でない他の方法によっては生じ得ないものである場合において，必要な範囲及び必要な期間に限り，認められる」とする。そして，「例えば」として，フリーライダー問題の解消をあげ，それにより，「実際に競争促進効果が生じてブランド間競争が促進され，それによって当該商品の需要が増大し，消費者の利益の増進が図られ，当該競争促進効果が，当該再販売価格の拘束以外のより競争阻害的でない他の方法によっては生じ得ないものである場合には，『正当な理由』があると認められる」とする（第2部第1の2(2)）。

このように，流通・取引慣行ガイドラインは，①競争促進効果と競争阻害効果とを比較衡量して，実際に競争促進効果が競争阻害効果を上回る場合（「当該制限がない場合に比べ購入量が増大する」，「需要が増大」する[147]場合）にのみ競争促進効果を認め，加えて，②より競争制限的でない代替的方法（LRA）がない場合にのみ正当な理由を認めるという方法をとっている。4でも見たように，社会公共目的および競争促進効果に関して確認した考え方をここでも確認しているといえよう。もっとも，どこまで立証すべきかにもよるが，再販を行う際に，購入量や需要が増大すると合理的に予想できるにとどまらず，現にかかる効果が生じることが求められるならば，このような理由で再販を行うことは事業者にとってリスクが高いといえよう。また，フリーライダー問題の解消が再販の正当な理由に該当するとされた事例はこれまでない。

---

147) 競争促進効果があれば産出量（購入量，需要量）が増大し，競争阻害効果があればそれが減少するため，両者の比較衡量の基準としては合理的な基準といえる。

(4) 正当な理由(2)──二重独占問題の解消？

　メーカーと小売業者のような垂直的取引関係において，①メーカー段階，小売段階の２つの段階で独占（商品がブランドごとに差別化されている場合を含む）がある場合と，②メーカーが小売業者を垂直的に統合して１つの事業者になった場合があるとする。②では垂直的に統合したメーカーは自己の利潤を最大化するために独占的な小売価格を設定することになる。一方①では，メーカーと小売業者のそれぞれが，自らの利潤を最大化して独占価格を付けるため，独占的価格設定が二重になされる（「二重限界化」といわれる）。この場合，説明は省略するが，②の場合（垂直的統合による独占の場合）よりも価格が上がり，産出量が減少し，資源配分の効率性が悪化することが知られている。その場合にメーカーが再販をし，小売業者を②の場合の価格に拘束するとしよう。すると，意外に思うかもしれないが，メーカーと小売業者の利潤の合計は①の場合よりも大きくなり，しかも小売価格が下がり産出量が増えることにより消費者（および社会全体）の利益にもなる。これは二重独占問題を解消するための再販といわれる問題である。

　ただし，注意すべきは，この議論が成立するのは，二重独占問題が生じている場合で，かつ価格の上限を定める「最高価格再販」に限定されるということである。この理論によって最低価格再販や一般の再販売価格の拘束を正当化することはできない。

　このような場合の最高価格再販が自由競争を減殺しないといえるかは，学説上議論がある。最高価格再販は，すでに行使されている市場支配力の行使のレベルを引き下げ，価格を引き下げて産出量を増加させるし，最高価格再販は市場支配力を新たに形成，維持，強化するものでも，その力の行使を促進するものでもなく，むしろ力の行使を制約するから，自由競争を減殺せず，正当な理由になりうるという見解[148]が少数ながらある。しかし，たとえば，理論上は合理性があるものの，市場によって決められる価格に代えてメーカーが人為的に設定した販売価格を適正な価格とすることになり，独禁法の基本的な考え方と抵触し，実務上運用が難しい[149]などと学説は批判的である。流通・取引慣

148）　川濵昇ほか『ベーシック経済法〔第４版〕』（有斐閣，2014年）258頁〔泉水文雄〕，川濵昇「改正『流通・取引慣行ガイドライン』の位置づけ」公正取引776号（2015年）20-21頁。

行ガイドラインも，垂直的制限行為の「競争促進効果」および再販の「正当な理由」において，この問題に触れていない。もっとも，流通・取引慣行ガイドラインはこれらの「典型例」，「例」を掲げるにすぎず，この問題を考慮することを排除するものとはいえない。実際，このような理由から最高価格再販は適法になりうるとする国・地域が多い。

Column ㉖　技術標準，二重独占，FRAND 条件 ◦◦◦◦◦◦◦◦◦◦◦◦◦◦◦◦◦◦◦◦◦◦◦◦◦◦◦◦◦

　多数の事業者が製品の規格（たとえば携帯電話の通信技術や 4K ／ 8K テレビの送受信技術）を共同で策定する場合に，規格に組み込まれる多数の標準規格必須特許について，それぞれが独占力をもつために，ここでも二重（多重）独占化の問題が生じる。これは，「ロイヤルティスタッキング問題」といわれる。しかし，技術の権利者の多くは技術標準の利用者（テレビ局など）でもあり，なによりネットワーク効果[150]の観点からして当該技術標準が多くの者に採用されることが重要であるから，ロイヤリティ（実施料）が高くなりすぎて当該技術標準が普及しにくくなることは当該技術標準や関係者にとって望ましくない。そこで，規格を策定する標準化機関は，それらの技術を規格に組み込む段階において，通常，規格の策定に参加する者に対し，当該標準規格必須特許を他の者に公正，合理的かつ無差別な条件（FRAND〔fair, reasonable and non-discriminatory〕条件）でライセンスをする用意がある意思を明らかにさせる（FRAND 宣言）とともに，FRAND 宣言がされない場合には当該標準規格必須特許の対象となる技術が規格に含まれないようにする。これも二重独占の問題を解消する手段となっている。この場合に，FRAND 宣言をしたがそれを遵守しているかが争われる場合に特許権に基づいて差止請求することや，特許権が第三者に譲渡された場合に当該第三者との関係で FRAND 宣言の効果を維持できるのかが問題になり，公取委「知的財産の利用に関する独占禁止法上の指針」（第 3 の 1 ⑴オ）はこの問題について独禁法上の考え方を示している。この問題は，知的財産権に係る第 7 章Ⅳ 2 ⑶で取り上げる。

◦◦

⑸　フランチャイズ契約と販売価格制限

　コンビニエンスストア・チェーンやファストフード・チェーンでは，同じ商品はどの店舗でも同じ価格で販売されていることが多い。つまり，コンビニエ

---

149)　金井貴嗣ほか編著『独占禁止法〔第 6 版〕』（弘文堂，2018 年）333 頁〔金井〕。
150)　*Column ⑥*。

302　　第 5 章　不公正な取引方法

ンスストア本部やファストフード本部（本部）が，加盟店のたとえば商品乙の販売価格を決めているように見える。これは再販に該当しないのだろうか。

まず，本部が直営店での販売価格を決めている場合には，自己の販売する商品の価格を決めているにすぎず，「再販売価格」の拘束には該当しないであろう。では，加盟店での販売価格はどうか。

第1に，本部は，乙を加盟店に販売していないかもしれない。本部は，フランチャイズ契約において，加盟店がメーカー等から乙を購入して小売する際の価格を指示しているにすぎないとすれば，2条9項4号の行為要件をみたさない（IX 2⑴）。しかし，この場合も拘束条件付取引（一般指定12項）の行為要件はみたし，さらに2⑴で見たように「不当に」にも該当し，公正競争阻害性がありそうである。

第2に，「正当な理由」があるのかもしれない。流通・取引慣行ガイドラインは，再販の正当な理由の「例」では，フリーライダー問題の解消をあげるだけであるが，Column ㉙で見るように，流通・取引慣行ガイドラインは垂直的制限行為一般については他に3つの競争促進効果（第1部3⑶イ・ウ・エ），とりわけ自社製品に対する顧客の信頼（ブランドイメージ）（同オ）もあげている。ブランドイメージを確保するために価格を統一することは正当な理由に該当するというのだろうか。しかし，流通・取引慣行ガイドラインは，ブランドイメージの確保等を販売先の制限および販売方法の制限等の根拠とするだけであり，価格拘束を行う根拠としては掲げていない[151]。また，公取委「フランチャイズ・システムに関する独占禁止法上の考え方について」においても，希望小売価格の提示は許されるとしつつ，販売価格の制限は原則違法としているように（3⑶），この問題が正面から「正当な理由」として説明されたことはない。とすれば，公取委は第2の立場はとっていないと考えられる。

第3は，加盟店は自ら進んで本部の提示する希望小売価格，推奨価格を受け入れているにすぎず，「拘束」がないというものである。結局，公取委は，第

---

[151] 公取委「『流通・取引慣行に関する独占禁止法上の指針』の一部改正（案）に対する意見の概要及びそれに対する考え方」（2015年）では，オ（2017〔平成29〕年改訂前のエ）について，販売価格の制限を認めるべきとの意見に対して，「典型的な独占禁止法違反行為に当たるものと考えられ」指針に記載することは適当ではないと回答している（No.57．No.105も参照）。

3の立場をとっていると推測される。そうであれば，フランチャイズ契約においても加盟店は価格設定の自由を有しており，本部は原則として販売価格を強制できないといえよう。

X　拘束条件付取引

1　一般指定12項

(1)　要　件

　一般指定12項は，拘束条件付取引を「第2条第9項第4号又は前項に該当する行為のほか，相手方とその取引の相手方との取引その他相手方の事業活動を不当に拘束する条件をつけて，当該相手方と取引すること」と定義する。これは，2条9項6号ニ「相手方の事業活動を不当に拘束する条件をもって取引すること」を受けた一般指定である。

　一般指定12項においても，「拘束」することが必要である。拘束とは，再販売価格の拘束において見たのと同じく，従わない場合に取引拒絶やなんらかの経済上の不利益を伴うことなどにより「実効性が確保されていること」であり[152]，ここでは繰り返さない。

　「不当に」とあるので，公正競争阻害性があるときのみ違法となる。拘束条件付取引の公正競争阻害性が自由競争減殺にあることには異論がない。

　「第2条第9項第4号又は前項に該当する行為」つまり再販売価格の拘束（2条9項4号）および排他条件付取引（一般指定11項）も一般指定12項の要件をみたすが，この2つは拘束条件付取引の行為類型から独立して規定されており，12項はこれらに該当しない拘束条件付取引のみを規制対象としている。学習済みの再販（IX）は，(2)で見る競争回避（価格維持）型の拘束条件付取引の典型例であり，排他条件付取引（VIII）は競争（者）排除（市場閉鎖）型のそれの典型例であり，それぞれの典型例が独立して規定されていると考えればよい。

　したがって，Figure 35のように，再販売価格の拘束および排他条件付取引の形式的要件をみたさないが，実質的に同様の公正競争阻害性をもたらす行

---

152)　IX 2 (2)。

304　第5章　不公正な取引方法

為，たとえば特許ライセンス（使用許諾）契約においてライセンサー（使用許諾者）がライセンシー（被許諾者）に対してライセンシーが販売する特許商品の販売価格を拘束する行為[153]，有力事業者が取引先に対して自己の競争者の一部と取引しないように拘束する行為[154]が，一般指定12項の対象となる。

Figure 35　関係する規制の全体像

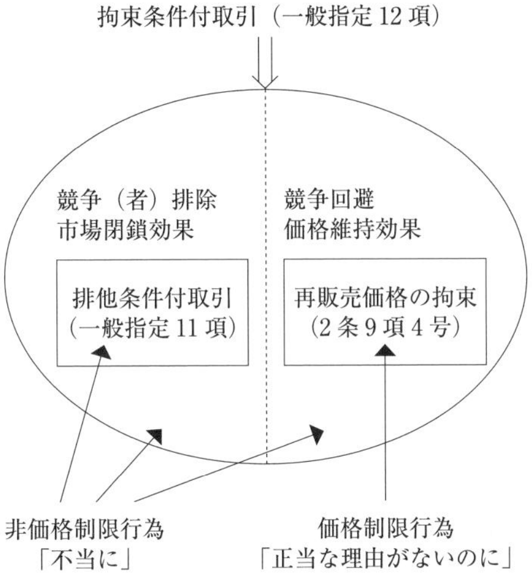

拘束条件付取引（一般指定12項）

競争（者）排除
市場閉鎖効果

競争回避
価格維持効果

排他条件付取引
（一般指定11項）

再販売価格の拘束
（2条9項4号）

非価格制限行為
「不当に」

価格制限行為
「正当な理由がないのに」

(2)　競争（者）排除型（市場閉鎖効果）と競争回避型（価格維持効果）

　拘束条件付取引には様々な行為があるが，代表的なものに，競争品の取扱い制限，販売地域の制限，取引先の制限，販売方法の制限がある。自由競争を減殺する方法には，競争の実質的制限と同様に，競争（者）の排除と競争の回避の2つがある。拘束条件付取引にもこの2つがあり，上記の行為のうち競争品の取扱い制限は競争（者）排除型であり，他は競争回避型である。

　流通・取引慣行ガイドラインは，これらの行為を「垂直的制限行為」と呼び，「価格制限行為」と「非価格制限行為」とに分ける。価格制限行為である再販売価格の拘束は，「流通業者間の価格競争を減少・消滅させることになることから，通常，競争阻害効果が大きく，原則として公正な競争を阻害するおそれのある行為である」とし，IX 3で確認した記述となっている。

　非価格制限行為については，「一般的に，その行為類型及び個別具体的なケースごとに市場の競争に与える影響が異なる」とし，①「個々のケースに応じて，当該行為を行う事業者の市場における地位等から，『市場閉鎖効果が生じる場合』や，『価格維持効果が生じる場合』といった公正な競争を阻害する

---

153)　IX 2 (1)，5 (3)。
154)　VIII 7 (3)〜(5)。

おそれがある場合に当たるか否かが判断されるもの」，と②「通常，価格競争を阻害するおそれがあり，当該行為を行う事業者の市場における地位を問わず，原則として公正な競争を阻害するおそれがあると判断されるものがある」とする。多くが①であるが，②には，Ⅲ2で取り上げた「安売り業者への販売禁止」がある（第1部第2の4(4)）。

流通・取引慣行ガイドラインは，続けて，「市場閉鎖効果が生じる場合」，「価格維持効果が生じる場合」を説明している。次の1(3)で確認しよう。

(3) 公正競争阻害性

「市場閉鎖効果が生じる場合」（市場閉鎖効果）は，Ⅷ4で詳しく検討したので，そちらを参照してほしい。流通・取引慣行ガイドラインは，「価格維持効果が生じる場合」（価格維持効果）について，*Column ㉗*のように述べている。

Column ㉗ 流通・取引慣行ガイドラインにおける
　　　　　 「価格維持効果が生じる場合」

「『価格維持効果が生じる場合』とは，非価格制限行為により，当該行為の相手方とその競争者間の競争が妨げられ，当該行為の相手方がその意思で価格をある程度自由に左右し，当該商品の価格を維持し又は引き上げることができるような状態をもたらすおそれが生じる場合をいう。

『価格維持効果が生じる場合』に当たるかどうかは，〔第1部3(1)〕の適法・違法性判断基準の考え方に従って判断することになる。例えば，市場が寡占的であったり，ブランドごとの製品差別化が進んでいて，ブランド間競争が十分に機能しにくい状況の下で，市場における有力な事業者によって厳格な地域制限……が行われると，当該ブランドの商品を巡る価格競争が阻害され，価格維持効果が生じることとなる。また，この判断に当たっては，他の事業者の行動も考慮の対象となる。例えば，複数の事業者がそれぞれ並行的にこのような制限を行う場合には，一事業者のみが行う場合と比べ市場全体として価格維持効果が生じる可能性が高くなる。

なお，『価格維持効果が生じる場合』に当たるかどうかの判断において，非価格制限行為により，具体的に上記のような状態が発生することを要するものではない。」
〔第1部3(2)イ〕

つまり，「非価格制限行為により，当該行為の相手方とその競争者間の競争

が妨げられ，当該行為の相手方がその意思で価格をある程度自由に左右し，当該商品の価格を維持し又は引き上げることができるような状態をもたらすおそれが生じる場合」をいうとする（第1部3⑵イ）。ここでは「価格」のみをあげるが，価格は典型を示すものであり，数量の減少，品質の低下等も問題になりうる[155]。

　流通・取引慣行ガイドラインは，第1部3⑴の「垂直的制限行為に係る適法・違法性判断基準についての考え方」において，市場閉鎖効果，価格維持効果に共通する公正競争阻害性の判断要素を示している。これは市場閉鎖効果について Ⅷ4 ですでに取り上げたが，価格維持効果にも共通するので，*Column 28* として，全文を紹介しておこう。

Column 28 　流通・取引慣行ガイドラインにおける 「垂直的制限行為に係る適法・違法性判断基準についての考え方」

　「垂直的制限行為は，〔第1部2〕のとおり，競争に様々な影響を及ぼすものであるが，公正な競争を阻害するおそれがある場合に，不公正な取引方法として禁止されることとなる。垂直的制限行為に公正な競争を阻害するおそれがあるかどうかの判断に当たっては，具体的行為や取引の対象・地域・態様等に応じて，当該行為に係る取引及びそれにより影響を受ける範囲を検討した上で，次の事項を総合的に考慮して判断することとなる。

　なお，この判断に当たっては，垂直的制限行為によって生じ得るブランド間競争やブランド内競争の減少・消滅といった競争を阻害する効果に加え，競争を促進する効果……も考慮する。また，競争を阻害する効果及び競争を促進する効果を考慮する際は，各取引段階における潜在的競争者への影響も踏まえる必要がある。

①ブランド間競争の状況（市場集中度，商品特性，製品差別化の程度，流通経路，新規参入の難易性等）

②ブランド内競争の状況（価格のバラツキの状況，当該商品を取り扱っている流通業者等の業態等）

③垂直的制限行為を行う事業者の市場における地位（市場シェア，順位，ブランド力等）

④垂直的制限行為の対象となる取引先事業者の事業活動に及ぼす影響（制限の程度・

---

155)　「〔事業者〕がその意思で価格をある程度自由に左右し」までは，「競争を実質的に制限する」（2条5項・6項・10条・13条等）の定義と同じであり，そこでは「その意思で，……価格，品質，数量，その他各般の条件を左右する」とされる（東京高判昭和26・9・19高民集4巻14号497頁〔東宝スバル事件〕等）。

Ⅹ　拘束条件付取引　307

態様等）

⑤垂直的制限行為の対象となる取引先事業者の数及び市場における地位

　各事項の重要性は個別具体的な事例ごとに異なり，垂直的制限行為を行う事業者の事業内容等に応じて，各事項の内容も検討する必要がある。例えば，プラットフォーム事業者が行う垂直的制限行為による競争への影響については，プラットフォーム事業者間の競争の状況や，ネットワーク効果……等を踏まえたプラットフォーム事業者の市場における地位等を考慮する必要がある。」（第1部3⑴）

Column ㉙　流通・取引慣行ガイドラインにおける　　垂直的制限行為の競争促進効果の検討方法

　流通・取引慣行ガイドラインは，1⑶で触れた第3部3⑴，⑵後に第1部3⑶として，「垂直的制限行為によって生じ得る競争促進効果」という項をおいている。再販売価格の拘束においてもそれにより生じうる競争促進効果として第1部3⑶アのフリーライダー問題の解消を取り上げたが[156]，ここでは全体を確認しよう。

　流通・取引慣行ガイドラインは，「垂直的制限行為によって，新商品の販売が促進される，新規参入が容易になる，品質やサービスが向上するなどの場合には，競争促進的な効果が認められ得る」とし，この「典型例」としてアからオをあげる。アではフリーライダー問題の解消に販売地域制限が（2），イでは新商品が高品質との評判の確保に取引先の制限が（4），ウでは新商品販売への投資の確保に販売地域を制限することが（2），エでは専用機械等への部品製造投資の確保に一定数量の部品購入を義務づけることが，オでは商品のブランドイメージの確保に取引先の制限（4），販売方法の制限（3）等が有効となりうるとする。

　アはⅨ7⑶⒝で詳しく検討したので，イ以下をあげよう。
イ　「事業者が，自社の新商品について高品質であるとの評判を確保する上で，高品質な商品を取り扱うという評判を有している小売業者に限定して……新商品を供給することが，販売戦略上重要といえる場合がある。このような場合に……販売先を当該小売業者に限定することが，……高品質であるとの評判を確保する上で有効となり得る。」
ウ　「事業者が新商品を発売するために，専用設備の設置等の特有の投資を取引先流通業者に求めることがある。このとき，他の取引先流通業者がそのような投資を行わずに当該新商品を販売することができるとなると，投資を行った取引先流通業者が当該投資を回収できず，結果として，そのような投資が行われなくなることがある。このような場合……一定の地域を一流通業者のみに割り当てることが，……有効となり得る。」

---

156)　Ⅸ7。

エ 「部品メーカーが，完成品メーカーの求める特定の要求を満たす部品を製造する
ための専用機械や設備の設置等の特有の投資を行う必要がある場合……，当該部品
メーカーが当該完成品メーカーに対し，一定数量の当該部品の購入を義務付けること
などが，特有の投資を行う上で有効となり得る。」

オ 「事業者が，自社商品に対する顧客の信頼（いわゆるブランドイメージ）を高める
ために，当該商品の販売に係るサービスの統一性やサービスの質の標準化を図ろうと
する場合がある。このような場合……取引先流通業者の販売先を一定の水準を満たし
ている者に限定したり，……販売方法等を制限したりすることが，……有効となり得る。」

(4) 総 合 考 慮

先述のとおり流通・取引慣行ガイドラインは，「競争を阻害する効果に加え，
競争を促進する効果……も考慮する」とするが（Column ㉘），その考慮する具
体的な方法については Column ㉙のア（Ⅸ 7 (3)(イ)）を除き明示されておらず，
競争促進効果の独禁法上の扱いに係る一般論によると考えられ[157]，2 以下の
行為類型ごとに見ることになる。そして，そこでは，再販売価格の拘束で見た
ように[158]，両者の比較衡量がなされると考えられる。その点，フリーライ
ダー問題の解消（Column ㉙ア）で述べられていることは，たとえば販売地域の
制限（Column ㉙ウ）等でも同様と考えられる。つまり，①競争促進効果と競争
阻害効果とを比較衡量して，実際に競争促進効果が競争阻害効果を上回る場合
（当該制限がない場合に比べ購入量が増大したり，需要が増大したりする[159]場合）に
競争促進効果が認められ，加えて，②より競争制限的でない代替的方法
（LRA）がない場合にのみ競争促進効果が認められよう。また，イ以下を直接
の目的とする行為でかつ非価格制限行為である場合に，それ自体により自由競
争減殺が生じることは稀であろうことにも注意したい。

以下では，代表的な行為類型について見ていくことにする。なお，競争品の
取扱い制限において市場閉鎖が生じる仕組みは，基本的に排他条件付取引と同
じであるからここでは省略する[160]。

---

157) たとえば，第 2 章Ⅳ 2，第 5 章Ⅱ 3，Ⅸ 7 (3)(イ)参照。

158) Ⅸ 7 (3)(イ)。

159) 競争促進効果があれば産出量（購入量，需要量）が増大し，競争阻害効果があればそれが減少
するため，両者の比較衡量の基準としては合理的な基準といえる。

160) Ⅷ 2。

Ⅹ 拘束条件付取引 309

2 販売地域の制限

⑧⑥ 【設例86】

Figure 36 を見よう。自動車メーカー A が自己の自動車を販売する自動車ディーラー B_1, B_2, B_3, B_4 に対して、それらの販売地域をそれぞれ甲市北部、南部、乙市北部、南部に割り当て、(i)ディーラーが自己の地域外に出向いて販売することを禁止し、さらに(ii)他の地域の顧客が来店し自動車を注文したときには、販売を拒否し、その顧客の居住する地域を割り当てられたディーラーを紹介することを義務付けようとしている。

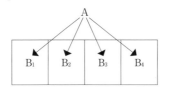

Figure 36　自動車の販売地域の制限

(1) 販売地域の制限とは

事業者が流通業者に対して販売地域を制限する行為を販売地域の制限（テリトリー制）という。流通・取引慣行ガイドラインは、販売地域の制限を4つに分類している。事業者が流通業者に対して、①一定の地域を主たる責任地域として定め、当該地域内において積極的な販売活動を行うことを義務付けること（責任地域制）、②店舗等の販売拠点の設置場所を一定地域内に限定したり、販売拠点の設置場所を指定したりすること（販売拠点制）、③一定の地域を割り当て、地域外での販売を制限すること（厳格な地域制限）、④一定の地域を割り当て、地域外顧客からの求めに応じた販売を制限すること（地域外顧客への受動的販売制限）である（第1部第2の3）。③は積極的販売の禁止、④は消極的販売の禁止ともいわれる。【設例86】の(i)が③、(ii)が④である。

(2) 競争促進効果

*Column ㉙*にあるように、流通・取引慣行ガイドラインは、フリーライダー問題の解消（ア）、新商品販売のための投資の確保（ウ）に販売地域の制限が「有効となり得る」としている。【設例86】において、B_1 は、店舗に新型モデル車の展示場を設けたり、新聞に新車の折込み広告を出したり、説明要員を置いて説明をしたりして、顧客を獲得しようとしているとする。もし B_2 等がそ

の地域で自由に販売できるのであれば，B_1 は販売促進活動をしても，販売促進活動をしない分安い価格を設定できる B_2 等に顧客を奪われてしまう。B_1 は，B_2 等によるフリーライドや投資の回収ができなくなることをおそれて，上記の販売促進活動をしなくなるかもしれない。A としては，このような理由から販売促進活動がなされず A 社製品の販売量が減り，その結果 A の利益が減るのは困った事態であり，B_1 が安心して販売促進活動ができるように，B_1 に排他的な販売地域を提供する必要がある。ここでも，再販売価格の拘束で見たフリーライダー問題や投資の回収ができなくなることが生じ，その回避のための地域制限に競争促進効果がありうる。

(3) 公正競争阻害性——価格維持効果

しかし，A が上述の③や④の制限をすると，B_1 から B_4 の間の A 社製品の販売競争（ブランド内競争）がなくなる。販売地域の制限は，A 社製品を販売するディーラー間の競争を回避しブランド内競争を制限する。さらに A 以外の自動車メーカーのそれとの間のブランド間競争が弱ければ，自由競争を減殺する。

このように，販売地域の制限は，一方で価格維持効果をもつが，他方では競争促進効果などもあるのである。

流通・取引慣行ガイドライン（第1部第2の3(2)）は，事業者が商品の効率的な販売拠点の構築やアフターサービス体制の確保等のため①②をとることは③④に該当しない限り，通常，違法とならないとする。③は，市場における有力な事業者が行い，これによって価格維持効果が生じる場合には，不公正な取引方法に該当するとする。④はこれによって価格維持効果が生じる場合には，不公正な取引方法に該当し，④は③と比較して，地域外の顧客からの求めに応じた販売をも制限している分，ブランド内競争を制限する効果が大きいとする。④では「有力な事業者」が要件となっていない点に注意が必要である。価格維持効果については，*Column* ㉘で確認した競争阻害効果（価格維持効果）に関する①から⑤を総合考慮する。そして，流通・取引慣行ガイドラインは，「例えば，市場が寡占的であったり，ブランドごとの製品差別化が進んでいて，ブランド間競争が十分に機能しにくい状況の下で，市場における有力な事業者によ

って厳格な地域制限が行われると，当該ブランドの商品を巡る価格競争が阻害され，価格維持効果が生じることとなる。また，複数の事業者がそれぞれ並行的にこのような制限を行う場合には，一事業者のみが行う場合と比べ市場全体として価格維持効果が生じる可能性が高くなる」（第1部第2の3(3)）と第1部の3(2)イの記述を繰り返している。

(4) 再販売価格の拘束との違い

　再販売価格の拘束では，原則として公正競争阻害性があるとされている。同じくブランド内競争を制限し競争を回避する販売地域の制限は，なぜ上述の③では有力事業者が行い価格維持効果がある場合に，④では行為主体の限定はないが価格維持効果がある場合にのみ，公正競争阻害性があるとされているのだろうか[161]。これは，第1に，再販は販売価格の拘束であり競争の直接の手段の制限であるが，販売地域の制限は価格を拘束しないから通常他のブランドからの価格競争が残存していること，第2に，再販売価格の拘束は競争制限以外の目的が通常考えにくく（フリーライダー問題の回避と二重独占問題の回避の可能性はある），それにもかかわらず再販売価格の拘束がなされたからには価格維持効果があるであろうと推測できるのに対し，販売地域の制限は価格維持以外の一定の競争促進的な目的やその他の目的でもなされうることからである。

3　販売方法の制限

(87)　**【設例87】**

　　化粧品メーカーCと化粧品小売店との化粧品販売契約には，対面説明販売義務条項が入っていた。小売店Dは一般的には顧客に説明をしているが，説明は必要ないといった顧客には説明をしないで販売をしていた。小売店Eは事業所等の職場にカタログを配布し，電話等でまとめて注文を受けて配送し，2割引き

---

161)　③では有力事業者が行わなくても価格維持効果がある場合があるのではないか，④では逆に，有力事業者が行わないのに価格維持効果がある場合があるのかという疑問ももたれるかもしれない。結局は価格維持効果が生じるか否かの問題に尽きるのではあるが，③では有力事業者が行わなければ価格維持効果が生じないが，③よりも拘束の程度が強く競争を阻害しやすい④では有力事業者が行ったか否かにかかわらず（たとえば製品差別化が進んだ市場や並行的に行為が行われている市場等において）価格維持効果が生じうるという趣旨と理解されよう。

312　第5章　不公正な取引方法

で販売していた。CはD・Eに対して対面説明販売に関する契約違反を理由に契約を解除し，出荷を停止した。

(1) 販売方法の制限とは

メーカーが小売業者に対して販売方法の制限をすることはよくある。たとえば，商品の品質管理について指示し，商品の販売コーナーや棚の位置を指示し，商品の販売に際し説明の方法を指定し，商品の広告の方法を拘束することなどである。商品の特質をよく知っているメーカーが品質管理や説明方法を指示することで適切な販売活動ができるようになり，またこのような販売方法の制限それ自体が，直ちに公正競争を阻害するわけではない。*Column ㉙*も商品のブランドイメージの確保に販売方法の制限が「有効となり得る」としている（オ）。しかし販売方法の制限も場合によっては独禁法の問題が出てくる。

(2) 公正競争阻害性——価格維持効果

販売方法の制限は，どのような場合に競争を回避することにより自由競争を減殺するだろうか。

まず，メーカーが小売業者に対面説明販売義務を課せば，従業員の新たな雇用や教育のための販売経費が増え，小売価格が安定するという意味で「価格維持効果」をもつようにも見える。これは自由競争減殺という意味での価格維持効果なのだろうか。しかし，この効果の発生は，通常は競争とは関係なさそうである。【設例87】のモデルとなった事件[162]では，最高裁は，販売方法の制限を手段として再販売価格の拘束を行っていると認められる場合には問題になるとしつつ，販売方法に関する制限を課した場合，販売経費の増大を招くことなどから小売価格が安定する効果が生じるというだけでは，直ちに販売価格の自由な決定を拘束しているということはできないとした。

最高裁は，顧客に商品の説明を義務付けたり，品質管理の方法や陳列方法を指示したりするなどの形態による販売方法の制限は，①それが当該商品の販売のためのそれなりの合理的理由に基づくものと認められ，かつ②他の取引先に

---

162) 最判平成10・12・18民集52巻9号1866頁（資生堂東京販売事件）。

対しても同等の制限が課せられている限り，「それ自体としては」公正競争阻害性をもたないとした（以下，①を「それなりの合理性」，②を「同等性」とも呼ぶ）

　合理的理由と自由競争減殺はどう関係があるのかなど，この基準が何を意味するのか一見するとわかりにくいが，次のような意味と解される。この最高裁判決によれば，①②の両方がみたされ，かつ再販売価格の拘束等の手段でない場合には，適法であることが事実上推認され，今度は違反行為の存在を主張する者が，いかに自由な競争を減殺したかを説明することになる。たとえば，革新的な販売方法を競って提供しあうことが制限されるなどの説明が考えられるかもしれない。したがって，①②の基準は，この両方をみたせば，自由競争を減殺しないことが事実上推定され，あるいは「一応のセーフハーバー」になるといえよう。また，拘束条件付取引が公正競争阻害性をもつのは自由競争を減殺する場合であるから，たとえば市場への影響がないような弱小メーカーが①②の両方またはいずれかをみたさない形で販売方法の制限を行ったとしても違法とはならない[163]。

4　取引先の制限

(1)　帳合取引の義務付け

　メーカーが，たとえば卸売業者が取引する小売業者を特定し小売業者が当該卸売業者としか取引できなくさせる拘束を，帳合取引の義務付けという。流通・取引慣行ガイドラインは，これによって価格維持効果が生じる場合には，不公正な取引方法に該当するとしている（同ガイドライン第1部第2の4(2)）。これもブランド内の競争を回避する行為であり，価格維持効果がある場合に問題となる。もっとも，実際に違法とされた帳合取引の義務付けの事例は，再販売価格の拘束の実効性確保手段として用いられたものである。

---

163)　調査官解説は，「①又は②が欠ける場合にも，直ちに違法になるものではなく，制限行為が競争に与える影響を個別具体的に検討して違法性が判断されることになる」，「①及び②をみたす場合にも，市場における競争制限的効果をもたらす例外的事情が主張，立証された場合には，不当な拘束条件付取引として違法となる余地もあろう……。本判決がその余地を否定していないことは，①及び②をみたす限り，『それ自体としては』公正競争阻害性がないと述べている点からも看取し得る」，「本判決は，①及び②をみたせば，原則として違法の問題は生じないとの判断方法の枠組みを示したものと解すべき」（小野憲一・最判解民事篇平成10年度(下)1000頁，1010頁）とする。

314　第5章　不公正な取引方法

(2) 仲間取引の禁止，安売り業者への販売禁止

【設例 88】　　　　　　　　　　　　　　　　　　　　　　　　　　　　⑧⑧

【設例 87】において化粧品メーカー C は，さらに，対面説明販売義務を担保するために，小売店に対して，C が化粧品販売契約を締結していない事業者に対しては販売してはならないという義務を課している。C は，取引先である F が対面説明販売をしない安売業者へ販売したので，この義務に違反することを理由に販売契約を解除した。

【設例 89】　　　　　　　　　　　　　　　　　　　　　　　　　　　　⑧⑨

G 社は，家庭用テレビゲーム機でシェア第 1 位の有力な事業者である。G 社は，ゲーム機用ソフトとハード用周辺機器の販売にあたり小売業者に対して，①ソフトの値引き販売禁止，②ソフトの中古品取扱い禁止，③横流し禁止の 3 つの販売方針を採用し，これを実行した。

【設例 90】　　　　　　　　　　　　　　　　　　　　　　　　　　　　⑨⓪

タブレット型端末メーカー H のタブレット型端末は，説明サービスを行う小売店と説明サービスを行わないが価格が安い小売店やインターネット販売業者に販売されている[164]。H は，インターネット販売業者へは直接的にも間接的にも自己の商品を取り扱えないようにしようとしている。

　【設例 88】は，仲間取引の禁止とか卸売取引の禁止といわれる。3 で見た最高裁判決と同日に出された最高裁判決[165]では，対面説明販売（カウンセリング販売）義務に加えてこの拘束が問題になった。最高裁は，本件義務は適法なカウンセリング販売義務に「必然的に伴う義務」であり，カウンセリング販売の義務付けが独禁法 19 条に違反しない場合には，卸売販売の禁止も，同様に同条に違反しないとしている。

　では，「必然的に伴う」のではない仲間取引の禁止はどうか。

　まず，安売りを行っている流通業者に対して自己の商品が販売されないように行われる場合はこれに該当する。流通・取引慣行ガイドラインは，「安売り

---

164)　ここまでは，再販売価格の拘束におけるフリーライダー問題の解消に関する IX 7 (3) の事案である。

165)　最判平成 10・12・18 判時 1664 号 14 頁（花王化粧品販売事件）。

X　拘束条件付取引　315

業者への販売禁止」において「事業者が卸売業者に対して，安売りを行うことを理由……に小売業者へ販売しないようにさせることは，事業者が市場の状況に応じて自己の販売価格を自主的に決定するという事業者の事業活動において最も基本的な事項に関与する行為であるため，……『再販売価格維持行為』において述べた考え方に準じて，通常，価格競争を阻害するおそれがあり，原則として不公正な取引方法に該当し，違法となる（一般指定2項（その他の取引拒絶）又は12項）」とする（第1部第2の4(4)[166]）。

　そのほかに価格維持効果が生じる場合があるだろうか。【設例89】のモデルとなった事案[167]では，①は再販売価格の拘束にあたり，②もその実効性確保手段として再販売価格の拘束にあたるとした[168]。これに対し，③について，花王化粧品販売事件最高裁判決の事案と異なり，適法な販売方法の制限に必然的に伴うものではないとしたうえで，小売業者に対し値引き販売を禁止する前提・実効確保措置としての機能に加え，閉鎖的流通経路外の販売業者への製品の流出を防止することにより外からの競争要因を排除するという側面があるとし，「販売業者の取引先という，取引の基本となる契約当事者の選定に制限を課すものであるから，その制限の形態に照らして販売段階での競争制限に結び付きやすく，この制限により当該商品の価格が維持されるおそれがあると認められる場合には，原則として一般指定第13〔現12〕項の拘束条件付取引に該当するというべきであり，たとえ取引先の制限に販売政策としてそれなりの合理性が認められるとしても，それだけでは公正な競争に悪影響を及ぼすおそれがないということはできない」としている。

　このような場合に価格維持効果があるといえるのは，市場支配力，またはその前段階の力（Ⅰ1(4)）をもつ事業者が仲間取引を禁止する（本件では独占的地

---

166)　かかる事例に公取委勧告審決平成13・7・27審決集48巻187頁（松下電器産業事件）があり，一般指定2項が適用されている。この点は，単独の間接取引拒絶ですでに確認している（Ⅲ2）。

167)　公取委審判審決平成13・8・1審決集48巻3頁（ソニー・コンピュータエンタテインメント事件）。

168)　①が消滅した後も②は継続しており，②の中古品取扱い禁止により価格維持効果が生じ（ゲームソフトは，中古でも新品でも機能に違いはないため，この制限は新品の価格を維持しやすそうである），単独で拘束条件付取引に該当しないかが問題になるが，著作権（頒布権〔著作26条1項〕）の権利内容が民事裁判で係争中であったこと（最判平成14・4・25民集56巻4号808頁〔中古ゲームソフト事件〕参照）などから，審査官はかかる主張をしなかったようである。詳細は省くが，前掲最高裁判決が出された現在，この問題について頒布権の存在を気にする必要はなくなった。

316　　第5章　不公正な取引方法

位まで認定されている），または差別化が進んでいたり，もともとブランド間で協調的行動がなされブランド間競争が弱い市場にいる事業者が仲間取引を行う場合であろう。その場合には，その事業者が，取引量のコントロールなどを通じて，自らの販売政策に従う販売業者らからなる閉鎖的なネットワークを構築することで，顧客の購入価格が高止まりすることになるのである。

先に述べた資生堂化粧品販売事件最高裁判決も，このような場合に，①②の両方または一方をみたさない販売方法の制限が，ブランド内における販売方法に係る競争を制限し，その結果，自由競争減殺という意味で価格維持効果をもつと考えるのであろう。

(3) 選択的流通

流通・取引慣行ガイドラインの2015（平成27）年改訂は「いわゆる『選択的流通』」という項目を追加した。これは，政府の「規制改革実施計画」（2014年6月24日閣議決定）を受けたものである。選択的流通制度とは，EUで規制されている行為類型であり，メーカー等がその商品を直接あるいは間接に取り扱うことのできる流通業者について一定の基準を設け，その基準をみたさない流通業者への販売や転売を禁止する義務を課す行為である。

EUでは，「商品の移動の自由」の観点からこのような制限を禁止しており，そのことを前提に，競争法において許容される例外を明らかにしている。EUではこの基準は質的基準を中心とした客観的・非差別なものが求められ，対象商品は専門的な説明を要するものや高級品に限定される。これに対して，日本では，その行為が自由競争を減殺して初めてこのような行為は規制される。選択的流通をかっこ書とし，さらに「いわゆる」を加えたのは[169]，EUのそれと流通・取引慣行ガイドラインでいうそれとは内容や規制が異なることを明らかにし，誤解を与えないようにしたものと考えられる。ただし，2017（平成29）年改訂では，「いわゆる」とかっこは削除されている。**【設例90】**においてHは，インターネット販売業者が当該商品を取り扱うことを禁止しており，この行為に該当する。

---

169) これは「規制改革実施計画」でも行われていた。

X　拘束条件付取引　317

流通・取引慣行ガイドラインは,「事業者が自社の商品を取り扱う流通業者に関して一定の基準を設定し,当該基準を満たす流通業者に限定して商品を取り扱わせようとする場合,当該流通業者に対し,自社の商品の取扱いを認めた流通業者以外の流通業者への転売を禁止することがある」とし,これを「『選択的流通』と呼ばれるものであ」るとする。そして,*Column ㉙*のような「競争促進効果を生じる場合があるが,商品を取り扱う流通業者に関して設定される基準が,当該商品の品質の保持,適切な使用の確保等,消費者の利益の観点からそれなりの合理的な理由に基づくものと認められ,かつ,当該商品の取扱いを希望する他の流通業者に対しても同等の基準が適用される場合には,たとえ事業者が選択的流通を採用した結果として,特定の安売り業者等が基準を満たさず,当該商品を取り扱うことができなかったとしても,通常,問題とはならない」とする。

　ここでは,3で見た販売方法の制限に関する資生堂東京販売事件最高裁判決の,①それなりの合理的な理由に基づくものと認められ,かつ②他の取引先に対しても同等の制限が課せられている限り,「それ自体としては」公正競争阻害性をもたないとする基準と,ほぼ同じ基準を採用していることがわかる。「通常」と「それ自体としては」は同じ意味であろう。①②がみたされれば公正競争阻害性が事実上推定され,あるいは「一応のセーフハーバー」となる点も変わらないであろう。ただし,流通・取引慣行ガイドラインは,①について,「消費者の利益の観点からそれなりの合理的な理由」とし,合理性は消費者利益(独禁法1条の究極目的)の観点からのものに限定されることを明示していることに注意したい。

　インターネット販売業者は,店舗をもつ小売店より一般に低い価格を設定することが多い。すると,インターネット販売を禁止すると,価格維持効果が生じそうである。【設例90】では,インターネット販売業者が当該商品を取り扱うことの禁止が「通常,問題とはならない」かは,その禁止がフリーライダー問題の回避として消費者の利益の観点から合理的か,合理的であったとしても,より競争制限的でない代替的方法がないか[170],同等性があるかが検討されよ

---

170)　以上については,3(2),Ⅸ7(3)(4)。

318　第5章　不公正な取引方法

う。たとえば，使用に際し複雑な調整が必要で，かつ調整をしなければ顧客の身体に危険が生じ，現にそのような例が生じている医療機器について，小売店の店頭で顧客に対面する方法でしか調整できないような場合で，他の小売店にも同等の制限を課していれば，この医療機器のインターネット販売を禁じてもこの基準をみたしそうである。また，選択的流通は，販売方法の制限よりも一般的に拘束の程度や競争阻害効果が強いものであり，選択的流通について販売方法の制限と同じ基準を用いることが適切だったのかも問われよう。

5　同等性条件・最恵待遇条項

公取委「アマゾンジャパン合同会社に対する独占禁止法違反被疑事件の処理について」（平成 29 年 6 月 1 日）では，アマゾンジャパン合同会社が，Amazon マーケットプレイスの出品者との間の出品関連契約において価格等の同等性条件（出品者が Amazon マーケットプレイスに出品する商品の販売価格，販売条件について，購入者にとって，当該出品者が他の販売経路で販売する同一商品の販売価格等のうち最も有利なものと同等またはより有利なものとする条件）および品揃えの同等性条件を定め，出品者の事業活動を制限している疑いから，審査を行ってきたところ，自発的な措置を講じるとの申出がなされ，審査を終了したとする。

同等性条件とか，MFN 条項（最恵待遇条項）と呼ばれる。前記発表資料では，同等性条件の「競争への影響に係る懸念」について，一般論として，3 つを例示する。①出品者による他の販売経路における商品の価格の引下げや品揃えの拡大を制限するなど，出品者の事業活動を制限する効果，②当該電子商店街による競争上の努力を要することなく，当該電子商店街に出品される商品の価格を最も安くし，品揃えを最も豊富にするなど，電子商店街の運営事業者間の競争を歪める効果，③電子商店街の運営事業者による出品者向け手数料の引下げが，出品者による商品の価格の引下げや品揃えの拡大につながらなくなるなど，電子商店街の運営事業者のイノベーション意欲や新規参入を阻害する効果である。

同等性条件は，価格維持効果と市場閉鎖効果の両方を持ちうるもので，非常に複雑である。価格維持効果は，たとえば，他のプラットフォームで価格を引き下げると行為者のプラットフォームでも価格を引き下げざるをえないために，

X　拘束条件付取引　319

他の販売経路で価格を引き下げるインセンティブが減少し，市場全体において出品者が価格を引き下げにくくなる効果である。市場閉鎖効果は，たとえば，行為者のプラットフォームでの販売価格が最も安いか同じ価格となることから，他のまたは新規参入するプラットフォームはそこでの価格を引き下げて競争をしかけることができなくなり，既存のまたは新規参入プラットフォームが排除される効果である。この点，審査官解説[171]は，①が出品者の事業活動を制限する効果，②③は①の効果を通じて電子商店街間の競争に影響を及ぼす効果，②は一般消費者等の獲得競争における商品の価格や品揃えに与える影響，③は出品者の獲得競争における手数料等の競争手段に与える影響に注目しているという。しかし，これもわかりにくい。①は価格維持効果を発生させうるメカニズムについて述べ，②③は市場閉鎖効果について，うち②は行為者のプラットフォームの価格が自動的に引き下がる効果，③はそれにより，他のプラットフォーマー（競争者）の手数料の引下げ（自ら商品の価格設定を行う場合，販売価格の引下げ）という競争手段が奪われるという，市場閉鎖効果の発生のメカニズムを述べているのではないかと思われる。

6　非係争条項

　特許権等の知的財産権のライセンス契約において，ライセンサーがライセンシーに対してライセンシーの所有する知的財産をライセンサーやライセンサーの指定する事業者（他のライセンシーや特許製品のユーザー）に対して行使しない義務を課すことがある。これは非係争条項と呼ばれる。「知的財産の利用に関する独占禁止法上の指針」は，「ライセンサーの技術市場若しくは製品市場における有力な地位を強化することにつながること」，または「ライセンシーの研究開発意欲を損ない，新たな技術の開発を阻害することにより」公正競争を阻害する場合には拘束条件付取引にあたるとしている。この公正競争阻害性は，「研究開発意欲を損ない，新たな技術の開発を阻害する」というより長期的で動的な（ダイナミックな）自由競争減殺（市場閉鎖効果）を問題にする点で，これまでの自由競争減殺（市場閉鎖効果）と異なる。公取委審判審決平成20・9・

---

171)　栗屋康正・公正取引801号82頁（2017年），同・公正取引805号71頁（2017年）。

16審決集55巻380頁（マイクロソフト非係争条項事件）では，Windowsに Windows Media Player 等の機能を組み込んでいく際に，ライセンス契約（OEM販売契約）において日本のパソコンメーカーに非係争条項を課したことにより，「パソコンAV技術取引市場」の競争秩序に悪影響を及ぼすとした。公取委排除措置命令平成21・9・28審決集56巻（第2分冊）65頁（クアルコム事件）でもこれが問題とされた。

XI　優越的地位の濫用

1　2条9項5号

　2条9項5号は優越的地位の濫用を定義し，「自己の取引上の地位が相手方に優越していることを利用して，正常な商慣習に照らして不当に，次のいずれかに該当する行為をすること」とし，次の3つをあげる。

　「イ　継続して取引する相手方（新たに継続して取引しようとする相手方を含む。ロにおいて同じ。）に対して，当該取引に係る商品又は役務以外の商品又は役務を購入させること。

　ロ　継続して取引する相手方に対して，自己のために金銭，役務その他の経済上の利益を提供させること。

　ハ　取引の相手方からの取引に係る商品の受領を拒み，取引の相手方から取引に係る商品を受領した後当該商品を当該取引の相手方に引き取らせ，取引の相手方に対して取引の対価の支払を遅らせ，若しくはその額を減じ，その他取引の相手方に不利益となるように取引の条件を設定し，若しくは変更し，又は取引を実施すること。」

　2条9項5号は「正常な商慣習に照らして不当に」とするので，個別に公正競争阻害性を立証することが必要である。

　優越的地位の濫用に対しては，課徴金が課される（20条の6）(5)。平成21年改正後に5件の課徴金納付命令が出ており，いずれも審判で争われているが，そのうちトイザらス事件（公取委審判審決平成27・6・4審決集62巻119頁）(6(1))1件のみ審決が出ている。

　そのほかに，一般指定13項は取引の相手方の役員選任への不当干渉を規定

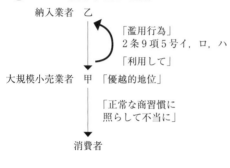

Figure 37　優先的地位の濫用

するが，先例はないので，以下では省略する。

優越的地位の濫用規制については，Figure 37のように，「優越的地位」，「利用して」，「濫用行為」（2条9項5号イ，ロ，ハ），「正常な商慣習に照らして不当に」（公正競争阻害性）の要件が問題となる。

2　優越的地位

㉛【設例91】

　Aは，岡山県，大阪府，兵庫県，広島県等の区域に店舗を出店し，食品，日用雑貨品，衣料品等の小売業を営んでおり，岡山県の百貨店，総合スーパーでは最大手である。Aは，納入業者に対して，次の行為をした。⑴新規開店，全面改装等の際に，あらかじめ合意することなく，従業員等の派遣を要請し，応じることを余儀なくさせ，派遣費用を負担しなかった。⑵催事等の費用を確保するため，納入業者に商品の販売促進効果等の利益がないなどにもかかわらず，金銭の提供を要請し，提供させた。⑶食料品の販売期限を経過したものについて，納入業者の責めに帰すべき事由がなく，返品の条件を定めておらず，納入業者から引き取りの申出がないにもかかわらず，返品をしていた。⑷商品の入替時の割引販売を行う際に，納入業者の責めに帰すべき事由がないにもかかわらず，支払うべき代金を減額した。⑸クリスマス関連商品の販売に際し，その購入を要請し，購入を余儀なくさせた。

優越的地位があるというためには市場支配力は必要なく，「取引の相手方との関係での相対的優越性」があれば足りる。Figure 37のように，優越的地位のある事業者を甲，取引の相手方を乙としよう。次に見るように，公取委は，①乙の甲に対する取引依存度，②甲の市場における地位，③乙にとっての取引先変更の可能性，④その他甲と取引することの必要性を総合的に考慮するとする。

優越的地位は，市場支配力や自由競争減殺で問題になるような力を持っていなくても成り立つことに注意しよう。【設例91】では，Aは，岡山県では最大手とされるものの，シェア等は不明であり，市場支配力を持つかは明らかでない。モデルとなった事案[172]は，現在審判中であるが，少なくとも兵庫県等における市場[173]では他に有力な競争者がいそうである。したがって，【設例91】ではAは（買い手）市場支配力を持たない場合にも，優越的地位がある可能性があるのであり，その濫用が問題になるのである。

公取委の「優越的地位の濫用に関する独占禁止法上の考え方」（以下「優越的地位の濫用ガイドライン」という）も，「取引の一方の当事者（甲）が他方の当事者（乙）に対し，取引上の地位が優越しているというためには，市場支配的な地位又はそれに準ずる絶対的に優越した地位である必要はなく，取引の相手方との関係で相対的に優越した地位であれば足りる」とする。そのうえで，「甲が取引先である乙に対して優越した地位にあるとは，乙にとって甲との取引の継続が困難になることが事業経営上大きな支障を来すため，甲が乙にとって著しく不利益な要請等を行っても，乙がこれを受け入れざるを得ないような場合である」（第2の1）とし，「この判断に当たっては，乙の甲に対する取引依存度，甲の市場における地位，乙にとっての取引先変更の可能性，その他甲と取引することの必要性を示す具体的事実を総合的に考慮する」とする（同2）。

3 濫用行為

優越的地位の濫用は，「優越的地位」を「利用して」，2条9項5号イ，ロ，ハの行為をすることである。イ，ロ，ハの行為は「濫用行為」と呼ばれる。

イは，購入・利用強制である。押し付け販売等が該当し，【設例91】では(5)がこれに該当しよう。

---

[172]　公取委排除措置命令・課徴金納付命令平成23・6・22審決集58巻（第1分冊）193頁，312頁（山陽マルナカ事件）。

[173]　企業結合規制の事例で，「スーパーマーケット業」の地理的市場を店舗から半径500m～3kmの円の範囲とした事例がある（公取委『平成25年度における主要な企業結合事例』「事例9イオン㈱による㈱ダイエーの株式取得」。第1章Ⅱ2(2)注16)。筆者の勤務先の近くにも山陽マルナカの店舗があるが，近隣には他に有力なスーパーマーケットが複数存在する。もっとも，これは「総合的考慮」の②の考慮要素にすぎず，問題になるのは，納入業者との関係での購入における力であるから，問題になる市場は購入市場となり，小売りとは別の市場が画定されることになろう。

ロは，利益提供の要請である。協賛金等の負担の要請，従業員等の派遣要請等が該当し，**【設例91】**では(1)，(2)がこれに該当しよう。

ハは，その他の濫用行為である。受領拒否，返品，支払遅延，減額，その他の不利益な取引条件の設定等が該当し，**【設例91】**では，(3)，(4)がこれに該当しよう。

イ，ロでは「継続して取引する相手方」とされ，相手方との間で取引の継続性が必要であるが，ハでは要件としていない。またイ，ロでも「新たに継続して取引しようとする相手方を含む」とされている。もっとも，1回しか取引しない場合や，最初の取引においては，取引依存度が低く（2①），他の取引先も選択できるから（2③），通常，「優越的地位」は成立しない。これに該当するのは，契約交渉が進み，後戻りが困難になっているような例外的場合に限られよう。

ロのうち，従業員の派遣要請は，あらかじめ契約においてその条件が定められていたり，派遣の対価を支払っている場合や，商品の説明販売することで販売促進効果があったり，顧客と接することで商品の改良等ができるなど，納入業者にも利益になる場合がある。優越的地位の濫用ガイドラインは，「当該取引の相手方にあらかじめ計算できない不利益を与えることとなる場合や，従業員等の派遣を通じて当該取引の相手方が得る直接の利益……等を勘案して合理的であると認められる範囲を超えた負担」（第4の2(2)ア）となる場合に，不当に不利益を与えることとなるとする。ただし，この利益は「直接の利益」に限定し，「間接の利益」は含まないと厳格に解している（6(1)(ウ)参照）。

4 公正競争阻害性

(1) 問題の所在

2条9項5号は，公正競争阻害性を「正常な商慣習に照らして不当に」，イ，ロ，ハの行為（濫用行為）を行う場合に違法とする。「正常な商慣習」とは，公正な競争秩序の観点から是認されるものをいう。**【設例91】**のAの行為はたしかに「不当」であるように見える。しかし，なぜ「不当」，つまり公正競争阻害性を有するのだろうか。

2で指摘したように，Aは（買い手）市場支配力を持っていなくても規制さ

324　第5章　不公正な取引方法

れうる。つまり，購入市場には，他にも有力なスーパーマーケットはあるであ
ろうし，食料品や衣料品の買い手には専門店等もあるであろう。川下の小売市
場においても，競争は通常，活発であろう。したがって，Ａが納入業者に対
してこのような行為を強制しても，それによって市場（購入市場，小売市場）に
おける商品の価格や供給量に影響を与えることは通常はないように思われる。
つまり，Ａの行為は通常は自由競争を減殺しないと考えられる。

　Ａの行為は競争手段として不公正だろうか。不公正な競争手段を用いたと
いうときには，行為を行うことで競争上有利に立つか，行為により自己の取引
量を増やすなどしていることが通常である。Ａの行為は，このような働きを
したとは考えにくい。取引当事者間には取引上の地位に格差があるのが普通で
あり，納入業者はＡと取引したいためにＡ以外の小売店に対するよりも不利
な条件（たとえば安い納入価格）を受け入れることはある。取引上の地位の格差
を反映して，取引相手によって取引条件が変わることは通常のことであり，そ
れ自体が独禁法に違反するとは考えにくい。では，優越的地位の濫用の公正競
争阻害性（不当性）はどこにあるのだろうか。優越的地位の濫用規制は経済的
弱者の保護のための規制であろうか，あるいは競争政策から説明できるのであ
ろうか[174]。

(2)　自由競争の基盤の侵害とその典型

　現在，学説は，公正競争阻害性（2条9項6号）について，①自由競争の減殺
（競争の減殺），②競争手段の不公正，③自由競争の基盤の侵害の3つに分類す
る。優越的地位の濫用は，取引主体が取引の諾否および取引の条件について，
自由かつ自主的に判断することによって取引が行われるという，自由な競争の
基盤が侵害される点に公正競争阻害性があるとする。現行の一般指定の策定の
基礎となった公取委の研究会報告書も，取引主体が「自由かつ自主的に判断す
ることによって取引が行われるという，自由な競争の基盤を侵害する」[175]場合

---

174)　外国でもこのような規制をすべく試みられているが，競争法の中に明文の規定を置く例は，韓
　　国，ドイツ，フランス（ただし，民事事件が多い）程度であり，珍しい。公正取引委員会競争政策
　　研究センター共同研究「諸外国における優越的地位の濫用規制等の分析」（2014年）も参照。
175)　「独占禁止法研究会報告」第2部9（田中寿編著『不公正な取引方法』〔商事法務，1982年〕
　　106頁）。

に違法となるとしている。

典型的には，(a)あらかじめ計算・予測できないような不利益が与えられる場合，および(b)著しい不利益を与える場合に不当とされうる。

3で見たように，優越的地位の濫用ガイドラインも，2条9項5号ロについて，「当該取引の相手方にあらかじめ計算できない不利益を与えることとなる場合や，……当該取引の相手方が得る直接の利益……等を勘案して合理的であると認められる範囲を超えた負担」となる場合に，不当に不利益を与えることとなるとする（同ガイドライン第4の2(1)ア，(2)ア）。また，返品（同号ハ）についても同様の記述がある（同ガイドライン第4の3(2)イ）。(a)(b)は，これらで最も妥当するが，イ・ハであっても，この考え方は通常，該当しよう。また，取引条件があらかじめ明確になっており，(a)に該当しない場合にも，(b)にあたることで「不当」とされることもあろう。

(3) 市場競争への間接的な影響？

優越的地位の濫用ガイドライン第1の1は，「当該取引の相手方の自由かつ自主的な判断による取引を阻害するとともに」とし，自由競争の基盤の侵害説に立ちつつ，「当該取引の相手方はその競争者との関係において競争上不利となる一方で，行為者はその競争者との関係において競争上有利となるおそれがあるものである。このような行為は，公正な競争を阻害するおそれがある」としている。

後半は「間接競争侵害説」と呼ばれることもあり，これは市場における競争との関係を説明しようと試みるものであろう。しかし，実際の事件において，公取委や民事訴訟の原告が，「競争上不利となる」，「競争上有利となるおそれがある」ことの立証責任を負うというものではなく，あくまで優越的地位の濫用が公正競争阻害性を有することの理論上の説明をしているにすぎないと考えられる。

Column ㉚ 優越的地位の濫用規制の根拠

部品メーカーXと完成品メーカーYが部品供給契約を締結した。この部品は，Yの完成品にしか使用できない。Xはこの部品の開発と生産ラインの構築に5億円の投

326　第5章　不公正な取引方法

資をした。Y は，完成品の販売は好調であったが，他部門で大きな損失が発生した。Y は，損失の補填のために，X 製造の部品の価格を 3 割引き下げるか，取引を停止するよう求めた。X は，これに応じれば 2 億円の損失が発生するが，Y のために投資した開発費や設備は他の用途には転用できないので，5 億円をすべて失うよりはましと考えて，やむなくそれに応じた。

これは Y の利益になるように見える。しかし，Y にとっても，次の問題が生じる。Y は，新たな完成品を開発し，部品メーカー Z に部品の供給を求めた。Z にとって魅力的な申出ではあるが，X の経営者と知り合いの Z の経営者は，X に起こった事態を知っており，X のような損害を受けることをおそれ，Y の申出を拒否しようと考えている。

継続的取引関係に入り，取引相手がその取引関係に固有な投資を行わなければならない場合，その投資を「人質」とした「搾取」がなされうる。取引相手は，そのような状態になること（ホールドアップとかロックインという）をおそれ，契約を締結することを躊躇する。これは，当事者双方にとって，そして社会的に好ましくない（過小投資が生じる）。Y は，そのような「搾取」を行わないことを Z に確信させたいが，そのような方法はないことが多い。このような場合に，優越的地位の濫用規制があれば，Y が上記のような行動をすれば法が介入することを Z に確信させることができ，Z は安心して契約を締結するであろう。これは，Y，Z 双方にとって，そして社会的にも好ましい。優越的地位の濫用規制は，このような理由ですべて説明できるわけではないが，ある程度の事例は説明できよう[176]。

5 課 徴 金

優越的地位の濫用を行った事業者は，違反行為がなくなった日から遡って 3 年間における当該事業者の当該行為の相手方との間における売上額（購入額を含む）の 1％ について課徴金納付命令を受ける（20 条の 6）。課徴金の対象となる違反行為（優越的地位の濫用）は，「継続してするもの」（継続的行為）に限られる（2 条 9 項 5 号は，取引の継続性を要件とするが，ここでは違反行為の継続性を求める）。優越的地位の濫用に対する課徴金は，他の不公正な取引方法と異なり，① 1 回目から課されること，②課徴金額が売上額の原則 3％ ではなく 1％ であ

---

176) 下請取引に関して，優越的地位の濫用に該当するとされる事例に，名古屋地判昭和 49・5・29 下民集 25 巻 5〜8 号 518 頁（畑屋工機事件），大阪地判平成元・6・5 判時 1331 号 97 頁（日本機電事件）がある。下請代金支払遅延等防止法について，7 参照。

ることに加えて，③課徴金の算定の基礎となる売上額は，違反行為にかかる売上額（当該商品役務の売上額）ではなく，相手方との取引額全体のそれであること，④違反行為者が相手方の商品等を供給する場合の売上額（供給額）だけでなく，購入する場合の売上額（購入額）も含むことという特徴を持つ。そのため，優越的地位の濫用の課徴金は高額になる傾向にある。

　立案担当者は，優越的地位の濫用に課徴金を導入したのは，(i)私的独占の予防規制と位置づけられないこと，(ii)違反者に不当利得が生じる蓋然性が高く違反行為への誘引が強いこと，(iii)法的措置事案が相当数あることをあげている[177]。エディオン事件[178]では約40億円もの課徴金が課されている。

6　事　例

(1)　トイザらス事件審決

　(ア)　**概　要**　最近の事例には，大規模小売業者が納入業者に対して行為を行った事案が多い。そのうち，2009（平成21）年の課徴金制度強化後に出された唯一の審決がトイザらス事件審決[179]である。そのほか，審判に係属中の事件が4件あり[180]，今後審決が出されていくであろう。

　トイザらス事件審決は，濫用行為としては返品と減額（2条9項5号ハ）が行われた事案であり，課徴金納付命令では約3億7000万円であった課徴金が，返品，減額の一部について「直接の利益」を認定し，2億2218万円に減額された。他の部分でも優越的地位の濫用ガイドラインの考え方を確認しながら，独自の考え方も示している。

　(イ)　**優越的地位**　審決はまず，優越的地位の定義および4つの考慮要素については，優越的地位の濫用ガイドラインの考え方を確認している。

　次に，優越的地位にあるといえるか否かの判断について，まず濫用行為（イ

---

177)　藤井宣明＝稲熊克紀編著『逐条解説　平成21年改正独占禁止法』（商事法務，2009年）16頁。
178)　公取委排除措置命令・課徴金納付命令平成24・2・16審決集58巻（第1分冊）278頁，384頁。
179)　公取委審判審決平成27・6・4審決集62巻119頁。
180)　前掲注172)公取委排除措置命令・課徴金納付命令平成23・6・22（山陽マルナカ事件），前掲注178)公取委排除措置命令・課徴金納付命令平成24・2・16（エディオン事件），公取委排除措置命令・課徴金納付命令平成25・7・3審決集60巻（第1分冊）341頁，435頁（ラルズ事件），公取委排除措置命令・課徴金納付命令平成26・6・5審決集61巻103頁，161頁（ダイレックス事件）。

からハ）を手がかりにする。すなわち，濫用行為は，「通常の企業行動からすれば当該取引の相手方が受け入れる合理性のないような行為であるから，甲が濫用行為を行い，乙がこれを受け入れている事実が認められる場合，……当該濫用行為を受け入れることについて特段の事情がない限り，……取引が必要かつ重要であることを推認させるとともに，『甲が乙にとって著しく不利益な要請等を行っても，乙がこれを受け入れざるを得ないような場合』にあったことの現実化として評価できる」とする。そしてさらに，「このことは，乙にとって甲との取引の継続が困難になることが事業経営上大きな支障を来すことに結び付く重要な要素になる」とする。そのうえで，「甲による行為が濫用行為に該当するか否か，濫用行為の内容，乙がこれを受け入れたことについての特段の事情の有無を検討し，さらに，①乙の甲に対する取引依存度，②甲の市場における地位，③乙にとっての取引先変更の可能性，④その他甲と取引することの必要性，重要性を示す具体的事実を総合的に考慮して判断するのが相当」とする。

　審決のこの考え方は，乙が濫用行為を受け入れているならば，特段の事情がない限り優越的地位を認定するに等しいものと考えられる。濫用行為がなされたのだから，優越的地位があったはずだという論理であろう。これに対しては，優越的地位の要件の存在意義が乏しくなるとか，優越的地位と濫用行為が独立の要件になっていることが意味をなさなくなるという批判[181]がなされている。たしかに濫用行為にかかる 2 条 9 項 5 号イ，ロ，ハ（一般にそうであるが，とりわけハの「その他」以降）は抽象的な文言となっており（次に見るように，「推認」もされる），かかる批判はもっともといえる。この点は，今後出される他の審決や裁判所の判断を待つことになろう。また，仮にこのような推認を肯定するとすれば，濫用行為の認定は厳格になされるべきことになろう。

　　(ウ)　**返品，減額**　　次に，審決は，「買取取引において，取引の相手方の責めに帰すべき事由がない場合の返品及び減額は，一旦締結した売買契約を反故にしたり，納入業者に対して，売れ残りリスクや値引き販売による売上額の減少など購入者が負うべき不利益を転嫁する行為であり，取引の相手方にとっ

---

181)　池田毅・ジュリ 1485 号（2015 年）7 頁，長澤哲也『優越的地位濫用規制と下請法の解説と分析〔第 3 版〕』（商事法務，2018 年）70-71 頁等。

て通常は何ら合理性のないことであるから，そのような行為は，原則として，取引の相手方にあらかじめ計算できない不利益を与えるものであり，……濫用行為に当たる」，「例外事由に当たるなどの特段の事情がない限り，当該取引の相手方にあらかじめ計算できない不利益を与えるものと推認され，濫用行為に当たる」とする。そのうえで，納入業者から申出があり，かつ当該減額，返品を原資とした値引き販売の実施により旧商品が処分されることが「直接の利益」となる等と認定した部分については，違反行為から除外した。

　(エ)　**課徴金**　課徴金については，複数の取引相手に，複数の濫用行為を行った場合に，あわせて1つの違反行為とするのか，別個の違反行為とするのかにより，課徴金の算定期間および金額が変わる。審決は，濫用行為が複数見られるとしても，また，複数の取引先に対して行われたものであるとしても，「それが組織的，計画的に一連のものとして実行されているなど，それらの行為を行為者の優越的地位の濫用として一体として評価できる場合には」1つの優越的地位の濫用として規制されるとする。違反行為期間も，それを前提にして，濫用行為が最初に行われた日を「当該行為をした日」とし，濫用行為がなくなったと認められる日を「当該行為がなくなる日」とするのが相当とした。

　そのほか，課徴金制度強化前の事件を以下で2つ見よう。

(2)　三井住友銀行事件

　銀行が，融資先事業者から既存の融資の更新の申込みを受けた場合に，融資の手続を進める過程において，金利スワップ（金融派生商品）の購入を提案し，その購入が融資の条件である旨または購入しなければ融資の条件で不利な扱いをする旨明示または示唆することにより，融資先事業者に金利スワップの購入を余儀なくさせる行為を行ったことを優越的地位の濫用としている[182]。これは抱き合わせ販売（一般指定10項）にも該当すると考えられるが，優越的地位の濫用とされている。

---

182)　公取委勧告審決平成17・12・26審決集52巻436頁（三井住友銀行事件）。

(3) セブンイレブン・ジャパン事件

【設例 92】　　　　　　　　　　　　　　　　　　　　　　　　　92

　Bは，コンビニエンスストアにかかるフランチャイズ事業を営んでいる。Bは，加盟店基本契約等において定めた販売期限を経過したデイリー商品（品質が劣化しやすい食品，飲料で原則として毎日店舗に納品されるもの）は，廃棄することとしている。またBは，商品は推奨価格で販売されるべきとの考え方に基づいてBが加盟店の従業員に直接に周知徹底を図っている。Bは，加盟店で廃棄された商品の原価相当額の全額が加盟店の負担となる仕組みのもとで，見切り販売（販売期限が迫った商品を推奨価格から値引きして販売すること）を行おうとし，または行っている加盟店に対し，自己の経営相談員（OFC）を用いて，見切り販売の取りやめを余儀なくさせている。

　【設例 92】のモデルとなった事案[183]では，公取委は，加盟店にとってBとの取引が継続できなくなれば事業経営上大きな支障をきたすこととなり，Bの要請に従わざるを得ない立場にあることから，優越的地位があるとし，**【設例 92】**の行為により，Bは，加盟者が自らの合理的な経営判断に基づいて廃棄するデイリー商品の原価相当額の負担を軽減する機会を失わせているとし，優越的地位の濫用に該当するとした。本件では，加盟店は，廃棄された商品の原価相当額の全額の対価を支払い，さらにその商品にかかるロイヤリティ（フランチャイズ契約の実施料）も負担させられていたようである（二重の負担）。その後，Bは，原価相当額の一部を負担するという方法を取ろうとしたが，公取委は，見切り販売の方法等を明らかにする等の措置が必要とし，見切り販売を求めた。もっとも，本件行為は拘束条件付取引（一般指定 12 項）（加盟店がBの推奨する業者から商品を購入している場合）または再販売価格の拘束（2 条 9 項 4 号）（加盟店がBから商品を購入している場合）にも該当するように見える。しかし，もし再販売価格の拘束等に該当するのであれば，原価相当額の負担を軽減する機会が加盟店に与えられ，また販売期限よりも相当前の見切り販売を禁止しても独禁法に違反するはずであるから，公取委が本件行為はそれらに該当しないと判断した何らかの要因があったのであろう。なお，本件では，独禁法

183）　公取委排除措置命令平成 21・6・22 審決集 56 巻（第 2 分冊）6 頁（セブン－イレブン・ジャパン事件）。

XI　優越的地位の濫用　331

25条による損害賠償請求訴訟が提起され，請求を一部認容する判決も出ている[184]。

7 下 請 法

下請取引では優越的地位の濫用が起こりやすいと考えられる（*Column ㉚*参照）。下請取引における優越的地位の濫用について，迅速かつ有効な規制をするため，独禁法の特例法として下請代金支払遅延等防止法（下請法）が制定されている。

下請法では，親事業者が下請事業者に物品の製造，修理，役務提供等を委託する場合に，親事業者に対し下請事業者への発注書面の交付（3条），下請取引に関する書類の作成・保存（5条）を義務づけ，そのほか，4条1項・2項において，親事業者が，①委託した給付の受領拒絶，②下請代金の支払遅延，③下請代金の減額，④返品，買いたたき，⑤物品等の購入強制，⑥有償支給原料等の対価の早期決済，⑦割引困難な手形の交付などを禁止行為とし，公取委はこれらの行為の取りやめ，下請事業者が被った不利益の原状回復措置等を講じるよう勧告でき（7条），その旨を公表することができる。

下請法は，公取委が個別具体的な判断に代えて比較的画一な判断をすることを可能にしている。発注書面の交付などの最低限の制約を取引主体に課し，公取委が個々の取引の情報に乏しい場合にも迅速に規制を発動できるようにすることで，過小投資を避け，下請事業者と親事業者の双方および社会的にも望ましい下請取引の締結を促進するという規制手法がとられていると考えられる。

8 確 約 制 度

下請法においては，公取委が親事業者に下請事業者への返金を勧告し（7条），応じれば優越的地位の濫用の規制は受けない。他方，勧告に応じず，かつ優越的地位の濫用の要件をみたせば[185]，優越的地位の濫用規制の手続へ移行でき

---

184)　東京高判平成 25・8・30 判時 2209 号 10 頁①事件など。
185)　下請法の違反行為は優越的地位の濫用の「濫用行為」と重なる行為が多いが，下請法を迅速に適用できるように形式要件となっており（XI 7），下請法違反行為がただちに優越的地位の濫用に該当するわけではない。

332　　第 5 章　不公正な取引方法

る（8条）。これは次に述べる一種の「確約」制度である。

　独禁法において，TPP 協定整備法の一環として確約制度（独禁法違反の疑い
について，公取委と事業者との間の合意により解決する仕組み）が導入された（第1
章V3）。同法は，TPP 11 協定の発効日から施行される。課徴金は国庫に納付
されるから，課徴金納付命令が出されても，被害者は直接には救済されない。
確約制度が施行されれば，優越的地位の濫用，さらに違法かどうかの境界が微
妙なような私的独占事件については，違反行為を認定して課徴金を課すのでは
なく，違反行為を認定しないで是正措置をとることにより審査を終了するとい
った事案が生じると予想される。その際，是正措置において被害者に返金する
などの被害者救済（金銭的価値の回復）を内容とする確約を行わない限り違法状
態の解消がされず，措置内容の十分性の要件（48条の3第2項）をみたさない
場合があると解され[186]，また事業者がこれを自主的に行うことも考えられる。
なお，本書の最終章で取り上げる景品表示法は，2014（平成 26）年 11 月改正
により，不当表示について，違反行為者が被害者に返金すればその分の課徴金
が自動的に減額されるという制度（10条）を導入している。これも類似の制度
といえる。ただし，確約の違反に対しては，除斥期間が経過しないこととされ，
違反行為が認定されればあらためて排除措置命令等が出されるにすぎない。確
約違反があれば確約の履行を行うまで金銭的負担を課す履行強制金などの制度
が導入されることで，より効果的な制度となるであろう。

XII　競争者に対する取引妨害

1　一般指定 14 項

　一般指定 14 項は，2条9項6号へを受けて，競争者に対する取引妨害を定
義する。すなわち，「自己又は自己が株主若しくは役員である会社と国内にお
いて競争関係にある他の事業者とその取引の相手方との取引について，契約の

---

186)　公取委「確約手続に関する対応方針」（2018 年 9 月 26 日）も，「確約措置の典型例」として，
　「取引先等に提供させた金銭的価値の回復」を掲げている（6(3)イ(カ)）。確約制度については，泉水
　文雄「確約手続の導入について——EU・米国等の諸制度を比較して」公正取引 798 号 9 頁，13 頁
　（2017 年）。

成立の阻止，契約の不履行の誘引その他いかなる方法をもってするかを問わず，その取引を不当に妨害すること」とする。

「不当に」とあるので，競争者に対する取引妨害は，公正競争阻害性がある場合にのみ不公正な取引方法になる。それでは，どのような行為が取引妨害に該当するのだろうか。一般指定 14 項は，「契約の成立の阻止」，「契約の不履行の誘因」を例にあげている。しかし，契約を締結している者に対し，より高い金額で購入しようなどと，より有利な取引条件を提示して顧客を奪おうとする行為は，競争そのものではないだろうか。取引妨害が「不当」である，つまり公正競争阻害性を持つのはどのような場合だろうか。

競争者に対する取引妨害の公正競争阻害性には，競争手段の不公正と自由競争減殺がある。以下では，いくつかの類型に分けて見ていこう。

2 物理的妨害

競争手段の不公正としては，まずは物理的妨害という類型がある。古い事件であるが，競争者のせり場の周囲に障壁を設けて監視する等し，買受人がせりに参加することを物理的に妨害した事案（熊本魚事件）があった[187]。

この類型について，新たな判決が出た。次の設例を見てみよう。

(93) **【設例 93】**

> 私鉄 C 電鉄の子会社であるタクシー会社 C' は，神戸市北区の C 電鉄の D 駅および隣接する E 駅のタクシー乗り場を C' のタクシーの専用乗り場と主張している。同区等の個人タクシー業者 3 名が E 駅のタクシー乗り場に乗り入れたところ，C' の乗務員が，個人タクシーの後部扉の横に座り込んだり，タクシーの前に立ちはだかったり，後方で客待ちをしている C' のタクシーに利用者を誘導したりして，乗車できないようにした。

【設例 93】のモデルは神鉄タクシー事件（大阪高判平成 26・10・31 判時 2249 号 38 頁）である。C' は自社の専用乗り場と主張したが，裁判所は，市道上にあること等から専用乗り場ではないと判示した。そのうえで，裁判所は，最後の誘

---

187)　公取委勧告審決昭和 35・2・9 審決集 10 巻 17 頁。

導行為を除く行為，つまり C' の乗務員が，タクシーの後部扉の横に座り込む行為とタクシーの前に立ちはだかる行為は，「本件各タクシー待機場所付近の交通に危険を及ぼしかねず，道路交通法（76条4項2号等）に違反することもあり得る態様で，物理的実力を用いて利用者との旅客自動車運送契約の締結を妨害するものであるから，一般指定14項にいう不当な取引妨害に当たる」とした。そして，「損害の内容，程度，独禁法違反行為の態様等を総合勘案すると，……19条違反行為によって利益を侵害され，侵害されるおそれがあることによって生じる損害は著しい」とし，取引妨害行為の差止め（24条）[188]と損害賠償[189]を認容した。

3　威圧・脅迫，誹謗中傷，偽計

前掲熊本魚事件では，威圧を加えて契約の更新を阻止し，買受人の理事長等を訪問し，また市場において約1週間拡声器を用いて買受人専属制の実施を放送し，競争者と買受契約を締結していた買受人への出荷を停止する旨申し立てたことも取引妨害とされた。

公取委排除措置命令平成30・6・14（フジタ事件）では，農林水産省 A 局が行う一般競争入札のうち施工体制確認型総合評価落札方式（応札者は，技術提案書を提出し，技術評価点と応札価格の総合点で落札者が決まる）において，A 局を退職し B 社に再就職した従業員が，A 局職員に技術提案書の添削・助言を受け，入札参加申請者の技術評価点・順位の情報の教示を受けて入札し，B 社が受注したことが，取引妨害とされた。偽計を用いた取引妨害とでもいえようか。

そのほか，匿名で競争者の誹謗中傷のビラをまき，信用を落とすことで，契約を奪うことなどもありうる。

このような行為により取引を奪えば，良質廉価な商品を供給する競争者の商品が選択されず，良質廉価な商品を供給するという能率競争をできなくし，能率競争がなくなってしまう。こういう競争はその意味で競争手段が不公正なの

---

188)　24条訴訟について，本案訴訟において，差止請求が認容され，それが確定した最初の判決となった。

189)　ただし，損害額は，1回ずつ乗客を得る機会を奪われたことによる損害として330円と320円のみを認容した。

である。これは市場支配力やその前段階の力がなくても問題になりうる。

　そのほかにどのような行為が競争手段の不公正となるのだろうか。

4　顧客の奪取

　顧客の奪取は，能率競争を妨げ，競争手段として不公正だろうか。債務不履行を誘引する行為は，「契約の成立の阻止」，「契約の不履行の誘因」の行為要件はみたしそうであるが，それは不当なのだろうか。かつて，ミシンの製造販売業者が，ミシンの販売にあたり，競争者が予約販売している契約者に対して払込済金相当額の値引きを申し出て，相当数の契約を解約させた事案について，競争者に対する取引妨害にあたるとされたことがある[190]。このような事案は威圧・脅迫，誹謗中傷が行われる場合に比べ，競争そのものとの限界が微妙となる。もし本件行為が公正競争を阻害するとすれば，ここで行われているのは民法の不法行為を構成する積極的債権侵害でもあることが，競争者の能率競争を侵害しているというための重要な要因になろう。本件以降，違反金を負担して契約を奪取する行為そのものが取引妨害とされた事件はない[191]。

5　自由競争減殺型等

（94）　**【設例94】**

　【設例77】では，エレベータが故障したビルのオーナーがエレベータメーカーの子会社に部品を注文したところ，取替え調整工事もあわせて発注しないと注文に応じないとしたことが抱き合わせ販売（一般指定10項）とされた。では，オーナーは，そのような注文をしないで，①取替え調整工事込みでなければ売ってもらえないと知っていたので，はじめから両方まとめて注文した。その際，②部品は供給するが，3か月後になるといわれた場合はどうか。

（95）　**【設例95】**

　Eは携帯電話向けソーシャルネットワーキングサービスαを提供している。Eは，ソーシャルゲーム提供事業者（SAP）であるGなどに手数料を支払ってα

---

190)　公取委勧告審決昭和38・1・9審決集11巻41頁（東京重機工業事件）。

191)　争点となり，不当でないとされたものに，東京高判平成17・1・27審決集51巻951頁（日本テクノ事件）。

336　第5章　不公正な取引方法

を通じてゲームを消費者に提供させている。Fも同様の方法でSAPにゲームの提供を開始させた。Eは，ソーシャルゲームの売上額が1位であり，Gなど多くのSAPにとり重要な取引先である。後発のFは売上額が2位である。Eは，有力な事業者と判断したSAPがFのソーシャルネットワーキングサービスであるβを通じて新たなゲームを提供した場合は，それらSAP提供のゲームのリンクをαの「イチオシゲーム」，「新着ゲーム」等に掲載しない措置をとった。Eのこの行為により，Fは，上記SAPの少なくとも過半についてβを通じてのゲーム提供が困難になった。

　自由競争減殺型の行為であるが，何らかの事情で他の自由競争減殺型の行為要件をみたさないかまたはその証明が簡単でないと判断されたため，一般指定14項が適用されたと考えられる事例がある。

　第1に，一般指定に置かれている自由競争減殺型の行為類型には，その規定の行為要件はみたさないが自由競争を減殺するものがある。一般指定14項はこれらの行為をいわば補完的に規制するという役割がある。【設例94】のモデルとなった事案において，大阪高裁は，抱き合わせ販売（一般指定10項）ではなく，14項（旧15項）を適用している[192]。これは，はじめからあきらめて両方まとめて注文した場合は，一般指定10項の行為要件をみたさないと解したと考えられるが，この場合にも同項の行為要件をみたすという解釈も可能であろう。

　第2に，1つの行為が複数の不公正な取引方法の行為要件を同時にみたし，それらがあいまって自由競争を減殺することがある。この場合には，一般指定14項を適用するのが適切であろう。

　第3に，公取委は，そのほか，ある行為が，自由競争減殺と競争手段の不公正のいずれの公正競争阻害性も認められるとして，一般指定14項を適用することも行うようである[193]。

---

192)　大阪高判平成5・7・30判時1479号21頁（東芝エレベータテクノス事件〔乙事件〕）。ただし，本件でアフターマーケット市場を画定でき，自由競争阻害型といえるかは，見解が分かれうる（Ⅶ3(2)）。類似の事例に，公取委勧告審決平成16・4・12審決集51巻401頁（東急パーキングシステムズ事件）。

193)　かかる例と考えられるものに，公取委審判審決平成21・2・16審決集55巻500頁（第一興商事件）。

【設例 95】については，携帯電話向けソーシャルゲーム市場において F が排除され，自由競争が減殺されたともいえそうである。とすれば，排他条件付取引（一般指定 11 項）や拘束条件付取引（一般指定 12 項）[194]，単独の間接取引拒絶（一般指定 2 項後段）に該当しそうである。しかし，公取委は，このモデルとなった事案においては競争者に対する取引妨害に該当するとした[195]。本件の審査官解説は，拘束条件付取引，その他の取引拒絶（単独の間接取引拒絶）の適用の可能性も「排除されないものであったとも考えられるが」，「手段が公正な競争を阻害するおそれを生じさせた側面が特に大きく，その点に注目し」たとしている[196]。SAP にとってリンクが顧客誘引の重要な経路である状況で，E の要請に従わない場合にリンクを不掲載としたことをこのように評価したのであろう。上記の第 3 の類型に近いといえようか。

なお，一般指定 11 項や 12 項ではなく 14 項を適用することにより自由競争減殺があるというための市場支配力に関する分析が省略されている可能性があるとも指摘される。一般指定 14 項においても自由競争減殺型の補完として規制される場合であっても，他の一般指定と同程度に丁寧な市場支配力分析がなされるべきことになる[197]。

---

194) この事例は排他条件付取引（Ⅷ 7 (5)）において取り上げた，公取委排除措置命令平成 21・12・10 審決集 56 巻（第 2 分冊）79 頁（大分大山町農業協同組合事件）である。
195) 公取委排除措置命令平成 23・6・9 審決集 58 巻（第 1 分冊）189 頁（ディー・エヌ・エー事件）。
196) 大胡勝ほか・公正取引 733 号（2011 年）91 頁，95 頁。
197) なお，一般指定 14 項は，不公正な取引方法全体のいわば一般条項という位置づけとされ，他に適切な規定があればそれにより，これによるのは最後の手段と考えられてきた。しかし，一方では，──文献に書かれることはないようであるが──「市場」や「自由競争減殺」といった考え方や判断方法に縁のない裁判官にとって，一般指定 14 項のほうが馴染みやすいのではないか，ということもいわれる。

338　第 5 章　不公正な取引方法

第6章

国 際 取 引

I　国際取引への独禁法の適用

1　問題の所在

　次の設例において公取委は排除措置命令・課徴金納付命令を出すことができるだろうか。できないとするとどのような障害があるのだろうか。できるとすると，どのような根拠ででき，またどのような手続によるのだろうか。

【設例96】　　　　　　　　　　　　　　　　　　　　　　　　　　96

　　難治療薬甲を製造・販売している外国企業が外国であるＡ国に３社ある。この３社は日本向けの販売価格（日本から見れば輸入価格）について価格カルテルを行った。その結果，日本にいる輸入元や消費者は甲に対して高い価格を支払うことになった。３社は日本に支店や駐在員を置いていない（輸入カルテル）。

【設例97】　　　　　　　　　　　　　　　　　　　　　　　　　　97

　　オーストラリアのＢ社（BHPビリトン）とＣ社（リオ・ティント）はオーストラリアにおいて鉄鉱石の生産ジョイントベンチャー（JV）の設立を計画している。鉄鉱石のうち塊鉱，粉鉱の全世界でのシェアは，Ｂ社とＣ社をあわせて約55％〜60％，約40％〜45％を占め，３位の会社が約10％〜15％，約25％〜30％である。日本の鉄鋼メーカー各社は，現在，Ｂ社とＣ社から鉄鉱石を購入している（国際的企業結合・ジョイントベンチャー）。

I　国際取引への独禁法の適用　　339

(98)	**【設例 98】**

D₁ 〜 D₈ はマリンホース（原油をタンカーから陸地の貯蔵施設等に移すとき
に使用するゴム製ホース）の製造販売業者であり，D₁，D₂ は日本，D₃ は英国，
D₄ はフランス，D₅ 〜 D₇ はイタリア，D₈ は米国に本店を置く。8 社は，マリ
ンホースが使用される地（使用地。上記 5 か国のうち米国を除く 4 か国）ごと
に，使用地となる国に本店を置く者を受注予定者とする等とし，受注価格は受注
予定者が定め，他の者は受注予定者が受注できるように協力するとの合意をし，
それを実施している（国際市場分割カルテル）。

(99)	**【設例 99】**

E 国の F 市においてホテルの料金の価格カルテルが締結された。日本人 G 氏
は，F 市に旅行し，現地で価格交渉をしたが，価格カルテルのために高いホテル
価格を支払うことになった。日本人 H 氏は，日本からメールで F 市のホテルと
料金を交渉し，現地で宿泊し交渉した内容の価格を支払った（外国でのカルテ
ル）。

(100)	**【設例 100】**

東南アジア所在のブラウン管メーカー 11 社は，東南アジアでブラウン管の価
格カルテルを締結した。日本所在のブラウン管テレビ製造業者の東南アジア所在
の製造子会社・製造委託先会社（以下「現地子会社等」という）は，東南アジア
でブラウン管を購入した。アジア所在の現地子会社等は，そのブラウン管を組み
込んだブラウン管テレビを製造し，東南アジアで販売した。ブラウン管テレビは
ほとんど日本に輸入されていない。東南アジア所在の現地子会社等が東南アジア
でブラウン管を購入する際には，日本所在のブラウン管テレビ製造業者（親会社
等）が，外国所在のブラウン管メーカー 11 社のうちの 9 社と取引条件を交渉
し価格等を決定し，現地子会社等にその条件での購入を指示していた。公取委は，
東南アジアで現地子会社等に販売したブラウン管テレビの売上額の 10％を課徴
金とする納付命令を出した（国際価格カルテル）。

　以上の設例では，日本の独禁法が適用できるか。これは，このような行為が
外国で行われた場合に，その外国事業者に対して国内法である独禁法を適用し
て同法を執行できるのかという問題である。このような外国でなされた行為に
対して，または外国に所在する事業者に対して，日本の独禁法を適用すること
は，同法の「域外適用」といわれている。域外適用は，独禁法に限らない問題

340　　第 6 章　国 際 取 引

であり，他の法律でも問題になる。また，公取委が排除措置命令・課徴金納付命令のほかに，刑事罰を科したり，被害者が損害賠償請求をする場合もある。以下では独禁法違反行為に対して課される行政措置に限定して域外適用の問題を考えてみよう。

2　法律の適用範囲の問題と手続の問題

【設例96】から【設例100】にあげたような行為に対して，実体法上，日本の独禁法が適用できるのかという法律の適用範囲の問題と，現実に手続が実行できるのかという手続の問題が区別される。法律の適用範囲の問題は，立法的管轄権とか事物管轄権などと，手続上の問題は手続管轄権とか執行管轄権などと呼ばれることもあるが，管轄権（jurisdiction）という言葉は裁判管轄権と混乱しそうなので，ここでは使わないことにしよう。

3　法律の適用範囲の問題

適用範囲の問題は，問題とされている行為が，実体法上日本法の適用の対象なのかという問題である。独禁法はこの問題について明文の規定を置いていないので，解釈に委ねられているが，大きく2つの考え方がある。第1は，属地主義（行為地主義）と呼ばれるもので，国内法は自国の領域内で行われた行為に対してのみ適用されるという国際法において伝統的な立場である。第2は，効果主義とか効果理論と呼ばれ，自国の領域外で行われた行為であっても，自国内に一定の効果（effect）が生じれば国内法が適用できるという立場である。

属地主義は，域外適用という言葉が属地主義に対する例外を示す表現であることからも分かるように，伝統的な立場である。現在は効果主義が世界的に優勢である。

効果主義の立場では，独禁法の適用範囲が拡大する。米国独禁法（反トラスト法）は，第二次世界対戦後から効果主義によって積極的に反トラスト法の域外適用を行っていき，諸外国でも効果主義をとる国が大勢となってきている。たとえば，米国では，カルテル対象商品がカルテル当事者により直接に輸入される場合（輸入通商）に加えて，米国内の取引に「直接的（direct），実質的（substantial）かつ合理的に予見可能な（reasonably foreseeable）効果（effect）」[1]

Ⅰ　国際取引への独禁法の適用　　341

が生じる場合に独禁法（反トラスト法）を適用する。ドイツ，中国，韓国などは，効果主義によることを明示する条文を独禁法の中に置いている。なお，EU では，契約が外国事業者と国内事業者との間で締結されても，EU 内で当該商品を販売されたり，外国で行われた企業結合の結果，国内にある子会社等の統合などが行われたりすれば，行為の一部は国内で行われたと解釈することで，実質的には効果主義とほとんど変わらない立場をとっている（「客観的属地主義」と呼ばれる）。

　ただし，効果主義を徹底すると，外国の国家主権と衝突するという問題が発生するために，後に述べるように，その射程をどうするか，主権の衝突や課徴金・制裁金の多重賦課が生じないようにどう調整するかという問題が生じている。

　なお，EU では，上記のように，客観的属地主義としてではあるが，属地主義を一定の範囲で維持していたが，2017 年 9 月，欧州司法裁判所[2]は，忠誠度リベートが支配的地位の濫用に該当するかが争点となったインテル事件において，即時的かつ実質的な効果（immediate and substantial effect）を有することが予見可能な（foreseeable）場合，EU 競争法の適用が正当化されるとして，効果主義を採用し，EU では効果主義と客観的属地主義（そのもとでの実施行為理論）が並行的に存在することになった。

4　設例へのあてはめ

　設例は，日本の独禁法の適用範囲であろうか。

　【設例 96】は仮定の事例であり，【設例 97】，【設例 98】は後に見るようにモデルがある（Ⅳ，Ⅱ 1）。この 3 つの設例では，純粋な属地主義からは独禁法は適用できないであろう。しかし，これらの設例では，何らかの形で日本国内における競争が制限され，日本国内において顧客や消費者が購入する商品等の価格が高くなっていそうであり，効果主義の立場からは独禁法が適用できそうである。また，これらは客観的属地主義の立場でも行為の一部が日本国内で行われたといえるかもしれない。

1）　外国取引反トラスト改善法（FTAIA）（シャーマン法 6a 条）。
2）　Judgment of the Court, Case C-413/14 P, 6 September 2017, para. 49.

これに対し，仮定の事例である【設例99】は，日本人が高い価格を支払わされてはいるが，行為のすべてが外国で行われ，日本国内では価格の上昇等の効果も起きていない。どの立場をとっても日本の独禁法は適用できないように思われる。また，E国にも独禁法はあろうから，E国がその独禁法を適用すれば足りよう。日本の独禁法を適用すると，課徴金が二重に課されるという問題もある。

【設例100】でも，行為のすべてが外国で行われ，またブラウン管テレビ（完成品）もほとんど日本に輸入されていないとすれば，日本国内では価格の上昇等も起こっていないので，【設例99】のG氏やH氏の状況と同様といえそうである。【設例99】，【設例100】では，日本人や日本の事業者が外国でなされた競争制限によって被害を受けている。しかしこのような場合には，国内において顧客や消費者が高く買わされることはなく，国内法は適用されないように思われる。独禁法は，わが国における「競争」（自由競争経済秩序〔1条〕）を保護するのであり，わが国の国籍を持つ者や本店等のわが国に係る属性を持つ「競争者」（日本人，日本企業）を保護するものではないはずだからである。しかしながら，【設例100】のモデルとなった事案では，公取委の審決，東京高裁判決は独禁法が適用でき，課徴金納付命令も適法だとし，最高裁も基本的にこれらを支持した（Ⅱ2）。この点は，発展問題として検討しよう。

5 手続の問題

外国で行われた行為が日本の独禁法の適用対象になるとしても，公取委が排除措置命令や課徴金納付命令を出すには，それらを当該事業者に送達できなければならない。さらに，排除措置命令等が確定しても，確定した排除措置命令等に基づいて排除措置を現実に実行しまたは課徴金を納付させられなければならない。その事業者が日本国内に支店や駐在員を置いていればそこ（「連結点」という）に送達することができる。このような連結点がない場合にも，外国事業者が国内において受領権限を与えられた代理人弁護士を選任すれば[3]，その代理人（送達受取人）に送達することができる。多くの事例では，送達受取人

---

3) 今後も日本で事業を続けようとすれば，事業者は排除措置命令等を無視するわけにはいかないであろう。

Ⅰ　国際取引への独禁法の適用　343

に送達されている。しかし，代理人が選任されない場合もある。このような場合はどうするのだろうか。

　独禁法は，2002（平成 14）年改正において，民事訴訟法 108 条（外国における送達）を準用し（独禁 70 条の 7），公示送達（同 70 条の 8）の規定を設けた。なお，民事訴訟法 108 条は「裁判長がその国の管轄官庁又はその国に駐在する日本の大使，公使若しくは領事に嘱託してする」とし，前者を管轄官庁送達，後者を領事送達と呼ぶ。【設例 100】のモデルとなったブラウン管カルテル事件では，ある外国事業者に対して，排除措置命令・課徴金納付命令について公示送達がなされた[4]。

Ⅱ　国際カルテルの発展問題

1　マリンホース事件

　【設例 98】はマリンホース事件[5]をモデルとしている。本件は市場分割カルテルである。この事件は，欧米の競争当局も摘発しており，高額の制裁金・罰金が課されている。欧米の事件では，市場が世界市場とされ，日本等に市場分割したとされた。これに対し，公取委は，一定の取引分野（市場）を「特定マリンホースのうち我が国に所在するマリンホースの需要者が発注するものの取引分野」とする。本件は国際市場分割カルテルであるにもかかわらず，このように，「我が国に所在するマリンホースの需要者が発注するもの」に限定することにより，分割されたわが国の市場，つまりわが国所在の需要者向けの市場を切り取って市場画定したという特徴を持つ。

　効果主義の「効果」という場合にも，様々な考え方がありうる。Ⅰ 3，4 で想定していたように，カルテル対象商品がわが国に輸入され，価格が高くなることを「効果」と捉えるのが世界では一般的である。しかし，そのほかに，地理的市場（地理的範囲）について，わが国という「一定の取引分野」やわが国を「含む」一定の取引分野を画定し，その一定の取引分野において競争の実質

---

4)　【設例 97】のモデルとなった事案では，B 社と C 社はこの計画の前に合併を計画していた。このときは公取委の報告命令書を当事者が受領しないため，公取委は公示送達をしている。

5)　公取委排除措置命令・課徴金納付命令平成 20・2・20 審決集 54 巻 512 頁，623 頁。

344　第 6 章　国際取引

的制限が生じた（国内または国内を「含む」市場で市場支配力が形成，維持，強化された）といえるならば，域外適用に係る「効果」という考え方をとらなくても，さらに域外適用という概念を用いなくても，わが国の自由競争経済秩序（1条）が侵害されており，わが国の独禁法を適用できる。マリンホース事件で公取委はこのような立場をとったと考えられる。そして，公取委は，この市場で競争の実質的制限が生じたとする。

　課徴金については，本件は，このようにわが国市場を切り取ったために，その市場で売上額を有するのは日本の事業者2社のみとなったという特徴を持つ。なお，2社のうち1社は課徴金減免制度（7条の2第10項）により課徴金が免除され，残りの1社にのみ課徴金が課された。一方，外国事業者は，本件カルテルにおいて日本を自己の市場としていないことから，上記の一定の取引分野では売上額がないために，課徴金が課されていない。市場分割カルテルでは，このように(a)市場をわが国に限定して切り取り，または，(b)課徴金の対象となる「当該商品又は役務」（同条1項）をわが国での売上額に限定するならば，外国の事業者はわが国において売上額がないために，課徴金が課されないこととなる。(b)の立場[6]では，外国を自己の地域に割り当てられた事業者は，その者がカルテルに参加しなければカルテルが成立しないという意味でわが国で競争の実質的制限を形成することに貢献しているにもかかわらず，課徴金の対象とならない。しかし，それは適切でなかろう。とすれば，EUで行われているように，その事業者の（世界などの）市場全体のシェアを計算し，それをもってわが国におけるシェアと擬制または推定するなどの方法でわが国での売上額を計算し課徴金を課すことが必要となる。ただし，2の結論を先取りすれば，その後，最高裁は，(b)については，「当該商品又は役務」はわが国での売上額に限定できないという立場を明らかにした。そうすると，市場分割カルテルでも，世界市場を画定すれば，全世界における売上額がわが国独禁法の課徴金の対象となりかねない[7]。

　その後，公取委は，より柔軟な課徴金制度・課徴金減免制度および事業者と公取委が協力して審査を行うことのできる制度を提案する『独占禁止法研究会

---

6) EUをはじめほとんどの国の立場である。

Ⅱ　国際カルテルの発展問題　　345

報告書』（2017 年）は，「基礎売上額がない場合に対処する必要性及び方向性」
（第 3 の 2⑶）において，「国際市場分割カルテルにおいて，我が国市場を一定
の取引分野とした場合に，我が国市場以外の市場で違反対象商品の売上額が発
生するものの，我が国市場で売上額が発生しない違反行為者」等について，
「類型ごとにいずれの金額を課徴金の算定基礎とするかを明確化することが適
当」とし，売上額の擬制等を行うこと，および必要な場合に課徴金を減額する
こと（2⑶参照）を提言している。

2　ブラウン管カルテル事件

⑴　審　　決[8]

マリンホース事件の法律構成について，公取委が価格カルテルでも基本的に
それを維持しながら新たな展開をし，それをめぐって審判決，学説で議論がな
されたのが，【設例 100】のモデルとなったブラウン管カルテル事件である。

【設例 100】では，Ⅰ 4 で見たように，わが国独禁法の保護法益であるわが
国における自由競争経済秩序は侵害されていないように見える。しかし，公取
委は審決で次のように述べて，不当な取引制限に該当するとした。事業者が日
本国外において独禁法 2 条 6 項に該当する行為に及んだ場合であっても，「少
なくとも，一定の取引分野における競争が我が国に所在する需要者をめぐって
行われるものであり，かつ，当該行為により一定の取引分野における競争が実
質的に制限された場合には，同法第 3 条後段が適用される」。つまり，(i)一定
の取引分野における競争がわが国に所在する需要者をめぐって行われるもので
あり，かつ，(ii)当該行為により一定の取引分野における競争が実質的に制限さ
れたことを要件とし，この要件に該当するとした。ここでも，域外適用や「効
果」に言及することなく，本件合意（カルテル）により一定の取引分野におけ
る競争を実質的に制限するかのみを問題にしている。また，マリンホース事件

---

7)　このように，世界市場が成立するとすれば，世界中の売上額に課徴金を課さなければならなくな
り（2⑶），新たな問題が生じると予想される。本件で，上記のように市場を切り取って市場画定
をした背景には，審査官が外国の市場の状況を把握できなかったことに加え，このように全世界で
の売上額に課徴金を課さざるを得なくなるという問題を回避しようとしたのではないかと推測され
る。

8)　公取委審判審決平成 27・5・22 審決集 62 巻 27 頁。

346　　第 6 章　国際取引

では一応観念されていた地理的市場（地理的範囲）という考え方が，(ⅰ)(ⅱ)では
なくなっている。そして，審決は，現地子会社等と親会社等とは，①購入先，
購入価格，購入数量等の重要な取引条件の交渉，決定，指示，②「統括」，「一
体不可分」の関係にあることから，わが国ブラウン管テレビ製造業者を需要者
と理解する。

　また，審決は，課徴金の算定対象については出光興産事件[9]が先例にあたる
とし，独禁法の規定，独禁法施行令および上記判決からは，東南アジアでのみ
取引されたブラウン管の売上額を課徴金の算定の対象から外す根拠とはならな
いとする。

　筆者は，本審決のカルテルの範囲の認定方法（切り取り），上記の(ⅰ)(ⅱ)の基準
とそのあてはめ，課徴金の対象範囲について疑問を示したが[10]，ここでは審決
への言及はこの程度にとどめ，取消訴訟の判決を見よう。

(2)　3つの東京高裁判決──不当な取引制限の成立

　東京高裁は3つの判決を出した。平成28・1・29審決集62巻419頁（サム
スンSDIマレーシア）（①判決），平成28・4・13審決集63巻241頁（MT映像ディ
スプレイ）（②判決），平成28・4・22審決集63巻265頁（サムスンSDI）（③判
決）である。

　このうち，①判決は，わが国ブラウン管テレビ製造販売業者との間で行われ
る取引条件の交渉等を本件行為の「実行行為」とし，その自由競争を制限する
実行行為には独禁法が適用できるとする。カルテルにおいて不当な取引制限と
されるのは本件合意（カルテルの合意）であり，判決の趣旨は必ずしも明確でな
いが，メーカー間のカルテルの合意のあとにそれに基づいてなされたメーカー
と顧客との交渉等をこの不当な取引制限の「実行行為」とし，属地主義の立場
から独禁法の適用を肯定するようである。しかし，この意味での「実行行為」
が独禁法違反行為（不当な取引制限）に含まれるという立場は一般的でない[11]。
また仮に独禁法違反行為と別の交渉等（実行行為）をもって行為地とできる場

---

9)　東京高判平成22・11・26審決集57巻（第2分冊）194頁（第2章Ⅴ6(2)注95)）。

10)　泉水文雄・NBL 1062号（2015年）61頁。

11)　滝澤紗矢子・法学80巻2号（2016年）294頁も参照。

合があるとしても，交渉等が現実になされた場所を行為地とするのであればともかく，交渉等の相手方の所在地が単にわが国にあれば属地主義にいう行為がわが国に存在するというのは一般的な理解ではなかろう。さらに，判決は，EUにおいて実施行為理論がとられており，この理論でも同じ結論になると指摘する[12]。この実施行為理論とは "implementation doctrine" を指すと考えられるが[13]，EUでは，カルテル対象商品が，地理的な意味での域内の購入者に直接に販売される場合を「実施」とし，契約の締結，商品の引渡し，代金の収受，完成品の引渡しのいずれも国外で行われる場合に「実施」を認める例は確認できない[14]。また，「交渉」を手がかりに「実施」を認める例も確認できない。

②判決はブラウン管カルテル事件審決の(i)の，③判決は同審決の(ii)（あるいは(i)(ii)）の基準を採用している。そして，(a)供給者と取引交渉をして意思決定をするもの（意思決定者〔②判決〕，決定権者〔③判決〕。以下「意思決定者」という）と，(b)意思決定に基づき，対価を支払って商品等の供給を受け，これを使用収益するもの（使用収益者〔②判決〕，商品等受領者〔③判決〕。以下「使用収益者」という）のいずれが(i)にいう「需要者」かを問題にする。②判決は，使用収益者が需要者であることを原則としつつ，意思決定者がわが国に所在するものの使用収益者がわが国に所在しない場合，「両者が一体不可分となって供給を受けたと評価できる場合は」意思決定者も需要者だとする。これに対し，③判決は，使用収益者は取引条件を実質的には決定せず，使用収益者と親子会社関係等一定の関係にある意思決定者が決定し，その決定に従って供給を受ける関係が成立している場合，使用収益者のみならず意思決定者も需要者に当たるとする。また，③判決は，(ii)について，11社がその意思で販売価格をある程度自由に左右することができる状態をもたらし，この状態は，当該販売価格がわが国に

---

12) 第3の2(1)。

13) 審決の批評にもEUの実施行為理論によるべきとの主張があり（越知保見・ジュリ1488号〔2016年〕111頁），①判決はこの見解を採用したのかもしれない。

14) C. Bellamy & G. Child, *European Union Law of Competition*, 59-60 (V. Rose & D. Bailey ed., 7th ed., 2013) 等，白石忠志・NBL 1075号（2016年）11-13頁，川濵昇ほか「〔座談会〕最近の独占禁止法違反事件をめぐって」公正取引790号（2016年）20頁〔川濵発言〕，小畑徳彦・公正取引791号（2016年）78頁。

所在するわが国ブラウン管テレビ製造販売業者との交渉によって決定されていたから，日本国内で生じていたとする。

いずれの判決も，本件合意（不当な取引制限）が成立した後で，カルテル行為者と意思決定者が交渉等をしていることを根拠に，意思決定者を需要者とする。しかし，意思決定者を需要者とすることには疑問がある。一定の取引分野において競争が実質的に制限される，すなわち「当該取引に係る市場が有する競争機能を損なうこと」[15]には，だれが意思決定者かは本質的でない[16]。「不当な取引制限」の主体である事業者にいう事業（2条6項・1項）とは，「なんらかの経済的利益の供給に対応し反対給付を反覆継続して受ける経済活動」を指す[17]。「一定の取引分野」の「取引」もそのような経済活動を意味するのであり，取引の相手方（需要者）は「経済的利益の供給」を受け，「反対給付」を支払うという「経済活動」を行う者，つまり使用収益者・対価支払者というべきであろう[18]。

また，国際カルテルではカルテル当事者と意思決定者とが交渉等を行うことは多くない。指標カルテル[19]，シェア協定，数量制限カルテル，外国で一度販売された後で転売されたり，加工されたりしてわが国に輸入される商品（部品カルテル）でもカルテル当事者と意思決定者との交渉等はないことが多い。これらのカルテルにおいては，違反行為者から直接に輸入する場合を除けば，「意思決定者」は日本に所在しないので，意思決定者と無関係にしか需要者は考えられない。これらの場合は，効果主義等により解決することになろう。

さらに，わが国の自由競争経済秩序の侵害があるというためには，需要者[20]をめぐって競争していることだけでは足りず，わが国を「含む」一定の取引分野における競争を実質的に制限する，すなわち「当該取引に係る市場が有する

---

15) 最判平成24・2・20民集66巻2号796頁（多摩談合（新井組）事件）。

16) 川濱ほか・前掲注14)21頁［川濱発言］，滝澤紗矢子・ジュリ1495号（2016年）7頁等。

17) 最判平成元・12・14民集43巻12号2078頁（都営芝浦と畜場事件）。

18) ②判決は使用収益者が原則として需要者だとするのは適切であり，域外適用の基本的考え方にも整合的である。

19) Case AT.39924- Swiss Franc Interest Rate Derivatives, Commission decision of 21. 10. 2014.

20) ②判決と③判決は，独禁法2条4項の理解が異なっている。②判決は需要者を定義するものとし，③判決は競争には「売る競争」が含まれることを明らかにする趣旨で，需要者の定義規定ではないとする。筆者は，立法経緯や実質論から後者の見解に立っている（金井貴嗣ほか編著『独占禁止法〔第6版〕』〔弘文堂，2018年〕25-27頁［泉水文雄]）。

競争機能を損なうこと」，当該需要者（「わが国所在の需要者」）をめぐる競争が「実質的に制限」されることが必要であり，「わが国所在の需要者」をめぐる競争機能がそのレベルまで損なわれ，制限されなければならない。そのためには，単に意思決定を行うだけでは足りず，使用収益，商品等受領や現実に引渡しを受けていることがなければならないと考えるべきであろう[21]。この点は，課徴金の対象となる「当該商品又は役務」（7条の2第1項）については判例上求められているが，2条6項の「一定の取引分野における競争を実質的に制限する」についてもいえる。

(3) 3つの東京高裁判決——課徴金

いずれの判決も，課徴金については，審決の立場を支持する。7条の2および独禁法施行令も，わが国事業者間の取引を前提としており[22]，【設例100】のような事例は想定していないと考えられる。本件のような，立法者が想定しなかった事例に明示の規定や先例がないのは当然であって，そのような場合には一定の行為に対し例外的に別の基準を適用したり，解釈により適用範囲を限定することは合理的ではなかろうか[23]。

いずれにせよ，日本企業は世界中に現地子会社等を置き，現地子会社等は世界中から部品を調達し，世界中で完成品を販売している。この場合の集中購買拠点を本社のある日本に置くことは多かろう。そのような場合に，現地子会社等が価格カルテルの対象になるならば，日本の独禁法が適用でき，課徴金が課

---

21) 川濵ほか・前掲注14)21頁［川濵発言］，金井貴嗣・公正取引791号（2016年）64頁以下。(i)競争が需要者甲をめぐってなされており，(ii)その競争を含む競争が行われている一定の取引分野において競争が実質的に制限されている，といえたとしても，需要者甲が市場の端にかろうじて存在しているような場合や需要者の本質的でない機能の一部しか保有しない場合，需要者甲にその競争の実質的制限という効果が及んでいることを認定する必要がある。②判決は(ii)には触れてもいなく，①③判決は，(ii)について，合意の対象から競争の実質的制限を認定するという，多摩談合事件で調査官解説が「論理が逆である」（古田孝夫・最判解民事篇平成24年度(上)191頁，201頁）とした方法によっているように見える。

22) 7条の2および独禁法施行令が制定された1977年当時，外国事業者が外国でのみ行ったカルテル等に課徴金を課す場合をとくに検討した形跡はない。小畑・前掲注14)79頁も同旨。

23) いずれの審決・判決も採用していないが，仮に効果主義によるならば，本件合意対象の部品を用いた完成品が仮にわが国に一部輸入されており，それにより「実質的，直接的」等の効果が生じていると認められるならば，不当な取引制限に該当しうる。しかし，その場合の課徴金額は輸入された完成品に組み込まれた部品の売上額相当額を基礎に算定されよう。

350　第6章　国際取引

されることになる。その是非はともかく，公取委は域外適用について他の競争
当局よりも強力な武器を獲得したことになる。

(4) 最高裁判決

　最高裁は，①判決のみについて上告を受理し，判示した。最判平成29・
12・12民集71巻10号1958頁は，「1条……等に鑑みると，国外で合意された
カルテルであっても，それが我が国の自由競争経済秩序を侵害する場合には，
同法の排除措置命令及び課徴金納付命令に関する規定の適用を認めていると解
するのが相当」とし，「『一定の取引分野における競争を実質的に制限する』と
は，当該取引に係る市場が有する競争機能を損なうことをい」い，「本件のよう
な価格カルテル（不当な取引制限）が国外で合意されたものであっても，当該
カルテルが我が国に所在する者を取引の相手方とする競争を制限するものであ
るなど，価格カルテルにより競争機能が損なわれることとなる市場に我が国が
含まれる場合には，当該カルテルは，我が国の自由競争経済秩序を侵害するも
のということができる」とする。わが国テレビ製造販売業者は，自社及びその
子会社等が行う当該事業を統括し，遂行していたこと，現地製造子会社等は指
示を受ける関係にあったこと，ブラウン管テレビの製造販売業を統括し，遂行
する一環として，基幹部品であるブラウン管の購入先，購入価格，購入数量等
の重要な取引条件を決定し，その購入を現地製造子会社等に指示し，現地製造
子会社等に本件ブラウン管を購入させていたこと，取引条件に関する本件交渉
等を自ら直接行っていたこと，本件合意は，その本件交渉等において4社が提
示する価格を拘束するものであったことをあげ，「本件の事実関係の下におい
ては，本件ブラウン管を購入する取引は，我が国テレビ製造販売業者と現地製
造子会社等が経済活動として一体となって行ったものと評価できるから，本件
合意は，我が国に所在する我が国テレビ製造販売業者をも相手方とする取引に
係る市場が有する競争機能を損なうものであったということができる」とする。
　最高裁は，①判決の法律構成を退け，審決および②③判決に近い構成をとっ
たといえる。ただし，「価格カルテルにより競争機能が損なわれることとなる
市場に我が国が含まれる場合には，当該カルテルは，我が国の自由競争経済秩
序を侵害する」とし，市場における競争機能が損なわれることが必要であり，

その際，審判決で触れられなかった地理的市場にも言及し，我が国を含む市場が成立する場合に肯定されるとの立場をとる。この点では，我が国の自由競争経済秩序が侵害される場合や根拠を，審決，②③判決よりも限定し，明確化していると考えられる。少なくとも学説による問題点の指摘に一部対応する，より説得的な法律構成としたと考えられる。そして，最高裁は，「わが国所在の需要者」という概念をあてはめの根拠としていない。したがって，最高裁は，「わが国所在の需要者」が使用収益者か意思決定者かには触れていない。あてはめにおいて，最高裁は，統括・遂行，指示，重要な取引条件の決定，指示・購入させる行為，交渉等，合意が交渉等での価格を拘束するものという事実から，これを肯定する。審決および②③判決に近い立場ではあるが，事実を慎重に指摘し，総合考慮する立場に立っている。なお，最高裁は課徴金納付命令については，「課徴金制度の趣旨及び法令の定めに照らせば，本件ブラウン管の引渡しが国外で行われていたとしても，その売上額が課徴金額の算定基礎となる当該商品の売上額に含まれないと解すべき理由はない」とする。

Ⅲ 独禁法6条

1 問題の所在

独禁法6条は「事業者が，不当な取引制限又は不公正な取引方法に該当する事項を内容とする国際的協定又は国際的契約をしてはならない」としている。しかし，たとえば国際カルテル，不公正な取引方法を内容とする国際ライセンス契約や競争制限的な国際的企業結合が行われたならば，公取委はすでに見たように，3条（私的独占・不当な取引制限），19条（不公正な取引方法），10条等（企業結合規制）を適用すればすむはずである。そこで，独禁法6条は何のためにこのような規定を置いているのかという疑問が出てくる。

2 6条の解釈

独禁法6条の存在理由については，昔から学説が対立している。

第1は，独禁法が外国での行為にも適用できることを「確認」した規定だという見解である。この見解では，6条には独立の意味はないことになる。

352　第6章 国際取引

第2は，域外適用のできない国際的協定等について独禁法3条・19条は適用できないが，少なくとも日本事業者がそのような不適切な国際的協定・契約に参加することは禁止しようとした規定だとする見解である。

　第3は，日本の事業者が，外国の事業者に不公正な取引方法を内容とする契約を締結させられる（外国事業者が違反行為者であり，日本の事業者はその被害者である）ことをも禁止するものであるとする見解である。

　第3説は，第1説，第2説と対立するものではない。行為者である外国事業者に19条を適用しないでも6条により相手方となる国内事業者が契約締結することを禁止することでかかる不公正な取引方法を規制するものであり，日本の事業者が外国からライセンスを受け，その際に不当な条件が課されることのあった時代には，公取委はそのような規制を行ってきた[24]。

　問題は第2説が妥当するかである。日本法が保護すべき法益侵害はない（法解釈としては，日本において競争の実質的制限等がない）国際的協定や契約に対しても日本事業者に「参加禁止」をすることで，独禁法の国際執行（Ⅵ2）に協力するというものである。しかし，国内法の保護法益を侵害しない場合に，そのような理由から国内法を拡大適用することには異論もあろう。もし第2説が成り立たないのであれば，6条の存在意義はなく，独禁法の域外適用に関する考え方が確立していない時代に，国際的協定等にも独禁法が適用できることを確認した規定にすぎないということになろう（第1説）。とすれば，現在は，6条によることなく，3条や19条を適用すれば足りることとなる。いずれにせよ，近年，公取委は6条を適用することはなく，3条や19条を直接に適用している。

Ⅳ　国際企業結合・ジョイントベンチャー

　【設例97】のモデルとなった事例[25]でも，域外適用や属地主義，効果主義といった言葉は使われない。公取委は，商品市場を塊鉱，粉鉱等に分ける。地理

---

24)　たとえば，最判昭和50・11・28民集29巻10号1592頁（ノボ・天野製薬事件）。

25)　公取委『平成22年度における主要な企業結合事例』「事例1 ビーエイチピー・ビリトン・ピーエルシー及びビーエイチピー・ビリトン・リミテッド並びにリオ・ティント・ピーエルシー及びリオ・ティント・リミテッドによる鉄鉱石の生産ジョイントベンチャーの設立」。

的市場（地理的範囲）はどうか[26]。JV を計画する上位 2 社はオーストラリアにあり，3 位の鉱山会社はブラジルにあるようである。鉄鉱石は海上輸送されるため，海上運送費がかかり，供給者にとっては，自社の鉱山から近い需要者への販売は有利で，遠い需要者への販売は不利であると考えられる。すると，世界市場ではなく，オーストラリアからアジア向け，欧州向け，ブラジルから米国向け等の市場が画定されそうである。しかし，公取委は，世界市場つまり「世界海上貿易市場」が成立するとした。それは，鉄鉱石の供給者は，世界中の需要者に対してほぼ同一の価格水準で供給し，さらに東アジア向けと西ヨーロッパ向けで価格はほとんど同じ動きをし，価格は世界中で連動していることを理由とする。そうであればたしかに世界市場が画定されよう。

　そこで，日本を「含む」世界市場において競争を実質的に制限することとなるならば，独禁法 10 条の要件をみたす。この点はどうか。たとえば塊鉱について，鉄鉱石市場の需要と供給の特徴から生産能力の拡張をとどめるインセンティブがあること，費用が共通化すること，当事者の提案した問題解消措置（情報遮断措置）は有効でないこと等を指摘し，合算シェアの大きさ，3 位の会社のシェアとの格差から 3 位の会社は有効な牽制力とならないこと，新規参入や需要者からの競争力が働かないこと等から，単独行動による競争の実質的制限が生じるとしている。

V　国際ライセンス

(101)　【設例 101】

　　　I 社は，日本に本店を置き，化学製品 α を販売しており，国内販売高 1 位である。I 社は，台湾に本店を置く J 社との間で，契約期間を 10 年とする α 製造に係るノウハウの供与に関する国際的契約（ノウハウライセンス契約）を締結するとともに，覚書を締結した。覚書では，ノウハウライセンス契約終了後，I 社の事前の同意がない限り，α のわが国における製造または販売をしてはならない旨規定していた。

---

26)　企業結合規制における市場画定や世界市場の画定については，第 1 章 II。

【設例101】においては，Ｉ社はＪ社に対してわが国向けの製造，販売を禁止しており，拘束条件付取引（一般指定12項），排他条件付取引（同11項）や競争者に対する取引妨害（同14項）に該当し，わが国での競争も減殺しそうである。これに対し，もしわが国向けの製造，販売を禁止するのではなく，台湾や外国での製造，販売のみを禁止したらどうか。たとえば，Ｉ社が東南アジアに子会社を持ち，αを製造販売しているため，このような制限が課せないのであればＩ社はライセンスするインセンティブがなくなるとしよう。ライセンスしないよりはライセンスを促すほうが競争促進的だとか正当理由があるといった議論になるのだろうか。しかし，この場合には，わが国における自由競争経済秩序（独禁１条）やわが国における公正競争阻害性（自由競争減殺）は生じず，そもそも日本の独禁法には違反しないと考えられる[27]。この点は，2007（平成19）年に制定された公取委「知的財産の利用に関する独占禁止法上の指針」（以下「知的財産ガイドライン」という）の前身のものでは，「〔わが国〕市場における競争秩序に及ぼす影響に即して」判断するとしつつ，制限を受ける輸出地域でライセンサーが特許製品の特許権を登録したり，特許製品等について自ら経常的な販売活動を行っていること等を考慮要素としていた（「特許・ノウハウライセンス契約に関する独占禁止法上の指針」〔1999年〕第４の５(1)ウ(エ)）。これに対し，現在の知的財産ガイドラインは，「輸出に係る制限」において，ライセンサーがライセンシーに対し，当該技術を用いた製品の輸出禁止や輸出地域の制限をすることは，原則として不公正な取引方法に該当しないとし，価格制限も「国内市場の競争に影響がある限りにおいて」問題になりうるとし（第４の３(3)ア，イ，オ），この点を明確にしている。

次に，次章のテーマに関係するが，知的財産ガイドラインは，ノウハウのライセンスについては，「競争品の製造・販売又は競争者との取引の制限」において，「当該制限以外に当該技術の漏洩又は流用を防止するための手段がない場合には，秘密性を保持するために必要な範囲でこのような制限を課すことは公正競争阻害性を有さないと認められることが多い」とし，「このことは，契約終了後の制限であっても短期間であれば同様」としている（第４の４(4)）。ノ

27）　もちろん，現地の独禁法に違反する可能性はある。

Ｖ　国際ライセンス　　355

ウハウの価値の源泉は秘密性にあり，漏洩，流用の防止が困難であることが多く，また契約終了後にライセンシーにノウハウの内容を忘れろということは難しい。そこで，このような制限を認めるならばライセンスのインセンティブを高める効果（競争促進効果）が生じ，この効果はこの制限により生じうる競争阻害効果を上回ると考えるのであろう。すると，【設例101】は，このガイドラインから許される行為にあたるのではないかという疑問が持たれる。これについては，本件拘束は契約終了後「短期間」の制限ではないということかもしれない。また，本件のモデルとなった事件の審査官解説は，本件ノウハウライセンス契約は，実質的にはノウハウの譲渡契約と考えられると指摘している[28]。譲渡契約であれば，契約終了後の拘束は，通常の商品に関する「競争品の製造・販売又は競争者との取引の制限」と同様の考え方により，拘束条件付取引，排他条件付取引，競争者に対する取引妨害の公正競争阻害性（自由競争減殺）の有無が検討されることになり，わが国市場で自由競争減殺があるといえるであろう。

VI　国際礼譲，国際執行協力，競争法の国際的調和

1　国際礼譲

　米国は第二次世界対戦後，効果主義に基づき域外適用を積極的に行ってきた。これには独禁法を持たない国で行われる競争制限的行為に対し，米国独禁法を積極的に適用することにより，競争政策の世界的な浸透が行われたという面もあるが，域外適用を受ける国の政府にとっては自国の国家主権の侵害を意味し，国家間の深刻な紛争を生んだ。

　そこで，米国を中心とした国は，国際法上の国際礼譲（international comity）の考え方に基づいて，相手国の国益を尊重するようになった。つまり，米国では，1993年の連邦最高裁判決[29]によって，外国政府が採用している政策・方針が強制力を伴っており，それに従うことを余儀なくしている場合には，域外

---

28)　公取委勧告審決平成7・10・13審決集42巻163頁（旭電化工業事件）の審査官解説である松山隆英・NBL 582号（1995年）18頁。

29)　Hartford Fire Insurance Co. v. California, 509 U.S. 764（1993）.

356　第6章　国際取引

適用を控えるという考え方が形成されてきた。このように相手国の国益を十分に配慮し，一定の場合に域外適用を控え，またその国による法執行に委ねるという国際礼譲という考え方である。

これに対し，国家間で積極的に独禁法の執行協力を行おうという動きが出てきた。つまり，域外適用を控えるだけでなく，国際礼譲に基づいて相手国に対して独禁法の執行を積極的に要請するという考え方が普及してきた。これは積極礼譲（positive comity）と呼ばれ，これに対して従来の国際礼譲は消極礼譲（negative comity）と呼ばれる。

ブラウン管カルテル事件の東京高裁３判決や最高裁判決（Ⅱ２(3)(4)）によれば，カルテル対象商品の引き渡された場所と交渉等を行った事業者の所在する双方の国が課徴金等を課すことになる。３判決や最高裁判決は，課徴金の多重賦課や国際礼譲の問題をどう捉えているのだろうか。３判決はいずれも，法解釈により二重（多重）付加の問題を考慮したり，調整をすることを否定している。②判決は「仮に，競争法が重複して適用されることにより何らかの弊害が生じるとしても，その弊害の回避は，法執行機関間における協力，調整等によって図り得る余地がある」としている。もっとも，③判決は「法の適用の国際的調和は，本来，条約その他の国家間の取決めにより図られるものであるが，これがない場合には，各国の競争当局及び裁判所がそれぞれその国内法に基づいて判断すべき問題である」とし，裁判所による解決があるとするが，「我が国における競争を制限する行為を対象にしてその限度で独占禁止法を適用するにすぎず，独占禁止法の適用の国際的調和の趣旨に反するものとはいえない」とする。判決文によれば，国際的調和の問題は生じないとするようであるが，本当にそのようにいえるのであろうか。なお，最高裁はこの点には言及をしていない。

ところで，前掲の『独占禁止法研究会報告書』は，「基礎売上額が課徴金制度の趣旨・性格に照らして必要な範囲を超えると認められる場合，公正取引委員会の判断により……一定の基礎売上額を控除できる規定を法定する」とするとし（第３の2），「②外国ユーザー向けに販売された違反対象商品〔等〕の売上額が外国の競争当局による……行政制裁金や罰金等の算定対象とされた場合」をあげる（第３の2(4)ア②）。上記判決を踏まえて，二重賦課の問題が生じるこ

Ⅵ　国際礼譲，国際執行協力，競争法の国際的調和　　357

とを前提に，調整制度を提案するものである。もっとも，公取委が課徴金納付命令を出した後に，外国等の競争当局が制裁金等を課せばその金額を控除することは予定されていないと考えられるが，カルテル事件等では，通常，公取委は欧米等の当局より早い段階で排除措置命令・課徴金納付命令を出す。その段階で，それらの国や地域の競争当局が制裁金等を課している例は少ないと考えられ，報告書が提案する制度が導入されたとしても，利用例は多くないと考えられる。

2　国際執行協力，競争法の国際的調和

国家間で積極的に独禁法の執行協力を行おうという動きとして，執行協力について2国間協定を締結する動きが出てきた。その中には，積極礼譲に係る規定を置く協定も増えている。日本は，米国（1999年），EC（2003年），カナダ（2005年）と締結し，執行活動に関する通報，執行の協力・調整，積極礼譲，消極礼譲などが規定されている。また，ASEAN諸国との間で締結した経済連携協定（EPA）やさまざまな自由貿易協定（FTA）においても競争条項が入っている。

競争法において，とくにハードコアカルテルや企業結合に対する規制内容は多くの国・地域で共通し，私的独占等についても共通する部分が多い。ICN（国際競争ネットワーク）では，125か国・地域の競争当局が参加し，国際機関，研究者，弁護士も非政府アドバイザーとして参加し，緩やかな形で広範な協議・意見交換・技術支援を行っている。

第7章

知 的 財 産

I　独禁法21条

1　問題の所在

　本章では知的財産（権）に関係する独禁法上の問題を取り上げる。知的財産権（特許権，著作権，商標権等）が関係する独禁法の事件は相当数あり，重要なものが多い。すでに見た事件でも，マイクロソフトの非係争条項事件[1]，ノウハウライセンスに係る事件[2]，原盤権の共同の供給拒絶に係る着うた事件[3]などがある。また独禁法には知的財産権との関係について第21条が置かれている。まず21条を見よう。

　独禁法21条は，「この法律の規定は，著作権法，特許法，実用新案法，意匠法又は商標法による権利の行使と認められる行為にはこれを適用しない」とする。独禁法は独占を禁止し，特許法，著作権法等の知的財産法は技術，著作物等の独占を認めるものとすれば，両者は矛盾・衝突するように思われる。そうだとすれば，21条は，知的財産権については，通常の財産権（所有権等）と異なり，知的財産権による独占を例外的に許容するという独禁法の「適用除外」を定めているのであろうか。そうだとすると，同条に列挙されてない知的財産

---

1)　第5章X 6。
2)　第6章V。モデルは，公取委勧告審決平成7・10・13審決集42巻163頁（旭電化工業事件）。
3)　第5章II 5⑵。

I　独禁法21条　　359

権（ノウハウ，トレードシークレット，半導体集積回路，種苗など）は「適用除外」
を受けないのだろうか。次の設例を見ながら考えてみよう。

---

(102) **【設例102】**

　　A社は，画期的な移動手段である「どこでもドア」を開発し，「どこでもド
ア」に必須の技術αの特許権を取得している。「どこでもドア」は広く普及し，
従来の移動手段である鉄道，自動車，航空機を市場からほぼ駆逐した。(1)A社
は，これらが駆逐された後，「どこでもドア」の対価を2倍に引き上げた。(2)
「どこでもドア」を製造販売したいB社は，技術αの実施許諾（ライセンス）を
求めたが，A社は，拒否またはB社が到底支払えない高額の対価の支払を求
めた。

---

(103) **【設例103】**

　　【設例102】において，A社はαを特許ライセンスしてもよいと考えている。
ただし，ライセンスの際にライセンスを受ける者（ライセンシー）の製造する
「どこでもドア」（「特許製品」といわれる）について以下の拘束を課したい。(a)
販売価格（ライセンシーがその製造した製品を第三者に販売する価格）を拘束す
る。(b)再販売価格（ライセンシーが製造した製品を第三者に販売した後，第三者
が再販売する価格）を拘束する。

---

(104) **【設例104】**

　　著作権者と著作隣接権者（レコード会社）は，日本で先行販売され，後に東南
アジアで販売される商業用レコード（音楽CD等）について一定の条件下で日
本への還流を防止できる（著作113条6項）。レコード会社による著作権法
113条6項に基づく輸入の差止めが独禁法に違反することがあるか。

2　知的財産法と独禁法との関係

　知的財産権と独禁法の関係について，現在の通説は，両者は矛盾・衝突せず，
いずれも知的財産に係る競争を促進するという共通の目的を持つ——目的実現
の手段・方法は異なる——とする。

　まず，ここでいう特許「独占」は当該技術の「排他的利用」を意味するにす
ぎず，市場の独占を意味するわけではないことに注意しよう。とはいえ，特許
独占が市場の独占（市場支配力の形成，維持，強化）をもたらすことはある。

360　第7章　知的財産

しかし，特許権は，一定の期間，特許権者に特許の排他的利用権を与えることで技術革新のインセンティブを与え，技術の競争を促進する。また，そのライセンスは技術の普及という方法により競争を促進する。そのように考えれば，知的財産法も独禁法も競争の促進という共通の目的を持つといえる。

　知的財産ガイドラインも次のように述べる。「知的財産制度は，自由経済体制の下で，事業者に創意工夫を発揮させ，国民経済の発展に資するためのものであり，……円滑な技術取引が行われるようにすることが重要」とし，競争促進効果がある。他方，「態様や内容いかんによっては，技術や製品をめぐる競争に悪影響を及ぼす場合がある」とする（第1の1）。

3　21条の解釈

　では，21条はどう解されるのだろうか。知的財産ガイドラインは，現在通説とされる立場に立っている。つまり，21条が規定する「この法律の規定は，著作権法，特許法，実用新案法，意匠法又は商標法による権利の行使と認められる行為にはこれを適用しない」について，「技術の利用に係る制限行為のうち，そもそも権利の行使とはみられない行為には独占禁止法が適用される。また，技術に権利を有する者が，他の者にその技術を利用させないようにする行為及び利用できる範囲を限定する行為は，外形上，権利の行使とみられるが，これらの行為についても，実質的に権利の行使とは評価できない場合は，同じく独占禁止法の規定が適用される。すなわち，これら権利の行使とみられる行為であっても，行為の目的，態様，競争に与える影響の大きさも勘案した上で，事業者に創意工夫を発揮させ，技術の活用を図るという，知的財産制度の趣旨を逸脱し，又は同制度の目的に反すると認められる場合は，上記第21条に規定される『権利の行使と認められる行為』とは評価できず，独占禁止法が適用される」とする（同ガイドライン第2の1）。

　そして，同ガイドラインは，「権利の行使とみられる行為」とは，「技術を利用させないようにする行為」（同ガイドライン第3の1(1)〔私的独占〕，第4の2〔不公正な取引方法〕），「技術の利用範囲を制限する行為」（第3の1(2)〔私的独占〕，第4の3〔不公正な取引方法〕）とする。

Ⅰ　独禁法21条　　361

Figure 38 独禁法 21 条のフローチャート

　要するに，同ガイドラインは，21条の「権利の行使と認められる行為」という要件を「権利の行使」と「認められる」に分解する。そして，前者を「権利の行使とみられる行為」，つまり，外形上の権利行使（以下「権利の行使」と略記する）とし，それは「技術を利用させないようにする行為」または「技術の利用範囲を制限する行為」であるか否かにより判断する。その意味は，知的財産法上その行為が「権利の範囲」か否かを問題にするものであり，通説によれば，その行為が第三者により権利者に無断で行われれば，特許法等の知的財産法上，侵害となり，権利者が当該第三者に対して差止請求ができる行為である。「権利の行使とみられる行為」でないならば，独禁法は当然に適用される。これに対し「権利の行使とみられる行為」であるならば，さらに，「認められ」ないか，つまり「知的財産制度の趣旨を逸脱し，又は同制度の目的に反すると認められる」（同ガイドライン第2の1，第3の1(1)(2)，第4の2，3。以下「趣旨を逸脱」と略記する）[4]かを判断し，これが肯定されれば独禁法が適用されるとする。なお，当然のことであるが，21条により独禁法が適用されることとなっても，2条5項・6項・9項の要件をみたすか否かはあらためて判断される。

　以上をフローチャートで示せば Figure 38 のようになる。繰り返せば，Figure 38 *1の判断基準は，「技術を利用させないようにする行為」，「技術の利用範囲を制限する行為」か否か，Figure 38 *2の判断基準は，「知的財産制度の趣旨を逸脱し，又は同制度の目的に反する」か否かである。

---

4)　学説上，「濫用」と表現することもある。独禁法と知的財産法は目的を共通するので，競争を制限し，創意工夫の発達，円滑な技術取引が損なわれる等（知的財産ガイドライン第1の1）すれば，通常これに該当する。

【設例102】の(1)は,【設例47】,(2)は,【設例55】である。【設例102】の利用させない行為,【設例104】の輸入を差し止める行為は,特許法や著作権法上の「技術を利用させないようにする行為」であり,権利の行使に該当する。これに対し,【設例103】は権利の行使に該当しない。【設例103】には独禁法が適用され,不公正な取引方法等の要件をみたすかが検討される（Ⅲ3）。

　もっとも,【設例102】の(1)は,そもそも独禁法のどの規定にも違反しそうにない点に注意したい[5]。しかしながら,【設例104】では自己の音楽 CD が日本に還流してもよいから東南アジアでたくさん販売したいというレコード会社もいるかもしれない。そこで,【設例102】,【設例104】についても,たとえば,後に述べるように,複数のレコード会社が他の競争者と共同して取引拒絶や差止めを行うならば（共同行為）,趣旨を逸脱する行為とされよう。そうすると,2条9項1号（さらに2条5項・6項）に違反するであろう（Ⅱ1）。これに対し,単独の取引拒絶（一般指定2項前段）については趣旨を逸脱するとされる例はなかなか想定しにくくはあるが,理論上そのような場合がないわけではない。

　以上のように考えると,21条は,知的財産法上の権利の行使は,通常,独禁法上の問題が生じないが,趣旨を逸脱する場合には独禁法が適用されることを確認した確認規定といえよう。知財高裁も,「特許権は,業としての特許発明の実施の独占権であり……特許権等の権利行使と認められる場合には,独占禁止法を適用しないことを確認的に規定したものであって,発明……を奨励し,産業の発達に寄与することを目的（特許法1条……）とする特許制度等の趣旨を逸脱し,又は上記目的に反するような不当な権利行使については,独占禁止法の適用が除外されるものではない」とする[6]。

---

5) 第4章Ⅰ2(4)。もっとも,独占的価格設定が優越的地位の濫用（2条9項5号ハ）に該当するかという問題はある。通常そのようなことはなく,先例もないが,東日本大震災の翌年における一部地域での電気料金の一方的な引上げについて優越的地位の濫用につながるおそれがあるとして「注意」がされた例がある。公取委「東京電力株式会社に対する独占禁止法違反被疑事件の処理について」（2012年）。

6) 知財高判平成18・7・20判例集未登載（日之出水道鉄蓋事件）。

Column ㉛　もう1つの確認規定説

　【設例102】，【設例104】については，2，3のような説明をするまでもなく，正常な競争手段により適法に取得した排他的利用権や排他的支配権（ここではたまたま排他的利用権が独占力〔または市場支配力〕を持ってしまった）を単に行使しているだけであり，私的独占や不公正な取引方法の要件（行為要件と効果要件）をみたさないであろう。技術等の情報は誰でも自由に利用できるために，排他的利用が難しい（「専有困難性」といわれる）。また，複数の人が同時に同量の消費が可能である（「非競合性」といわれる）。もし知的財産法がないならば，技術を開発しても，他人に自由に利用されるから（フリーライド），開発者の技術開発のインセンティブが損なわれる。知的財産法は，このような情報の特殊性に着目して，情報の排他的利用を可能にし，情報を所有権などの他の権利並みに保護するものといえる。そうだとすると，21条は独禁法上，所有権の行使と同様に，知的財産権の単なる行使自体は問題ないことを注意・確認するものにすぎないのではないか。

　たとえば，ある者が民法上の所有権をもち，それを行使して他者による利用を排除したとしても，それは通常，独禁法に違反しない。所有権がたまたま市場支配力や独占力に結びつくものであっても同じである。たとえば，自己所有の山林を開発してスキー場にし，近隣にスキー場がないために高い料金を設定できたり，隣接するスキー場からの共通リフト券の発行の申出を拒絶しても，通常は問題とならない（単独の直接取引拒絶について見た第5章Ⅲ5(3)の「アスペン法理」を参照）。しかし，所有権に基づいて他の事業者の事業活動を排除または支配し（2条5項），あるいは不公正な取引方法（同条9項）に該当する行為をし，それにより競争阻害効果が生じれば独禁法に違反する（「アスペン法理」でも同様である）。このことは知的財産法でも同じである。この点で，Ⅰ2に述べた，知的財産法が独禁法と共通の目的を持つことは，実は21条の解釈において本質的な問題ではないといえそうである。

　そのように考えれば，21条は独禁法を適用するうえで知的財産権は民法上の諸権利等と基本的に変わらないことを単に注意・確認したものといえば足りそうである。そうであれば，21条は立法論としてはなくてもよいし，ない方が適用除外規定だという誤解を与えない点で好ましいといえよう。しかし，現に21条が存在すること，および，専有困難性ゆえに権利の範囲（権利の行使の範囲。民法上の所有権でいえば所有権の範囲に相当するもの）が明確でないことが多い知的財産権では，まず権利の範囲を確認することには意味があり，また具体的事案にあてはめるうえで便利であるので，以下では通説・公取委の立場により説明する。

II 不当な取引制限，私的独占

1 共同の取引拒絶

共同の取引拒絶については，不公正な取引方法の共同の取引拒絶でみたぱちんこ機製造特許プール事件[7]がある。本件ぱちんこ機メーカーおよび特許プール会社が，特許プール会社の所有または管理運営する特許権と実用新案権（特許権等）のライセンスを共同で拒絶したことは，排除型私的独占に該当するとされた。特許権等の所有者が，自らが所有する特許権等のライセンスを拒絶する行為は，権利の行使である。しかし，特許権等の所有者が共同して拒絶する行為は，趣旨を逸脱し[8]，権利の行使と「認められない」（Ⅰ3）と解される。東京高判平成22・1・29（着うた事件）[9]も「5社それぞれが有する著作隣接権に基づく原盤権の利用許諾の拒絶行為も，それが意思の連絡の下に共同してなされた場合には，それぞれが有する著作隣接権で保護される範囲を超えるもので，著作権法による『権利の行使と認められる行為』には該当しない」としている。

2 特許プール，クロスライセンス，マルティプルライセンス

(1) 特許プール

1では，特許プール（パテントプール）による排除行為を問題にした。しかし，特許権等の複数の権利者がそれぞれ所有する技術を一定の組織体に集中（プール）し，特許プールの構成員が当該組織体を通じて必要なライセンスを受ける特許プール自体は必ずしも競争制限的であるわけではない。

α と β の技術の両方を利用しなければ特許製品甲が製造できない場合を α と β の技術は補完関係にあるという。また，α と β の技術は，それを利用すると，

---

7) 公取委勧告審決平成9・8・6審決集44巻238頁，第5章Ⅱ5(1)。

8) たとえば，「ライセンスの拒絶が複数の権利者の共同行為により行われる場合，共同化により，個々の権利者が有する知的財産権の排他性の範囲を超えた排除力が形成される」，「他の権利者たちの権利の排他性にフリーライド（ただ乗り）し，大きな排除力を形成する」（金井貴嗣ほか編著『独占禁止法〔初版〕』〔弘文堂，2004年〕327-328頁〔稗貫俊文〕）と説明される。

9) 審決集56巻（第2分冊）498頁，第5章Ⅱ5(2)。

それぞれの特許権を侵害することもある。その場合，それぞれの権利者の同意がなければ権利行使できない（技術がブロックしあうという）。補完関係やブロックしあう関係にある技術をプールすることは，プールすることによって初めて製品甲を製造できるために，通常，競争促進的である。

　一方，αとβのいずれの技術を単独で用いても特許製品甲が製造できる場合，αとβの技術は代替関係にあるという。代替関係にある技術をプールすることは，競争を促進せず，むしろそれらの技術（あるいは，それらの技術を利用して製造した製品甲）の間の競争を制限することになる。この競争制限が競争の実質的制限に至れば，不当な取引制限や排除型私的独占に該当しよう。また，権利者が特許プールにおいてライセンス条件を共同で制限したり，ライセンスの相手先を制限する行為も，不当な取引制限に該当する場合があろう。

(2) クロスライセンス

　クロスライセンスは，技術の複数の所有者が，それぞれの権利を相互にライセンスしあう行為である。補完関係にある技術をクロスライセンスすることは，特許プールと同様に，通常，競争促進的である。一方，代替関係にある技術をクロスライセンスすることは，競争を促進せず，それらの技術間の競争を制限することになる。

(3) マルティプルライセンス

(105) 【設例105】

　　C₁は，X市において公共下水道のマンホール用等の公共下水道用鉄蓋を製造販売している。X市は，C₁，C₂，C₃，D₁，D₂を同市の仕様の鉄蓋を製造できる業者に指定している。C₁〜C₃は自ら鉄蓋を製造し，C₄，C₅はD₁，D₂から供給を受けて，いずれもX市において下水道工事業者等に販売している。X市は鉄蓋の仕様を改定し，C₁の実用新案権を採り入れた。C₁は指定業者に実用新案権をライセンスしている[10]。C₁〜C₅は，上記仕様改訂を機に，鉄蓋の販売価格，販売先，販売数量比率を協議し，鉄蓋の最低価格を決定し，販売先をD₃組合のみとし，販売数量比率をC₁が40％，その他は15％とすることを取り

---

10) X市は，C₁の実用新案権を採用する際に，入札の競争性確保のために，他の事業者にライセンスすることを条件としていたと推測される。

366　第7章　知的財産

決め，実施した。

マルティプルライセンスとは，ある技術を複数の事業者（ライセンシー）にライセンスすることをいう。ライセンス自体は，特許製品の製造者（競争者）を増やし，また技術の流通を促進するので，通常，競争促進的である。【設例105】では，C_1 は実用新案権のライセンスにおいて，鉄蓋の販売価格，販売先，販売数量比率を拘束している。C_1 がライセンスにおいてライセンシーに対して一方的にこのような拘束を課すことが許されるかは，Ⅲ2，4で見るように，別の検討を要する。特に，販売数量比率の拘束は直ちに不公正な取引方法に該当するとは限らないと考えられる（Ⅲ2）。しかし，本件では，C_1 が $C_2 \sim C_5$ に対して一方的に拘束を課したのではなく，競争者関係にある $C_1 \sim C_5$ が，共同して，販売価格，販売先，販売数量を制限しており，「権利の行使と認め」られず，かつそれは不当な取引制限になると考えられる。本件のモデルとなった事案[11]でも，不当な取引制限に該当するとされた。

Ⅲ　不公正な取引方法

1　いくつかの例

ここでは，ライセンス契約における制限条項について，不公正な取引方法の問題を取り上げよう。【設例106】は，これまで学んだ不公正な取引方法に関する復習にもなるので，まず自分で考えてから2以下を読もう。

【設例106】　　　　　　　　　　　　　　　　　　　　　　　　(106)

Eは重要な特許権を所有している。E（ライセンサー）はF等（ライセンシー）に対して特許 α のライセンスを行う際に，次のような条項を置こうとしている。Eの行為は独禁法上どのように評価されるか。

① Eはライセンシーに対し以下の拘束を課したい。(a)ライセンスを与える期間を5年間に限定する。(b)F_1 の製造地域を西日本，F_2 の製造地域を東日本に限定する。

② Eはライセンシーの製造する製品について以下の拘束を課したい。(a)販売価

---

11)　公取委審判審決平成5・9・10審決集40巻29頁（日之出水道鉄蓋事件（北九州地区））。

格（ライセンシーが製造した製品の第三者への販売価格）を拘束する。(b)再販売価格（ライセンシーが製造した製品を第三者に販売した後，第三者が再販売する価格）を拘束する（(a)(b)は【設例103】の再掲）。(c)製造数量を1か月当たり100個以上とする。(d)製造数量を1か月当たり200個以下とする。

③　Eはライセンシーに対してライセンス契約期間中および契約終了後5年間，競争品を取り扱うことを禁止する。

④　EはF₁にパッケージでライセンスを与えたい。F₁はパッケージには不要な技術が含まれているのでその技術のライセンスは必要ないと述べている。しかし，Eはパッケージでしかライセンスしないこととしたい。

⑤　F₁はEからライセンスを受けた特許αを使用して製造する過程で改良技術α'を開発し特許権を取得することが予想される。(a)EはF₁に対してその特許権をEに譲渡する義務を課したい。(b)それが課せないならば，独占的ライセンス（F₁は実施できないと契約で拘束すること）を与える義務，または実質的には同じであるが，専用実施権（特許77条）を与える義務を課したい。(c)それが難しければ，通常実施権（同78条）を与える義務を課したい。

⑥　EはF₁に対して，F₁が現に所有しまたは今後取得することとなる特許権をEまたはEが指定する事業者（Eからライセンスを受けて特許製品を生産する事業者および特許製品の利用者）に対して権利行使しない義務を課したい。

2　権利の行使

「技術を利用させないようにする行為」，つまり，ある技術に権利を有する者が，他の事業者に対して当該技術の利用についてライセンスを行わないことや，ライセンスを受けずに当該技術を利用する事業者に対して差止請求訴訟を提起することは，通常，権利の行使である（知的財産ガイドライン第4の2）。また，「技術の利用範囲を制限する行為」には，権利の一部の許諾（区分許諾，技術の利用期間の制限，技術の利用分野の制限），製造に係る制限（製造できる地域の制限，製造数量の制限または製造における技術の使用回数の制限）等があり，通常，権利の行使である（同ガイドライン第4の3）。これらに反する行為が権利者に無断で行われれば，権利者は知的財産法上，侵害として差止請求ができるからである。

　【設例106】①(a)(b)，②(c)は「技術の利用範囲を制限する行為」に該当する。①(a)は「技術の利用期間の制限」（同ガイドライン第4の3(1)イ），(b)は「製造できる地域の制限」（同(2)ア），②(c)は「製造数量の制限」（同(2)イ）である。②(d)

368　第7章　知的財産

も「製造数量の制限」に見えるが，最高数量制限が権利の行使かどうかは学説が分かれている。この点は，4で取り上げよう。以上から，①(a)(b)，②(c)は通常，独禁法に違反しない。ただし，趣旨を逸脱し，かつ2条9項や5項・6項の要件をみたせば違法となる。たとえば，代替的な特許権を持つ事業者と共同して①(a)(b)や②(c)の拘束を課しあえば，不当な取引制限（2条6項）に該当しよう。

これに対し，②(a)(b)および③以下は権利の行使ではない。したがって，それらは独禁法の要件をみたすかを検討するだけでよい。これらは3で見よう。

3　権利の行使でない行為

【設例106】②(a)(b)（**【設例103】**）は，再販売価格の拘束（2条9項4号）に該当しそうである。しかし，再販売価格の拘束は，「自己の供給する商品」（同号本文），「その販売する当該商品の販売価格」（同号イ）を要件とするが，②は自己の供給する「役務（ライセンス）」であり，また「その販売する当該商品の販売価格」に該当しないので，2条9項4号の要件をみたさない。しかし，これは拘束条件付取引（一般指定12項）の問題となり，(a)相手方の販売価格や(b)相手方の販売した商品の価格を拘束することから，実質的な効果は再販売価格の拘束と変わらないといえるから，原則として違法となる[12]。知的財産ガイドラインもこれらの行為を原則として違法であるとする（第4の4(3)）。

③は，競争品の取扱いの禁止である。競争品の取扱いの禁止により競争者との取引全般を禁止するのであれば，排他条件付取引（一般指定11項）に該当しよう。また，排他条件付取引に該当しない場合にも市場閉鎖型の拘束条件付取引（同12項）が問題になる。競争者の取引の機会を排除し市場閉鎖による自由競争減殺効果が生じるならば[13]，一般指定11項または12項に該当することになる（知的財産ガイドライン第4の4(4)）。なお，ノウハウライセンス契約においては，技術の漏洩・流用防止の観点から，契約期間中，および契約終了後も短期間であれば公正競争阻害性を持たないことは前章で確認した[14]。

---

12) 以上は，第5章Ⅹ1参照。
13) 第5章Ⅷ4参照。
14) 第6章Ⅴ。

Ⅲ　不公正な取引方法　　369

④は，一括ライセンス（パッケージライセンス）といわれる。ここでは抱き合わせ販売（一般指定10項）または拘束条件付取引が問題になる。抱き合わせ販売の公正競争阻害性は自由競争減殺および競争手段の不公正であった[15]。この公正競争阻害性を持つかを検討することになる。ただし，取引相手ごとにパッケージの内容を変更するには費用がかかることが多いであろうから，1つのパッケージで供給することで費用を節約できる場合がある。そのような場合には，正当理由があるかが検討されることになる。知的財産ガイドラインも基本的に同様の立場をとる（第4の5(4)）。

⑤(a)(b)は改良技術の譲渡義務・独占的ライセンス義務，(c)は改良技術の非独占的ライセンス義務といわれる。⑤(a)(b)を課すとライセンシーはどうするだろうか。技術を改良して特許権を得てもライセンサーにすべて奪われてしまう。そうであれば，技術を改良する意欲がなくなるだろう。つまり，(a)(b)はライセンシーの技術開発のインセンティブを損なうことになる。また，ライセンサーが改良技術を得られれば，場合によっては技術市場またはその技術を用いた製品の市場（製品市場）において市場支配力やそれよりは小さい力（自由競争減殺で問題とされる力）（以下「地位」という）を維持，強化できるかもしれない。知的財産ガイドラインは，(i)この地位を強化し，また(ii)ライセンシーの研究開発意欲を損なうことから，原則として一般指定12項に該当するとする（第4の5(8)）。

一方，ライセンサーは，自己の技術をライセンスしたにもかかわらず，それを改良した技術に権利が与えられないのであれば，ライセンスをしたくなくなるかもしれない。ライセンスは技術の移転・流通という点で，競争促進的な行為であるが，ライセンスするインセンティブが損なわれかねない。そこで，⑤(c)（グラントバックともいわれる）のように，ライセンシーとライセンサーの両方が改良技術を利用できるならば，ライセンシーの研究開発の意欲を損なわず，ライセンサーもライセンスする意欲を維持できる。そこで，知的財産ガイドラインは，⑤(c)は原則として不公正な取引方法に該当しないとする（同ガイドライン第4の5(9)）。

---

15) 第5章Ⅶ2参照。

⑥は，非係争条項といわれる。これもすでに学んだ不公正な取引方法を思い出して考えればよいであろう。そして，非係争条項については，他の章で説明したので，自分で考えた後で該当箇所を[16]参照してもらいたい。

知的財産ガイドラインは，その他にも，原材料・部品に係る制限，販売に係る制限，最善実施努力義務，ノウハウの秘密保持義務，不争義務，一方的解約条件，技術の利用と無関係なライセンス料の設定，技術への機能追加，研究開発活動の制限等について記載している。不公正な取引方法の復習として確認すれば勉強になろう。

4　最高数量制限

> ### 【設例107】　　　　　　　　　　　　　　　　　　　　(107)
>
> 　　Gは，H市等の地方公共団体が設定した仕様に基づいて製造・販売される上下水道用人孔鉄蓋に係る特許権等の知的財産権を有し，Iとの間でライセンス契約を締結している。GはH市等が鉄蓋の製造販売業者と認定している業者に本件特許権等の実施許諾をする旨を約束している。GはH市等の1年間の総需要数を推定し，その75％を認定業者数で均等割した数量を基準に，Iへの許諾数量の上限を定めている。ライセンスでは，Gは，この上限までは実施料を無償とし，これを超えた部分はGに製造委託すべき契約としていたが，Iはこれに反して製造・販売を行った。Gが債務不履行による損害賠償請求を行ったところ，Iは，当該義務は独禁法に違反し無効だと主張した。

【設例107】は【設例105】の C_1 が行った別のライセンスに関して十数年後に提起された民事訴訟の判決（前掲知財高判平成18・7・20〔日之出水道鉄蓋事件〕）をモデルとしている。本件では，【設例105】と異なり，Gがライセンシーを一方的に拘束しており，ライセンシーとの間の共同行為は行われていない。そこでは，【設例106】の②(d)の最高数量制限のみが行われている。ライセンスにおいて最高数量制限を課すことは独禁法に違反するのだろうか。

まず，最高数量制限は権利の行使にあたるだろうか（Ⅰ3）。2で説明したように，【設例106】の②(c)が権利の行使であることに異論がない。特許権者等

---

16)　第5章Ⅹ6。改良技術の譲渡義務と同様に，技術革新のインセンティブという動的な自由競争減殺を問題にする点で特徴がある。

Ⅲ　不公正な取引方法　　371

には，特許権をライセンスするかどうかの自由があり，ライセンスはするが一定数以上の製造を義務づけることは「権利の一部の許諾」といえるであろう。また，ライセンスの対価（実施料）は製造数量に一定の比率を乗じて計算することが多いため，製造数量の最低限を義務づけなければ適正な対価が得られなくなり特許権者のライセンスの意欲を損なうという意味で競争促進効果や正当理由もありそうである。これに対し，最高数量制限が権利の行使かは学説の見解が分かれる。しかし，ライセンスはするが一定数までしか製造できないと義務づけることも「権利の一部の許諾」といえそうであり，またこの契約に違反して上限を超えて製造すれば特許権者は特許権侵害として差止請求ができると思われる。このように，最高数量制限が権利の行使だとしても，最高数量制限はライセンシーの供給量を制限する効果を持ち，知的財産制度の趣旨を逸脱する（Ｉ3）ことがありうる。そこで，知的財産権ガイドラインは，「技術の利用範囲を制限する行為」の中にこの制限も置き，「製造数量又は使用回数の上限を定めることは，市場全体の供給量を制限する効果がある場合には権利の行使とは認められず，公正競争阻害性を有する場合には，不公正な取引方法に該当する（一般指定第12項）」としている（第4の3⑵イ）。「市場全体の供給量を制限する効果がある場合には」「権利の行使とは認められ」ず，独禁法が適用され，市場全体の供給量制限という自由競争減殺効果も認められるというのである。

　それでは，【設例107】はどうか。知財高裁は，21条に関するＩ3で確認した判示をしたうえで，上限の販売数量を定めることや均等割等の基準は不合理とはいえないとし，Ｇが「支配的地位を背景に許諾数量の制限を通じて市場における実質的な需給調整を行うなどしている場合には，その具体的事情によっては，特許権等の不当な権利行使として，……独占禁止法上の問題が生じ得る可能性がある」とする。そして，「無償で実施できる許諾数量の上限がＨ市等における推定総需要数（これが実際より著しく低く見積もられているなど，推定総需要数の設定自体が不合理であることを窺わせる証拠はない。）の75％を基準として決定され，その上限を超過する分についてはＧに製造委託することが義務づけられていることによって，各自治体における鉄蓋市場において，その結果としての需給調整効果が実際に実現されているとか，……公正な競争

が実際に阻害されているといった事情を認めるに足りる的確な証拠はなく，
……特許権等の不当な権利行使に当たり，独占禁止法に違反すると認めるには
足りない」とした。本判決の評価は分かれるが，たとえば，推定需要数量が実
態より相当低かったり，75％の上限を超過する分について，Ｇが製造をしぶる
ような事情がある場合には，需給調整効果が認められることになろう。

IV　技　術　標　準

1　技術標準の形成

　競争関係等にある事業者が，標準化団体を作って，技術標準を作ることが行
われることがある（標準化活動）。そして，規格技術に関する特許権者が共同で
特許プールを形成し，当該プールを通じて，規格を採用した製品の開発・生産
に必要な特許を一括してライセンスする枠組みが利用される（特許プール）。こ
の問題について，「標準化に伴うパテントプールの形成等に関する独占禁止法
上の考え方」（以下「標準化ガイドライン」という）が作成されている。

　標準化活動においては，販売価格等の取決め（規格を採用した製品等の販売価
格，生産数量，製品化の時期等の共同での取決め〔不当な取引制限等〕），競合規格の
排除（相互に合理的な理由なく競合する規格を開発することを制限しまたは競合する規
格を採用した製品の開発・生産等を禁止〔不当な取引制限，拘束条件付取引等〕），標準
化活動への参加制限（標準化活動に参加しなければ，策定された規格を採用した製品
を開発・生産することが困難となり，製品市場から排除されるおそれがある場合に，合
理的な理由なく特定の事業者の参加を制限〔私的独占等〕）が問題になる（標準化ガイ
ドライン第2の2）。

2　特許プール

(1)　特許プールの行為

　標準化ガイドラインは，特許プールが競争促進的に機能しうるとする。つま
り，(i)規格の採用に伴う複雑な権利関係の処理を効率化し，(ii)ライセンス料を
調整して高額化を回避すること（二重〔多重〕限界化〔この分野では「ロイヤルティ
ィスタッキング問題」といわれる〕の解消[17]）を容易にしうるなどである。一方で，

広範に競争制限行為が行われるおそれがあるとする（標準化ガイドライン第3の1(1)）。標準化ガイドラインは，特許プールに含まれる特許は必須特許に限定することを原則としている。そのうえで，特許プールを通じたライセンスにおいて，特段の合理的な理由なく，特定の事業者にのみライセンスを拒絶したり，差別的にライセンス料を著しく高くしたり，規格の利用範囲を制限するなどの差を設けることは，競争機能に直接かつ重大な影響を及ぼす場合，私的独占，共同の取引拒絶等に該当しうるとする。また，競合する規格等の研究開発の制限は競争が制限されるおそれがあるとし，すでに見たグラントバック条項，非係争義務条項等についても述べている。

(2) 標準に採用された技術の権利者の行為

標準が形成された後，標準に組み込まれた技術を持つ事業者が高額の実施料を請求したり，交渉に応じないものに特許法に基づく差止請求訴訟（特許100条）を提起することがある。自己の技術が無断で標準に組み込まれた権利者が，その権利を行使することは，単独の直接取引拒絶（一般指定2項前段。第5章Ⅲ3）や排除型私的独占（第4章Ⅱ）に該当したり，対価の変更等が優越的地位の濫用（Ⅰ3注5））に該当するような例外的な場合でない限り，独禁法により禁止することは難しい。

しかし，標準に組み込むことに同意した者までが，組み込まれたことによりその技術の価値が高くなったことを奇貨として高額の実施料を請求することは適切でない。そこで次のような対策がとられる。

(3) FRAND条件

標準化団体では，通常，規格の策定に参加する者に対し，標準規格必須特許の保有の有無，標準規格必須特許を他の者に公正，妥当かつ無差別な条件（「FRAND〔fair, reasonable and non-discriminatory〕条件」と呼ばれる）でライセンスをする用意がある意思を明らかにさせるとともに，当該条件でライセンスする旨の文書による意思表示（FRAND宣言）[18]がされない場合には当該標準規格

---

17) 第5章Ⅸ7(4)，とくに *Column ㉖*。
18) FRAND宣言については，*Column ㉖* で取り上げた。

374　　第7章　知的財産

必須特許の対象となる技術が規格に含まれないように規格の変更を検討する旨告知する。

2016年に知的財産ガイドラインが改定され，FRAND条件に関する規定を設けた。「FRAND宣言をした標準規格必須特許を有する者が，FRAND条件でライセンスを受ける意思を有する者に対し，ライセンスを拒絶し，又は差止請求訴訟を提起することや，FRAND宣言を撤回して，FRAND条件でライセンスを受ける意思を有する者に対し，ライセンスを拒絶し，又は差止請求訴訟を提起することは，規格を採用した製品の研究開発，生産又は販売を困難とすることにより，他の事業者の事業活動を排除する行為に該当する場合がある。……FRAND条件でライセンスを受ける意思を有する者であるか否かは，ライセンス交渉における両当事者の対応状況（例えば，具体的な標準規格必須特許の侵害の事実及び態様の提示の有無，ライセンス条件及びその合理的根拠の提示の有無，当該提示に対する合理的な対案の速やかな提示等の応答状況，商慣習に照らして誠実に対応しているか否か）等に照らして，個別事案に即して判断される」と（知的財産ガイドライン第3の1⑴オ）。私的独占に該当しない場合にも公正競争阻害性を有するときには不公正な取引方法に該当する（一般指定2項・14項）とする（知的財産ガイドライン第4の2⑷）。このように，独禁法違反の有無について，「FRAND条件でライセンスを受ける意思を有する者」か否かを判断基準とし，その考慮要素を明らかにしている。

【設例108】 (108)

ブルーレイディスクの標準必須特許の特許権者はFRAND宣言をしている。特許プールJは，これらの特許権者から委託を受け標準必須特許の管理を行っている。Jの提示するライセンス料に不満である特許製品製造業者Kは，Jに対して，公正で妥当なライセンス料を支払う意思があることを表明し，公正で妥当と考えるライセンス料を提案し，Jの提示するライセンス料の設定根拠の説明の要請等を行っていたが，Jは，非差別的な条件を提供するためにライセンス料について交渉はできないとして，当該設定根拠の説明を行わず，Kの製造する特許製品の取引先3社に対して，特許権侵害行為について特許権者が差止請求権を有していること等を内容とする通知書を送付した。

【設例108】のモデルである公取委「ワン・ブルー・エルエルシーに対する

IV　技術標準　　375

独占禁止法違反事件の処理について」(2016年)は，Jの行為は競争者に対する取引妨害（一般指定14項）に該当するとした。ただし，違反行為はすでになくなっており，特に排除措置を命ずる必要があるとは認められないとし，審査を終了した。本件は上記知的財産ガイドラインをあてはめたように見える。しかし，本件は，行為者が単独の事業者ではなく特許プールであるという特徴がある。第5章IXで見たように，また2(1)(ii)にもあるように，特許プールは，ライセンス料を調整して高額化を回避する点，技術の利用者も参加する場において低額な実施料率が無差別的に提示されている点（したがって，通常，FRAND条件をみたしていると推認できそうである）において，権利者と個別交渉する場合とは事案が異なる。2016年の知的財産ガイドラインの改定案に対する意見募集では，このような特許プールに固有な事情を挙げ改定案は特許プールには適用すべきでないとの意見も出されているが，これに対する公取委の回答は，特許プールにもガイドラインが適用されるとしつつ，特許プールに係る事情は「FRAND条件でライセンスを受ける意思を有する者」か否かの考慮要素になりうるとしている[19]。本件でこのような考慮がされたのか，それを考慮しても，交渉，説明をはじめから拒否したこと等からこの結論に至ったのかは，公表資料が短く，明らかでない。

---

19) 公取委「『知的財産の利用に関する独占禁止法上の指針』の一部改正（案）に対する意見の概要及びそれに対する考え方」(2016年) No. 30 〜 No. 32 (13-14頁)。

第8章

景品表示法

Ⅰ は じ め に

いよいよ本書の最終章である。ここでは景品表示法を取り上げよう。

「不当景品類及び不当表示防止法」（景品表示法。以下「景表法」という）は，不当景品類と不当表示を禁止する。1962（昭和37）年に制定された景表法は，2009（平成21）年までは独禁法の特例法として公取委が運用・執行していたが，2009（平成21）年改正により消費者庁に全面移管した。その際，目的規定（1条）が競争保護から一般消費者の保護に変わった。ただし，実体規制の内容はほとんど変わっておらず，また公取委は消費者庁の委任を受けて景表法の調査等を行っている（33条2項）。その後，2014（平成26）年には，新たに課徴金制度等が導入された。課徴金制度などのエンフォースメントには独禁法との共通点や相違点があり，独禁法の制度を考えるうえでも参考になる。

Ⅱ 不 当 景 品 類

1 不当景品類の定義等

過大な景品付き販売は，景表法4条により禁止または制限されている。

景表法4条は，「内閣総理大臣は，不当な顧客の誘引を防止し，一般消費者による自主的かつ合理的な選択を確保するため必要があると認めるときは，景

Ⅱ　不当景品類　377

品類の価額の最高額若しくは総額，種類若しくは提供の方法その他景品類の提供に関する事項を制限し，又は景品類の提供を禁止することができる」とする。ここでいう「景品類」とは，「顧客を誘引するための手段として，その方法が直接的であるか間接的であるかを問わず，くじの方法によるかどうかを問わず，事業者が自己の供給する商品又は役務の取引……に付随して相手方に提供する物品，金銭その他の経済上の利益であって，内閣総理大臣が指定するもの」である（2条3項）。つまり，景品類は，①顧客を誘引するための手段として，②事業者が自己の供給する商品役務の取引に付随して提供する，③物品，金銭その他の経済上の利益となる。①は「顧客誘引性」，②は「取引付随性」，③は「経済上の利益」の要件といわれる。33条1項により内閣総理大臣から権限を委任された消費者庁長官は，「不当景品類及び不当表示防止法第2条の規定により景品類及び表示を指定する件」，「懸賞による景品類の提供に関する事項の制限」（以下「懸賞景品制限告示」という）等の告示および告示の運用基準を出している。

2 規制の内容

(109) **【設例109】**

　Aは，ウェブで新商品「どこでもドア」の広告を行い，「新しい画期的な商品は『どこでもドア』である。『どこでもドア』の名称を記載したうえでメールで応募すれば，抽選で1万名に1000円が当たる」とするキャンペーンを行いたい。

(110) **【設例110】**

　B市は，政令指定都市移行記念日に，市営地下鉄1日スタンプラリーを開催することとした。現在2つの案が出ている。乗客は，1日乗車券を購入のうえで，指定した10箇所の駅でスタンプを押すと，①もれなく，B市地下鉄のミニチュア電車1台がもらえる。②抽選で，B市地下鉄のミニチュア電車1台がもらえる。①②のいずれでも，1日乗車券の料金は3000円であり，B市地下鉄のミニチュア電車は1台600円で市販されている。②の場合，このキャンペーンによる1日乗車券の売上予測額は300万円，ミニチュア電車は200台を用意している。

378　第8章　景品表示法

Table 5 景品の上限額

一般懸賞

懸賞による取引価額	景品類限度額	
	最高額	総額
5000 円未満	取引価額の 20 倍	懸賞に係る売上予定総額の 2%
5000 円以上	10 万円	

共同懸賞

景品類限度額	
最高額	総額
取引価額にかかわらず 30 万円	懸賞に係る売上予定総額の 3%

総付景品

取引価額	景品類の最高額
1000 円未満	200 円
1000 円以上	取引価額の 10 分の 2

「景品」には，(a)総付景品，(b)懸賞景品（一般懸賞），(c)懸賞賞品（共同懸賞）がある。総付景品は，チョコレート菓子のおまけのように，商品を購入すれば必ず景品が提供されるものであり，一般懸賞は，購入者の中の何名に旅行が当たるといった，商品を購入すると懸賞（くじ）によって景品が提供されるもの，共同懸賞は，商店街が年末などに行う福引など複数の事業者が行う懸賞である。景表法を受けた懸賞景品制限告示はこれらの景品の上限額を定めており，その内容は Table 5 のとおりである。

【設例 109】はどうか。ここでは自己の供給する商品役務の購入を条件としていない。このような懸賞は「オープン懸賞」といわれる。オープン懸賞には「取引付随性」がないので，景表法が規制する景品類に該当せず，規制を受けない。景表法はかつてオープン懸賞も規制していたが，弊害がほとんどないことから，2006（平成 18）年に規制が撤廃された。

総付景品は，割引の一種でもありうる。これに対し，一般懸賞は，消費者の射倖性が強い場合には顧客誘引効果が高い。また懸賞の総額は分かっていても応募総数が分からなければ当選確率が分からないという点で表示（情報提供）が不十分という面もある。そのため，総付景品に比べると厳しい規制がなされる。しかし，総付景品も子供のように合理的な行動が期待できないような場合は規制が必要である。景品の規制は一般懸賞，共同懸賞，総付景品となるに従

い緩くなる。

【設例110】では，①は総付景品，②は一般懸賞である。①は取引価額の10分の2である600円（＝3000円×0.2）までの景品を出すことができるので，適法である。②では，最高額の上限は取引価額の20倍である6万円（＝3000×20），総額の上限は6万円（＝300万円×0.02）となる。①の最高額は1台600円であり，上限の基準をみたす。しかし，②の景品類の総額は12万円（＝600円×200）であり，上限の6万円（300万円×0.02）を超え違法となる（200台でなく100台までしか提供できない）。一人あたりの景品額の期待値は，①は600円，②は120円（＝600円×（200÷（300万円÷3000円）））であるにもかかわらず，②の方が違法とされるのは，上記のような総付景品と一般懸賞の性格の違いによる。

日本の総付景品にかかる規制は次第に緩くなって現在に至っているが，諸外国に比べればなお厳しい。逆に，一般懸賞の規制は，諸外国ではほぼ全面禁止に近い例もあるが，日本では総付景品に比べれば厳しいものの，比較的緩やかな規制に止まっている。

Column ㉜　カード合わせとコンプガチャ

コンプガチャといわれるものがある。携帯電話端末などによりインターネット上で提供されるオンラインゲームで，ゲームの利用者に，有料ガチャ（オンラインゲームの中で，偶然性を利用して，ゲームの利用者に対してアイテム等を供給する仕組み）によって絵柄の付いたアイテム等を販売し，異なる絵柄のついたアイテム等の特定の組合せを揃えた利用者に対し，特別なアイテム等を提供するものである。コンプガチャに景表法は適用されるのか。コンプガチャには，「取引誘引性」があるのか，取引付随性に係る「取引」に該当するのか，アイテム等は「経済上の利益」にあたるのかが問題になる。ところで，懸賞景品制限告示5項は「カード合わせ」を全面禁止している。「カード合わせ」は，「2以上の種類の文字，絵，符号等を表示した符票のうち，異なる種類の符票の特定の組合せを提示させる方法」である。これは，その方法自体に欺瞞性が強く，射倖心をあおる度合いが著しく強いためとされる。消費者庁は，コンプガチャは，「取引誘引性」，「取引付随性」，「経済上の利益」の要件をみたし，さらに「カード合わせ」に該当するという立場をとり，2012（平成24）年に前記告示の運用基準を改正し，コンプガチャが全面的に禁止されることを確認した。

380　第8章　景品表示法

Ⅲ 不 当 表 示

1 規 制 の 内 容

(1) は じ め に

　景表法は，もともとは，――現行法でいえば独禁法2条9項6項に基づく公取委の指定による不公正な取引方法である――一般指定8項（ぎまん的顧客誘引）と同9項（不当な利益による顧客誘引）（第5章Ⅵ）のうち，不当表示と不当な景品類の提供を簡易迅速に規制するために作られた特例法であった。景表法は，公取委が排除命令を出し，都道府県知事にも規制権限を与え，一種の自主規制である公正競争規約制度を設けるなど独禁法とは異なる手続をもっていた。これが改正により消費者庁に全面移管されたのが現在の景表法である。

(2) 優良誤認表示，有利誤認表示，告示

　不当表示については，景表法5条が一般消費者に対する不当表示を禁止する。不当表示には，優良誤認表示と有利誤認表示とがある。誤認させる方法を，実際のものより「優良」とするのか「有利」とするのかにより区別している。

　①優良誤認表示とは，「自己の供給する商品又は役務の取引」について，「一般消費者に対し，実際のものよりも著しく優良であると示し，又は事実に相違して当該事業者と同種若しくは類似の商品若しくは役務を供給している他の事業者に係るものよりも著しく優良であると示す表示」であり，「一般消費者による自主的かつ合理的な選択を阻害するおそれがあると認められるもの」（5条1号）である。

　②有利誤認表示とは，「実際のもの又は当該事業者と同種若しくは類似の商品若しくは役務を供給している他の事業者に係るものよりも取引の相手方に著しく有利であると一般消費者に誤認される表示」であり，「一般消費者による自主的かつ合理的な選択を阻害するおそれがあると認められるもの」（5条2号）である。

　不当表示には，さらに，③取引に関する事項について一般消費者に誤認させる表示で，消費者庁長官（内閣総理大臣が委任〔33条1項〕）が指定する表示（5

条 3 号）がある。

> (111) 【設例 111】
>
> 　Ｃは，自動車メーカーである。Ｃは，燃料消費率を，たとえば甲型ワゴン車について「30.4km/L」と記載している。しかし，これは国が定める試験方法に基づくものとはいえないものであり，国が定める試験方法によると燃費性能として表示できる上限は「26.1km/L」であった。Ｃは，このような実際と異なる燃費の表示を自社製造の自動車のうち軽自動車 38 商品，普通自動車等 29 商品について行っている。

　【設例 111】のモデルは消費者庁措置命令・課徴金納付命令平成 29・1・27 および課徴金納付命令平成 29・6・14[1)] である。本件で消費者庁は，燃費性能の偽装表示が優良誤認表示に該当するとしている。

　優良誤認表示は，そのほか，生乳にクリーム，脱脂粉乳および水が入っているのに「成分無調整牛乳」と広告で表示すること，ダイエット食品について運動等なしでは痩身効果がほとんどないのに「今すぐ 10 キロやせられる」と広告で表示すること，有利誤認表示は，実売価格に見せかけの高い「通常価格」を表示し「スーツが通常価格の半額」などと広告で表示すること（二重表示）であり，消費者庁の指定には「商品の原産国に関する不当な表示」（以下「原産国告示」という）など 6 つがある。

(3) 不実証広告規制

　景表法は，不実証広告規制を置き，優良誤認についてみなし規定（措置命令〔7 条 2 項〕について），および推定規定（課徴金納付命令〔8 条 3 項〕について）を置いている（Ⅲ 2⑵）。

(4) エンフォースメント

　(ア) **消費者庁長官**　消費者庁長官（内閣総理大臣が委任〔33 条 1 項〕）は，措置命令（7 条），および課徴金納付命令（8 条）を出す。課徴金制度は，2014

---

1)　消費者庁ウェブサイト（三菱自動車工業ほか事件）。

382　第 8 章　景品表示法

（平成 26）年 11 月改正で新たに導入された。【設例 111】のモデルとなった事件は，この制度が導入されて初めて出された課徴金納付命令であり，2017（平成 29）年 1 月 27 日に排除措置命令と同時に，三菱自動車工業（以下「三菱自」という）に対して約 4 億 8500 万円の課徴金納付命令が出された。

　景表法には，課徴金制度の導入とあわせて，違反事実を報告した場合に課徴金額を 50％減額する制度（9 条），および所定の手続により被害者に返金した場合に課徴金額を減額する制度（10 条）も導入されている。前者は，一種の課徴金減免制度（リニエンシー制度。独禁 7 条の 2 第 10 項〜12 項。第 2 章 V 5⑵）である。他方，独禁法では，課徴金減免制度は不当な取引制限（カルテルや入札談合）について存在するが，私的独占や不公正な取引方法，すなわちいわゆる単独行為には導入されていない。不当表示も単独行為に属する（共同で行うことが不可欠である行為ではない）から，単独行為に対してこの制度を導入するのはわが国で初めての立法である。後者の制度は，下請代金支払遅延等防止法（下請法）の運用において事業者が下請業者の代金を減額した場合に公取委が下請業者への返金の勧告をし，事業者がそれに応じれば独禁法（優越的地位の濫用）違反として法的措置をとらない（下請代金 7 条・8 条）という運用がなされているが，これも立法としては初めてのものである。【設例 111】のモデルの事件では，三菱自，さらに日産自動車（以下「日産」という）もこれらの制度を利用し，または利用しようとしたと考えられる。ここでは，独禁法の課徴金制度に存在しないこれらの制度をやや詳しく見たい（3）。

　なお，【設例 111】のモデルの事件では，自動車の燃費の不当表示は，一般消費者向けだけでなく，事業者（会社の商用車，タクシー会社のタクシー等）向けにも行われたのではないかと想像されるが，措置命令，課徴金納付命令の対象車両は一般消費者向けのみとなっている。それは，景表法が，一般消費者の利益保護を目的とし（1 条），不当表示の定義においても，「一般消費者に対し」行う表示のみを規制対象とする（5 条）からである。ただし，対事業者に対する不当表示が一切規制されないのではなく，たとえば本件を一般指定 8 項（ぎまん的顧客誘引）として規制することは可能である。

　　⑷　**所轄官庁，公取委，都道府県知事**　　消費者庁長官は，公取委，所轄官庁に調査権限を委任できる（33 条 2 項・3 項）。また，都道府県知事も措置命

Ⅲ　不 当 表 示　　383

令が出せる（同条11項）。

　　（ウ）　**適格消費者団体**　　2008（平成20）年改正により適格消費者団体は差
止請求をすることができることとなった（30条）。京都地判平成27・1・21判
時2267号83頁（クロレラチラシ事件）は、京都の適格消費者団体による優良誤
認表示に係る差止請求を初めて認容した。ただし、控訴審である大阪高判平成
28・2・25判時2296号81頁は、すでに表示がとりやめられていること等から
現段階においては差止めの必要性はないなどとして第1審判決を取り消し、最
高裁（最判平成29・1・24民集71巻1号1頁）もこれを維持した[2]。

2　発展問題1──実体要件

(1)　不当表示を行った者

(112)　**【設例112】**

> 　小売業者Dは、日本のF社が輸入したイタリアのE社製とされルーマニアで
> 縫製されたズボンをF社から購入して自社の小売店舗で一般消費者に販売して
> いる。これらのズボンに取り付けられていた品質表示タグと下げ札には「イタリ
> ア製」と表示されている。

　【設例112】は、景表法5条3号による原産国告示が適用される事例である。
原産国告示は、「原産国」を商品の内容について「実質的な変更」をもたらす
行為が行われた国（同告示「備考1」）とする。**【設例112】**のモデルである東京
高判平成20・5・23[3]は、「実質的な変更」は「縫製」をいうとし、原産国は縫
製地であるルーマニアだとした。

　F社が「自己の供給する商品」、「一般消費者に対し……示し」（5条）等の要
件をみたせば、不当表示を行ったといえよう[4]。では、自らはタグ等を取り付

---

2)　本件では、消費者契約法による差止請求もされ、チラシの配布が同法12条1項・2項にいう
　「勧誘」に当たるか否かが争点になり、大阪高裁はこれを否定した。これに対し、最高裁は、「事業
　者等による働きかけが不特定多数の消費者に向けられたものであったとしても、そのことから直ち
　にその働きかけが……『勧誘』に当たらないということはできない」と、新聞広告・チラシの配布
　も「勧誘」として消費者契約法の対象であることを明らかにした。
3)　審決集55巻842頁（ベイクルーズ事件）。
4)　実際に、排除命令（現在の措置命令）が出されている（公取委排除命令平成16・11・24公取委
　ウェブサイト〔八木通商事件〕）。

384　　第8章　景品表示法

けず，また，Ｆ社の行った説明を信じていた小売業者Ｄは，不当表示を行う
事業者に該当せず，措置命令が出されないのか。

判決は「表示内容の決定に関与した事業者」が「事業者」（不当表示を行った
者）に当たるとし，「表示内容の決定に関与した事業者」とは，①「自ら若し
くは他の者と共同して積極的に表示の内容を決定した事業者」のみならず，②
「他の者の表示内容に関する説明に基づきその内容を定めた事業者」や③「他
の事業者にその決定を委ねた事業者」も含まれるとする。そして，②とは，他
の事業者が決定したあるいは決定する表示内容についてその事業者から説明を
受けてこれを了承しその表示を自己の表示とすることを了承した事業者を，ま
た，③とは，自己が表示内容を決定することができるにもかかわらず他の事業
者に表示内容の決定を任せた事業者をいうとする。本件事案では，Ｄは②に
該当するとした。また，判決は「故意・過失」は要件ではないとしている。条
文に主観的要素の要件はなく，一般消費者にとって間違った表示がなされてい
れば表示者の主観的要素と関係なく，それは是正されるべきだからである。も
っとも，課徴金納付命令についても，無過失でよいのかは別の問題である（3
(3)）。

(2) 不実証広告規制

優良誤認表示については，消費者庁長官が，期間を定めて当該表示をした事
業者に合理的な根拠を示す資料の提出を求め，これが提出されない場合に，措
置命令については優良誤認表示とみなし（7条2項），課徴金納付命令について
はそれと推定する（8条3項）制度がある（不実証広告規制）。有利誤認表示は対
象外であることに注意したい。

不実証広告規制の趣旨は何だろうか。不実証広告規制は，措置命令にのみ適
用されるのか，抗告訴訟にも適用されるのか争われたことがある。東京高判平
成22・10・29[5]は，不実証広告規制について，景表法旧4条2項（現7条2項）
は，「被告が事業者に対し当該表示の裏付けとなる合理的な根拠を示す資料を
求め，事業者がこれを提出しない場合には，当該表示を同条1項1号〔現5条

---

5) 審決集57巻（第2分冊）162頁（オーシロ事件）。

1号〕に該当する表示とみなすという法的効果を与えることによって，被告が迅速，適正な審査を行い，速やかに処分を行うことを可能」にする制度だとする。抗告訴訟では，「被告が本件表示が同条1項1号〔現5条1号〕に該当する表示か否かを判断するために資料の提出を求める必要があると認めるときに該当するか否か，及び原告の提出した本件資料が『当該表示の裏付けとなる合理的な根拠を示す資料』に該当するか否かが審理の対象になると解すべき」とする。

東京高判平成22・11・26[6]も，「事業者が一般消費者向けに販売する商品について，効果・性能の優良性を示す表示を行う場合は，表示に沿った効果・性能がないかもしれないことによる不利益は一般消費者に負担させるべきではなく，当該商品に関する情報へのアクセスが容易であり，知識・判断力等において優る表示者（事業者）が負担すべきこととなる。また，事業者は，当該表示の裏付けとなる合理的な根拠を示す資料をあらかじめ有した上で表示を行うべきであり，かかる資料を有しないまま表示をして 販売を行ってはならないのである。その結果，同条1項1号〔現5条1号〕に該当するおそれがある表示をした事業者が当該表示の裏付けとなる合理的な根拠を示す資料を提出できない場合は，排除命令の適用において，当該表示が同号に該当する表示であるとみなされることになるのである」とする。事業者が表示を行う場合，当該表示の裏付けとなる合理的な根拠を示す資料をあらかじめ有した上で行うべきという厳格であるがわかりやすい考え方が示されている。

3　発展問題2——課徴金制度[7]

(1)　課徴金対象行為

課徴金の対象行為は，優良誤認表示と有利誤認表示である。消費者庁長官が指定する行為（5条3号）は課徴金の対象ではない。たとえば，2(1)の原産国告示該当行為は対象外となる。もっとも，原産国告示該当行為も，優良誤認表示の要件をみたすならば，5条3号ではなく1号該当行為として課徴金の対象と

---

6)　審決集57巻（第2分冊）181頁（ミュー事件）。

7)　以下の一部は，日本CSR普及協会近畿支部のセミナーにおける筆者の報告（大阪弁護士会館，2014年12月2日）に対する質疑から示唆を得ている。

なる。

(2) 課徴金額の算定方法，対象期間

課徴金額は，課徴金対象期間における課徴金対象行為（以下本章において「本件行為」ともいう）にかかる商品または役務（以下「商品」という）の政令で定める方法により算定した売上額に3%を乗じた金額である（8条1項本文）。課徴金対象期間は，本件行為をした期間（終期については，複雑な規定〔同条2項〕になっているので注意をしたい。消費者庁「不当景品類及び不当表示防止法第8条（課徴金納付命令の基本的要件）に関する考え方」〔以下本章において「指針」という〕第4の1(5)に記されている「想定例」がわかりやすい）であり，当該期間が3年を超えるときは，期間の末日から遡って3年間である（8条2項）。

【設例112】のDとF社はいずれも不当表示を行っているとすれば，いずれに課徴金が課されるのか。独禁法では，公取委は商品が卸売業者へ，さらに卸売業者から小売業者へと流通し，卸売業者，小売業者のいずれもが不当な取引制限を行う場合（同じ商流に複数のカルテル参加者がいる場合），一方にしか課徴金を課さないという運用を行っている[8]。しかし，景表法では1つの商流にいる複数の事業者（製造元，小売業者等）に不当表示規制を適用した例が相当あり（前掲東京高判平成20・5・23〔ベイクルーズ事件〕等），一方にしか課さない理由もないから，DとF社のそれぞれに売上額の3%の課徴金が課されよう。

(3) 主観的要素，裾切り基準，除斥期間

事業者が，課徴金対象行為をした期間を通じて，自ら行った表示が不当表示であることを「知らず，かつ，知らないことにつき相当の注意を怠った者でないと認められるとき」，または課徴金額が150万円未満であるときは，納付が命じられない（主観的要素，裾切り基準。8条1項ただし書）。措置命令には主観的要素の要件がないが（2(1)），課徴金を課すには主観的要素を考慮する趣旨である。「相当の注意を怠った者」でないか否かは，個別事案ごとに判断される。ただし，26条（事業者は景品類の提供および表示の管理上の措置を講ずべきとする）

---

8) 課徴金制度導入の当初，それを違反行為の抑止の制度とする現在と異なり，課徴金額が不当利得を超えてはならないという考え方が強かったからだといわれている。

に基づいて消費者庁が公表している「事業者が講ずべき景品類の提供及び表示の管理上の措置についての指針」を遵守していれば，通常，相当の注意を怠った者でないとされると考えられる。なお，課徴金対象行為をやめてから5年を経過すると課徴金納付命令を受けない（除斥期間。12条7項）。

(4) 具 体 例

---

⑪⑬ 【設例113】

　　Gは，インターネット通販において，健康食品αを販売するに当たり，当該商品に痩身効果がある旨を表示したところ，痩身効果がなかったり，痩身効果を資料により実証できなかった。

---

⑪⑭ 【設例114】

　　Hは，レストランを営業している。Hは，コース料理のメニューの表示において，出される肉が神戸牛でないのに神戸牛と表示した。コース料理は1万円，そのうち神戸牛の料金は3000円相当である。

---

⑪⑮ 【設例115】

　　Iは，200戸入居・平均価格5000万円のマンションの広告において，駅からの距離を徒歩20分なのに15分と表示した。また，柱の強度を実際の1.3倍と表示した。

【設例113】では課徴金はどうなるのか。資料により実証できないので，優良誤認表示が推定される（不実証広告規制。8条3項）。Gの不当表示の期間が3年間を超えている場合，課徴金の額は違反行為の終期からさかのぼって3年間のαの売上額を計算し，それに3%を乗じる。裾切り基準が150万円であるから，売上額が5000万円（＝150万円÷0.03）以上である場合に限り，課徴金が課される。

【設例114】では，課徴金の対象となる売上額は神戸牛の料金相当額である3000円か，コース料理全体の料金である1万円か。結論をいえば，コース料理全体の料金である1万円の3%となろう[9]。なぜなら，Hは神戸牛という不

---

9)　「指針」第4の2(2)〈想定例〉①（松阪牛のコース料理の例）。

388　第8章　景品表示法

当表示により，コース料理全体の購入を誘引（5条）したからである。150万円が裾切り基準であるから，前述のように，売上額が5000万円以上の場合に，課徴金が課される。すると，販売された神戸牛コース料理が5000個（＝5000万円÷1万円）以上売れるならば，課徴金の対象となる。このように，不当表示の対象商品役務の売上額が5000万円以上となるので，課徴金対象行為はかなり限定されよう。

【設例115】では，課徴金の対象となる売上額には【設例114】の神戸牛の料金（3000円）に相当するものはない。この場合も，不当表示によりマンションの購入が誘引されたのでマンションの価格となろう。課徴金額は3億円（＝5000万円×200×0.03）となろう。「源泉かけ流し」を謳い文句としながらそうでなかった旅館の宿泊料金等も同様といえよう。もっとも，【設例115】のような事案では，不動産業は自主規制としての公正競争規約（31条）が設けられており，それに合致した広告を行う限り，このようなことは起こりそうにはない。

(5) 自主申告による課徴金額の減額

事業者が，課徴金対象行為に該当する事実（不当表示を行っていたことなどの事実）を所定の手続で消費者庁長官に報告したときは，課徴金額が50％減額される（9条）。不当表示の早期発見・防止および事業者のコンプライアンス体制構築の促進を図った制度だとされている。

ただし，当該報告が，「当該課徴金対象行為についての調査があったことにより当該課徴金対象行為について課徴金納付命令があるべきことを予知してされた」ときは，減額されない（9条ただし書）。

独禁法のように報告の時期を調査開始前（7条の2第10項）などの客観的基準に限定すれば減額を受けるための要件は基本的に明確であるが，「予知してされた」か否かについての立証は争点になりえよう。

【設例116】 (116)

【設例114】のあと，消費者庁は，Hに加え，J，Kホテルのコース料理について神戸牛の偽装を調査している。Lホテルは自社でも偽装がないか調査したところ，神戸牛の偽装が見つかった。Mホテルも自社でも偽装がないか調査したところ，神戸牛の偽装はなかったが，伊勢海老の偽装が見つかった。Lホテルと

Mホテルは，自主申告して課徴金の減額を得たい。

　Mホテルは，神戸牛ではなく伊勢海老を偽装したのであるから，消費者庁の調査は「当該課徴金対象行為についての調査」ではないであろう。では，伊勢海老でなく，神戸牛であれば「当該課徴金対象行為についての調査」となるのか。

　独禁法では，当該課徴金対象行為は商品・役務，つまり一定の取引分野（市場）ごとに成立するから，同一の対象行為か別の対象行為かは市場画定の問題により解決される（第2章Ⅴ2⑵）。これに対し，景表法では「当該課徴金対象行為」の考え方が異なる。単独行為である不当表示では，課徴金対象行為すなわち違反行為は，事業者ごとに，また当該事業者が行う行為ごとに存在し，認定されると考えられる。したがって，【設例116】では，H，J・K・Lホテルの偽装行為は，不当表示を行う事業者が異なるので，それぞれ別の「当該課徴金対象行為」となろう。そうだとすれば，Lホテルは，H，J・Kホテルに対する調査を知った後に報告しても，通常，「当該課徴金対象行為についての調査」により「予知してされた」とはならないであろう。したがって，Mホテルが，伊勢海老はもちろん神戸牛の偽装を見つけたとしても，「当該課徴金対象行為についての調査」はまだないことになる。同様に，同業種のインターネット通販業者が自己と同様の不当表示を行い，消費者庁等により調査を受けたとしても，その調査は「当該課徴金対象行為についての調査」ではなく，報告をすれば，なお減額を受けられると考えられる。それどころか，Mホテルが伊勢海老の偽装を行い消費者庁の調査を受けたとしても，その後Mホテル自らが神戸牛の偽装を発見し報告すれば，減額を受けられる可能性が高い。このようにみると，自主申告を利用できる余地は相当広いといえる。

　【設例111】のモデルとなった事案に係る課徴金納付命令は，三菱自が自主申告したとしている。しかし，その申告がなされたのは消費者庁が，当該違反行為についての調査の開始を三菱自に通知した後であるから，「予知してされた」に該当し，減額されないとしている。

　本件の措置命令の名宛人には日産もあり，課徴金納付命令平成29・6・14（1⑵）では日産の商品も課徴金の対象とされている。そして，措置命令によれば，

390　第8章　景品表示法

日産が本件の 27 商品すべてについて三菱自から OEM（相手方商標品製造）により供給を受けている。そうすると，日産が，三菱自から伝えられた燃費の数値が偽装されたものと知らないで自ら表示したと想像される。新聞報道[10]は，「日産は燃費問題に気付いて三菱自に指摘したが，その後の対応が遅かったとして措置命令の対象とした」とする。とすれば，日産は OEM 供給を受けていることから，措置命令はともかく，課徴金については，「知らず，かつ，知らないことにつき相当の注意を怠った者でない」（8 条ただし書）に該当する可能性がある。あるいは，情報（数値が正しいか否か）を確認しないで表示したことが「相当な注意を怠った」に該当するとされたのか。この点，消費者庁は，「相当な注意を怠った」かは，当該表示の根拠となる情報を「確認」するなどしていたかが考慮され（指針第 5 の 1），調査により不当表示が「明らかとなり」，「速やかに……行為をやめた」（指針第 5 の 3「想定例」①〜⑤）場合にこれに当たるとする。日産は，三菱自に上記の指摘をしたあとも表示は続けており，表示をやめたのは指摘の数か月後のようである。このように，表示をやめたのが遅かったことから，「速やかに……行為をやめた」に当たらないと判断された可能性がある。しかし，その後の審査官の説明では，日産は三菱自と共同で検証をしていたが検証が十分でなかった（燃費性能の根拠となる情報を十分に確認せず，不正の実態が発見されず，結果として不当表示が続いた）と判断されたようである[11]。

(6)　自主返金（返金措置）の実施による課徴金額の減額等

　自主返金による課徴金の減額制度は，一般消費者の被害回復を促進する観点から導入されたものであり，課徴金制度を備える他法には見られない特徴的な制度である。

　減額を受ける手続・要件は次のとおりである。①事業者が，課徴金納付命令を出す前の手続である弁明の機会の付与の通知を受けると，弁明書の提出期限までに，消費者庁長官に返金措置に関する計画を提出し，消費者庁長官の認定

---

10)　日本経済新聞 2017 年 1 月 27 日電子版（以下「新聞報道」という）。染谷隆明「課徴金・返金措置制度導入後の景品表示法違反事例の検討」ジュリ 1517 号 32 頁（2018 年）も参照。

11)　消費者委員会本会議（第 25 回）議事録 5 頁［笠原表示対策課課徴金審査官発言］（2017 年）。

を受け，②認定を受けた事業者が返金措置を実施し，③事業者が返金措置実施を報告し，消費者庁長官が計画に適合した返金措置の実施と認めたときに，返金額が課徴金額から減額される（10条・11条）。

　手続は複雑で，時間や費用がかかるが，課徴金は税法上損金処理されないのに対し，返金すれば損金処理できるので，事業者は社会に対してコンプライアンス体制の構築をアピールできるだけでなく，返金により得られる経済的利益もそれなりに大きいといえる。さらに，返金された部分は，将来の起こりうる損害賠償請求の対象から除かれる可能性がある[12]。

　【設例111】のモデルとなった事案においては，排除措置命令・課徴金納付命令が出された当日に，消費者庁ウェブサイトに「認定された返金措置一覧」が掲載され[13]，三菱自について軽自動車8商品，日産について軽自動車20商品が返金措置の対象と認定されたことと，返金実施事業者への問い合わせ方法等が公表されている。通常，消費者庁は，まず措置命令を出し，自主返金の実施後に課徴金納付命令を出す。新聞報道では三菱自は普通車についても実施予定返金措置を申請したとのことであり，消費者庁は，普通車については実施予定返金措置が適切でないとして認定しなかったために（10条1項・5項）[14]，異例ではあるが，措置命令と同日に課徴金納付命令が出されたようである。返金措置の対象商品については，その手続終了後に課されるべき課徴金額が残っていれば課徴金納付命令が出されることになる。2017（平成29）年6月14日に，消費者庁は，軽自動車について，三菱自に368万円，日産に317万円の課徴金納付命令を出している。

(7) 課徴金制度の運用の特徴

　消費者庁は，2017（平成29）年6月7日，日本サプリメントについて5471万円の課徴金納付命令を，2018（平成30）年1月19日，葛の花由来イソフラボンを機能性関与成分とする機能性表示食品の販売事業者16社についても，1

---

12) 課徴金として納付しても，損害賠償請求額は減らない。

13) http://www.caa.go.jp/policies/policy/representation/fair_labeling/authorization_list/

14) 新聞報道は，「〔消費者庁は〕返金計画が未提出，または不十分と判断した」とする。報道によれば，クレジットで購入したものや転売したものを返金の対象外にしたことが，「不十分」とされたようである。

億1088万円の課徴金納付命令を出すなど，課徴金納付命令が出される事案が相次いでいる。しかし，2017（平成29）年には三十数件の措置命令が出ており，すべてが課徴金の対象となる5号1号・2号該当行為ではないにしても，課徴金が課された事案はきわめて少ない。その理由には，3(3)および(4)で述べたように，裾切り基準が高いこと（150万円，売上額では5000万円）のほかに，課徴金対象行為を商品の種類ごとに認定していることが考えられる。【設例111】のモデルでは，車種ごとに課徴金対象行為を認定している。したがって，排除措置命令では違反行為と認定されながら課徴金が課されていない車種が生じている。これは，不当表示とされた広告が車種ごとになされたためと考えられる。自動車であれば，1台あたりの金額が高いために，多くの車種が裾切り基準を超えたと考えられるが，多くの事件では裾切り基準を超えるのは難しいのであろう。これらの事案では自主返金もなされないから，消費者保護の観点からも，課徴金対象行為の認定を慎重に行ったり[15]，裾切り基準の見直しが必要になろう。

---

15) たとえば，車種や商品の種類ごとでなくまとめて広告していれば1つの課徴金対象行為と認定されよう。

おわりに

　本書は，初学者を対象とした入門であり，筆者が神戸大学法科大学院におい
て行ってきた経済法の授業の内容がベースになっている。したがって，主要な
対象は経済法を初めて学ぶ法科大学院生であるが，法学部生，法曹資格者・企
業の法務担当者等で経済法の基礎知識のない方も含まれる。そして，筆者の経
済法の授業は6単位であり，入門といっても相当の内容と分量になっている。
本書では，多くの章において，前半に基本的な解説をしつつ，後半では発展的
な内容を取り上げた。発展的な内容の到達点は，中級，場合によっては上級レ
ベルとなっている。初学者が，本書の各章を1回読むだけで，経済法について
中級，場合によっては上級レベルにまで進めるように心がけた。

　経済法を学ぶ際にもっとも難しいのは，「一定の取引分野」（市場画定），「競
争を実質的に制限する」（競争の実質的制限），「公正な競争を阻害するおそれ」
（公正競争阻害性）といった他の法分野に見られない概念や分析方法が主要な要
件となっていることであろう。これは「市場支配力分析」などともいわれる。
本書では，最初にこれらの論点をもっとも丁寧で正確に扱う企業結合規制を取
り上げた。これにより「一定の取引分野」，「競争を実質的に制限する」を理解
した上で，それらが企業結合に近い形態で用いられる私的独占および不当な取
引制限のうちの非ハードコアカルテル，逆に立証の負担等が軽減されるハード
コアカルテルを取り上げた。また，公正競争阻害性という形でこの要件が変化
したり，競争手段の不公正，自由競争の基盤の侵害という別の類型もある不公
正な取引方法を見てきた。もう一つ強調したいのは，課徴金制度などのエンフ
ォースメントの重要さである。類型ごとにエンフォースメントを取り上げた。

　経済法を学ぶうえでさらに難しいのは，要件が抽象的であるために，具体的
な事例を踏まえなければしっかりと理解できないことである。本書において，
多くの設例を置くことで，要件の具体的な意味や事実へのあてはめ方が学べる
ようにしたのはこのためである。さらに学習を進める場合には，実際の判決や
審決を精読したり，厚めの審決判例集を参照するのがよいであろう。

　さて，経済法を学習することでとくによいことがある。実務家になると，諸

394

外国の競争法の実務家等と接するであろう。その際には，経済法の概念や分析方法が共通していることに驚くであろう。優越的地位の濫用のように日本独特の規制がありはするが（とはいえ，これらもアジアでは日本法の影響もあり類似の規制がある国もある。また，欧州でも問題は認識されている），多くが諸外国で用語，検討方法が共通している。本書で学んだ内容を英語などの外国語に置き換えさえすれば，外国の相手と違和感なくコミュニケーションできるであろう。経済法は，共通の問題や事件を多数の国の競争当局や原告が取り上げることが多く，法律，学説，判例等が互いを意識しつつ展開されており，概念や考え方，分析方法に共通点が多いのである。

　最後に，本書の出版にあたり，有斐閣書籍編集部の渡邉和哲氏に大変お世話になった。渡邉氏には，筆者の細かいお願いにも丁寧に対応いただいた。また，本書は，法学教室（2015年4月から2017年3月まで）の連載に大幅な加筆修正をしたものである。連載の際は，雑誌編集部（現，法学教室編集長）の鈴木淳也氏に大変お世話になった。そして，本書は，私の授業に出席し，質問等をしていただいた元学生のみなさん（うれしいことに，その中には経済法の実務の最前線で活躍している方が何人もいる）なくしては完成しなかった。これらの方々にも感謝したい。

2018年11月

泉　水　文　雄

事 項 索 引

あ 行

アスペン法理 …………………………… 225, 364
アフターマーケット ………………… 267, 271, 273
あらかじめ計算・予測できないような不利益
……………………………………………… 326
安全港　→セーフハーバー
安全性 ……………………………………… 131
威圧・脅迫 ………………………………… 335
域外適用 …………………………………… 340
医　師 ……………………………………… 159
医師会 ……………………………………… 167
意識的並行行為 ………………… 81, 90, 158, 187
意思の連絡 …………………………… 80, 97, 203
　明示の—— …………………………………… 87
　黙示の—— ……………………………… 87, 114
意　匠 ……………………………………… 359
移籍制限 …………………………………… 161
委託販売 …………………………………… 291
1円入札 …………………………………… 239
一応の目安 …………………………… 215, 278
著しい損害 ………………………………… 200
著しく下回る ……………………………… 229
一括ライセンス …………………………… 370
一定の事業分野 …………………………… 167
一定の取引分野 …………………… 24, 33, 111
　日本を含む—— …………………………… 42
一般競争入札 ……………………………… 108
一般懸賞 …………………………………… 379
一般指定 …………………………………… 194
一般集中 ……………………………… 20, 26
一方の追随行為 ………………… 90, 158, 187
一方的な協力行為 ………………… 90, 114
違法性
　高度の—— ………………………………… 201
違約金 ……………………………………… 285
インターネット販売 ……………………… 318
窺い知るに十分な事情 …………………… 122
埋め合わせ ………………………………… 232
売上額 ……………………………………… 144
エッセンシャル・ファシリティ理論 … 220, 224
エンフォースメント

…………………… 12, 83, 141, 164, 188, 198, 382
おそれ ……………………………………… 198
卸売業 ………………………………… 143, 153
卸売取引の禁止 …………………………… 315

か 行

カード合わせ ……………………………… 380
外国における送達 ………………………… 344
下位市場 …………………………………… 44
会社グループ ……………………………… 148
買い手段階の差別対価 ……………… 246, 254
買い手独占 ………………………………… 138
回避可能費用 ……………………………… 230
外部的徴表 ………………………………… 122
改良技術の譲渡義務 ……………………… 370
改良技術の独占ライセンス義務 ………… 370
改良技術の非独占的ライセンス義務 …… 370
価格維持効果 …… 298, 305, 306, 311, 313, 314
価格カルテル ……………………………… 87
価格差別 ……………………………… 269, 270
価格上昇圧力（UPP）テスト …………… 47
価格制限行為 ……………………………… 305
価格の制限 ………………………………… 185
確約制度 ……………………………… 77, 199, 332
数の制限 …………………………………… 167
寡　占 ……………………………………… 306
課徴金 ……… 206, 227, 255, 296, 321, 327, 330
　非裁量型—— …………………………… 149
　——対象行為 ………………… 142, 386, 390
　——の減額 ……………………………… 389
　——の増額 ……………………………… 146
　——の法的性質 ………………………… 148
課徴金額 …………………………………… 143
課徴金減免制度 ………………… 13, 123, 146
課徴金制度 ………………… 13, 166, 189, 386
課徴金納付命令 ………………… 142, 199
学　校 ……………………………………… 158
合　併 ……………………………………… 18
仮定的独占者テスト ……………………… 37
買手独占 …………………………………… 161
過半基準 …………………………………… 152
株式取得 ……………………………… 18, 184

可変的性質を持つ費用 ……………… 231, 251
可変費用 …………………………… 229
カルテル
　価格―― ……………………… 87
　購入―― ……………………… 138
　国際価格―― …………………… 340
　国際市場分割―― ………… 340, 344
　最高価格―― …………………… 96
　市場占有率―― ………………… 103
　市場分割―― ……………… 102, 116
　数量制限―― …………………… 101
　取引先制限―― ………………… 102
　ハードコア―― →ハードコアカルテル
　法遵守―― ……………………… 98
　輸入―― ………………………… 339
　――破り …………………… 100, 103
官製談合 …………………………… 124, 186
間接競争侵害説 …………………… 326
間接事実 …………………………… 88
間接支配 …………………………… 187
間接証拠 …………………………… 88
間接の取引拒絶 …………………… 211
間接の利益 ………………………… 324
企業結合 …………………………… 18
　国際的―― ……………… 339, 353
　混合型―― ……………………… 67
　垂直型―― ……………………… 63
企業結合ガイドライン …………… 22, 34
企業集団 …………………………… 32
偽　計 ……………………………… 335
危険負担 …………………………… 292
技術革新 …………………………… 11, 361
技術の利用期間の制限 …………… 368
技術の利用範囲の制限 …………… 361
技術標準 …………………… 127, 302, 373
技術を利用させないようにする行為 …… 361
基準価格 …………………………… 97
既　遂 ……………………………… 119
季節商品 …………………………… 228
既存取引の拒絶 …………………… 225
希望小売価格 ……………………… 291
規模の経済 ………………………… 128
基本合意 …………………………… 109
ぎまん的顧客誘引 ………………… 257
客観的属地主義 …………………… 342
吸収合併 …………………………… 18

教　育 ……………………………… 158
供給拒絶 …………………………… 178, 202
　共同の―― ……………………… 206
供給に要する費用 ………… 229, 240
　――を著しく下回る対価 ……… 228
供給の代替性 ……………………… 35
供給余力 …………………………… 52
供給を受ける行為 ………………… 190
協賛金 ……………………………… 324
業種分類 …………………………… 152
強　制 ……………………………… 263
行政上の制裁 ……………………… 148
競争圧力
　需要者からの―― ……………… 56
　隣接市場からの―― …………… 56
競争関係 …………………………… 107
競争機能 …………………………… 84, 111
競争者 ……………………………… 203, 273
競争者に対する取引妨害 ………… 333
競争手段の不公正 …… 196, 265, 269, 273, 334
競争政策（competition policy）……… 8
競争阻害効果 ……………………… 300
競争促進効果 ………… 128, 300, 308, 310
競争促進目的 ……………………… 134
競争入札 …………………………… 108
競争の減殺 ………………………… 195
競争の実質的制限 ………… 48, 111, 165, 176
　協調的行動による―― …… 61, 65, 69
　単独行動による―― …… 51, 63, 67
　――の小型版 …………………… 195
競争品の取扱いの禁止 …………… 369
競争法（competition law）……………… 3
　――の国際的調和 ……………… 358
競争を実質的に制限する …… 12, 99, 176
　――こととなる ……………… 24, 50
協調効果 …………………………… 65
共通固定費用 ……………………… 240
共同株式移転 ……………………… 18
協同組合 …………………………… 171
共同懸賞 …………………………… 378
共同行為 …………………………… 79
共同購入 …………………………… 137
共同して ………………… 80, 87, 203
共同して相互に ………………… 84, 110
共同新設分割 ……………………… 18
共同遂行 ………………………… 80, 81

共同の供給拒絶 ……………………… 193, 206
共同の取引拒絶 ……… 106, 131, 140, 201, 207, 365
共同ボイコット ……………………… 106, 207
共　犯 …………………………………… 125
協力行為
　一方的な—— ………………………… 90, 114
拒　絶
　既存取引の—— ……………………… 225
　新規取引の—— ……………………… 218
　ライセンス—— ……………………… 220
緊急停止命令 …………………………… 75
銀　行 ……………………………… 29, 30
　——法 ………………………………… 32
銀行持株会社 …………………………… 32
金銭的価値の回復 ……………………… 333
金融会社 ………………………………… 29
金融会社の株式保有規制 ……………… 30
具体的な競争制限効果 ………………… 150
国 ………………………………………… 160
組合の行為 ……………………………… 170
クレイトン法 …………………………… 3
クロスライセンス ……………………… 366
経営状況 ………………………………… 60
経済上の利益 …………………………… 378
経済的有意味性テスト ……………… 180, 226
計　算 …………………………………… 292
刑事罰 ………………… 13, 125, 148, 154, 188
形成，維持ないし強化
　市場支配力の—— …………………… 48, 176
　小さい力の—— ……………………… 196
継続して ………………………………… 232
継続性 ……………………………… 227, 232
継続犯説 ………………………………… 120
景　品 …………………………………… 379
　総付—— ……………………………… 379
景品表示法 ………………………… 256, 377
景品類 …………………………………… 378
刑　法 …………………………………… 124
系列取引 ………………………………… 30
ゲームソフト …………………………… 295
結合関係 ………………………………… 22
結合体 …………………………………… 162
原　価
　総販売—— ……………… 240, 250, 253
限界費用 ………………………………… 12
減　額 ……………………… 324, 329, 389

課徴金額の—— ………………………… 389
厳格な地域制限 ………………………… 310
懸　賞
　一般—— ……………………………… 379
　オープン—— ………………………… 379
　共同—— ……………………………… 378
懸賞景品 ………………………………… 378
懸賞賞品 ………………………………… 378
健全性 …………………………………… 32
原盤権 …………………………………… 210
権利の一部の許諾 ………………… 368, 372
権利の行使 ……………………………… 368
　——でない行為 ……………………… 369
　——と認められる行為 ……………… 362
　——とみられる行為 ………………… 361
合意時説 ………………………………… 94
行為地主義 ……………………………… 341
行為の外形的一致 ……………………… 89
効果主義 ………………………………… 341
公共の利益に反して ……… 8, 82, 95, 132, 166
公契約関係競売等妨害罪 …………… 124, 125
広告活動の制限 ………………………… 169
公示送達 ………………………………… 344
公正競争阻害性（公正な競争を阻害する
　おそれ）……………………… 168, 194, 204
構成事業者の機能・活動の不当な制限 …… 168
構造措置 ………………………………… 70
拘　束 …………………………… 84, 291, 304
拘束条件付取引 ………………………… 304
公訴時効 ………………………………… 119
行動措置 ………………………………… 70
高度の違法性 …………………………… 201
公取委の指定による不公正な取引方法 …… 194
購入・利用強制 ………………………… 323
購入カルテル …………………………… 138
購入させる ……………………………… 263
小売業 …………………………………… 143
合理性 …………………………………… 134
　それなりの—— ………………… 314, 318
効　率 …………………………………… 179
　——によらない排除 ………………… 180
　——による排除 ……………………… 179
効率性 …………………………………… 57
　——の喪失 …………………………… 10
合理の原則 ……………………………… 129
顧客争奪の制限 ………………………… 169

事項索引　　399

顧客の商品選択の自由の侵害 ……………… 265
顧客の奪取 …………………………………… 336
顧客閉鎖 ……………………………… 63, 275
顧客誘引
　ぎまん的―― …………………………… 257
　不当な利益による―― ………………… 259
顧客誘引性 …………………………………… 378
国際価格カルテル …………………………… 340
国際市場分割カルテル ……………… 340, 344
国際執行協力 ………………………………… 358
国際的企業結合 …………………………… 339, 353
国際的契約・協定 ………………… 166, 352
国際取引 ……………………………………… 339
国際ライセンス ……………………………… 354
国際礼譲 ……………………………………… 356
告訴・告発不可分の原則 ………………… 148
固定費用 ……………………………………… 229
固定料金 ……………………………………… 183
個別談合 ……………………………………… 109
混合型企業結合 ……………………………… 67
コンプガチャ ………………………………… 380

さ　行

最恵待遇（MFN） …………………………… 100
　――条項 ……………………………… 295, 319
最高価格カルテル …………………………… 96
最高価格再販 ………………………………… 301
最高数量制限 ………………………………… 371
財　閥 ………………………………………… 28
再　販 ………………………………………… 288
　最高価格―― …………………………… 301
　著作物―― ……………………………… 294
再販売価格の拘束 ……… 104, 188, 193, 288, 312
作為請求 ……………………………………… 201
差止請求 ……………………… 200, 216, 374, 384
サブマーケット ……………………………… 44
差　別
　価格―― ………………………… 269, 270
　不利―― ………………………………… 255
　有利―― ………………………………… 255
差別化 ………………………………………… 61
差別対価 ……………………………… 181, 193
　買い手段階の―― ……………… 246, 254
　取引拒絶類似型―― …………… 246, 248
　ハイブリッド型―― …………………… 254
　不当廉売型―― ………………… 246, 250

法定の―― ……………………………… 242
略奪型―― ……………………………… 246
差別的取扱い ………………………… 178, 243
参　入 ………………………………………… 55
3 要素説 ……………………………………… 89
仕入価格 ……………………………………… 235
シェア ………………………………………… 218
死荷重
　独占の―― ……………………………… 10
事　業 ………………………………………… 157
事業活動を困難にするおそれ（事業活動
　困難化） ………………………… 227, 237
事業支配力の過度集中規制 ………………… 28
事業者 ………………………… 80, 107, 157
　同等に効率的な―― …………… 230, 237
　民間―― ………………………………… 116
　――団体 ………………………………… 162
事業者団体ガイドライン ………………… 139
事業分野 ……………………………………… 167
　一定の―― ……………………………… 167
　――の制限 ……………………………… 184
事業譲受け …………………………………… 18
時　効
　公訴―― ………………………………… 119
自主基準 ……………………………… 131, 139
自主申告 ……………………………………… 389
自主返金 ……………………………………… 391
市　場
　下位―― ………………………………… 44
　世界―― ………………………………… 354
　二面―― ………………………………… 287
市場画定 …………………………… 24, 34, 236
　重層的―― ……………………………… 43
市場シェア協定 ……………………………… 103
市場支配（統合型，閉鎖型） …………… 208
市場支配力（market power） …… 12, 25, 48, 195
　――の維持 ……………………………… 265
　――の行使 ……………………………… 176
市場支配力の形成，維持ないし強化
　…………………………………… 48, 176, 265
市場集中 ……………………………………… 20
市場集中規制 ………………………………… 22
市場占有率カルテル ………………………… 103
市場の閉鎖性・排除性 ……………………… 68
市場分割カルテル ………………… 102, 116
市場閉鎖 ……………………………… 63, 275

400

——効果 ……………………… 272, 278, 305
事前届出・審査 …………………………… 73
事前の連絡・交渉 ………………………… 89
下請法 ……………………………………… 332
実効性（の）確保 ………………… 291, 304
実効性確保手段 …………………………… 216
実施権
　専用—— ……………………………… 368
　通常—— ……………………………… 368
実施方法の相当性 ………………………… 132
失敗したハードコア・カルテル ……… 92, 169
実用新案 …………………………………… 359
指　定
　一般—— ……………………………… 194
　特殊—— ……………………………… 194
私的独占 …………………………… 173, 206
　支配型—— …………………… 173, 184, 189
　排除型—— …………… 173, 175, 189, 222, 253
支配型私的独占 ………………… 173, 184, 189
支配行為 …………………………………… 184
支払遅延 …………………………………… 324
指名競争入札 ……………………………… 108
シャーマン法 ………………………………… 3
社会公共目的 …………………………… 129, 205
従業員等の派遣要請 ……………………… 324
自由競争経済秩序 ………… 95, 131, 349, 351
自由競争減殺 …… 168, 195, 204, 211, 264, 266,
　　　　　　　　　269, 275, 304, 334, 337
自由競争の基盤の侵害 ………………… 197, 325
重層的市場画定 …………………………… 43
従たる商品 ………………………………… 260
主観的要素 …………………………… 385, 387
受託者 ……………………………………… 73
主たる商品 ………………………………… 260
受注調整行為 ……………………………… 109
受注能力 …………………………………… 114
受注予定者 ………………………………… 109
主導的事業者 ……………………………… 146
受動的販売制限 …………………………… 310
需要者からの競争圧力 …………………… 56
需要の代替性 ……………………………… 34
受領拒否 …………………………………… 324
ジョイントベンチャー …………… 339, 353
消極礼譲 …………………………………… 357
証　拠
　間接—— ……………………………… 88

直接—— …………………………………… 88
状態犯説 …………………………………… 120
消費者 ……………………………………… 158
消費者庁長官 ……………………………… 382
消費者保護 ………………………………… 198
消費生活協同組合 ………………………… 295
商　標 ……………………………………… 359
賞　品
　懸賞—— …………………………… 378, 378
商　品 ……………………………………… 260
　従たる—— ………………………… 260, 262
　主たる—— ………………………… 260, 262
　他の—— …………………………… 260, 262
　——の範囲 …………………………… 34
　——を供給しなければ発生しない費用を
　　下回る対価設定 ………………… 178, 234
商品市場 …………………………………… 35
情報交換 ……………………………… 89, 119
情報遮断措置 …………………………… 72, 138
情報の非対称性 ……………… 198, 258, 267
除斥期間 …………………………………… 144
人為性 ………………… 176, 179, 183, 223
　正常な競争手段の範囲を逸脱するよう
　な—— ………………………………… 176
新規参入 …………………………………… 228
新規取引の拒絶 …………………………… 218
審　決 ……………………………………… 13
人件費 ………………………………… 235, 240
遂　行 ………………………………… 81, 120
　共同—— ……………………………… 81
　相互拘束の—— ……………………… 120
垂直型企業結合 …………………………… 63
垂直的制限行為 …………… 104, 305, 307, 308
数量制限 …………………………………… 368
　最高—— ……………………………… 371
　製造—— ……………………………… 368
　——カルテル ………………………… 101
裾切り基準 …………………………… 387, 389, 393
スポーツ選手 ……………………………… 160
正常な競争手段の範囲を逸脱するような人
　為性 …………………………………… 176
正常な商慣習に照らして不当に … 257, 321, 324
製造業 ……………………………………… 153
正当な理由 …… 194, 205, 238, 263, 280, 293, 298
　——がないのに ……………… 203, 227, 292
製品差別化 …………………………… 297, 306

成立時期
　不当な取引制限の―― ‥‥‥‥‥‥‥ 93
セーフハーバー ‥‥‥‥‥‥‥‥‥ 53, 215
　一応の―― ‥‥‥‥‥‥‥‥‥‥‥ 314
　――基準 ‥‥‥‥ 218, 242, 251, 278
世界市場 ‥‥‥‥‥‥‥‥‥‥‥‥‥ 354
セット販売 ‥‥‥‥‥‥‥‥‥‥‥‥ 263
セロファン・ファラシー ‥‥‥‥‥‥ 46
潜在的な競争 ‥‥‥‥‥‥‥‥‥‥‥ 67
専属告発制度 ‥‥‥‥‥‥‥‥‥‥‥ 148
選択的流通 ‥‥‥‥‥‥‥‥‥‥‥‥ 317
専売店 ‥‥‥‥‥‥‥‥‥‥‥‥‥‥ 274
専用実施権 ‥‥‥‥‥‥‥‥‥‥‥‥ 368
全量購入義務 ‥‥‥‥‥‥‥‥‥‥‥ 282
早期離脱 ‥‥‥‥‥‥‥‥‥‥‥‥‥ 146
相互 OEM 供給 ‥‥‥‥‥‥‥‥‥‥ 136
相互拘束 ‥‥‥‥‥‥‥‥‥‥‥‥‥ 80
　――の遂行 ‥‥‥‥‥‥‥‥‥‥‥ 120
送　達
　外国における―― ‥‥‥‥‥‥‥‥ 344
　公示―― ‥‥‥‥‥‥‥‥‥‥‥‥ 344
送達受取人 ‥‥‥‥‥‥‥‥‥‥‥‥ 343
相談事例集 ‥‥‥‥‥‥‥‥‥‥‥‥ 170
総付景品 ‥‥‥‥‥‥‥‥‥‥‥‥‥ 379
相当の注意 ‥‥‥‥‥‥‥‥‥‥‥‥ 387
総販売原価 ‥‥‥‥ 229, 234, 240, 250, 253
属地主義 ‥‥‥‥‥‥‥‥‥‥‥‥‥ 341
措置命令 ‥‥‥‥‥‥‥‥‥‥‥‥‥ 382
損　害
　著しい―― ‥‥‥‥‥‥‥‥‥‥‥ 200
損害賠償請求 ‥‥‥‥‥‥‥‥‥‥‥ 153
損失補塡 ‥‥‥‥‥‥‥‥‥‥‥‥‥ 259

た　行

対　価
　供給に要する費用を著しく下回る―― ‥ 228
　低い―― ‥‥‥‥‥‥‥‥‥‥‥‥ 233
　――に影響することとなる ‥‥‥‥ 143
　――に係る ‥‥‥‥‥‥‥‥‥‥‥ 143
大　学 ‥‥‥‥‥‥‥‥‥‥‥‥‥‥ 158
対抗廉売 ‥‥‥‥‥‥‥‥‥‥‥‥‥ 238
対面説明販売義務 ‥‥‥‥‥‥‥‥‥ 312
抱き合わせ ‥‥‥‥‥‥‥‥‥‥‥‥ 178
　技術的―― ‥‥‥‥‥‥‥‥‥‥‥ 262
　――販売 ‥‥‥‥‥‥‥‥‥‥‥‥ 260
たたき合い ‥‥‥‥‥‥‥‥‥‥ 111, 151

立入検査 ‥‥‥‥‥‥‥‥‥‥‥‥‥ 147
他の事業者の事業活動を困難にさせるおそれ
　‥‥‥‥‥‥‥‥‥‥‥‥‥‥‥‥ 232
他の商品 ‥‥‥‥‥‥‥‥‥‥‥‥‥ 260
タレント ‥‥‥‥‥‥‥‥‥‥‥‥‥ 160
談　合
　官製―― ‥‥‥‥‥‥‥‥‥‥‥‥ 124
　個別―― ‥‥‥‥‥‥‥‥‥‥‥‥ 109
談合罪 ‥‥‥‥‥‥‥‥‥‥‥‥‥‥ 124
単独かつ一方的な取引拒絶 ‥‥‥‥‥ 223
単独行為 ‥‥‥‥‥‥‥‥‥‥‥‥‥ 173
単独行動による競争の実質的制限 ‥‥ 63
単独の間接取引拒絶 ‥‥‥‥‥‥‥‥ 212
単独の直接取引拒絶 ‥‥‥‥‥‥‥‥ 213
知的財産 ‥‥‥‥‥‥‥‥‥‥‥‥‥ 359
知的財産ガイドライン ‥‥‥‥‥‥‥ 355
地方公共団体 ‥‥‥‥‥‥‥‥‥‥‥ 160
中間財 ‥‥‥‥‥‥‥‥‥‥‥‥‥‥ 40
中小企業 ‥‥‥‥‥‥‥‥‥‥ 143, 171
中小企業等協同組合法 ‥‥‥‥‥‥‥ 171
帳合取引の義務付け ‥‥‥‥‥‥‥‥ 314
懲戒処分（弁護士会） ‥‥‥‥‥‥‥ 140
長期契約 ‥‥‥‥‥‥‥‥‥‥‥‥‥ 285
調査開始日 ‥‥‥‥‥‥‥‥‥‥‥‥ 147
直接証拠 ‥‥‥‥‥‥‥‥‥‥‥‥‥ 88
直接の取引拒絶 ‥‥‥‥‥‥‥‥‥‥ 211
直接の利益 ‥‥‥‥‥‥‥‥‥‥‥‥ 324
著作権 ‥‥‥‥‥‥‥‥‥‥‥‥‥‥ 359
著作物 ‥‥‥‥‥‥‥‥‥‥‥‥‥‥ 294
著作物再販 ‥‥‥‥‥‥‥‥‥‥‥‥ 294
著作隣接権 ‥‥‥‥‥‥‥‥‥‥‥‥ 210
地理的市場 ‥‥‥‥‥‥‥‥‥‥ 35, 237
　国境を越えた―― ‥‥‥‥‥‥‥‥ 41
地理的範囲 ‥‥‥‥‥‥‥‥‥‥ 34, 236
陳腐化 ‥‥‥‥‥‥‥‥‥‥‥‥‥‥ 228
通常実施権 ‥‥‥‥‥‥‥‥‥‥‥‥ 368
定　価 ‥‥‥‥‥‥‥‥‥‥‥‥‥‥ 290
低価格入札 ‥‥‥‥‥‥‥‥‥‥‥‥ 239
適格消費者団体 ‥‥‥‥‥‥‥‥‥‥ 384
適用除外 ‥‥‥‥‥‥‥‥‥ 31, 170, 294
テリトリー制 ‥‥‥‥‥‥‥‥‥‥‥ 104
電子書籍 ‥‥‥‥‥‥‥‥‥‥‥‥‥ 295
電　力 ‥‥‥‥‥‥‥‥‥‥‥‥‥‥ 253
当該商品又は役務 ‥‥‥‥‥‥‥‥‥ 149
統合型市場支配 ‥‥‥‥‥‥‥‥‥‥ 208
当然違法 ‥‥‥‥‥‥‥‥‥‥‥‥‥ 82

402

同等性 ……………………… 314, 318
同等性条件 …………………………… 319
同等に効率的な事業者 ………… 180, 230, 238
　——基準 ………………………… 250
投入物閉鎖 ………………………… 64, 275
特殊指定 …………………………… 194
独占禁止法 ……………………………… 3
独占の死荷重 …………………………… 10
特段の事情 ……………………………… 89
特に必要があると認めるとき …………… 142
特　許 ……………………………… 359
　——プール ………… 206, 365, 373, 376
特許権 ……………………………… 320
独禁法 ………………………………… 3
　——の域外適用 ……………………… 15
　——の究極の目的 ……………… 96, 132
　——の究極目的 ………………………… 8
　——の保護法益 ………………………… 8
届出義務 …………………………… 74
届出前相談 …………………………… 75
ドラフト制度 ……………………… 161
取引依存度 ………………………… 322
取引関係 …………………………… 29
取引拒絶 …………………………… 201
　あからさまな共同の—— ………… 207
　間接の—— ……………………… 211
　共同の—— ………… 106, 131, 201, 365
　その他の—— ……………………… 210
　単独かつ一方的な—— …………… 223
　単独の間接—— …………………… 212
　単独の直接—— …………………… 213
　直接の—— ……………………… 211
取引拒絶類似型差別対価 ………… 246, 248
取引先制限カルテル …………… 102
取引先の制限 ……………………… 314
取引先の変更可能性 ……………… 322
取引付随性 ………………………… 378
取引妨害 …………………………… 333

な　行

内容の合理性 ……………………… 132
仲間取引の禁止 …………………… 315
2国間協定 ………………………… 358
二重処罰の禁止 …………………… 148
二重独占問題 ……………………… 301
二商品性 …………………………… 262

2年縛り …………………………… 286
二面市場 ………………… 41, 67, 287
入　札
　1円—— ……………………… 239
　一般競争—— ………………… 108
　競争—— ……………………… 108
　指名競争—— ………………… 108
　低価格—— …………………… 239
入札談合 ………………… 49, 109, 186
　——等関与行為 ……………… 126
　——の始期 …………………… 119
　——の終期 …………………… 121
　——の成立時期 ……………… 119
　——の立証 …………………… 110
入札談合等関与行為防止法 ……… 125
ネットワーク効果 ……………… 302, 308
狙い撃ち …………………………… 182
農業協同組合法 ………………… 171
ノウハウ ………………………… 280
ノウハウライセンス …………… 354
能率競争 ………… 196, 258, 260, 269

は　行

ハードコア・カルテル …………… 82, 92
　失敗した—— ………………… 92, 169
　非—— ………………………… 82, 127
ハーフィンダール・ハーシュマン指数
（HHI） ………………………… 52
排　除
　効率によらない—— ………… 180
　効率による—— ……………… 179
排除型私的独占 ……… 173, 175, 189, 222, 253
排除型私的独占ガイドライン …… 178, 234, 279
排除行為 …………………………… 176
排除効果 …………………………… 176
排除措置命令 …………… 141, 188, 198
排他条件付取引 ………………… 273
排他的購入契約 ………………… 282
排他的取引 ……………………… 178, 279
排他的リベート ………………… 178
パテントプール ……………… 127, 373
ハブアンドスポーク型共謀 ……… 136
反競争効果 ……………………… 128
反対給付 ………………………… 158
反トラスト法 ……………………… 3
バンドル・ディスカウント ……… 241, 272

事項索引　　403

販売先の制限 ･････････････････････････ 185
販売地域の制限 ･･････････････ 104, 185, 309
販売方法の制限 ･･････････････････････ 312
非価格制限行為 ･･････････････････････ 305
引取権 ･･･････････････････････････････ 71
低い対価 ････････････････････････････ 233
非係争条項 ･･････････････････････････ 320
被災地 ･･････････････････････････････ 139
非裁量型課徴金 ･･････････････････････ 149
必要な役務 ･･････････････････････････ 191
非ハードコア・カルテル ･･････････ 82, 127
誹謗中傷 ････････････････････････････ 335
費　用
　回避可能―― ･･････････････････ 230, 253
　可変的性質を持つ―― ･･･････ 231, 251, 253
　可変―― ･･･････････････････････ 229
　供給に要する―― ･･････････････ 229, 240
　共通固定―― ･･････････････････ 240
　固定―― ･･･････････････････････ 229
　平均回避可能―― ･･････････････ 231, 234
　平均可変―― ･･････････････････ 229, 251
　平均総―― ･････････････････････ 229
費用・対価基準 ･･････････････････････ 250
費用・対価要件 ･･････････････････････ 227
表示内容の決定に関与した事業者 ･･････ 385
標準規格必須特許 ･････････････････ 127, 374
評　判 ･･････････････････････････････ 308
ファイアーウォール ･････････････････ 72
不可欠 ･･････････････････････････････ 220
不公正な取引方法 ････････････････････ 367
　公取委の指定による―― ･･･････ 194
　法定の―― ･･････････････････ 193
　――の勧奨 ･･･････････････････ 170
不実証広告規制 ･･････････････････････ 385
物理的妨害 ･･････････････････････････ 334
不当景品類 ･･････････････････････････ 377
不当高価購入 ････････････････････････ 226
不当な取引制限 ･･･････････････････ 79, 206
　――からの離脱 ･････････････････ 121
　――の始期 ･･･････････････････ 93
不当な利益による顧客誘引 ･･･････････ 259
不当に（正常な商慣習に照らして不当に）
　 ･････ 168, 194, 211, 213, 243, 257, 263, 274, 304
不当表示 ････････････････････････････ 381
　――を行った者 ･････････････････ 384
不当利得の剥奪 ･･････････････････････ 148

不当廉売 ････････････････････ 181, 193, 226
　法定の―― ･･････････････････････ 227
不当廉売ガイドライン ･･･････････････ 246
不当廉売型差別対価 ･･････････････ 246, 250
プライス・リーダーシップ ･･･････ 81, 90, 187
プラットフォーム ････ 41, 67, 127, 295, 308, 319
フランチャイズ契約 ･････････････････ 302
ブランド ････････････････････････････ 278
　――間競争 ･･････････････ 278, 297, 306, 307
　――内競争 ･････････････ 279, 297, 307
ブランドイメージ ･･････････････････ 303, 308
フリーライダー問題 ･････････････ 280, 298, 308
フリーランス ････････････････････････ 160
不利差別 ････････････････････････････ 255
平均回避可能費用 ･････････････････ 231, 234
平均可変費用 ･･･････････････････････ 229, 251
平均総費用 ･･････････････････････････ 229
閉鎖型市場支配 ･･････････････････････ 208
並列実施 ････････････････････････････ 279
返金措置 ････････････････････････････ 391
弁護士 ･･････････････････････････････ 159
弁護士・依頼者間秘匿特権 ･････････････ 153
変動費 ･･････････････････････････････ 229
返　品 ･････････････････････････････ 324, 329
包括徴収 ････････････････････････････ 183
法遵守カルテル ･･････････････････････ 98
法人処罰制度 ････････････････････････ 154
法定の差別対価 ･･････････････････････ 242
法定の不公正な取引方法 ･･･････････････ 193
法定の不当廉売 ･･････････････････････ 227
ホールドアップ ･･････････････････････ 327
補完・代替関係 ･･････････････････････ 29
保険会社 ･･････････････････････････ 29, 30
保険業法 ････････････････････････････ 32
保険持株会社 ････････････････････････ 32
保護に値する競争（保護すべき競争）･･･ 99, 133

ま　行

マージャー・シミュレーション ････････ 47
マルティプルライセンス ･･･････････････ 366
民間事業者 ･･････････････････････････ 116
民事救済 ････････････････････････････ 13
無過失損害賠償責任 ･･････････････････ 154
明示の意思の連絡 ･････････････････････ 87
目　安 ･････････････････････････････ 215, 278
黙示の意思の連絡 ･･････････････････ 87, 114

目　的 ……………………………… 134
　──の合理性 ……………………… 132
持株会社 …………………………… 28
　銀行── …………………………… 32
　保険── …………………………… 32
問題解消措置 …………………… 26, 69

や　行

役員兼任 ……………………… 18, 184
安売り業者への販売禁止 ……… 213, 315
優越的地位 …………………… 322, 328
　──の濫用 ………… 193, 270, 321
優先審査基準 ……………………… 218
有利誤認 …………………………… 381
有利差別 …………………………… 255
優良誤認 …………………………… 381
有力な事業者（有力事業者）…… 215, 272, 277
輸出に係る制限 …………………… 355
輸　入 ……………………………… 55
輸入カルテル ……………………… 339

ら　行

ライセンス
　一括── …………………………… 370
　クロス── ………………………… 366
　国際── …………………………… 354
　独占的── ………………………… 368
　ノウハウ── ……………………… 354
　マルティプル── ………………… 366
　──拒絶 …………………………… 220
　──を受ける意思を有する者 …… 375
ライバルの費用引上げ ……… 180, 276
濫用行為 …………………………… 323
利　益 ……………………………… 324
　間接の── ………………………… 324
　直接の── ………………………… 324
履行強制金 …………………… 77, 333
離　脱
　早期── …………………………… 146
　不当な取引制限からの── …… 121
　──するインセンティブ ……… 147
リベート

排他的── …………………… 283, 285
累進的── …………………………… 283
略　奪 ……………………………… 180
　──型差別対価 …………………… 246
略奪的価格設定 …………………… 232
流通・取引慣行ガイドライン
　………………… 106, 213, 272, 277, 284, 291,
　　　　　　　　299, 305, 307, 308, 317
良質廉価な商品の供給 ……… 180, 196, 258, 259
隣接市場からの競争圧力 ………… 56
累積効果 …………………………… 279
礼　譲
　国際── …………………………… 356
レジ袋の有料化 …………………… 134
連合体 ……………………………… 162
廉　売 ……………………………… 226
　対抗── …………………………… 238
　不当── ……………… 181, 193, 226
連邦取引委員会法 ………………… 3
連絡・交渉の内容 ………………… 89
労働者 ………………………… 158, 160
ロックイン …………………… 267, 327

わ　行

割　引 ……………………………… 285
割戻金 ……………………………… 283

A–Z

FRAND ……………………………… 302
　──条件 ……………………… 72, 374
　──宣言 …………………………… 374
FTAIA ……………………………… 342
ICN（国際競争ネットワーク）………… 358
MFN ………………………………… 100
　──条項 ……………………… 295, 319
OEM ……………………………… 136, 391
　──供給 …………………………… 152
remedy ……………………………… 69
SSNIP ……………………………… 38
TPP協定整備法 ……………… 77, 333
two-sided market ………………… 67
UPP（価格上昇圧力）テスト ……… 47

事項索引　　405

判決・審決索引

〈略　語〉

審決集＝公正取引委員会審決集，**民（刑）集**＝最高裁判所民（刑）事判例集，**高民（刑）**＝高等裁判所民（刑）事判例集，**下民**＝下級裁判所民事裁判例集，**排除命令集**＝公正取引委員会排除命令集，**行集**＝行政事件裁判例集，**判時**＝判例時報，**判タ**＝判例タイムズ

〈最高裁判所〉

最判昭和 50・7・10 民集 29 巻 6 号 888 頁（第一次育児用粉ミルク（和光堂）事件）
……………………………………………………………… 194, 291, 292, 293
最判昭和 50・11・28 民集 29 巻 10 号 1592 頁（ノボ・天野製薬事件）………………… 353
最判昭和 57・3・9 民集 36 巻 3 号 265 頁（石油価格カルテル事件審決取消訴訟）………… 102
最判昭和 59・2・24 刑集 38 巻 4 号 1287 頁（石油価格カルテル刑事事件）
……………………………………………………… 8, 93, 95, 102, 130, 163, 164
最判平成元・12・14 民集 43 巻 12 号 2078 頁（都営芝浦と畜場事件）………… 80, 157, 160, 236, 349
最判平成 10・10・13 判時 1662 号 83 頁（社会保険庁シール談合事件）………………… 148
最判平成 10・12・18 審決集 45 巻 467 頁（郵便年賀葉書事件）………………………… 160
最判平成 10・12・18 判時 1664 号 14 頁（花王化粧品販売事件）………………………… 315
最判平成 10・12・18 民集 52 巻 9 号 1866 頁（資生堂東京販売事件）…………………… 313
最判平成 14・4・25 民集 56 巻 4 号 808 頁（中古ゲームソフト事件）…………………… 316
最判平成 22・12・17 民集 64 巻 8 号 2067 頁（NTT 東日本私の独占事件）
…………………………………………………… 12, 24, 48, 85, 175, 182, 222
最判平成 24・2・20 民集 66 巻 2 号 796 頁（多摩談合（新井組）事件）
…………………………………………… 24, 49, 84, 107, 110, 112, 150, 349
最判平成 27・4・28 民集 69 巻 3 号 518 頁（JASRAC 事件）………………… 4, 48, 176, 183
最判平成 29・1・24 民集 71 巻 1 号 1 頁（クロレラチラシ事件）………………………… 384
最判平成 29・12・12 民集 71 巻 10 号 1958 頁（サムスン SDI マレーシア事件）………… 351

〈高等裁判所〉

東京高判昭和 26・9・19 高民集 4 巻 14 号 497 頁（東宝スバル事件）………………… 12, 39, 307
東京高判昭和 28・3・9 高民集 6 巻 9 号 435 頁（新聞販売協定事件）…………………… 105
東京高判昭和 28・12・7 高民集 6 巻 13 号 868 頁（東宝・新東宝事件）…………… 12, 25, 48, 85
東京高決昭和 32・3・18 行集 8 巻 3 号 443 頁（第二次北国新聞社事件），…………… 244, 250
東京高決昭和 32・12・25 高民集 10 巻 12 号 743 頁（野田醤油事件）………………… 187, 192
東京高決昭和 50・4・30 高民集 28 巻 2 号 174 頁（中部読売新聞社事件）……………… 228
東京高判昭和 55・9・26 高刑集 33 巻 5 号 359 頁（石油生産調整刑事事件）…………… 165
東京高判昭和 58・11・17 金判 690 号 4 頁（東京手形交換所事件）……………………… 205
東京高判昭和 59・2・17 行集 35 巻 2 号 144 頁（東洋精米機事件）…………… 215, 218, 276
大阪高判平成 5・7・30 判時 1479 号 21 頁（東芝エレベータテクノス事件（甲事件））… 262, 264, 267
大阪高判平成 5・7・30 判時 1479 号 21 頁（東芝エレベータテクノス事件（乙事件））… 337
東京高判平成 5・12・14 高刑集 46 巻 3 号 322 頁（社会保険庁シール談合刑事事件）…………… 106
東京高判平成 7・9・25 審決集 42 巻 393 頁（東芝ケミカル事件）……………………… 87
東京高判平成 8・5・31 高刑集 49 巻 2 号 320 頁（下水道事業団談合刑事事件）………… 120
東京高判平成 9・12・24 高刑集 50 巻 3 号 181 頁（第 1 次東京都水道メーター談合刑事事件）…… 120

東京高判平成 12・2・23 審決集 46 巻 733 頁（ダクタイル鋳鉄管事件）······················ 103

東京高判平成 13・2・16 判時 1740 号 13 頁（観音寺市三豊郡医師会事件）·············· 159, 169

東京高判平成 15・3・7 審決集 49 巻 624 頁（岡崎管工事件）······························· 122

東京高判平成 16・2・20 金判 1189 号 28 頁（土屋企業事件）····························· 151

東京高判平成 16・3・24 判タ 1180 号 136 頁（防衛庁石油製品入札談合刑事事件）········ 121

東京高判平成 17・1・27 審決集 51 巻 951 頁（日本テクノ事件）························· 336

東京高判平成 17・4・27 審決集 52 巻 789 頁（ザ・トーカイ事件）·················· 244, 250

東京高判平成 17・5・31 審決集 52 巻 818 頁（日本瓦斯事件）···················· 244, 250

東京高判平成 18・2・24 審決集 52 巻 744 頁（ジェット燃料談合事件）··················· 152

知財高判平成 18・7・20 判例集未登載（日之出水道鉄蓋事件）···················· 363, 371

東京高判平成 19・9・21 審決集 54 巻 773 頁（橋梁入札談合刑事事件）·················· 121

東京高判平成 19・11・28 審決集 54 巻 699 頁（ヤマト運輸対日本郵政公社事件）······· 200, 240

東京高判平成 19・12・7 判時 1991 号 30 頁（旧道路公団鋼橋工事談合刑事事件）········· 125

東京高判平成 20・4・4 審決集 55 巻 791 頁（元詰種子カルテル事件）·············· 97, 163

東京高判平成 20・5・23 審決集 55 巻 842 頁（ベイクルーズ事件）················ 384, 387

東京高判平成 20・9・26 審決集 55 巻 910 頁（ごみ焼却炉建設工事談合事件）············ 151

東京高判平成 20・12・19 判時 2043 号 51 頁（郵便区分機談合事件（差戻審））·········· 114

東京高判平成 21・5・29 審決集 56 巻（第 2 分冊）262 頁（NTT 東日本私的独占事件）········· 44

東京高判平成 21・10・2 審決集 56 巻（第 2 分冊）373 頁（港町管理事件）················ 151

東京高判平成 22・1・29 審決集 56 巻（第 2 分冊）498 頁（着うた事件）········· 204, 210, 365

東京高判平成 22・10・29 審決集 57 巻（第 2 分冊）162 頁（オーシロ事件）·············· 385

東京高判平成 22・11・26 審決集 57 巻（第 2 分冊）181 頁（ミュー事件）·············· 386

東京高判平成 22・11・26 審決集 57 巻（第 2 分冊）194 頁（出光興産事件）········· 150, 347

東京高判平成 22・12・10 審決集 57 巻（第 2 分冊）222 頁（モディファイヤーカルテル事件）····· 93

東京高判平成 23・4・22 審決集 58 巻（第 2 分冊）1 頁（ハマナカ毛糸事件）············· 291

東京高判平成 24・5・25 審決集 59 巻（第 2 分冊）1 頁（昭和シェル石油事件）·········· 153

東京高判平成 25・3・15 審決集 59 巻（第 2 分冊）311 頁

　　（熱海市発注のごみ処理施設建設工事談合事件）····························· 154

東京高判平成 25・8・30 判時 2209 号 10 頁（セブンイレブン値引き制限①事件）········· 332

東京高判平成 25・11・1 判時 2206 号 37 頁（JASRAC 事件）······················· 4, 183

東京高判平成 25・12・20 審決集 60 巻（第 2 分冊）117 頁（岩手談合（藤正建設）事件）···· 151

東京高判平成 26・4・25 審決集 61 巻 204 頁（石川県談合（大東建設）事件）··········· 150

東京高判平成 26・9・26 判時 2245 号 14 頁（エア・ウォーター事件）·················· 153

大阪高判平成 26・10・31 判時 2249 号 38 頁（神鉄タクシー事件）················ 200, 334

東京高判平成 28・1・29 審決集 62 巻 419 頁（サムスン SDI マレーシア）············ 347, 350

大阪高判平成 28・2・25 判時 2296 号 81 頁（クロレラチラシ事件）··················· 384

東京高判平成 28・4・13 審決集 63 巻 241 頁（MT 映像ディスプレイ）············· 347, 350

東京高判平成 28・4・22 審決集 63 巻 265 頁（サムスン SDI）··················· 347, 350

〈地方裁判所〉

名古屋地判昭和 49・5・29 下民集 25 巻 5 ～ 8 号 518 頁（畑屋工機事件）··············· 327

大阪地判平成元・6・5 判時 1331 号 97 頁（日本機電事件）························· 327

大阪地判平成 3・3・11 判時 1401 号 81 頁（ベルギーダイヤモンド事件）·············· 258

東京地判平成 9・4・9 判時 1629 号 70 頁（日本遊戯銃協同組合事件）········· 96, 130, 165, 166, 204

東京地判平成 16・4・15 判時 1872 号 69 頁（三光丸事件）························· 201

東京地決平成 23・3・30 判例集未登載（ドライアイス仮処分事件）·················· 200

宇都宮地大田原支判平成 23・11・8 審決集 58 巻（第 2 分冊）248 頁（路線バス事件）・・・・・・・・・・・ 201

東京地判平成 26・6・19 審決集 61 巻 243 頁

　（ソフトバンク・NTT 光ファイバ 1 分岐単位接続請求事件）・・・・・・・・・・・・・・・・・・・・・・・・・・・ 201, 217

京都地判平成 27・1・21 判時 2267 号 83 頁（クロレラチラシ事件）・・・・・・・・・・・・・・・・・・・・・・・・ 384

〈公正取引委員会〉

審判審決昭和 27・4・4 審決集 4 巻 1 頁（醤油価格協定事件）・・・・・・・・・・・・・・・・・・・・・・・・・・・・・・・ 97

審判審決昭和 31・7・28 審決集 8 巻 12 頁（雪印事件）・・・・・・・・・・・・・・・・・・・・・ 171, 190, 217

勧告審決昭和 35・2・9 審決集 10 巻 17 頁（熊本魚事件）・・・・・・・・・・・・・・・・・・・・・・・・・・・・・・・・・・ 334

勧告審決昭和 38・1・9 審決集 11 巻 41 頁（東京重機工業事件）・・・・・・・・・・・・・・・・・・・・・・・・・・ 336

勧告審決昭和 40・9・13 審決集 13 巻 72 頁（ヤクルト本社事件）・・・・・・・・・・・・・・・・・・・・・・・・ 290

審判審決昭和 43・10・11 審決集 15 巻 67 頁（第一次育児用粉ミルク（明治商事）事件）・・・・・・ 298

審判審決昭和 43・10・11 審決集 15 巻 84 頁（第一次育児用粉ミルク（森永商事）事件）・・・・・・ 298

審判審決昭和 43・10・11 審決集 15 巻 98 頁（第一次育児用粉ミルク（和光堂）事件）・・・・・・ 298

同意審決昭和 44・10・30 審決集 16 巻 46 頁（新日鐵合併事件）・・・・・・・・・・・・・・・・・・・・・ 40, 75

勧告審決昭和 47・9・18 審決集 19 巻 87 頁（東洋製罐事件）・・・・・・・・・・・・・・・・ 182, 184, 217

同意審決昭和 48・7・17 審決集 20 巻 62 頁（広島電鉄事件）・・・・・・・・・・・・・・・・・・・・・・・・・・・・・・ 19

勧告審決昭和 50・6・13 審決集 22 巻 11 頁（ホリディ・マジック事件）・・・・・・・・・・・・・・・・・・ 258

勧告審決昭和 55・2・7 審決集 26 巻 85 頁（東洋リノリューム事件）・・・・・・・・・・・・・・・・ 244, 249

審判審決昭和 56・7・1 審決集 28 巻 38 頁（東洋精米機事件）・・・・・・・・・・・・・・・・・・・・・・ 218, 276

勧告審決昭和 56・7・7 審決集 28 巻 56 頁（大分県酪農業協同組合事件）・・・・・・・・・・・・・・・・・ 283

勧告審決昭和 57・5・28 審決集 29 巻 13 頁（マルエツ・ハローマート事件）・・・・・・・・・・・・・・ 237

勧告審決平成 2・2・20 審決集 36 巻 53 頁（全国農業協同組合連合会事件）・・・・・・・・・・・ 171, 212

勧告審決平成 3・12・2 審決集 38 巻 134 頁等（野村證券ほか 3 社事件）・・・・・・・・・・・・・・・・・ 259

審判審決平成 4・2・28 審決集 38 巻 41 頁（藤田屋事件）・・・・・・・・・・・・・・・・・・・・・・・・・・ 263, 269

審判審決平成 5・9・10 審決集 40 巻 29 頁（日之出水道鉄蓋事件（北九州地区））・・・・・・・・・・ 367

審判審決平成 6・3・30 審決集 40 巻 49 頁（協和エクシオ事件）・・・・・・・・・・・・・・・・・・・ 108, 114

勧告審決平成 7・4・24 審決集 42 巻 119 頁（東日本おしぼり協同組合事件審決）・・・・・・・・・・ 169

審判審決平成 7・7・10 審決集 42 巻 3 頁（大阪バス協会事件）・・・・・・・・・ 98, 133, 163, 165

勧告審決平成 7・10・13 審決集 42 巻 163 頁（旭電化工業事件）・・・・・・・・・・・・・・・・・・・ 356, 359

同意審決平成 7・11・30 審決集 42 巻 97 頁（資生堂再販事件）・・・・・・・・・・・・・・・・・・・・・・・・・・ 291

勧告審決平成 8・5・8 審決集 43 巻 209 頁（日本医療食協会事件）・・・・・・・・・・・・・・・・・ 174, 185

勧告審決平成 9・8・6 審決集 44 巻 238 頁（ぱちんこ機製造特許プール事件）・・・・・・ 174, 182, 207, 365

勧告審決平成 10・3・31 審決集 44 巻 362 頁（パラマウントベッド事件）・・・・・・・・・・・・・・・・ 186

勧告審決平成 10・7・28 審決集 45 巻 130 頁（ナイキジャパン事件）・・・・・・・・・・・・・・・・・・・・ 293

勧告審決平成 10・9・3 審決集 45 巻 148 頁（ノーディオン事件）・・・・・・・・・・・・・・・・・・ 183, 282

勧告審決平成 10・12・14 審決集 45 巻 153 頁（日本マイクロソフト事件）・・・・・・・・・・・・・・・ 264

勧告審決平成 12・2・2 審決集 46 巻 394 頁（オートグラス東日本事件）・・・・・・・・・・・ 244, 249

審判審決平成 12・4・19 審決集 47 巻 3 頁（日本冷蔵倉庫協会事件）・・・・・・・・・・・・・・・・・・・・ 168

勧告審決平成 12・10・31 審決集 47 巻 317 頁（ロックマン工法事件）・・・・・・・・・・・・・・・・・・ 210

勧告審決平成 13・7・27 審決集 48 巻 187 頁（松下電器産業事件）・・・・・・・・・・・・・・・・・ 213, 316

審判審決平成 13・8・1 審決集 48 巻 3 頁（ソニー・コンピュータエンタテインメント事件）

・・ 295, 316

審判審決平成 13・9・12 判タ 1099 号 280 頁（安藤造園土木事件）・・・・・・・・・・・・・・・・・・・・・・ 114

勧告審決平成 14・11・4 審決集 49 巻 243 頁（四国ロードサービス事件）・・・・・・・・・・・ 108, 115

勧告審決平成 15・11・25 審決集 50 巻 389 頁（20 世紀フォックス事件）・・・・・・・・・・・・・・・・ 290

勧告審決平成 16・4・12 審決集 51 巻 401 頁（東急パーキングシステムズ事件）···················· 337
勧告審決平成 16・7・12 審決集 51 巻 468 頁（三重県社会保険労務士会事件審決）·············· 169
審判審決平成 16・8・4 審決集 51 巻 87 頁（森川建設事件）······································· 151
勧告審決平成 16・10・13 審決集 51 巻 518 頁（有線ブロードネットワークス事件）·············· 181
排除命令 16・11・24 公取委ウェブサイト（八木通商事件）······························· 384
排除命令 17・2・10 排除命令集 24 巻 217 頁（東京リーガルマインド事件）··············· 158
勧告審決平成 17・4・13 審決集 52 巻 341 頁（インテル事件）····························· 183, 285
勧告審決平成 17・12・26 審決集 52 巻 436 頁（三井住友銀行事件）························· 330
排除措置命令平成 18・5・16 審決集 53 巻 867 頁（濱口石油事件）····················· 235, 252
排除措置命令平成 18・5・22 審決集 53 巻 869 頁（日産化学工業事件）····················· 289
審判審決平成 18・6・5 審決集 53 巻 195 頁（ニプロ事件）·························· 183, 249
排除措置命令・課徴金納付命令平成 19・5・11 審決集 54 巻 545 頁
　（東京ガス発注の天然ガスエコ・ステーション建設工事談合事件）·················· 117
審判審決平成 19・6・19 審決集 54 巻 78 頁（日本ポリプロ事件）······················· 122
排除措置命令平成 19・6・25 審決集 54 巻 485 頁（新潟タクシー共通乗車券事件）··········· 209
排除措置命令平成 19・11・27 審決集 54 巻 502 頁（シンエネコーポレーション事件）·········· 235
排除措置命令平成 19・11・27 審決集 54 巻 504 頁（東日本宇佐美事件）··················· 235
排除措置命令・課徴金納付命令平成 20・2・20 審決集 54 巻 512 頁・623 頁（マリンホース事件）
　··· 102, 344
審判審決平成 20・9・16 審決集 55 巻 380 頁（マイクロソフト非係争条項事件）············· 320
排除措置命令・課徴金納付命令平成 20・12・18 審決集 55 巻 704 頁・768 頁
　（DS 用液晶カルテル事件）··· 95
審判審決平成 21・2・16 審決集 55 巻 500 頁（第一興商事件）·························· 337
排除措置命令平成 21・6・22 審決集 56 巻（第 2 分冊）6 頁
　（セブン - イレブン・ジャパン事件）··· 331
審判審決平成 21・9・16 審決集 56 巻（第 1 分冊）192 頁（国交省橋梁上部工事談合事件）······· 122
排除措置命令平成 21・9・28 審決集 56 巻（第 2 分冊）65 頁（クアルコム事件）··············· 321
排除措置命令平成 21・12・10 審決集 56 巻（第 2 分冊）79 頁（大分大山町農業協同組合事件）
　··· 287, 338
排除措置命令平成 23・6・9 審決集 58 巻（第 1 分冊）189 頁（ディー・エヌ・エー事件）···· 287, 338
排除措置命令・課徴金納付命令平成 23・6・22 審決集 58 巻（第 1 分冊）193 頁・312 頁
　（山陽マルナカ事件）··· 323, 328
排除措置命令平成 24・1・19 審決集 58 巻（第 1 分冊）262 頁（ワイヤーハーネス事件）·········· 123
排除措置命令・課徴金納付命令平成 24・2・16 審決集 58 巻（第 1 分冊）278 頁・384 頁
　（エディオン事件）··· 328
排除措置命令・課徴金納付命令平成 24・3・2 審決集 58 巻（第 1 分冊）284 頁（アディダスジャパン事件）········ 296
審判審決平成 24・6・12 審決集 59 巻（第 1 分冊）59 頁（JASRAC 事件）················· 183
課徴金納付命令平成 24・10・17 審決集 59 巻（第 1 分冊）290 頁
　（国交省・高知県発注土木工事談合事件）··································· 146
排除措置命令・課徴金納付命令平成 25・3・22 審決集 59 巻（第 1 分冊）262 頁・346 頁
　（自動車メーカー発注ヘッドランプ等見積合わせ談合事件）···················· 117
排除措置命令・課徴金納付命令平成 25・7・3 審決集 60 巻（第 1 分冊）341 頁・435 頁
　（ラルズ事件）··· 328
排除措置命令・課徴金納付命令平成 25・12・20 審決集 60 巻（第 1 分冊）350 頁・441 頁
　（東京電力発注架空送電工事等談合事件）··································· 117
排除措置命令平成 26・2・27 審決集 60 巻（第 1 分冊）410 頁（吉川松伏医師会事件）············ 160

判決・審決索引　409

排除措置命令・課徴金納付命令平成 26・6・5 審決集 61 巻 103 頁・161 頁（ダイレックス事件）
……………………………………………………………………………………… 328
排除措置命令平成 27・1・14 審決集 61 巻 138 頁（網走管内コンクリート製品協同組合事件）…… 172
排除措置命令平成 27・1・16 審決集 61 巻 142 号（福井県経済農業協同組合連合会事件）……… 187
排除措置命令平成 27・2・27 審決集 61 巻 153 頁（岡山県北生コンクリート協同組合事件）…… 166
審判審決・課徴金審決平成 27・5・22 審決集 62 巻 27 号（テレビ用ブラウン管カルテル事件）
………………………………………………………………………………… 102, 346
審判審決平成 27・6・4 審決集 62 巻 119 頁（トイザらス事件）………………………… 321, 328
排除措置命令平成 28・6・15 審決集 63 巻 133 頁（コールマンジャパン事件）………………… 296
排除措置命令平成 30・6・14 公取委ウェブサイト（フジタ事件）………………………… 335

〈消費者庁〉
措置命令・課徴金納付命令平成 29・1・27 消費者庁ウェブサイト（三菱自動車工業ほか事件）… 382
課徴金納付命令平成 29・6・14 消費者庁ウェブサイト（三菱自動車工業ほか事件）……… 382, 390

■著者紹介

泉 水 文 雄（せんすい・ふみお）

　　1958 年生まれ
　　1982 年　京都大学法学部卒業
　　1984 年　京都大学大学院法学研究科博士前期課程修了（法学修士）
　　1985 年　同博士後期課程中退
　　　　　　京都産業大学，大阪市立大学を経て
　　現在，神戸大学大学院法学研究科教授

経済法入門
Introduction to Japan's antitrust law

2018 年 12 月 20 日　初版第 1 刷発行
2020 年 10 月 20 日　初版第 2 刷発行

法学教室
LIBRARY

　　　　著　者　　泉　水　文　雄
　　　　発行者　　江　草　貞　治

　　　　発行所　　株式会社　有　斐　閣

郵便番号 101-0051
東京都千代田区神田神保町 2-17
電話　(03)3264-1314〔編集〕
　　　(03)3265-6811〔営業〕
http://www.yuhikaku.co.jp/

印刷・株式会社暁印刷／製本・大口製本印刷株式会社
©2018, Fumio SENSUI. Printed in Japan

落丁・乱丁本はお取替えいたします。
★定価はカバーに表示してあります。
ISBN 978-4-641-24312-5

JCOPY　本書の無断複写（コピー）は，著作権法上での例外を除き，禁じられています。複写される場合は，そのつど事前に（一社）出版者著作権管理機構（電話03-5244-5088, FAX03-5244-5089, e-mail:info@jcopy.or.jp）の許諾を得てください。